主　编：何　明

副主编：李志农　朱凌飞

编委会

主　任：林文勋

副主任：刘世哲

委　员（按姓氏笔画排序）：

Chayan（泰国清迈大学）　陈庆德　高丙中　李东红　麻国庆　马翀炜
彭静莲（比利时鲁汶大学）　王文光　徐黎丽　杨　毅　袁同凯　周　平
周永明（美国威斯康星大学）

中文社会科学引文索引（CSSCI）来源集刊

西南边疆民族研究

第25辑

主　编：何　明
副主编：李志农　朱凌飞

教育部人文社会科学重点研究基地
云南大学西南边疆少数民族研究中心学术集刊

社会科学文献出版社
SOCIAL SCIENCES ACADEMIC PRESS (CHINA)

目 录

民族史研究

继承与突破：中国西南古代民族的历史人类学研究前景及其可能 ……… 王文光　朱映占 / 1

卫藏与康区的界线形成演变过程探讨 ……………………………………………… 黄辛建 / 9

传统与现代：一个普米族村落的百年生计变迁史 …………………… 赵越云　樊志民 / 18

论马克思主义在广西的传播与民族区域自治 …………………………………… 杨　军 / 26

民族关系与民族问题研究

共生的实际：论中国西部民族间拟亲属关系 ………………………………… 新吉乐图 / 35

从生存需求到族群团结和国家认同：拉祜族敬老仪式的文化表达 …………… 张锦鹏 / 47

区隔与交融：资源利用中的民族关系 …………………………………………… 袁东升 / 55

新中国成立前川南民族关系浅析 ………………………………………… 刘　琳　郎维伟 / 67

路学研究

新中国成立初期成阿公路修筑与现代民族国家构建
——以《岷江报》《筑路报》相关报道为线索 ……………………………… 王　田 / 74

滇藏怒江通道之历史演变考察 …………………………………………………… 李亚锋 / 85

境外中籍背包客的性别差异：基于加德满都市的调查 ………………… 李静玮　范香花 / 93

边疆学研究

中国王朝国家的疆域格局与边疆形态 …………………………………………… 孙保全 / 102

"边治"与"县治"：中国边境县治理的双重路径 …………………………… 夏文贵 / 109

生存政治与边区历史
——明代以降盏西土目孟氏研究 ··· 张柏惠 /116

非物质文化研究

节庆转型视角下呼伦贝尔那达慕节庆利益相关者参与问题的观察研究 ············ 高 旸 /124
原生到再生：非遗保护语境下西北"花儿"的传承与创新 ······················· 韦仁忠 /133
中缅跨境区域傣族乐器"光邦"的变迁与当代传承 ······················· 金 红 朱 杰 /141
物、仪式实践与权力生产
——大理白族火把节"抢升斗"的人类学解读 ··································· 杨跃雄 /149

宗教人类学研究

刍议涂尔干"神圣"与"凡俗"的二元性
——以中国南传上座部佛教为个案 ··································· 林建宇 王贞力 /160
佛教认同空间与建筑构形的互证关联
——以大理白族佛寺、塔、民居为例 ·· 刘 朦 /172
"二元一体"宗教信仰影响下的德宏傣族特色村寨景观解析 ············· 谢荣幸 包 蓉 /181
起源与回归：纳西族神话与仪式中的死亡与灵魂 ············ Charles F. Mckhann（孟彻里）/188
论宗教仪式中艺术的心理治疗功能
——以彝族为例 ··· 李世武 /197

公共卫生与医学人类学

新中国成立初期西南地区卫生防疫中的去污名化与权力扩张
——以黔南疟疾防治为例 ··· 李飞龙 /204

生态与环境人类学

纳木依人的灾害叙事与文化记忆 ··· 吴 薇 王晓葵 /215
生态文化视域下的洱海周边农村环境保护 ··································· 张 慧 /225

学术评介

少数民族族际通婚研究综述 ··· 艾萨江·由舍 冯雪红 /234
乡土性与城市融入
——《重庆"棒棒"：都市感知与乡土性》评介 ··································· 莫艳婷 /246

继承与突破：中国西南古代民族的历史人类学研究前景及其可能*

王文光　朱映占**

摘　要　中国西南民族的研究历史十分悠久，成果颇丰。但是到了今天却依然按照传统的方法进行研究，与相关学科联系甚少，所以研究空间变得狭小，发展缓慢。因此中国西南民族历史的研究需要在继承的基础上有所突破，在方法论上除了历史学原有的方法之外，最有建设性意义的就是对中国西南民族进行历史人类学研究。唯此，中国西南民族历史的研究才有可能突破，取得更大的发展。

关键词　中国西南；民族历史与文化；历史人类学；学科融合

DOI：10.13835/b.eayn.25.01

19世纪末期到20世纪初期，已经职业化了的西方历史学家们开始关注历史学与社会科学相结合的历史学革新问题。1929年法国斯特拉斯堡大学的历史学教授布洛赫和费弗尔创办了《经济与社会史年鉴》，标志着法国年鉴学派的产生。布洛赫和费弗尔两位教授在《经济与社会史年鉴·发刊词》当中说道："目前的状况是，一方面历史学家在研究过去的文献材料时使用着陈旧的方法；另一方面，从事社会、近代经济研究的人正在日渐增加。这两个方面的研究者互不理解，互不通气。"[①] 显然，年鉴学派一开始就强调两个问题，第一是历史学的研究方法"陈旧"；第二是学科之间没有相互联系，没有"打通"。那么，目前关于中国西南民族历史的研究，甚至是整个中国民族史的研究就十分明显地存在着这些问题，因此如何"打通"中国西南民族史研究与其他学科的联系，是必须要思考的问题。我们的基本认识是：在学科关系上要继承和突破，在方法论上除了历史学原有的方法之外，最有建设性意义的就是对中国西南民族进行历史人类学研究。唯此，中国西南民族历史的研究才有可能突破，取得更大的发展。

一　继承：关于中国西南民族研究的学术轨迹

基于上述的理论认识，我们认为对中国西南民族历史的研究，甚至是对中国民族历史的研究，虽然从古代就开始进行，但是越到后来，研究的空间越狭小，进度越缓慢，就是没有在方法论上得到突

---

*　本成果由云南大学民族学一流学科建设项目资助。
**　王文光，云南大学西南边疆少数民族研究中心教授；朱映占，云南大学民族学与社会学学院副教授。
①　《经济与社会史年鉴·发刊词》，《国外社会科学》1980年第6期。

破。为了让这个问题说得更加清楚，在此仍然有必要对中国西南民族历史的研究进行简要的学术史回顾。

（一）中国古代的西南民族研究

中国是一个多民族国家，中国西南民族对多民族中国的建设与发展是做出过巨大贡献的，因此自古以来在中国古代的历史文献当中就有关于中国西南民族的历史记述。

对中国西南民族的关注，可以追溯到商周时期，在甲骨文和钟鼎文中，就有关于夷、羌的零星记载。其他如《左传》《淮南子》《国语》《尚书》《诗经》《世本》《吕氏春秋》等先秦典籍，对西南民族的记载日增且渐详。

多民族汉朝建立之后，出现了大一统的帝国，但是这个强大的帝国却没有一部属于自己的国家历史，正是在这样的历史背景之下，司马迁写成了中国历史上第一部完整的国家史《史记》。在《史记》中司马迁以汉族为中心，把汉族之外的少数民族称为"四裔"，写了《四裔传》，而且在《史记》以后的绝大多数"正史"中都有关于中国西南民族的历史记载。但是各朝的"正史"对于中国西南民族历史的记载详略不均，《史记·西南夷列传》《汉书·西南夷两粤朝鲜传》《后汉书·南蛮西南夷列传》对于中国西南民族的记载最为详细；《三国志》没有关于西南民族历史的列传，但是与中国西南民族历史有关的材料却在《诸葛亮传》《霍峻传》《吕凯传》《李恢传》中可以见到；《旧唐书》的《吐蕃传》《南蛮西南夷传》和《新唐书》的《吐蕃传》《南蛮传》较为详细地记载了唐代中国西南民族的历史；《宋史》的《蛮夷传》有对于中国西南历史的记载；由于元代西南各民族基本已经纳入了统一多民族中国的政权系统，所以《元史》中没有民族列传，西南民族相关的历史都写入《地理志》中；《明史》则将西南民族历史写入《四川土司传》《云南土司传》《贵州土司传》中。

在上述所有的"正史"中，历史学家们从多民族王朝国家建设的角度，突出王朝国家与西南各民族的政治关系，这对维护国家的统一具有积极意义，是先秦以来"大一统"思想的实践，但是民族的政治关系多数都是表现为对抗性的，没有从文化的角度考虑民族关系的文化属性；而民族观基本都是"华夷有别"，特别是汉族历史学家写的"正史"更是充满大民族主义的色彩，因此在记述西南民族历史文化的时候，绝大多数情况下都是以猎奇，或者是歪曲的文字来表述，以描写落后的"蛮夷"习俗为多，认识上有片面性。

除上述各朝正史中有西南民族的专传外，历代官家编纂或私人著述的各种类书、丛书、方志、游记、笔记中，也有大量关于西南民族的记载，较为重要的如常璩的《华阳国志》，樊绰的《蛮书》，周去非的《岭外代答》，范成大的《桂海虞衡志》，田雯的《黔书》，李京的《云南志略》，钱古训、李思聪的《百夷传》，朱孟震的《西南夷风土记》，李心衡的《金川琐记》，姚莹的《康輶纪行》，陈浩作的《黔苗图说》，无名氏的《土官底簿》，郭松年的《大理行记》，龚柴的《云南考略》，肖石斋的《乌蒙纪年》，无名氏的《乌蒙秘闻》，刘彬的《永昌土司论》，赵翼的《平定金川述略》，魏源的《西南夷改流记》，无名氏的《招捕总录》，蒋彬的《南诏源流纪要》，余庆远的《维西见闻记》等。前述文献大多根据作者调查所成，学术价值很大。总的来说，这些文献的作者基本都是汉族学者，都有维护王朝国家大一统的思想，大民族主义的意识仍然是突出的，但与"正史"相比较这些文献的文化价值大于政治价值，值得从历史人类学的角度进行文化阐释。

（二）中国近现代的西南民族研究

1840 年以后，中国社会边疆危机、民族危机凸显，部分中国学者开始对中国西南民族进行研究，在近代中国著名学者中，较早研究中国西南民族史的人是梁启超。他先后发表了《张博望、班定远合传》《历史上中国民族之观察》《三苗九黎蚩尤考》《春秋蛮夷戎狄考》《中国历史上民族之研究》等文，在上述中国民族史的研究中，梁启超花了很大篇幅来研究中国西南民族历史，对族属源流的研究颇有见地。从此开始进入中国西南民族研究的重要时期。

民国时期的中国西南民族史研究在研究范式上发生巨大变化，部分成果是在实地调查并结合历史文献的基础上完成的。如1914年，丁文江在对云南和四川少数民族进行调查后，在《独立》杂志上发表了《云南的土著人种》《四川会理的土著人种》等论文；1928年夏天，中山大学语言历史研究所杨成志到云南进行了为期一年零八个月的民族调查，回广州后发表了《罗罗太上清静消灾经对译（罗罗文－汉文）》《罗罗族的文献发现》《罗罗族的巫师及其经典》《罗罗的语言、文字与经典》《罗罗文明源流探讨》《云南民族调查报告》等。其他还有曲木藏尧的《西南夷族考察记》。

当然，由于中国史学的特定学术传统，更多的西南民族研究还是以文献为主要依据，兼及实地调查。其主要论著有：夏光南的《云南文化史》，凌纯声的《唐代云南的乌蛮与白蛮考》，陶云逵的《云南的摆夷族在历史上及现代与政府之关系》，马长寿的《川康民族分类》，徐松石的《粤江流域人民史》和《泰族僮族粤族考》，方国瑜的《滇西边区考察记》和《旅边杂著》，徐嘉瑞的《大理古代文化史稿》，范义田的《云南古代民族之史的分析》，彭桂萼的《云南边地与中华民族国家之关系》，张潜华的《西南民族问题》，吴泽霖的《贵州苗夷社会研究》，丁文江的《爨文丛刻》，李佛一的《车里》及他翻译的《泐史》。

在此期间，许多学者深入民族地区进行调查，完成了许多高质量的成果。1941年，当时的中央研究院历史语言研究所与中央博物馆合作组成了川康民族考察团，马长寿根据调查资料写下了《钵教源流》《嘉戎民族社会史》等论著；其后，马长寿又深入大、小凉山调查，写下了《凉山罗夷考察报告》《凉山罗夷的宗谱》。任乃强在西康调查后，发表了《德格土司世谱》《喇嘛教与西康政治》等论著。1943年，林耀华在大凉山调查后写成了《凉山夷家》，1944年又对康北藏族深入调查，写成了调查报告《川康北界的嘉戎土司》。江应樑在对四川、云南的彝族进行调查后，写成了《凉山夷族的奴隶制度》。

一些著名的语言学家，也结合自己的专业，通过调查研究，完成了多学科综合的民族史研究论文，如罗常培先后发表了《从语言上论云南民族的分类》《论藏缅族的父子连名制》《再论藏缅族的父子连名制》《三论藏缅族的父子连名制》，又如闻宥发表了《民家地名的初步分析》《么些象形文字之初步研究》，这些跨学科的综合研究对研究西南民族史颇有价值，弥补了历史学家常常忽视的问题。

20世纪初期到20世纪中叶，中国西南民族研究与古代相比有了很大的发展，并逐渐成为中国民族历史研究中的一个重要领域，这可以从以下几点表现出来。

第一，从民族史观上看，大部分研究者虽然没有完全杜绝华夏中心论和民族歧视心理，但也注意到重视各民族的平等，强调研究要为各民族的团结与合作服务。产生这种思想的背景是当时中国尚处于半殖民地半封建社会的阴影之下，中国各民族平等的思想有利于反对列强，这是民族史观的重大进步。因此，学者们不再从统治者的角度出发，不再侧重于政治统治，而是站在国家和中华民族发展的高度进行学术研究。

第二，从研究的内容上看，已开始超越旧有的民族源流、民族分布研究，向经济、文化等领域渗透，研究更加专门化，学术研究开始规范，许多有利于学科发展的学术观点、学术概念被吸收到民族研究中来。出现了许多专论和专著，不仅数量多，质量也有所提高。

第三，从研究方法上看，已开始注重历史文献与实地调查相结合，同时也开始利用考古学、语言学、宗教学等相关学科的研究成果，以之丰富西南民族的研究。当然，我们不能就此认为方国瑜教授、江应樑教授的一些田野调查就是历史人类学研究。

第四，与古代相比，西南民族研究进入了一个自觉的阶段，参加研究的人多为受过专门训练的专家学者，因此，研究的面宽且有一定深度。

中华人民共和国成立后，1956年，中央开始起草《关于国内民族问题和少数民族历史、语言的科学研究工作十二年规划草案》，规划草案对少数民族历史格外重视，提出要编纂少数民族通史、简史、古代民族史、民族关系史等。在此背景下，1959年云南大学历史系设立了中国民族史专业"西南民族史专门化"（专业方向），稍后又改为"云南民族史专门化"，同时又建立了云南民族史研究室。20世纪70年代以来，中国西南古代民族研究有了新进展。具体表现在以下几个方面。

第一，西南古代民族历史文献整理研究。其中贡献最大的是云南大学的方国瑜教授，在他的领导下整理出版了《云南史料丛刊》，收录了史料四百余部（篇），上起汉代，下迄清代，每篇史料分为三个部分，首先是方国瑜教授的考证，次为正文，最后是后记，这是一项前无古人的工作，是西南民族基础研究的里程碑。

第二，地区性民族历史的撰写，有江应樑的《傣族史》、尤中的《云南民族史》《中国西南民族史》，马曜主编的《云南各族古代史略》，罗二虎的《秦汉时代的中国西南》，方国瑜的《中国西南历史地理考释》《彝族史稿》，邓少琴的《巴蜀史稿》《巴蜀史迹探索》，董其祥的《巴史新考》，段渝主编的《四川通史》，蒙默等人的《四川古代史稿》，祁庆富的《西南夷》，张增祺的《云贵高原的西南夷文化》等。值得关注的是台湾学者王明珂教授开始以历史人类学的方法研究西南民族，出版了《华夏边缘——历史记忆与族群认同》《羌在汉藏之间——川西羌族的历史人类学研究》《蛮子、汉人与羌族》《英雄祖先与弟兄民族——根基历史的文本与情境》等专著。

第三，出版了中国西南各民族的简史，发表西南古代民族研究的诸多论文，例如关于巴人、蜀人、夜郎、僰人、叟人、昆明人、白蛮、乌蛮研究的大量论文。

第四，如果从学科研究者的角度来看，现代中国西南民族历史研究出现了一个职业化的研究者群体，把研究中国西南民族历史作为自己的职业生涯，以蒙文通、方国瑜、江应樑、尤中、蒙默、李绍明、木芹等教授最有代表性，他们奠定了现代中国西南民族研究的基础，引领着中国西南民族历史研究的发展。

从中国西南民族历史研究的学术回顾中我们可以看到一个最大的特征，这就是研究者认为历史客体是隐藏在史料当中的，只要学者们认真探究，是可以去发现历史的真实的，但是由于中国历史常常是以王朝国家历史作为研究的中心，所以对于问题和人关注不够。布洛赫认为科学实践需要两件东西——论题和人，历史学最终要阐明的论题是人类的意识[1]，因此对中国西南民族历史的研究，需要特别关注历史当中的人或者是人群，要把他们作为研究的主体，而且还要进行分析与阐释，建构可能在史料当中没有的历史客体，而提出"问题"是建构历史客体最基本的方法。从这个意义上讲，中国民族史学就应该是"问题民族史学"，也就是说，历史的客体不一定在文献当中，通过分析与阐释是可以建构历史的；以"问题民族历史"作为起点，可以将历史和现实结合起来，最后服务于理解我们生活的现实世界。

---

[1] 〔法〕马克·布洛赫：《历史学家的技艺》，张和声、程郁译，上海社会科学院出版社1992年版，105页。

二 突破：中国西南民族历史人类学研究的可能

（一）突破的动力与方向

综观西南民族研究的学术历史，尽管研究取得了很大的成绩，但是研究者的学术研究方法仍然比较传统，仍然是在对基本文献进行考证、考释，导致研究的视角相对狭窄，研究方法比较单一，研究总体水平的提高较慢。这就有必要革新研究方法从而推动中国西南民族的研究向纵深发展，因此我们选择了历史人类学方法，从文化的视角对中国古代西南民族历史进行研究。

从学理上讲，历史人类学的概念反映了法国年鉴学派的创新，或者可以认为是年鉴学派理想的一种发展，历史人类学涉及历史学、人类学、社会学三个传统的学科，但历史人类学既不是这三个学科中的某一个，也不是这三个学科的综合，它是基于年鉴学派理论的新的历史思维，是一种新的历史研究方法。

从学科的角度来看，历史人类学不是任何一个学科的分支学科，历史人类学是一种研究方法，它的基本目的是要去修复现代学科分类越来越细化当中出现的学科研究缺失，与此同时也去主动弥合所有人文学科在发展过程当中形成的鸿沟。因此，在20世纪60年代历史人类学研究方法呼声的高涨绝非偶然，因为历史人类学追求学科综合，认为任何研究方法、研究手段，无论是人类学的田野考察方法、社会学的结构分析方法，还是历史学的情节叙事方法，都可以解答历史人类学为了认识人类而提出的问题，所以有必要进行学科综合。[①]

从方法论上讲，历史人类学成为一种研究方法、一种理论分析范式。1949年，法国"年鉴学派"的第二代代表人物布罗代尔提出了关于历史发展的"时段"理论，直接奠定了历史人类学的理论；1958年，布罗代尔出版了《长时段：历史和社会科学》，希望经济学家、民族学家、人类学家、社会学家、心理学家都要共同关注历史研究。与此同时，历史人类学也绝不是历史学、人类学、社会学这些学科简单的综合，而是一种认识历史、阐释历史的方法，是从历史学的角度出发，研究和回答了人类学提出的问题，是历史学和人类学的相互渗透、相互结合发展而来的一种方法论。

我们认为历史人类学方法的宗旨是全面研究人及其文化，强调研究中的整体观与适应性变化，重视探讨研究对象内部的文化要素及其变化过程。而历史学家主要是根据史料复原史实，而较少关注深藏其内的文化及其变化机制。如果我们采用了历史人类学的研究方法，就将会使中国西南民族历史的研究重新进入一个新的研究状态，相关的研究将会由表及里，有助于探究西南民族历史发展的内因与深层关联。我们认为这就是突破的动力与方向。

（二）关于西南民族历史人类学研究已有的实践

虽然在西方学术界20世纪60年代就开始有历史人类学的研究，但是历史人类学思想方法进入中国学术界的时间晚了十余年。20世纪70年代香港中文大学以科大卫教授为首的研究者开始以历史人类学的方法研究中国华南区域史，20世纪90年代美国耶鲁大学的萧凤霞教授进一步推动了华南区域史的历史人类学研究，在这样的背景下，2001年，中山大学成立了历史人类学研究中心，继续研究华

[①] 编写组：《史学概论》，高等教育出版社、人民出版社2009年版，第231页。

南，但是他们都没有关注西南民族。其他的学者真正直接用历史人类学方法研究中国西南民族历史的成果很少，即使有一些相关的成果，但也不是直接研究西南民族历史的，例如宋蜀华的《论历史人类学与西南民族文化研究——方法论的探索》、朱艳英的《历史人类学方法与西南少数民族法制史研究》、张原的《历史人类学与西南民族地区商会史研究范式的构建》等。①

对中国西南民族进行历史人类学研究，而且成果显著的学者是台湾的王明珂教授。王明珂教授 1979 年、1983 年先后毕业于台湾师范大学历史系、历史研究所，接受的是比较传统的中国历史学教育，奠定了他的中国历史学特别是中国民族史的基础；1992 年他在美国获得了哈佛大学东亚系的博士学位，在这个过程当中系统地接受了西方的一些人类学理论和方法，于是把中国传统的历史学与西方的人类学理论方法结合起来研究中国的民族历史，这就有了比中国人研究中国民族历史更多的优势，即研究视角和方法的优势。这从他研究的问题可以看出来，即在研究中国民族历史的基础上研究族群问题、历史记忆、社会记忆等这些具有西方学术范式的学术问题，这是他能够发表出一些引起学术界关注的成果的关键。

王明珂教授先后出版了《华夏边缘》《羌在汉藏之间》《蛮子、汉人与羌族》《英雄祖先与弟兄民族》等研究中国西南民族的历史人类学著作。以他的《羌在汉藏之间》②为例，可以看出他的研究和传统的中国西南民族研究相比有了变化，即他主要是用了历史人类学的方法研究中国西南民族历史。因此，我们认为对于中国西南民族的历史人类学研究首先进行突破的人，应该就是王明珂教授。

云南大学中国西南民族史研究团队近期也开始尝试运用历史人类学方法从事民族历史研究，发表了《国家权力与历史记忆：东汉时期中南各民族的历史人类学研究》《读〈后汉书·南蛮西南夷列传〉札记——以历史人类学的视角》《〈史记·西南夷列传〉的历史人类学研究》《〈史记·匈奴列传〉与匈奴社会——以历史人类学的视角》等。例如，在《〈史记·匈奴列传〉与匈奴社会——以历史人类学的视角》一文中，他们对匈奴社会"贵壮贱老"习俗的阐释就具有历史人类学研究的意味："匈奴一直以来都在北方草原从事游牧活动，'其畜之所多则马、牛、羊……逐水草迁徙，毋城郭常处耕田之业，壮者食肥美，老者食其余。贵壮健，贱老弱。'这与华夏族敬老爱老的文化习俗完全相反，例如华夏族的颖考叔遗肉于母、孔融让梨等汉民族中儒家敬老、畏老的文化习俗在匈奴社会是没有的。为什么匈奴与华夏（汉族）在对待老人的态度上有如此巨大的反差？我们认为匈奴生存的自然环境相对于华夏族生存的自然环境不同，更加恶劣，此其一；其二，由特定自然环境决定的游牧经济使匈奴需要不断迁移，从而产生的社会流动性；其三，在上述条件下决定了壮者能维护社会的发展，能有力地抵御外敌的入侵，而老人却在自然灾害、战争发生的情况下给社会造成负担，即'匈奴明以战攻为事，其老弱不能斗，故以其肥美饮食壮健者，盖以自为守卫，如此父子各得久相保'。所以匈奴社会贵壮而贱老。而华夏族有较好的自然环境，农耕定居，在农耕定居过程中需要有丰富经验的老人来指导社会的有序发展。故华夏族敬老贵老，老人是社会的宝贵的财富。"③

---

① 宋蜀华：《论历史人类学与西南民族文化研究——方法论的探索》，《思想战线》1997 年第 3 期；朱艳英：《历史人类学方法与西南少数民族法制史研究》，《玉溪师范学院学报》2011 年第 3 期；张原：《历史人类学与西南民族地区商会史研究范式的构建》，《中央民族大学学报》2015 年第 2 期。
② 王明珂：《羌在汉藏之间——川西羌族的历史人类学研究》，中华书局 2008 年版。
③ 王文光、沈芸：《〈史记·匈奴列传〉与匈奴社会——以历史人类学的视角》，《思想战线》2013 年第 1 期。

三 中国西南民族的历史人类学研究须再向纵深发展

(一) 在文献中做"田野"

第一,要从史料当中去找出问题历史和历史过程当中的人来,书写出属于研究者认为的客观历史,目的是让西南民族历史的客体植根于现实之中,因此"西南民族研究"就要成为"问题的西南民族研究",所有研究的归属都要服务于理解我们生活的世界,而不仅仅是认识过去。

第二,反对简单地使用史料,关注局部的问题,而是要提倡研究中国西南民族历史的整体,用"多元一统"的学术思想来凸显中国西南民族在多民族中国发展中的贡献。"多元一统"格局是从民族发展历史与国家发展历史的互动关系着眼,强调的是民族与国家的关系,经过多民族中国发展的历史实践,"多元一统"观念已经成为中国人崇尚国家统一的文化遗产和鲜明的政治价值取向,中国的大一统与中国国家发展的"多元一统"格局就成了中国各民族的宝贵财富和文化遗产。①

第三,我们将从文化冲突、文化调适与适应的研究角度来看待民族关系,中国历史上当多民族国家政权的力量开始进入一个新的民族地区时,双方首先在文化上表现出一种差异性,在政治层面就可能产生民族的矛盾冲突,所以这种矛盾冲突实质上就是一种文化冲突;而随着王朝国家治理的深入,被治理的边疆民族渐渐出现了文化调适与适应,因此多民族中国得以发展,边疆得以扩展,多民族的格局更加明显。

第四,我们可能的突破就是在方法论上,以历史人类学的方法进行中国西南民族的源流史研究,即对中国西南古代民族进行民族识别研究;在研究内容上把民族关系作为一种文化关系进行研究,同时也以历史人类学的方法阐释相关历史文献当中的民族志,力求做到与古代民族志文本书写者对话,并且尽最大努力阐释出其文化意义。

(二) 用时段理论指导中国西南民族研究

法国年鉴学派的代表人物布罗代尔历史人类学的"时段"理论是我们未来研究中基本的理论工具。布罗代尔用三种不同的时间来度量历史,他概括为以千年为单位的"长时段"、以百年为单位的"中时段"、以十年为单位的"短时段",并且提出与这三种时段相关联的概念,即"长时段"对应结构、"中时段"对应局势、"短时段"对应事件。

第一,用"长时段"研究方法研究多民族中国国家发展历史与中国西南民族发展历史的结构关系,我们认为如果从中国各民族之间的关系着眼进行研究,可以借用费孝通先生的"多元一体"结构理论;如果从中国各民族与多民族中国国家关系着眼,则可以使用多民族中国发展的"多元一统"结构理论,因为中国多民族国家发展的历史告诉我们,多民族中国在绝大多数情况下都是多民族共处于一个大一统的王朝国家当中。研究的核心论题是从汉武帝时代开始,西南民族经历了一个从相对独立发展到融入多民族中国的历史过程,需要讨论在这个历史过程中西南民族的国家认同是如何建立起来的,最终是如何成为多民族中国不可分割的一个部分。

第二,用"中时段"的研究方法研究两汉时期对西南民族的治理;研究南诏国、大理国与唐朝和

---

① 王文光:《"多元一统"格局与南诏关系史》,《光明日报》2015 年 11 月 19 日。

宋朝的关系；研究元明清时期西南民族与汉族文化的冲突与调适，以及对汉族文化的认同、吸收，核心是研究两汉时期西南民族与汉王朝，南诏国、大理国与唐朝、宋朝政治关系后面隐藏着的文化意义。

第三，利用"短时段"方法研究西南民族发展过程当中的重大历史事件，例如庄蹻入滇和滇人文化的变迁与涵化，以及当时的民族融合（即庄蹻的"变其服，从其俗，而长之"），还有唐朝与南诏国的"贞元会盟"，改土归流事件，等等。核心是要研究这些重大"事件"对西南民族发展的影响，以及对整个多民族中国国家发展进程的影响。

（三）必须以西南民族文化为中心进行民族志阐释

在二十四史及相关的历史文献中，涉及中国西南民族的记载主要集中在三个方面：民族的源流问题、民族的政治关系、民族志。因此未来中国西南民族研究要特别关注这三个问题，以民族文化为中心进行研究。

第一，民族的源流研究实际上就是古代民族的识别问题，这必须从文化的角度对中国西南古代民族进行民族识别，特别是要把重点放在具有同源关系的民族的识别上来，要尽可能地在占有材料的基础上对中国西南古代民族进行现代意义的识别，并且能够为解决现代仍然存在的民族识别问题提供一些理论依据。

第二，西南民族以政治为中心的民族关系，必须改变研究的视角，以文化冲突、文化适应、文化融合的角度研究中国西南民族的民族关系，强调历史上西南民族经过文化冲突之后形成的文化交融是今天西南地区各民族非对抗的、和谐民族关系的历史基础，即民族团结的历史基础，而不再着眼于纯粹政治的民族关系研究，其中要关注个别历史人物、历史事件对于民族关系发展的意义。这对于民族团结进步示范区的建设也应该是具有积极意义的。

第三，寻找民族志和民族史研究的结合点，对中国西南民族的民族志描写进行阐释，研究中国西南民族的历史源流与行为习俗、物产与饮食习俗、地理环境与民族性格、民族心理与宗教信仰等，通过这些方面的研究把每个民族的集体行为概括出来，再从集体行为当中提炼出文化模式和文化类型。

四　小结

总体而言，中国西南民族的研究虽然已经有悠久的历史，成果众多，但是学科的鸿沟是存在的，现在已经到了一个可以进行学科相互借鉴、相互渗透的时代，因此选择历史人类学方法对中国西南民族历史进行研究是一种趋势。一方面我们必须继承前人研究的成果，立足对历史文献的阐释，在对中国西南民族历史的研究中，去寻找能够表达多民族中国民族发展具有普遍意义的规律；另一方面还要有所突破，把历史文献作为"田野"材料进行"深描"，在关注宏观历史发展趋势的同时，更要关注微观的文化事项，通过对微观文化事项的研究来反映历史发展的宏观趋势。

卫藏与康区的界线形成演变过程探讨[*]

黄辛建[**]

摘　要　在三大藏区中，卫藏和康区之间界线的形成，与吐蕃以"bod-yul"和"khams"为区分的地域观及藏区不同地域之间迥然相异的自然地理环境相关联。而元朝在藏区设立三个行政区使卫藏与康区之间有了较为明确的地理分界线。明清时期的汉藏史籍中关于两区间的界线虽出现了多种不同的记载，但这些界线大致在同一经度线上，且全部位于不同时期卫藏往来中原地区的主要通道之上。民国时期，康藏纠纷频繁，军事对峙所形成的防线成为康藏之间的实际分界线，第三次康藏纠纷所形成的西藏在康区的暂时疆界，成为新中国建立后川、藏两省（区）之间的行政分界线。

关键词　藏区；卫藏；康区；界线；形成演变

DOI：10.13835/b.eayn.25.02

在藏族传统地理概念中，卫藏与康区是三大藏区中的两区。[①] 长期以来，卫藏同康区之间一直有着紧密而广泛的联系与往来，两区的界线也经历了长期的形成演变过程。直到今天，卫藏与康区之间的界线仍不十分明确，大体以鲁共拉山为界，东为康区，西为卫藏。由此，人们对卫藏与康区之间界线的认识也相应地存在着不小的差异和一些错讹，近代频繁发生的康藏纠纷及由此引发的康藏界务争端更是多次引发川康、青海及西藏之间大规模的军事冲突和政治纠纷，并对当时我国藏区的发展稳定和民族团结进步造成了一些不利的影响。为此，本文拟在已有研究基础之上，结合藏汉文献资料，对卫藏与康区之间界线的形成演变过程作一初步探讨。

一　卫藏与康区界线的形成

早期藏人将其视为中心的地域称为"bod-yul"。公元 6 世纪开始，随着位于雅隆河谷的悉补野部崛起并建立吐蕃王朝，"bod-yul"的地域范围逐渐定格在雅隆河谷地带。[②] 此后，随着吐蕃兼并、征服并

---

[*]　本文系国家社科基金 2017 年度重大项目"西藏地方志资料的整理与研究"（课题编号：172DA159）的阶段性成果。

[**]　黄辛建，四川省民族研究所副研究员，四川省社会科学院、四川大学在站博士后。

[①]　其中，卫藏所包括的范围是以雅鲁藏布江及其支流拉萨河和年楚河流域，即"一江两河"为中心的前藏和后藏地区，大致包括今天除昌都地区以外的西藏自治区，是操藏语卫藏方言的区域。康区地理范围大致为东达大渡河，南到高黎贡山地方，西至鲁共拉山，北抵巴颜喀喇山，包括我们今天所称的四川省甘孜藏族自治州、云南省迪庆藏族自治州、西藏自治区昌都地区的全部，以及青海省玉树藏族自治州，是操藏语康方言的广大地区。

[②]　叶拉太：《古代藏族地域概念的形成与演变》，《中国藏学》2013 年第 2 期，第 90 页。

内化苏毗和象雄两大部落联盟，"bod-yul"所指代的范围实际上已经包括了整个卫藏地区。这一点在吐蕃的建制调整变化中也得到印证。吐蕃在其王朝建立初期，以雅隆河谷的悉补野部为中心，将其建制分为"四如"，即藏如、卫如、约如和叶如。到赤松德赞时期，吐蕃将其统治中心划分为"五如"，增加了以原苏毗部落为基础建立的孙波如。这五如的地理区域范围大体上是与卫藏地区相当的。①

通过对吐蕃时期遗留下来的古藏文记载的分析，我们可以有进一步的了解。直到吐蕃王朝建立早期，雅隆部落及其王系被称为悉补野部。赤松德赞在位前后，古藏文记载中开始将吐蕃王朝所统治的疆域和民族通称为"蕃"。在赤松德赞时代所立《恩兰·达札路恭纪功碑》中，多处出现"蕃"的字样，诸如"蕃境黔首""向蕃地纳赋""蕃兵"等，均体现出了这一点。②从地域范围上看，此"蕃"的范围与今卫藏地区是大致一致的。随着吐蕃不断向外扩张，"蕃"和"大蕃"两种称呼在藏文文献中开始并列出现。于821年（长庆三年）在大昭寺门前所立的"唐蕃会盟碑"中，我们发现了多处"大蕃""吐蕃"等字样。③从含义上看，这些诸如"大蕃"、"吐蕃"及"蕃"的文字记载中，"吐蕃""蕃"与"bod-yul"的含义一致，而"大蕃"则包括了吐蕃王朝所统治的整个区域。

那么，吐蕃对"大蕃"之内除"bod-yul"以外的统治区域又是怎样称呼的呢？这时，在藏文文献中出现了一个较为宽泛的称呼"khams"。该词有多种含义，在这里为"边地"之意，后来才又逐渐发展成为对今康区的指代。从指代范围上看，吐蕃时期的"khams"包括了吐蕃王朝所控制的整个区域中除"bod-yul"以外的所有地区。这样一来，吐蕃所统治的区域，即"大蕃"，实际上包括"bod-yul"和"khams"两部分。显然，"bod-yul"和"khams"相应地存在一个大致的分界线或过渡地带，虽然这一界线或过渡地带在当时可能非常宽泛，且并不那么明晰。如此，我们应该可以得出这样的结论：卫藏与康区两大藏族传统地理概念虽然在吐蕃时期还未形成，但吐蕃时期"bod-yul"（与卫藏的范围基本一致）和"khams"之间在青藏高原东缘地带所客观存在且可能并不十分清晰的分界线或过渡地带为后来卫藏与康区之间界线的形成奠定了基础。

元代在藏区设置了乌斯藏宣慰司、朵思麻宣慰司和朵甘思宣慰司三个行政区进行管辖。其中，乌斯藏宣慰司的管辖区域与今卫藏基本吻合，朵思麻宣慰司与安多地区一致，朵甘思宣慰司大体是今康区的范围。元朝统治者在逐步接受藏族传统地理区域概念的基础上将藏区划分为三区进行管理，正是藏族三大传统地理区域形成的起点和直接基础。④尤为重要的是，这一举措明确了乌斯藏宣慰司与朵甘思宣慰司之间的行政分界线，这也是卫藏与康区之间界线形成的起点和直接基础。成书于1434年的藏文文献《汉藏史集》是目前发现的最早记载两区之间界线的文献，其称："由嘉王阿里贡埔以下到索拉甲沃以上为正教法区，自索拉甲沃以下到黄河河曲以上为黑头人区，自黄河河曲以下到汉地大白塔以上为俯行马区。"⑤根据这一记载可以看出，元代所确定的卫藏与康区之间的界线非常明确，即"索拉甲沃"。张云先生经过考证后认为，"索拉甲沃"是今西藏自治区那曲地区的索县。⑥

同时，《汉藏史集》对元朝在藏区设置的驿站也有着详细的记载。其称："从汉藏交界之处起，直到萨迦以下，总计设置了二十七个大驿站。若分别叙述，由朵思麻站户（支应的）七个大站，在朵甘

---

① 格勒：《藏族早期历史与文化》，商务印书馆2010年版，第23-24页。
② 王尧：《吐蕃金石录》，文物出版社1982年版，第83-84页。
③ 石硕：《西藏文明东向发展史》，四川人民出版社1994年版，第103页。
④ 石硕：《藏族三大传统地理区域形成过程探讨》，《中国藏学》2014年第3期，第53-59页。
⑤ 达仓宗巴·班觉桑布：《汉藏史集》，陈庆英译，西藏人民出版社1986年版，第168页。
⑥ 张云：《元代吐蕃等路宣慰司史地考证》，《民族研究》1994年第6期，第88页。

思设立了九个大站，在乌斯藏设置了十一个大站。乌斯藏的大站中，由乌斯地方（前藏）的人支应的大站有：索、夏克、孜巴、夏颇、贡、官萨、甲哇等七个。"① 根据祝启源、陈庆英两位先生的研究，乌斯藏驿站中的"索"与前述的"索拉甲沃"为同一地方，在今那曲地区的索县。② 可见，元代在藏区设立三个行政区进行管理的方式，不但明确了乌斯藏宣慰司和朵甘思宣慰司的管辖范围与行政分界线，也确定了卫藏与康区之间的界线，即以"索拉甲沃"（索县）为界，西为卫藏，东为康区。

在此后成书的一些藏文文献中，也沿袭了《汉藏史集》的这一说法。如成书于1629年的《萨迦世系史》记载到："从上部阿里三围至索拉甲波以上为圣教法区；索拉甲波以下至黄河河曲以上为黑头人区；自黄河河曲以下至汉地白塔以上为良骥马区。"③ 1869年成书的《安多政教史》中，称"若按三大藏区的划分来说，则自阿里的贡塘至索拉夹窝山以上至区域，称为卫藏法区；自黄河河湾以上区域，称为多朵人区；自汉地白塔寺以上的区域，则称为安多马区。"④ 上述文献中均将"索拉甲沃"视为卫藏与康区的分界线。可见，元朝所确定的乌斯藏宣慰司和朵甘思宣慰司的管辖范围和两者之间的分界线"索拉甲沃"在藏地得到了普遍认可，并成为藏族传统地理概念中的卫藏与康区之间的分界线。

二　卫藏与康区界线的演变

值得注意的是，在另外一些藏文文献中，有关卫藏与康区之间的界线却出现了不同的记载。1564年成书的《贤者喜宴》中称："东至工布芝纳，南至夏武达果，西至卡热康孜，北至玛拉拉举，以雅隆昌珠为中心，是为约茹。"⑤ 根据任新建先生的研究，"工布芝纳"在"今工布江达境……可见传统的卫藏地区之东界，最东只至工布江达一带。"⑥ 在1692～1698年成书的《格鲁派教法史——黄琉璃宝鉴》⑦ 和1748年成书的《如意宝树史》⑧ 中，均将"工布和康区波窝交界"视为卫藏与康区的分界。"工布"位于今工布江达县境，"波窝"即波密。由上可见，自明末清初开始，卫藏与康区之间的界线又出现了以工布江达为界的说法。

与此同时，清初的汉文文献中也陆续出现有关卫藏与康区之间界线的记载。根据《清实录》的记载，康熙皇帝在1720年（康熙五十九年）称："打箭炉西南，达赖喇嘛所属为危地，拉里城东南为喀木地。班禅额尔德尼所属为藏地，合三地，为三危耳。"⑨ 1724年（雍正二年），在平定罗卜藏丹津的叛乱之后向雍正所呈奏文中，年羹尧言及："洛笼宗以东，凡喀木之地，皆纳添巴于西海诸王、台吉者也；其洛笼宗以西，藏、卫两处，昔日布施于达赖喇嘛与班禅喇嘛，以为香火之地，是知洛笼宗以东巴尔喀木一路，皆为西海蒙古所有。今因西海悖逆而取之。当分属四川、云南无疑也。"⑩ 由上可见，前后相差仅数年时间，身居帝位的康熙和朝中重臣年羹尧二人对两区之间的界线认识就已有所不同。此处的拉里，即喇里，为川藏大道所经之地，所指大致为今天的嘉黎县；洛笼（隆）宗则在今天的洛

---

① 达仓宗巴·班觉桑布：《汉藏史集》，陈庆英译，西藏人民出版社1986年版，第151页。
② 祝启源、陈庆英：《元代西藏地方驿站考释》，《西藏民族学院学报》1985年第3期，第33页。
③ 阿旺贡噶索南：《萨迦世系史》，陈庆英、高禾福、周润年译注，西藏人民出版社2002年版，第103页。
④ 智观巴·贡却乎丹巴饶吉：《安多政教史》，吴均等译，甘肃民族出版社1989年版，第5页。
⑤ 巴卧·祖拉陈哇：《〈贤者喜宴〉摘译（二）》，黄颢译，《西藏民族学院学报》1981年第1期，第7页。
⑥ 任新建：《论康藏的历史关系》，《中国藏学》2004年第4期，第85页。
⑦ 桑结嘉措：《格鲁派教法史——黄琉璃宝鉴》，许德存译，陈庆英校，西藏人民出版社2009年版，第244页。
⑧ 松巴堪布·益西班觉：《如意宝树史》，蒲文成、才让译，甘肃人民出版社1994年版，第516-525页。
⑨ 《清实录》卷二九零，康熙五十九年十一月壬午条，中华书局1985年版。
⑩ 中国藏学研究中心等编《元以来西藏地方与中央政府关系档案史料汇编》，中国藏学出版社1994年版，第345-359页。

隆县一带。两相比较，洛笼（隆）宗与拉里之间有着不小的距离。同时，我们发现，在清早期的汉文文献中，将卫藏与康区之间界线定位在洛笼（隆）宗似乎仅有年羹尧一人。这可能与年羹尧个人对藏区地缘格局认识还不太清晰有关，更可能是年羹尧出于某种考虑而将洛笼（隆）宗以西原本属于康区地域的归为卫藏范围。[1]

从表1可见，清初成书的藏区方志为我们进一步考察卫藏与康区之间的界线提供了一些线索。刊行于1736年（乾隆元年）的雍正《四川通志》是清代"正式成书刊行的最早的西藏志书"[2]，书中称"在工布江达之西，为图伯特国，又称为康、卫、藏。康，即今之叉木多；卫，即今之西藏；藏，即今之后藏扎什伦布"[3]。此则记载有多处矛盾之处，显现出作者对藏区的认识还比较有限，如认为"康"位于"工布江达之西"，但其中明确称以"工布江达"为界，往西为"图伯特国"，无疑是正确的。1739年（乾隆四年）成书的《雅州府志》沿袭了《四川通志》的说法。同时，在雍正《四川通志》及《雅州府志》中，作者均采用了图的形式来反映藏区的地形分布，"基本上画出了当时西藏之一部分的康的区域，使康在西藏方志中首次以图的形式展现出来"[4]。《西藏志》成书于乾隆年间，其对藏区的认识更进了一步，称"自拉里至昌都土民皆称康巴"[5]。

表1 明清时期文献所记载的卫藏与康区之间的界线

史料出处	文献类别	成书时间	所记载的界线位置	界线所在地的经度	界线所在地的纬度
《汉藏史集》	藏文文献	1434年	索拉甲沃（今索县境内）	东经93.5°~95.0°	北纬31.1°~31.9°
《贤者喜宴》	藏文文献	1564年	工布芝纳（今工布江达县境内）	东经92°09′~94°25′	北纬29°26′~30°35′
《萨迦世系史》	藏文文献	1629年	索拉甲波（今索县境内）	东经93.5°~95.0°	北纬31.1°~31.9°
《格鲁派教法史—黄琉璃宝鉴》	藏文文献	1692~1698年	工布（今工布江达县）和康区波窝（今波密县）交界	工布江达县：东经92°09′~94°25′ 波密县：东经94°00′~96°30′	工布江达县：北纬29°26′~30°35′ 波密县：北纬29°21′~30°40′
《清实录》	汉文文献	1720年	拉里（今嘉黎县）	东经91°09′~94°01′	北纬31°07′~32°00′
《年羹尧奏文》	汉文文献	1724年	洛笼宗（今洛隆县一带）	东经95°20′~96°32′	北纬30°15′~31°15′
《四川通志》	汉文文献	1736年	工布江达	东经92°09′~94°25′	北纬29°26′~30°35
《雅州府志》	汉文文献	1739年	工布江达	东经92°09′~94°25′	北纬29°26′~30°35
《如意宝树史》	藏文文献	1748年	工布（今工布江达县）和康区波窝（今波密县）交界	工布江达县：东经92°09′~94°25′ 波密县：东经94°00′~96°30′	工布江达县：北纬29°26′~30°35′ 波密县：北纬29°21′~30°40′
《西藏志》	汉文文献	1792年	拉里（今嘉黎县）	东经91°09′~94°01′	北纬31°07′~32°00′
《安多政教史》	藏文文献	1869年	索拉夹窝山（今索县境内）	东经93°50′~95°	北纬31°1′~31°9′

---

[1] 在年羹尧提出的《青海善后事宜十三条》中，其称"巴尔喀木地方，皆当收取"，但认为"洛笼宗以西"属于卫藏范围。继年羹尧之后，川陕总督岳钟琪于雍正三年（1725年）提出将"罗隆宗等部落，请赏给达赖喇嘛管理"；四川提督周瑛提出将巴尔喀木、工布、达布一带赏给阿尔布巴，但均遭到雍正的否决。结合地方大员们一致的建议来看，年羹尧将洛隆宗确定为卫藏与康区的分界可能确实另有用意。

[2] 四川省地方志编纂委员会编《四川历代旧志提要》，四川科学技术出版社2012年版，第13-14页。

[3] 黄廷桂：《四川通志·西域志》，巴蜀书社1984年版。

[4] 赵心愚：《清代早期西藏方志中的"康"及有关记载的特点》，《第八届中国民族研究西南论坛会议论文集》2015年4月，第355页。

[5] 允礼：《西藏志》，西藏人民出版社1982年版。

通过对上述明清时期汉藏文文献中有关卫藏与康区之间界线的 11 处记载（其中藏文文献 6 种、汉文文献 5 种）的统计和比照，我们可以发现这些记载总体上呈现出以下两个显著的特点。

首先，从地理位置上看，上述地点大致处于同一经度线上。从地理坐标的角度来观察，索县的经度为东经 93.5°~95.0°，其最东端的纬度为 95.0′；工布江达县的经度为东经 92°09′~94°25′，其最东端的纬度为 94°25′；波密县的纬度东经 94°00′~96°30′，最西段的纬度为 94°00′；嘉黎县的经度为东经 91°09′~94°01′，最西端纬度为 94°01′；洛隆县经度为东经 95°20′~96°32′，最西端纬度为 95°20′。通过上述仔细比照，我们可以发现，除年羹尧所提出的洛笼宗（今洛隆县）距离较远外，其余汉藏文献中所呈现出的卫藏与康区之间界线的几个地点所处的经度是十分接近的。

1743 年（乾隆八年）告竣的《大清一统志》为我们认识卫藏与康区之间的界线提供了一个更为宏观的视角。根据《大清一统志》的记载："喀木在卫东南八百三十二里，近云南丽江府之北。东至雅龙江西岸，西至努卜公拉岭卫界，一千四百里；南至噶克拉冈里山；北至木鲁乌苏河南岸，一千七百里。"可见，根据《大清一统志》的记载，乾隆时期清朝统治者是将"努卜公拉岭"确定为了卫藏与康区之间的分界线。"努卜公拉岭"即"鲁共拉山"，大致位置在今西藏嘉黎县东北一带。显然，《大清一统志》以山脉为标志的分界方式与之前我们所统计的界线划分有着很大不同，这实际上是建立在清朝统治者对藏区认识更加清晰和全面的基础上的。我们今天所普遍提及的卫藏与康区之间大体以"鲁共拉山"为界最早正是来源于《大清一统志》的记载。"鲁共拉山"虽然是以山脉为标志来确定两区之间的分界线，但与其他的分界地点相对照，它们仍然是处在同一经度上的，而且《大清一统志》所涵盖的区域相对来说更为广泛，更具有地理意义上的标志性和可识别性。正是汉藏文献记载中所出现的这些分界线，共同勾画出了卫藏与康区之间界线的大致走向和基本轮廓，而"鲁共拉山"正是其中具有标志性的地理意义上的分界线。

其次，汉藏文文献中所出现的有关两区之间的界线均处于卫藏与内地之间往来的交通要道上。在关于卫藏与康区之间界线的记载中，"索拉甲沃"（索县）出现的时间最早，《汉藏史集》《萨迦世系史》《安多政教史》等藏文文献均谓此为卫藏与康区之间的分界地带。那么，"索拉甲沃"是一个什么样的地方呢？"索拉甲沃"（索县）是元明时期自中原地区经过安多和康区进入卫藏后的第一个驿站，也是卫藏最东端的驿站，正处于元明两朝内地与卫藏之间往来的主要交通线上，地理位置十分重要，元朝帝师八思巴数次往来元廷和萨迦均经由"索拉甲沃"进出，可见"索拉甲沃"在元明时期的汉藏交流中具有重要的地位，是卫藏与中原交流往来的枢纽。

明中期以后，随着藏区僧俗首领前往中原地区朝贡路线的变化，川藏大道在汉藏交往中的重要地位开始凸显。明初，中央王朝对于藏地僧俗首领朝贡的路线没有明确的规定，因沿元朝所建驿站入贡，较为平坦易行，故来自卫藏地区的朝贡使团大都沿元代驿站所经线路，进入中原地区。自天顺、景泰以后，由于朝贡人数急剧增加，以及北方蒙古部落不断侵袭，明朝统治者开始对朝贡路线做出了明确规定："乌斯藏赞善、阐教、阐化、辅教四王"的朝贡路线，"由四川路入"。到成化年间，又将赞善王朝贡路线改为取道甘青一线，阐教、阐化及辅教三王仍从四川路，其他如大乘法王、大宝法王及护教王均从四川入贡。① 这样一来，明代卫藏僧俗首领往来中原地区所经路线与元代已经有了较大差异，经康区由四川出入的川藏道逐渐成为卫藏地区僧俗首领前往中原地区的主要通道。

到了明清政权交替之际，康区在藏区中的地位进一步提高。随着清军入藏驱逐准噶尔军队，以及

---

① 《明实录》卷七八，中华书局 2016 年版。

其后数次出兵进藏平定西藏内乱,清政府在康区建立了往来西藏的驿站和塘汛制度。驿站和塘汛制度的建立使康区及卫藏的往来通道在使用和管理上都远远超过了以前任何一个时期。清代康区塘汛的设置始于康熙年间。至乾隆年间,塘汛得到进一步重视,并逐步确立与完善。① 清代前期,康区塘汛主要沿川藏线南路设置。其路线主要有以下几道:其一为川藏道,"自打箭炉出口至藏,计程不及五千里,共安台八十四处,安汛十三处"。② 其二为滇藏道,自云南中甸出口至洛隆宗,计程3080里,凡38站。③ 同时,川藏道分南北两路,分别为川藏官道和川藏商道,其路线与明代藏区僧俗首领前往内地朝贡所经过康区的主要路线是一致的。

显然,随着元明清三朝往来卫藏与中原地区的交通道路的调整和变化,不同时期的不同人群对卫藏与康区之间界线的认识也相应地发生了变化。"索拉甲沃"是元明时期的驿站和贡道的必经之路;"工布"、"波窝"、"拉里"和"洛隆宗"均处于明末清代开始兴起的川藏大道上,《大清一统志》所提及的"鲁共拉山"同样是清代入藏大道的必经之地。在很大程度上,可能正是由于元明清之际入藏道路的变迁,加之上述著作的作者本人所处环境、自身经历和对整个藏区认识程度不同,以及其人际交往所涉及的对象和其本人出入卫藏与内地之间道路选择的不同等因素的影响,导致了源自于元明时期的驿站和贡道,以及清代川藏道两种不同的记载结果。例如,《安多政教史》的作者智观巴·贡却乎丹巴饶吉生于安多藏区的甘肃省甘南藏族自治州夏河县,曾先后两次赴西藏深造,其若从安多地区出发,当是沿着元明时期的驿站和朝贡旧道出入西藏的,因此安多地区出身的智观巴·贡却乎丹巴饶吉认为卫藏与康区之间的界线是"索拉甲沃"也就在情理之中了。同时,清代汉文文献中分别将位于川藏大道上的拉里、洛隆宗、工布江达等作为卫藏和康区之间的界线,显然是与明末清初开始兴起的川藏大道联系起来的。

不过,不管是对卫藏与康区之间界线的何种记载,均是以不同时期的不同人群进入卫藏地区的大道为准,"对处于两区之间的其他地区的分界并未有明确的划分"。④ 这样一来,我们可以进一步认为,元明两朝的驿站和贡道的建立,以及明末清初以后川藏道的兴起均对卫藏与康区之间界线的发展演变产生了重要的影响。元明两朝的驿站和贡道上的"索拉甲沃"和其后兴起的川藏道上的"工布"、"波窝"、"拉里"、"洛隆宗"以及"鲁共拉山"共同构成了卫藏与康区之间界线的文献记载和历史记忆。

三 清末卫藏与康区界线的打破与近代康藏界务争端

在实现对藏区的直接统治后,为防止来自西藏的势力干涉其他藏区的政治事务和重建藏区的政治秩序,清政府在雍正时期采取了一项重要的治藏政策——康区划界。通过划界,康区最终分属于四川、云南、西藏及青海。其中,西藏与四川之间以宁静山为界,大体位置在察木多、乍丫、打拉和石宗一线。如此一来,清政府实际上打破了元朝以来在藏区所实行的三区管理的统治模式,也突破了长期以来所形成的卫藏与康区之间的传统界线,让原本不属于卫藏的宁静山以西一带地方由来自卫藏的势力进行管理。清政府所实施的这一举措的影响无疑是深远的。除川、藏之间的界线因近代频繁发生的康藏纠纷和界务争端而稍微有所变化外,雍正时期在康区所划定的界线最终发展成为了今天川、滇、青、

---

① 邹立波:《清代前期康区塘汛的设置及其作用与影响》,《西藏研究》2009年第3期,第28-29页。
② 允礼:《西藏志》,西藏人民出版社1982年版,第45页。
③ 边巴次仁、朗杰扎西:《清代入藏驿站及西藏地方内部驿站考》,《西藏大学学报》2008年第4期,第79页。
④ 任新建:《论康藏历史关系》,《中国藏学》2004年第4期,第85页。

藏四省（区）之间在康区一带的行政分界线。

到了清末，随着清朝逐渐衰落及其对藏区控制力的弱化，西藏格鲁派势力利用派遣藏兵进入瞻对平定工布朗吉之乱之机，越过雍正时期所划定的西藏与四川之间的界线，并取得了对瞻对的管辖权。此后，西藏方面开始积极插手康区的政治事务，使"各土司处喇嘛，只知有西藏，不知有朝廷。"① 清末，川滇边务大臣赵尔丰在德格、察木多、乍丫、恩达、硕般多、洛隆宗、边坝、三十九族及瞻对等地进行改土归流。这样一来，卫藏的最东端再度成为西藏所控制区域的最东面；雍正划分给西藏的康区部分地区成为川滇边务大臣所辖的区域。此时，赵尔丰与傅嵩炑均主张在康区设行省，但最终因清朝政府的灭亡而中辍。我们注意到，在傅嵩炑的奏文中，有这样一段话：

> 东至打箭炉起，西至丹达山止，计三千余里。南与云南之维西、中甸两厅接壤，北越俄洛色达野番与甘肃交界，亦四千余里。其西南隅过杂（察瑜）外，经野番境数日程，即为英属。西北隅毗连西宁，东南隅抵四川宁远所属各州县境；东北隅乃四川、甘肃之交。②

上述内容为傅嵩炑对康区地域范围的描述。在其中，傅嵩炑认为康区的最西端为丹达山。那么，丹达山同前述之卫藏与康区之间的传统分界线鲁共拉山之间有无区别呢？丹达山，位于今昌都地区边坝县城西南数十公里外，藏语称"沙工拉"山，又作"斜贡拉""夏贡拉"山，意思为"东雪山"，丹达山顶为"鲁共拉"岭。丹达山之名来自"鲁共拉"岭东麓山脚的村名"乌金丹达"。③ 可见，丹达山与鲁共拉山之间所指地方大体是一致的，但丹达山的区域明显大于鲁共拉山。此时，傅嵩炑提及的建省边界与长期以来形成的卫藏和康区之间的分界线大体一致。

1911年辛亥革命爆发以后，西藏格鲁派势力先后通过民初（1912年）的驱汉事件、民国七年（1918年）的类乌齐割草事件，将其在康区的势力范围扩大至德格一带。到1930年代的第三次康藏纠纷发生后，西藏格鲁派势力一度占据瞻对和甘孜一带地方，其在康区所控制的地域范围达到极致。反观川康方面，则丢失了自康乾以来在康区所管辖的大部分区域。不过，随着藏军被击退，这一状况很快被打破，双方最终以金沙江为界，形成对峙局面。

在民国时期西藏与川康方面的冲突之中，康藏界务问题一直是各方关注的焦点。英国在其主导的"西姆拉"会议上抛出内藏和外藏的解决方案，红线范围几乎包括除青海湖地区和滇西北藏区以外的整个中国地理学意义上的地势第一台阶，即整个青藏高原；蓝线沿柴达木盆地南缘向东后折向南，跨过金沙江后沿澜沧江与金沙江分水岭南下，包括了西藏与青海省北部及从打箭炉到宁静山之间的广大康区。其中，蓝线以外属于"外藏"，蓝线与红线之间的范围为"内藏"。④ 但未能达成一致。西藏方面认为解决西藏问题的根本"惟在毗连地界之安宁，倘得解决，人众深蒙幸福，此即异常重要"，因此要求康藏界务问题后再确定"中藏问题"，将界务置于中央政府与西藏地方之间地位问题之前。⑤ 国民政府方面则坚持"中藏问题，应请向首先承认者，中藏是否为一家，如为一家，则边界问题，自不

---

① 傅嵩炑：《西康建省记》，四川官印刷局1912年版，第57—61页。
② 傅嵩炑：《西康建省记》，民国元年印本，第1页。
③ 王川：《西藏昌都近代社会研究》，四川人民出版社2006年版，第232—233页。
④ 吴彦勤：《清末民国时期川藏关系研究》，云南人民出版社2007年版，第94—95页。
⑤ 中国藏学研究中心等编《元以来西藏地方与中央政府关系档案史料汇编》，中国藏学出版社1994年版，第2667页。

难解决"。①

在各方的诉求之中，有两点需要我们特别提及。首先，西藏方面视康区为西藏的一部分，刻意淡化卫藏与康区之间历史上形成并早已存在的分界线，"将西藏语及西藏文化影响所到之处，全纳入西藏的范围"。② 其次，国民政府及川康地方势力派则希望按照卫藏与康区的传统分界线来划定川藏之间的界线。早在西姆拉会议期间，北洋政府就提出"以清末赵尔丰边军所及之地为限，允以江达为界，而江达以西归藏自治"。③ 南京国民政府在名义上仍然坚持上述原则，但在谈判中所把握的尺度则是同意将江达以东的地方划归西藏，但昌都一带"必须划入西康范围之内"。④ 不过，上述各方最终均未达到目的，军事分界线最终成为康藏之间的实际界线。直到解放前夕，关于康藏界线的问题仍是各方关注的焦点，并未得到妥善解决。

四 几点认识

通过上面对藏地三区中的卫藏与康区之间界线的形成演变过程的探讨，结合藏区地缘格局的基本特点，我们大体可以得出以下三点认识。

第一，藏地三区中的卫藏与康区之间的界线在唐代吐蕃时期就已有雏形。两区之间界线的形成与吐蕃以 "bod-yul" 和 "khams" 为区分的地域观及藏区不同地域之间迥然相异的自然地理环境相关联，是建立在藏区的文化传统、社会结构、风俗习惯等基础上的，两区之间不同的自然地理区域是其中最重要、最直接的自然基础，"在很大程度上正是由于其各自所处的自然地理区域的特点和自然生态环境之间的差异所决定"。⑤ 卫藏与康区之间界线的形成演变过程为我们认识藏区的地域人文特色提供了一个新的视角。

第二，藏地三区中的卫藏与康区之间界线的发展演变同历代中央王朝在藏区的施政有着密切的联系。汉藏文献中出现的卫藏与康区之间的界线地点均处于不同历史时期卫藏往来中原地区的主要通道之上。元朝在藏区设立三个行政区划第一次明确了康区和卫藏的大致管辖范围，使两区之间已经具有了相对确定的界线——"索拉甲沃"。"索拉甲沃"正处于元朝在藏区设立的驿道和明代的贡道之上。明末清初以来，川藏道成为卫藏与内地之间往来交流的主要通道，川藏道上的"工布"、"波窝"、"拉里"和"洛隆宗"等有关卫藏与康区之间界线的地名也出现在汉藏文献记载之中，乾隆年间成书的《大清一统志》对两区之间以"鲁共拉山"为界的确定更成为我们今天所熟知的卫藏与康区之间的大致分界。元明清时期的有关记载，不但为我们呈现了卫藏与康区之间的界线，也共同为我们勾画出了卫藏与康区之间界线的大致走向，而鲁共拉山正是其中具有标志性的地理分界线。这些均说明，中央王朝对藏区的施政一直影响着卫藏与康区之间界线的发展演变。

第三，近代频繁发生的康藏纠纷，其中争执的焦点问题是康藏界务争端，而这又牵扯卫藏与康区之间的界线问题。此时，元代以来所形成、演变而来的卫藏与康区之间的界线，已然作为藏区传统地理概念中的卫藏与康区之间的界线得到人们的认同和传播，清朝和民国政府也在康藏界线问题的争论

---

① 《黄慕松奉使入藏册封并致祭达赖大师报告书》，载《1899—1949年有关西藏问题历史档案资料汇编》（下），末刊，第120-129页。
② 黄天华：《边疆政制建制与国家整合：以西康建省为考察中心（1906—1949）》，人民出版社2014年版，第40页。
③ 中国藏学研究中心等编《元以来西藏地方与中央政府关系档案史料汇编》，中国藏学出版社1994年版，第2419-2422页。
④ 〔美〕梅·戈尔斯坦：《喇嘛王国的覆灭》，杜永彬译，中国藏学出版社2005年版，第169-170页。
⑤ 石硕：《藏族的地域特点及相关问题——兼论康区之特点》，《青海民族大学学报》（社会科学版）2015年第1期，第31页。

中参照了这一界线。不过，西藏及川康方面等涉事各方的控制线最终成为康藏之间的实际界线，但各方有关康藏之间界线的诉求却远未停息。当时，西藏方面无视卫藏与康区之间历史形成并早已存在的分界线，将康区视为西藏的一部分。国民政府及川康地方实力派则以藏族传统地理概念中的卫藏与康区的分界线作为界线划分依据。整个民国时期，各方之间冲突和对峙所形成的军事防线成为康藏之间的实际界线，第三次康藏纠纷所形成的西藏在康区的暂时疆界，事实上一直延续到今天，成为新中国建立后川、藏两省（区）之间的行政分界线。

传统与现代：一个普米族村落的百年生计变迁史

赵越云　樊志民

摘　要　通过对位于南方农牧交错区的滇西北一个普米族村落近百年间生计模式的演变进行长程观察，可以发现，在继承与发展中，迪姑普米族人以生计模式的转变为基础，逐步实现了从游牧族群向定居农业族群的转变。合理地分配劳动力在各种生计方式之间的时间安排、协调各种生计方式在空间上的分布，是迪姑普米族人在生计模式成功转变的过程中形成的基本历史经验。重要的是，迪姑普米族人生计模式的百年变迁史具有历史与现实的普遍性，由此引发了关于回归传统与走向未来的诸多思考。普米族人形成的历史经验启示，如何实现既继承优良传统，又发挥现代优势，是解决农村问题的关键。

关键词　普米族；农村；生计模式；传统；现代

DOI：10.13835/b.eayn.25.03

一　问题的提出

农村何处去，是当代中国面临的重要问题之一。不同学者基于不同的学科背景与预设目标针对这一问题阐述着自己的见解。大体来讲，可分为两种：其一为以经济层面的改造为契机实现农村现代化；其二为以缅怀田园牧歌式的农村图景而发思古之幽情，希望农村回归传统。然而，不可否认的是，上述两种倾向都不可避免地存在偏颇之处。

不知其何处来，焉知其何处去？面对关于农村何处去的问题，需要对中国农村进行一种基于历史视野的长程观察，从而了解农村社会发展的来龙去脉，最终回答农村去往何处以及如何去往的问题。本文试图寻找一个具有典型性的传统村落进行个案分析，以期实现对农村社会的长程观察。

滇西北山区属于中国南方农牧交错区，是中国历史上游牧民族与农耕民族相互交流和融合的前沿地带，也是多民族交错杂居的区域，普米族便是众多民族中的一个。云南省迪庆藏族自治州维西傈僳族自治县攀天阁乡皆菊行政村迪姑自然村是普米族聚居的传统村落之一，普米族在此定居的历史有

---

* 基金项目：本文是教育部哲学社会科学研究重大课题攻关项目"中华农业文明通史"（项目编号：13JZD036）的阶段性研究成果之一；同时，本文的调研过程受到教育部研究生教育创新计划项目云南大学第八届（2016年）民族学/人类学研究生暑期学校的调查指导与经费支持。

** 赵越云（1988～），男，汉族，山西吕梁人，西北农林科技大学中国农业历史文化研究中心在读博士研究生，研究方向为中国农业史；[通讯作者] 樊志民（1957～），男，汉族，陕西洛川人，西北农林科技大学中国农业历史文化研究中心教授，博士生导师，研究方向为中国农业史。

100 多年，其定居源于一次泻湖造田的政府行为。

本文要着重观察的便是这个普米族村落 100 多年以来生计模式的演变历程。所谓"生计模式"是指不同的生计方式按照一定的比例构成一个赖以谋生的多元方式综合体，因此，观察"生计模式"的基本单位是生计方式。我们所调查的普米族村落的生计方式可以细分为以下几种：（1）游牧业，是一种逐水草而居、人随畜转移的谋生方式，移动性是游牧业的本质属性，因此，从事游牧业则很难兼顾种植业生产，但可以养殖较大规模的动物；（2）畜牧业，是一种牲畜从人的谋生方式，相比于游牧业而言，从事畜牧业的人有着相对固定的生活居址，也可以养殖较大规模的动物，但同时必须处理好畜牧业与种植业之间的相互关系；（3）养畜业，是一种家庭养殖多种动物的谋生方式，相比于游牧业和畜牧业来讲，养畜业能够养殖的动物规模很小，主要依附于农耕生产而进行；（4）渔猎采集业，本质上来讲，是一种攫取型谋生方式，捕猎动物和采集植物是其实现途径；（5）稻作种植业，是以水田耕作为主的谋生方式，主要农作物是水稻；（6）旱作种植业，是以旱地耕作为主的谋生方式；（7）园艺业，是一种在房前屋后、田间地头种植各种蔬菜的谋生方式；（8）家庭手工业，是一种以商品性生产为主，获取交换价值的谋生方式。

普米族村落在百余年的发展历程中，上述生计方式在不同的历史阶段呈现出不同的结构性组合，从而构成不同的生计模式。本文旨在观察探讨这一生计模式的百年变迁，以期在传统与现代之间对农村何处去的命题提供一种思考途径。总体来看，迪姑自然村百余年的生计模式演变可以划分为三个阶段：从定居迪姑到集体化以前，主要经历了从游牧、采渔猎采集为主的生计模式向稻作种植、畜牧、养畜、渔猎采集等多元化生计模式的转变，并实现了多元生计方式的有效结合，最终构建起一个具有中国历史上传统农业时期循环经济色彩的生计模式。这一转变实现的契机是泻湖造田，接纳稻作农耕；集体化时期迪姑自然村的生计模式获得进一步拓展，主要表现为对旱作种植业的接纳，这一转变的契机则是当地农民在坝子周边开垦山地的行为；集体化以后，伴随土地下户，迪姑自然村的生计模式更趋多元，但逐步开始割裂了以往生计方式之间的有效结合。

二 传统构建：集体化以前生计模式的继承与转变

根据文献史料的记载，围绕普米族的族源问题，学界虽有颇多聚讼，但总体来讲普米族原本是游牧民族。例如，清代的余庆远在《维西见闻纪》中讲："巴苴，又名西番，亦无姓氏。元世祖取滇，渡自其宗，随从中流亡至此者，不知其为蒙古何部落人也，浪沧江内有之。板屋栖山，与么些杂居，亦么些头目治之。"[①] 此外，《中国少数民族史大辞典》也认为："普米族渊源于古氐羌人，其先民原居今甘、青一带，为游牧部落，后沿横断山脉逐渐南迁，过雅砻江、木里河，迁至川、滇边境地区。约公元 7 世纪以前，已分布在今四川越嶲、冕宁、汉源、九龙及石棉等地，是当时西昌地区的主要民族之一。13 世纪后陆续迁入宁蒗、丽江、维西、兰坪一带定居。"[②] 普米族的生计模式最初以游牧业为主，并进行一定的渔猎采集业，与此相应，则过着漂泊不定的迁移生活。

迪姑坝子原本是一处高原湖泊。现在的迪姑自然村位于坝子周围的半山腰上，按照居住址的高低分为上、下两个村民小组。根据村民的描述，他们曾经有过从高处向低处迁移住居的行为，鉴于游牧

---

① 邓章应、白小丽：《〈维西见闻纪〉研究》，四川大学出版社 2012 年版，第 92 页。
② 高德文：《中国少数民族史大辞典》，吉林教育出版社 1995 年版，第 2291 页。

业生计方式中牛羊等牲畜对水源的需求，可以推测，在定居于迪姑坝子之前，普米族人已经在当时的高原湖泊周围长时期地停留。此外，羊曾经在迪姑的普米族人群中有着重要地位，在丧葬仪式中被作为祭品广泛使用，当是一种游牧文化的延续。狗也作为普米族人的忠诚伙伴，与普米族人有着深厚的情感，鉴于狗在人类生活中的多元性作用，既可以是放牧牛羊的得力助手，也可以是狩猎活动的亲密战友，这大体揭示出普米族人曾经进行游牧－采猎生计模式的史实。

在迪姑村普米族人的心目中，他们开始接受稻作种植业，也与狗有很大的关系。口耳相传的神话故事里，是狗在普米族人最危急的时候，用尾巴沾回来了几粒稻种，从而开启了他们的农耕生涯，也形成了现在当地引以为傲的"黑谷红米"。迪姑坝子一处名曰落水洞的地方，保留着清光绪三十二年（1906）的一处石刻，记录了时任维西通判冯舜生带领当地人们泻湖造田1000余亩的事迹，当为迪姑普米族人开启农耕生活的起点，也是普米族人开始探索如何将原先的游牧－渔猎采集生计模式与新增的稻作农耕生计方式相互结合的时间节点。当地老人讲述的一个关于猫和狗的故事，也揭示出普米族人从游牧转向农耕的史实。据传，猫曾经偷了主人家的钱财，然后栽赃给狗，主人听信了猫的谗言，将狗赶出了家门，猫却获得了登堂入室的特权。在这样一则民间故事中，狗的地位开始下降，猫的地位获得提升。在田野调查的过程中，确实没有见到狗进入主人屋子的情景，猫却可以随意进出。如果狗在游牧－渔猎采集经济中是人类的绝佳伙伴，猫则可以在定居农耕生活中成为守护粮仓的主力，狗并没有被人彻底遗弃，或是考虑到看门护院的需要。可以推测，普米族人已经由纯粹的游牧生活转向了农牧结合的生计模式。

普米族人通过家庭劳动力的合理分工和农作放牧场所的空间分离，实现了农与牧的相互结合，构建起一种具有循环经济色彩的农业经济体系，从而实现了具有中国传统色彩的田园牧歌生活。

落水洞石刻提供的耕地数据与现在迪姑坝子的耕地数据存在差异，揭示出迪姑坝子在集体化以前耕地面积只有现在一半的事实。从当地老人的描述中，也可以知道在集体化之前迪姑坝子的景象是：一半为稻作水田，一半是疏林草地。其中，稻作水田和周围的山地是女人农作采集的场所，而疏林草地则是男人们放牧打猎的场所。直到现在，普米族的男人都很少干农活，应当是传统劳动力分工的延续。男人们放牧的动物主要是马、牛、羊、猪等，这些动物无疑成为农作劳动中的得力帮手，马可以驮载重物，牛可以耕田劳作。同时，稻作农耕的秸秆是牲畜圈栏里垫圈的佳品，而经过牲畜踩踏后的秸秆与牲畜粪便结合，又变成了效果很好的农家肥。需要指出的是，普米族固有的游牧业已经转变为畜牧业，人们已经不需要为追逐水草而随畜转移，也无须再过居无定所的生活，固定牧场的形成使人们可以赶着牛羊朝出夕归，白天将牛羊赶到牧场采食，夜晚则将牛羊带回圈栏。而且，人们还可以养殖较大规模的畜群。牛羊和稻米在这一时期是家庭财富的象征，也是维系社交网络的纽带，根据当地老人的回忆，以往遇到重大节日时，会有比赛宰杀牛羊量的情况，遇到婚丧嫁娶时主人要将自家生产的稻米拿出来宴请宾朋。

在集体化以前，稻作种植业和畜牧业已成为当地普米族人生计模式中最主要的两种生计方式。渔猎采集业则成为这一生计模式中的必要补充，在丰富人们生活与食物结构上起着重要作用。除此之外，原先普米族人纯粹的游牧业，伴随向畜牧业的转变，已经开始出现养畜业的萌芽，尤其是对猪的饲养，更多依靠种植业的产出，也更多采取家庭舍饲的饲养方式。尽管直到现在，普米族人依然会对猪进行近地放养，但是在入冬之后，往往要以喂食较多的谷物和残羹剩饭来达到使猪迅速长肥长壮的目的，以备过年时宰杀年猪的需要。这种对猪的饲养方式更多地体现为养畜业而非畜牧业色彩。园艺业是在集体化以前当地普米族人生计模式中出现的另一种新的生计方式。伴随定居生活的实现，在房前屋后开辟空地，种植各种蔬菜以丰富食物来源成为可能。而且，从劳动力的分配上来看，园艺业并不需要太大的投入，只需要在田间劳作的空余时间里顺便管理即可完成。

总体来讲，普米族人以泻湖造田为契机，实现了生计模式游牧－渔猎采集向畜牧－稻作种植－渔猎采集－养畜－园艺的转变，在集体化以前，形成了以畜牧业和稻作种植业为主，以养畜业、渔猎采集业、园艺业等为必要补充的生计模式。本文将这一过程称为"构建传统"。

可以看到，在"构建传统"的过程中，普米族人实现了多种生计方式之间的有机结合与相互补充。原有的游牧业和渔猎采集业的生计方式并没有被完全抛弃，而是经过合理改造后被继承了下来，并与稻作种植业等新生计方式紧密结合，实现结合的途径则是家庭劳动力的合理分工与农牧业地域的恰当分离。从产出上来看，普米族人将农与牧恰当结合，相比于单纯进行种植业来讲，实现了一种"连续性"产出，中国传统农业一般遵循"春种、夏长、秋收、冬藏"的产出序列，"春种一粒粟"后对"秋收万颗子"的期许，需要经历漫长的照料与守候方能实现，还要经历整个冬季的农闲而往往造成"青黄不接"的尴尬处境，因此种植业事实上是一种"断续性"的产出过程。而畜牧业的产出正好在时间上弥补了种植业产出的缺环，从而实现了产出的"连续性"，也实现了产出的最大化。

三 延续传统：集体化时期生计模式的拓展与偏颇

普米族人在集体化以前形成的生计模式，到集体化时期得到进一步拓展，这种拓展首先体现为对种植业的强化。

在集体化时期，牧场被开辟为农田，而且，这种土地开辟拓展至坝子周围的山坡，从而使得可耕种的土地面积达到最大限度。但是，稻作农业对水的需求导致大部分新开垦的土地因无法实现蓄水而不得不进行旱地耕作。因此，从种植业的视角来讲，以新农田的开辟为契机，种植业对象得以进一步多元化，旱地作物的引入已经成为势在必行的选择，玉米、土豆等旱地作物逐渐成为普米族人新的食物来源。

不可否认，水田作物与旱地作物在同一个坝子里的共存，使人们在进行种植决策时有了更多的选择，食物来源的多元化也丰富了当地普米族人们的生活。人们开始种植玉米。而且，玉米既可以当作人们的食物，也可以当作牲畜的饲料，一举两得。因此，集体化时期的土地开垦使普米族人的生计模式得到进一步拓展。更为重要的意义在于，种植对象的多元化使人们在应对异常气候时能够更加从容。例如，在遭遇气候干旱时，人们可以选择多种植一些旱地作物，少种植一些水田作物——水稻，反之亦然，由此而规避种植业结构单一时因气候异常事件而导致饥荒与恐慌的风险。由此而言，生计模式的多元化拓展有利于人们经济生活的稳定。随着种植业经验知识的积累，园艺业也有了进一步的发展。房前屋后、田间地头的瓜果蔬菜在增加和丰富人们植物性食物的来源方面起着重要作用。

但是，在享受种植业结构性拓展带来的实惠时，人们也面临着新的生计问题。由于原先的牧场被农田替代，牲畜养殖首先面临着较大困境，人们必须将牲畜进行转移。在整个坝子都被逐渐开辟为农田的情境下，可供放牧的空间极大压缩，直至丧失。当地普米族人采取的应对方法是：在农忙和农作物生长的季节，将马牛羊等大型草食性动物转移到距离村庄较远的牧场；在农闲和农作物收获之后，再将这些牲畜接回村庄。由此而解决了农时与牧时的冲突，也解决了农地与牧地之间的相侵。但是，如此从事畜牧业生产毕竟不太方便，而且，农忙时节将牛羊等草食性动物放置于远离村庄的牧场带来较大的风险，尽管当地多山的地貌为牧场提供了天然的圈栏，牲畜走失或被盗还是偶有发生。"构建传统"时期形成的农牧兼营的生计模式逐渐被种植业为主、养畜业为辅的模式所取代。放弃大规模养殖大型草食性动物的畜牧业,而选择以家庭舍饲为主、近地放养为辅,从事养殖小型杂食性动物的养畜业相比之下是一种更为低风险的投资。因此,逐渐减少马、牛、羊等草食性动物的养殖比例,增加猪、鸡、鸭等家畜家禽的养殖比例,成为集体化时期以来当地普米族人生计模式演变的主要趋势。需要指出的是,畜牧业的萎缩与养畜业的拓展都不是一蹴而就的,两者皆有一个渐变的过程,只是畜牧业的成分越来越少,而养畜业的成分则越来越多。由此,当地普米族人的生计模式在动物养殖领域同样存在多元化拓展的现象,即人们能够养殖的动物种类逐渐增多。集体化时期迪姑普米族人生计模式的拓展与转变,使得牛羊不再是人们财富的象征,取而代之的是养畜业对象——猪,猪肉逐渐成为人们生活中主要的肉食来源。

集体化时期农田开辟的另一个直接影响是,渔猎经济的丧失与采集场所的远离。人们将原生景观改造为农业景观,原生景观下的野生动物资源势必要去更远的地方寻找合宜的生存环境。以往且牧且猎的劳动方式由此而无法维持,而且,种植业对劳动力投入的要求又使人们无法在农忙的间隙中远赴深山寻找猎物,因此,渔猎经济在集体化时期以来逐渐淡出人们的生计模式。如今,狩猎已经成为当地老人儿时的回忆,他们成年以后便基本不再从事。新的农田被开辟以后,野生菌的采集也受到一定程度的影响。野生菌一般在夏季的雨后出现,而雨后一般又不适宜农田劳作,采集经济以其劳动时间天然地避开农时而得以保留。但是,对于以往在坝子周围的山坡上便可采集到的野生菌,由于农田的开辟,人们必须远距离采集,投入的劳动量逐渐加大。

可见,集体化时期以新农田的开辟为契机,普米族人的生计模式无论是在种植业①领域还是在养殖业②领域都得到进一步拓展与强化,但与此同时,也都不可避免地带来一些偏颇。首先是种与养之间的争地、争劳力问题,其次则是对渔猎采集经济的挤压。但总体来讲,在集体化时期,迪姑普米族人的生计模式从集体化以前以畜牧业和稻作种植业为主,以养畜业、渔猎采集业、园艺业等为必要补充的模式,转变为以种植业为主、养畜业为辅,畜牧业、渔猎采集业等为必要补充的模式。这一转变虽在各种生计方式的构成比例上有所调整,但依然保持着以往生计模式的产出连续性、产业循环性等特征。因此,总体来讲,集体化时期迪姑普米族的生计模式虽在拓展中产生一些偏颇之处,但依然延续着当地在集体化以前形成的传统生计模式。

值得注意的是,集体化以前在特定生计模式下形成的家庭劳动力分工结构——男牧女耕,在集体化时期生计模式拓展的背景下发生改变,畜牧业向养畜业的转变带来的是男性劳动力的解放,为集体化以后男性劳动力开始外流提供了条件。养畜业的养殖方式是以家庭舍饲为主、以近地放养为辅,而且,养畜业比之于畜牧业,动物养殖规模小,养殖对象呈现小型化。在这一方式下,儿童可以作为家庭劳动力参与劳动,例如,近地放牧数量极少的牛羊或放牧猪群、鸭群等,成为儿童放学后的基本任务。这种参与式学习无疑成为普米族人农业知识传承的重要载体。女性劳动力则继续从事着种植业、园艺业等劳作,从而使女耕童牧的家庭劳动力分工结构得以确立。木楞房是普米族的特有的民居建筑,精湛的木工手艺逐渐成为男性劳动力的技能之一;普米族人性情豪爽,酒是人们日常生活中的必备饮品,家庭酿酒业逐渐成为男性劳动力从事的另一项谋生方式。

---

① 稻作种植业、旱作种植业、园艺业虽在种植对象的生物习性和具体的劳动方式上有所差异,但其共同特点都是围绕植物的种植而展开,因此,本文将其统称为种植业。
② 游牧业、畜牧业、养畜业虽在具体劳动方式上存在差异,但其共同特点都是围绕动物的饲养与增殖而展开,因此,本文将其统称为养殖业。

总之，集体化时期生计模式的结构性拓展逐渐改变着当地的家庭劳动力分工结构。男性劳动力从畜牧业中解放出来，成为集体化时期以后生计模式变迁的契机。虽然，畜牧业在迪姑普米族人的生计模式中所占比例逐渐减少，地位开始让渡于养畜业，但是，畜牧业毕竟未被全部放弃，依然是当地生计模式的必要补充。这一过程中，合理分配种植业时间和畜牧业时间、调整种植业空间与畜牧业空间，是解决种植业结构性拓展所带来的偏颇时体现出来的一种民间智慧。

四 走向现代：集体化以后生计模式的多样与割裂

以集体化时期男性劳动力的解放为契机，集体化以后，迪姑普米族人的生计模式更加多样，以酿酒和木工制造为代表的家庭手工业开始兴起。由此，男工女耕童牧的家庭劳动力分工结构得以确立。

集体化以后，伴随畜牧业比例在迪姑普米族人生计模式中逐渐降低，越来越多的男性劳动力从原来的生计模式中解放出来。在集体化以后的初期，以马和牛为对象的畜牧业生产，因其具有种植业役畜的功能，如马可以驾车、牛可以耕田等，尚有一定规模的存在。但是，在现代农用机械逐渐普及的时代背景下，三轮车、拖拉机、小型旋耕机等在运输、耕地领域替代了马、牛。大量剩余的男性劳动力谋求新的生计方式成为迪姑普米族人不得不面对的情境，外出务工成为人们的不二选择，而祖祖辈辈流传下来的木工制造技术则成为人们从业的首选技能。此外，从农业劳动中解放出来的男性劳动力也存在一部分由于各种原因而无法外出的，从事酿酒业成为他们最佳的选择。今天，常年居住在迪姑坝子的男性主要是老年人，青壮年男子则大部分外出务工，少数则在当地从事酿酒业。以木工制造业为代表的外出务工和酿酒业为代表的当地手工作坊，成为现今迪姑普米族人生计模式中不可或缺的组成部分。甚至，在某种程度上，男性劳动力从事手工业生产成为人们实现致富目标的重要途径。在从事木工制作与酿酒手工业之外，如今，年青一代由于受到更多的教育，加之城市机会较多，生计方式更加多元，外出务工也越来越不局限于木工制造，从事教师、公务员、经商、运输等行业的人越来越多。

女性劳动力留守家园，在中国当下的农村或是一种普遍情况，在迪姑坝子也不例外。女性劳动力是迪姑普米族人从事种植业生计方式的主力军，除此之外，女性劳动力还要担负养畜业、园艺业、采集业的劳作。在顾此失彼的情况下，房前屋后的菜园逐渐荒芜，或直接种植大田作物；采集业的从业规模也越来越少；家庭养畜业中儿童逐渐成为劳动力补充。男工女耕童牧成为迪姑坝子普遍存在的家庭劳动力分工结构。在这一结构下，女性劳动力显然无法支撑种植业的劳动力投入，换工与买工成为当地种植业生产环节中极为普遍的现象。所谓换工是指以帮助他人进行农业劳动为代价换取他人帮助自己的交换形式；买工则是指付出货币购买他人劳动力为自己劳作的交换形式。由于家庭劳动力的不足，养畜业的规模不断缩减成为必然趋势，儿童虽然可以承担一些养畜业劳动，却远远不能承担养畜业的整个生产环节。对耕作技术、中耕管理要求精细的园艺业也开始逐渐荒芜，或以相对而言技术要求较为简单的大田作物予以替代。换工与买工现象的出现，也使女性劳动力很少有时间空余，因之在采集业领域的投入也逐渐减少。总之，在男性劳动力从农业生产活动中解放出来的背景下，女性劳动力无力承担全部的农业生产环节，从而导致当地的生计模式开始面临困境。

首先，动物养殖在当地生计模式中的逐渐衰落，造成原本具有循环经济色彩的农业生产遭到中断。家庭养殖的各种动物所产生的粪便，无法担负整个种植业的肥料需求；种植业产出的废品，如秸秆、谷糠等也不存在足够的牲畜将其消费。粪便不足产生的直接后果便是对化肥需求的提高，而种植业废品消费渠道不足的直接后果则是种植业产出的浪费。以往变废为宝、物尽其用的农业生产被逐渐割裂，并愈演愈烈。近年来，当地政府正在努力恢复以往的循环农业经济，但已经无法从扩大畜牧业的比重进行改造。人们更为乐意接受的是在稻田中养鱼、养鸭，以鱼、鸭粪便来替代化肥，以鱼、鸭捕食来替代农药。鸭群一般在早上被赶至稻田，又在傍晚接回住地，这样一种放牧鸭群的任务越来越多地成为当地儿童的工作，尤其是在节假日。黑谷红米是当地普米族人引以为傲的水稻品种，自从泻湖造田以来，便在人们的食物构成中占据重要地位。正如前文所述，黑谷红米一度成为维系当地社会结构与社会交往的纽带。直到如今，黑谷红米依然采取最原始的穗选法保留谷种以世代相传，在当今杂交稻种横行的时代背景下，当是一种亟待保护的稀缺种质资源。因此，当地普米族人更愿意在水稻种植方面投入更多。但是，相比于传统物尽其用、变废为宝的生计模式而言，稻田养鸭、养鱼依然显得捉襟见肘，种植业产生的秸秆、谷糠依然无法被全部消费。

其次，如果说男性劳动力外出务工为人们实现致富追求提供了可能性，那么女性劳动力留守家园则为人们实现稳定追求提供了可能性。从事农业生产无疑有利于人们实现对稳定生活的追求，正如《吕氏春秋·上农》所讲："民农非徒为地利也，贵其志也；民农则朴，朴则易用，易用则边境安、主位尊；民农则重，重则少私义，少私义则公法立、力专一；民农则其产复，其产复则重徙，重徙则死其处而无二虑。"[①] 外出务工则是人们实现致富追求的有效途径，城市为农村劳动力提供了广阔空间，也吸引着农村劳动力的大规模涌入，这在当下中国极具普遍性。正所谓"无农不稳、无工不富"，如果说从事农业生产体现了人们对传统田园牧歌生活的眷恋，那么外出务工则表达出人们对现代方便快捷生活的期许。但是，上述两种生计方式在同一个家庭中的并存却带来极大隐患。一方面，女性劳动力无法承担全部农业生产环节的劳作而导致农业生产陷入衰退，最终造成稳定追求的落空；另一方面，男性劳动力受家庭羁绊往往需要在一年中多次往返于城市与农村之间，尤其是在农忙季节，最终造成致富追求的落空。以往人们可以通过合理分配种植业时间与畜牧业时间的方式来解决生计模式所面临的矛盾，但务工时间与农业时间却很难相互兼容。不可否认，按月结算工资的形式使人们享受到了连续性产出带来的优惠，也弥补了农业断续性产出的时间空白，但显然外出务工与农业生产在新的劳动力分工结构下极有可能陷入或已经陷入两头脱空的困境。

总之，集体化时期以后，与迪姑普米族人生计方式多样化发展同步出现的是不同生计方式之间的相互割裂。这种割裂主要体现在多样化的生计方式在劳动时间、劳动场所方面都使得既有劳动力在各种生计方式之间难以协调分配，从而导致人们对稳定与致富的双重追求难以兼顾。在回归传统与走向现代之间，如何调整劳动力在各种生计方式之间的时间、空间分配以建立一种新的生计模式，成为迪姑普米族人面临的主要问题。当地正在试图打造以黑谷红米为主的旅游业，以期能够使更多的劳动力回流乡村。但是，黑谷红米作为一种稀缺的种植业种质资源是否具有旅游参观价值尚需加以斟酌，而多数外出务工者的观望态度和新一代年轻人纷纷进入城市的事实，似乎揭示出经营旅游业仍无法解决上述困境。

五 结论与进一步讨论：关于传统与现代的若干思考

通过上文论述可以发现，迪姑普米族人在百余年的历史进程中，逐渐从一个游牧族群转变为定居

---

① 《吕氏春秋上农等四篇校释》，夏玮瑛校释，中华书局1956年版，第1-3页。

农业族群,而百年间生计模式的每一次变迁,都建立在对过往生计模式进行继承与发展的基础之上。合理地分配劳动力在各种生计方式之间的时间安排、协调各种生计方式在空间上的分布,是以往迪姑普米族人在生计模式成功转变的过程中形成的基本历史经验。当前迪姑普米族人生计模式所面临的困境则源于传统农业生计方式与现代务工生计方式在时间安排和空间分布上的矛盾,如何借鉴历史经验解决这一矛盾是人们当前无法逃避的问题。

不可否认,上述问题并不是迪姑普米族人独自面临的个案,而是在当前的中国农村具有极大普遍性的问题,因此,这一问题也是诸多学科面临的当代难题。本文自然无法解决这一时代性难题,但是,普米族人在成功转变生计模式的过程中形成的历史经验无疑对解决上述问题具有启发意义。需要指出的是,迪姑普米族人在"传统构建"与"延续传统"的过程中所走过的历程,基本类似于中国农村殷周以来3000余年所走过的历史。已有研究表明,中国农业发展经历了从殷周时期农牧并重到逐渐重农(种植业)轻牧(养殖业)的过程,到明清时期则出现了家养动物的小型化趋势。如曾雄生对历史上牛的饲养方式的逐步演变进行考察后认为,"中国农区耕牛的放牧方式经过了一个由牲牛到放牛再到縻牛的过程,它背后则是用于养牛的土地面积的减少,用于粮食等种植的土地面积增加。此消彼长的结果,导致了中国跛足农业的形成"。① 而动物养殖在整个生业模式中的萎缩正是迪姑普米族人接受稻作种植业以来所呈现出的客观现象。由此而言,上述引文作者所认为的"跛足并非是先天所具有的,而是后天形成的"观点,有待商榷,在接受种植业之后,动物养殖的萎缩或许是一种客观的历史现象。《中国农业通史·明清卷》则对明清时期中国农业经济结构中家养动物的小型化趋势有详细介绍,② 这与迪姑普米族人动物养殖对象从马牛羊向猪狗鸡过渡,最终演变为鱼鸭的过程如出一辙。由此而言,迪姑普米族人百余年的生计模式变迁历程,不仅在"走向现代"的阶段具有现实的普遍性,在"传统构建"与"延续传统"的两个阶段也更具有历史的普遍性。换言之,可以透过普米族百年生计变迁史,了解到中国农村当下面临的问题是如何历史地形成的过程,以此为基础,则可在传统与现代之间,寻找农村何处去的答案。

传统已逝,自然无法回归,但也没有理由摒弃世代积累的历史经验、本土知识、物化种质资源等优良传统。而且,越是向前靠近现代,这些优良传统弥足珍贵。现代近在眼前,方便快捷,没有理由裹足不前。但是,走向现代的代价过于惨重,是谁都不愿承担的后果。现代与传统之间的关系,显然应是继承关系而非替代关系。恰当处理继承优良传统与发挥现代优势的关系,这或是未来农村何处去的基本走向。在如何处理这一关系方面,普米族人所形成的历史经验,事实上也是数千年中国传统农民世代相承所形成的历史经验——合理分配劳动力在各种生计方式之间的时间安排、协调各种生计方式在空间上的分布,事实上是一种结构性调整,而非单一的某一个环节的应对,这非常值得借鉴。

---

① 曾雄生:《跛足农业的形成——从牛的放牧方式看中国农区畜牧业的萎缩》,《中国农史》1999年第4期。
② 闵宗殿:《中国农业通史·明清卷》,中国农业出版社2016年版,第270–272页。

论马克思主义在广西的传播与民族区域自治*

杨 军**

摘 要 实行民族区域自治是对马克思主义民族理论的运用和发展，坚持和完善民族区域自治制度是对马克思主义的继承和发展。革命时期，仁人志士将马克思主义带到广西，在各族群众中得到广泛传播，尤其是以韦拔群为首的早期马克思主义传播者们功不可没，他们通过办刊物、开展农民运动等方式在广西少数民族中传播马克思主义。而中共中央在延安时期也大力培养了大量广西籍的少数民族干部，为马克思主义在少数民族中的后续传播提供了领导保障，这些都为民族区域自治奠定了重要的理论基础。有必要回顾历史、总结经验、面前未来，探寻民族区域自治制度在广西成功实践的重要经验：坚持中国共产党的领导，强化马克思主义指导地位及其传播。

关键词 民族区域自治；马克思主义；广西

DOI：10.13835/b.eayn.25.04

广西是一个有壮、汉、瑶、苗、侗、仫佬、毛南、回、京、彝、水、仡佬12个民族聚居的民族自治地方。广西革命运动也是中国革命的一部分，广西少数民族群众在革命时期不怕牺牲、英勇战斗、旗帜鲜明，为新中国的建立做出极大贡献。在民族区域自治的历程中，各少数民族群众坚持优良传统，坚持社会主义道路，坚持中国共产党领导，坚持马克思主义，紧密团结在党中央周围，自觉维护国家统一和民族团结，艰苦奋斗、自力更生，为广西、为南疆发展继续默默做出应有的贡献。1949年12月广西解放，1952年12月9日行政署级的桂西壮族自治区成立，1958年3月5日广西壮族自治区成立。① 广西少数民族群众革命时期的参与是全国革命过程的重要组成部分，在革命过程中，中国共产党注重马克思主义的传播，以此使更多少数民族群众觉醒。广西是多民族聚居区，百色起义、右江革命根据地建立等的过程中，革命同志都一直坚持马克思主义的传播，用革命的实践推动马克思主义民族理论在民族地区的创新。

一 早期马克思主义在广西传播概述

（一）早期的马克思主义传播者

20世纪初，广西知识分子积极参与国外开展的马克思主义学习活动，并将所学知识带回广西进行

---

* 本文为国家民委民族研究一般项目"广西民族区域自治60年历史经验研究"（2017-GMB-007）、广西哲学社会科学规划研究课题"习近平总书记中华民族复兴思想与中华民族共同体建设研究"（17FMZ023）成果。
** 杨军（1980~），男，河南遂平人，西北政法大学行政法学院2017级博士生，广西师范学院学报副研究员、副主任，研究方向：民族学。
① 广西壮族自治区地方志编纂委员会主编《广西通志·民族志》，广西人民出版社2009年版，第723页。

宣传，这也是广西马克思主义运动的雏形。广西首位接受民主知识教育的为马君武，其早年在日本留学期间开始接触到很多关于卢梭思想与马克思主义的书籍，1905 年 7 月 30 日加入了同盟会。

直到 1920 年，为响应孙中山同志的号召，马君武于上海建立了"改造广西同志会"，陈伯民、黄书祥、黄树林等很多先进知识分子都出自这个同志会，他们为广西马克思主义的传播做出了重大贡献，也为后来扩大马克思主义在广西的宣传奠定了人才基础。[1]

广西第一个共产党员、广西省级党组织早期主要负责人黄日葵早年就读于北京大学，是较早对马克思主义进行研究的广西人之一。1918 年，黄日葵从海外回国，进入北京大学就读。在北京大学期间，黄日葵积极参与各类关于马克思主义的学习宣传活动，参与筹办《国民杂志》社，在不断学习积累当中他增强了对马克思主义的认识，萌生了投身革命和参与社会主义社会建设的想法。1920 年，在李大钊的支持下，黄日葵联合邓中夏等人建立了"北京大学马克思学说研究会"，研究会的成立为黄日葵更深入全面地研究马克思主义提供了良好基础[2]。

五四运动之后，广西先进知识分子到广州参加了马克思主义学习活动，并建立了"广西留穗学会""广东高师广西同乡会"等，[3] 为进一步推广与传播马克思主义思想理论奠定了基础。在这期间，涌现出了大量先进人士，如陈居玺、廖梦樵等，为早期广西马克思主义传播与发展补充了人才资源。

（二）传播马克思主义的学联刊物

五四运动的开展全面激发了全国人民的爱国热情，广西各地区进步人士也主动汇聚在一起，共同创立了学生联合组织，以示威游行的方式来扩大马克思主义的传播范围，不断增强马克思主义在全区各地方的影响力。学生联合组织创立之后，广西各地区关于马克思主义宣传活动的开展更加如火如荼。比如南宁四所学校联合成立的南宁学生联合会、柳州三所院校联合创立的柳江道学生救国联合会与梧州创立的广西全省学生联合会等，这些联合会通常都会通过开办演讲活动、创办刊物等方式来对马克思主义思想理论与爱国精神进行宣传，当时比较有影响力的刊物包括梧州学生联合救国团创办的《救国旬报》、桂林学联会创办的《三日刊》、广西全省学生联合会创办的《救国晨报》、容县学联会创办的《绣红杂志》、南宁学联会创办的《爱国报》等。刊物的创办为马克思主义思想理论宣传提供了平台，有利于加强人们对马克思主义的认识，进一步强化各地区民众的爱国意识。

其中，《中国青年》《向导》等关于马克思主义的刊物被传播到了梧州中学、郁林中学等学校，对学校学生产生了深刻的影响，也使得马克思主义不管是在宣传深度还是广度上都进入了较高层次。[4] 此外，诸如省第一师范及南宁等地院校图书馆都上架了这类型刊物，且订购的种类与数量不断增加，可供人们了解先进思想的渠道越来越广阔，为更好地在广西宣传马克思主义奠定了坚实的理论基础与群众基础。

这些先进报刊的创立为马克思主义宣传与传播提供了更加坚实的保障。报纸具有传播速度快、受众群体广等优势，有利于扩大马克思主义的影响力，增强人们对马克思主义的了解与认识，尤其是对于进步人士而言，报刊的创办为其提供了了解时事、接受新思潮的平台。《右江日报》于百色起义之前创办，是机关报刊，为红军创立的第一个铅印报纸，它在传播先进思想、宣传马克思主义科学理论、

---

[1] 黄明：《第二次护法时期中国国民党广西支部成立时间考》，《广西文史》2015 年第 1 期。
[2] 司红：《黄日葵：广西共产主义运动的启明星》，《当代广西》2005 年第 13 期。
[3] 龙润忠：《五四运动与广西青年的觉醒》，《广西地方志》1999 年第 2 期。
[4] 陈欣德：《五四时期马克思主义在广西的传播》，《广西社会科学》1989 年第 2 期。

引导广西进步人士形成科学思潮、增强人们的爱国热情等方面具有积极意义。① 此外,《右江日报》还肩负着宣传共产党先进理论的重任,它在根据当地实际情况的基础上,充分发挥自身在宣传与传播上的优势作用,刊登了一系列关于革命实践与爱国思想的文章,主动深入到群众中去,积极与群众进行交流沟通,为右江革命的成功开展聚集了大量群众力量。

二 培养少数民族革命力量与干部,强化马克思主义传播的领导保障

(一) 百色起义、龙州起义培育了大量少数民族革命力量,埋下了红色种子

在百色、龙州起义的过程中,左右江民族地区在韦拔群等革命先驱号召下,来自各民族的群众都纷纷加入革命队伍,成为红色革命军的一员。随后在百色起义中成立的红七军同样大部分由少数民族所组成。

红七军虽然由多民族群众组成,语言不通之处并不少,但在革命的队伍中,官兵学会了相互尊重、团结友爱,也学会了通力合作、一心为革命,整体军容军纪与军阀派系部队不可同日而语,队伍氛围更是与国民党军阀有天渊之别,红七军的一名士兵直言:"这同旧社会相比简直是天壤之别,真是换了人间。我当时那种欢天喜地的心情,是无法用语言来形容的。"②

根据区委党史办公室所编《百色起义人物志》,百色起义中的 190 名广西革命英雄人物中,有 135 名少数民族,占百色起义广西本土革命英雄的 71%。③ 在革命最艰难的时期,左右江根据地的少数民族儿女也是最坚定的革命者、马克思主义者,韦拔群也曾经作《革命到底》诗歌一首,表明了百色起义中少数民族儿女的革命决心:

穷人闹革命,众乡亲,雄心要坚定;今日赴恶境,但相信,雾散会天晴!④

百色、龙州起义不仅建立了红七军、红八军这样少数民族子弟兵占多数的英雄集体,更通过基础教育的方式,使无产阶级革命思想、马克思主义思想占领了左右江根据地的农村文化阵地,埋下了坚强的红色种子。

(二) 通过抗日大学、党校及学校培育少数民族干部

在延安的首期中国人民抗日军事政治大学开学时,韦国清等 6 人得到了进入抗大学习的机会,当时抗大还叫作"西北抗日红军大学";1937 年"西北抗日红军大学"正式改名为"中国人民抗日军事政治大学"时,韦杰等 8 人得到了进入第二期抗大学习的机会。第三期抗大出于战略考量,以四方面军干部作为培养的主要对象,所以这一期抗大中并没有少数民族学生。第四期抗大则有 3 名广西籍的少数民族干部。在抗大的学习,有效夯实了广西少数民族干部们的理论基础,让他们懂得如何明辨大是大非,坚定了政治立场,更重要的是学会了如何将马克思主义理论知识应用到实践当中。在完成了

---

① 李常应:《右江革命根据地时期的报刊》,《兰台世界》2015 年第 13 期。
② 黄明政主编《右江战斗生活片断——百色起义六十周年纪念资料集》,百色市志办公室编印 1989 年,第 15 页。
③ 广西区党委党史研究室、中共百色地委党史办公室编《百色起义人物志》,广西人民出版社 1999 版,第 80 页。
④ 韦国清主编《左右江革命根据地 (下)》,中共党史资料出版社 1989 年版,第 652 页。

抗大学业之后，其中一些人留在延安继续工作，另一些人则被分派到了不同的敌后抗日队伍中，其中不少人成为共和国当之无愧的开国将军，上将韦国清，中将韦杰、冼恒汉、覃健，[①] 少将朱鹤云、欧致富、姜茂生、黄新友、覃士冕、覃国翰，省部级领导干部则有李志明、阮平、任国章、黄超、廖联原、黄雨山。

另外，有18名广西籍少数民族干部得到了赴中央党校学习的机会，其中有6人既得到了在抗大学习的机会，也到中央党校学习过。而韦祖珍、卢少武、吴西也成为新中国开国将领，而陆秀轩等人也在新中国成立后担任了省部级领导职务，周志等4人则担任了地厅级领导职务。而没有进入中央党校的广西籍少数民族干部当中，黄荣、麻福芳等人则进入了专门学校学习，黄荣与麻福芳进入红军通信学校，早在延安时期前就已经成为红军无线电通信的重要骨干，是长征路上保障中央安全的有功之臣。而卢永革等人则主要投身于卫生一线的工作，并在延安时期得到了进入卫生学校、医科大学学习实践的机会，是早期广西医疗体系的重要领导骨干与业务骨干。在上述广西籍少数民族干部当中，黄荣等4人担任了省部级领导职位或享受省军级待遇，麻福芳与覃波则担任了地厅级领导职务，而李治平等其他广西少数民族干部则分别担任了地厅级或县团级领导职务。[②]

三　东兰讲习所——革命时期马克思主义在广西少数民族群众中传播的典范

（一）东兰讲习所的马克思主义传播

1925年1月，韦拔群与陈伯等人几经周折到达广州，参加了第三届广州农讲所的学习。这一次学习使韦拔群成为广西少数民族马克思主义传播先驱的基础，在广州农讲所学习了马克思主义理论，对帝国主义理论、农民运动与起义等问题有了更科学的认识，同时也结识了彭湃、陈延年、阮啸仙等早期中国共产党人。韦拔群在广州第一次有机会全面阅读马克思主义理论经典，同时也通过对广州附近农村的实地调研，印证了马克思主义经典著作中的科学理论。在这一过程中，韦拔群逐渐从一名激进民主主义者，升华为一名共产主义革命战士。[③] 韦拔群逐渐开始学会应用马克思主义来分析问题、指导实践。两个月后，韦拔群结束了广州农讲所的学习，成为国民政府的农民运动特派员，回到了广西。在视察了南宁地区的革命状况之后，韦拔群认为滇桂军阀以及国民政府的政治角力主要集中在南宁，南宁地区的政治舞台已经饱和，所以就先回到了家乡东兰，变卖家资，开始了轰轰烈烈的农民运动。

首届东兰农讲所于1925年9月15日正式在武篆区北帝岩开办。东兰农讲所的正式名称为"中国国民党东兰县农民运动讲习所"，取名的背景是为了发挥当时国共合作的条件，为东兰讲习所取得国民政府统治下的合法机构身份，以更好地进行马克思主义传播。首届东兰农讲所的主任就是韦拔群本人，与韦拔群一起参与过广州农讲所学习的陈伯民担任了管理员职位，而原本的东兰公民会干黄大权、黄榜呈、黄树林等人则担任教员。招收的学员多来自于东兰本地以及南丹、凤山、都安、河池等周边地区，也有部分来自百色、凌云、上思等地，以壮族、瑶族与汉族进步青年为主，首批学生达到了276名。[④] 农讲所的学生大部分都是广西各地农民运动的中坚力量，也有许多曾经接受过教育、得到启

[①] 兴华：《长征中的桂籍红军》，《当代广西》2006年第20期。
[②] 广西区党委组织部、党史办主编《中国共产党广西壮族自治区组织史资料》，广西人民出版社1995年版，第77页。
[③] 牙远波：《论韦拔群从激进民主主义者到共产主义者的转变》，《河池学院学报》2006年第1期。
[④] 韦建益：《论韦拔群民族教育实践及其历史意义》，《河池学院学报》2009年第4期。

蒙的进步青年以及学生参加。这些学生普遍年龄较小，最小的参与者甚至只有12岁。首届农讲所的办学计划是半年，然而由于当地国民政府以及地主阶级的敌视与骚扰，首届东兰农讲所最终在1926年初宣布结束。

1926年，韦拔群带领农民成功进入东兰县城，为后续革命的开展奠定了良好基础，革命形势得到进一步好转。因此，韦拔群乘势组织了第二届农民运动讲习所。同年10月，韦拔群等人于武篆育才高等小学创办了讲习所，韦拔群出任主任，共招学员120多人，其中有40多名女学员，学员均为东兰县人。[1] 在课程安排与课程内容制定上与第一届无太大差异，不同点表现为，为响应妇女运动的开展，第二届讲习所专门开设了妇女班，课程新设了婚姻自主、男女平等、妇女解放等内容。教员在给学员教授学识的同时，也会组织学员到村屯中去开展宣传活动，对农民协会进行整顿治理。同年12月，讲习所成员学习结束，并结合各地人才需求情况进行相应的分配，每个成员都能安排到农民运动活动当中。

到1927年，国内政治格局发生了重大变化，政治局势趋于紧张。"四一二"反革命政变爆发之后，韦拔群闻此消息立即组织举行了第三届农民运动讲习所，由于参与学员大部分都来自东兰、凤山、都安、河池这四个地区，因而此次活动也叫作"田南联县农民运动讲习所"，韦拔群担任主任，教员则由叶一茅、闭血萍等人员构成。[2] 同年8月，东兰、凤山遭到反动军队威胁，韦拔群立即组织农民与学员前往凤山地区镇压反动派，联合凤山农民军队抗压敌人。此次斗争，也让农讲学员得到了实践训练，但后期因为我军与敌方势力悬殊，为保持实力，韦拔群带领学员离开凤山回到了东兰，并对学员做好了分配工作，第三届农民运动讲习所也因此结束。

（二）东兰讲习所的马克思主义传播特点

一是结合广西多民族聚居实际情况办学。韦拔群在广州农讲所学习过其成功经验，所以他认为东兰农讲所也应该充分吸收广州农讲所的办学经验，并结合了本地的多民族聚居实际情况。比如，在机构设立时向当时的国民政府报备，采用的名称就是"中国国民党东兰县农民运动讲习所"，这是为了获得合法活动身份而采取的权宜之计。但无论是广州农讲所还是东兰农讲所，都是在中国共产党号召之下成立，由中国共产党人管理运作，以培育一大批农民运动干部、传播马克思主义思想为目的的教育机构。在机构设置方面，东兰农讲所同样学习了广州农讲所的机制体制，有主任、教务部、庶务部、军事训练部等；教学场地设置有教授课室、图书室、教管宿舍办公室以及学生宿舍、食堂。东兰农讲所在宣讲时使用的教材也是用韦拔群从广州农讲所获得的材料重新印刷装订的。而在课程学习方面，东兰农讲所同样学习了广州农讲所，为学院提供了马克思主义政治经济学、农民运动历史以及世界革命史等。而东兰农讲所为了更贴近广西地区少数民族干部的实际情况，一般会用普通话、壮语、瑶语、苗语等多语言教学。同时为了照顾部分少数民族学员文化水平较低的情况，还配合了基本的文化课程如识字、书写等，实现了文化教育与革命教育、思想教育同步。从第二届东兰农讲所开始，韦拔群就招收了少数民族地区的女学员，号召学员充分认识男女平等，在民族地区传播平权意识。1926年，黄美伦等50余名妇女骨干，就积极参加韦拔群在东兰县武篆开办的广西第一个妇女运动讲习所，这些妇女骨干组成妇女宣传队，开展革命宣传工作，在右江的广大妇女中播下了革命火种。

---

[1] 韦建益：《论韦拔群民族教育实践及其历史意义》，《河池学院学报》2009年第4期。
[2] 韦建益：《论韦拔群民族教育实践及其历史意义》，《河池学院学报》2009年第4期。

二是教学活动更加规范和有组织。东兰农民运动讲习所一直都将"思想革命化、行动纪律化、生活工农化"作为校训与学员的行动准则。对于学员学习生活的安排，具体顺序是出操晨练，之后连上三节政治理论课，课程内容包括马列主义思想与苏俄革命思想讲述，以及深刻揭穿封建主义、官僚主义与帝国主义的恶行与危害。下午课程安排为一节军事课与一节实践课，不定期组织学员到户外进行军事演练，开展劳动与演讲活动。晚上时间通常会组织学员针对政治时事进行议论，鼓励学员各抒己见，有时还会安排学员深入到群众中了解群众生活，从而增强学员的政治觉悟，提高他们的实践能力。此外，东兰农讲所还创办了《火花报》，以此为学员提供更为广阔的学习思想交流平台。

三是教学互动性强。东兰农讲所为了有效传播马克思主义理论以及革命知识，对教学互动性非常重视。宣讲革命理论与马克思主义思想固然是教学过程中的一大重点，但也需要学员的参与。比如，在讲到革命实践的时候，许多学员就有机会在讲台上叙述自身革命经历，并总结自己为什么要干革命，干革命的目标是什么，然后再由教师对学员的叙述进行总结评价。这就是东兰农讲所教学互动频繁、灵活的体现，教育者能够根据学员的特点开展教育活动，所以学员的思想与理论素养也得到了飞速进步。参与过第三、第四、第五次反围剿，同时也走过长征路的黄雨山，在当时之所以能够鼓起勇气继续革命，在很大程度上都是通过首届东兰农讲所的鼓励。据他回忆，韦拔群曾经在课上让学员们上台，说自己来到农讲所学习、干革命的原因。

韦拔群恰如其分地宣讲共产党的政治主张，让学员们都认识到只有共产党才能够帮助他们摆脱地主阶级、军阀的剥削，建立起人人平等的新社会。在韦拔群的引导下，学员们原本单纯但沸腾的阶级仇恨，就升华并内化成了坚持干革命的信念。在这种把握灵活的教学模式下，马克思主义传播的效果十分突出。

四是融教育与多彩民族文化于一体。广西自古以来就以少数民族山歌闻名于世，少数民族群众常常以歌会友，山歌寄托了少数民族的爱恨、愿景、思考以及心情。而东兰农讲所也正是在这一背景下，选择通过山歌的形式来开展政治教育，让学员们学会传唱革命主题的山歌，并鼓励他们自己创作少数民族特色的革命歌曲，表达革命情感，坚定革命信心，通过山歌的方式来向广西少数民族群众传播马克思主义思想以及革命理论。在当时传唱较广的革命歌曲有韦拔群写的《打倒列强歌》《总有一天要推翻》，黄榜呈的《社会革命歌》等[1]。之所以选择通过山歌进行宣传教育，是因为韦拔群在广州农讲所学习期间，领悟了要让人们"喜闻乐见"的教育之道。

韦拔群不但具备创作革命山歌的能力，还将创作革命山歌的经验传播给了农讲所内的学生，并将创作好的、具有革命宣传价值的山歌集结成册，下发到专门的山歌宣传队伍当中。山歌原本是少数民族群众在清贫生活中抒发情感的文艺体裁，但在韦拔群等人的努力下，成为传播马克思主义的重要载体，同时也是广西难得的能满足少数民族群众理解条件的文化载体。韦拔群的革命山歌情感浓烈，歌词简单容易上口，同时也能够深入浅出地剖析出旧社会的真相，宣传革命。

四 革命时期马克思主义在广西少数民族中的传播效果

广西的革命先驱以及先进青年们，为了更有效地传播马克思主义，实现传播面的最大化，想方设法将许多当时比较先进的共产主义书籍发送到了省内，这也使得当时的广西受到了正面影响，为马

---

[1] 黄耿主编《右江战歌》，广西人民出版社1998年版，第13页。

思主义的传播实践工作打下了良好的文化环境基础，同时也成为广西少数民族群众了解马克思主义理论、学习文化知识、实现多民族频繁互动交流的重要契机。不仅如此，为了宣讲马克思主义理论而开设的农讲所、夜校等教育机构，在实践中提高了广西的整体教育水平，为原本无法接触到科学思想理论的工人阶级、农民阶级以及部分辍学学生提供了宝贵的学习阅读资源。而在共产主义思潮感召下的仁人志士也在不同阶级当中坚持宣传马克思主义，并开展工人运动、农民运动，不仅惠及教育，同时也深化了广西各个少数民族之间的沟通与交流，进一步团结了广西地区的少数民族。

（一）启蒙马克思主义理论学习

革命时期广西地区的马克思主义传播者为了实现更好的传播，选择了多样化的传播方式，除了上述的农民运动，同时采用文化宣传的方式，启蒙了广西少数民族群众的理论学习。既重视民族文化特点的宣传，又增强了马克思主义传播大众化，更容易为广西少数民族群众所接受。

在刊物方面，广西地区的马克思主义传播者采用了引进先进刊物与创办本土刊物并举的方式。广西地区的马克思主义传播者独立创办了许多本土化刊物，吸引了大批少数民族群众阅读，同时也向一大批进步人士传播了马克思主义思想，使他们成为共产主义者。这些都是早年广西马克思主义传播者为了改变本省"进步文化荒漠"情况而做出的努力，也的确有效提高了各族群众的文化素养，形成了具有广西本土特色的出版业文化。譬如在百色起义之后，红七军的前敌委员会与右江苏区政府为了解放当地思想，改善当地文化与政治素养，专门聚集了一批新闻出版人，报道工人阶级与农民阶级运动，对外宣传马克思主义理论，并带来了国内外的前沿新闻。本土刊物的信息量大，行文篇幅不长但兼具深远意味与阅读趣味，地方文化特点突出，所以在当时得到了较大影响力，有效地在广西少数民族中传播了马克思主义。

值得一提的是，一些碎片化的文化宣传方式在当时广西的马克思主义传播中也时常可见，譬如宣传单张、标语以及漫画等，其内容有相当部分是来源于苏联书籍。① 广西地区的马克思主义传播者纷纷选择通过文告、宣传单张以及漫画等形式，将马克思主义的理论内容通过更容易理解、更妙趣横生、更能够被广大少数民族群众接受的方式进行传播，这种传播方式有效解决了过去马克思主义传播仅仅局限于知识分子阶级的局限，在传播进步学说理论的同时，也丰富了广西民间文化。

广西作为世居少数民族多达 11 个的自治区，各少数民族的文化特点都十分突出，无论是节庆表演、山歌对唱还是地方民族戏剧，都是少数民族群众喜闻乐见的民族文化形式。因此，革命时代马克思主义在广西少数民族中的传播，也有效利用了这些民族文化形式作为传播载体，不仅获得了良好的传播效果，同时也为传统民族文化带来了新内涵。譬如当时为了宣传苏区政府的山歌"苏维埃英明，领穷人革命。苏维埃掌印，谋民众利益"等，虽然其中部分传播带有一定的非理智崇拜情绪，但在当时已经是最好、最可行的宣传方式，从韦拔群组织的山歌歌会参与者多达八万人次来看，利用民族传统文化传播马克思思想，无疑是正确的大众化方式，也的确对大批少数民族群众的马克思主义思想产生了启蒙作用。

（二）提升了文化教育普及度

马克思主义在广西少数民族中的传播，在客观上促进了广西文化教育的进步。一方面，马克思主

---

① 刘晓华、汤志华：《抗日战争时期马克思主义大众化进程中的苏联因素影响》，《广西社会科学》2017 年第 2 期。

义传播者在兴办与引入刊物的同时，也在客观上丰富了广西本地的文化教育资源，许多少数民族进步青年都是通过《新青年》《中国青年》等刊物首次接触了现代文化，而《右江日报》《桂光》[①] 等杂志报纸的出现，也让当时缺乏现代新文化的广西得到了滋润。许多后期成立的夜校、专门学校、工农讲习所之所以能够顺利招生，在很大程度上应该归功于这些报刊对广西少数民族青年群体带来的巨大思想冲击。因此，从该角度来看，广西的文化教育的受众面拓宽得益于当时的马克思主义教育及传播。另外，马克思主义传播过程中诞生的工人阶级讲习所、农讲所、劳动小学、劳动中学等教育机构，都突破了传统文化教育的桎梏，使用的教材有《共产党宣言》《新青年》等，拓展了广西文化教育的新文化内容，许多保守封建的教育内容被进步文化所取代。而在课程设置上，这些基础教育机构同样具备浓厚的新文化色彩，以右江苏区的劳动中小学为例，其课程为政治、文化、军事、劳动四项主课，分别向学生教授马克思主义理论、文化、音乐欣赏与创作、军事指挥与战斗等知识。同时，为了更好地传播马克思主义，右江苏区还设立了大量工农夜校与扫盲班（仅夜校就有160所以上），在很大程度上改善了当地文化水平，提升了文化教育普及度。[②] 当时的教材，已经非常全面地将革命知识、经济常识、政治常识等内容包括在内。

（三）促进民族团结进步

经过仁人志士的不断宣传与传播，马克思主义在广西的影响范围不断扩大，得到越来越多的民众认可。马克思主义宣传方式趋于丰富化，其宣传方式主要包括组织与人际传播两种。报刊的创办与刊物的印发，使得各民族人民的爱国意识与马克思主义观念得到不断增强。其中涌现出了大量进步分子与先进人士，他们聚集起来，团结一致，为实现马克思主义大众化而奋斗。尤其是广西各地区进步社团的创办，将区内各地区的有识人士汇聚在一起，在促进马克思主义传播过程中，也增进了各民族人民的交流联系。从中可了解到，早期马克思主义传播在一定程度上促进了各族交流，团结了各民族群众。

广西早期的马克思主义传播，主要是以区内先进人士为主导，通过书信往来的方式来进行的，这实际上就是人际传播的一种类型。人际传播在促进马克思主义传播上主要是通过两种方式来实现：一是以面对面为主的直接传播方式；二是通过报纸等间接传播方式。早期马克思主义传播运用最普遍的方式为面对面交流，比如先进人士联合开展的演讲交流活动，学术讨论活动，针对工人阶级举办的演讲会、谈话交流会，针对农民举办的识字教育活动、授课、农民代表联络会议等。面对面交流的传播方式较为直接，见效快，活动组织人员通过简洁明了的方式来向工人、农民讲解马克思主义的内容与思想理论，将马克思主义通俗化，使工人、农民更易理解与明白，进而在理解基础上认同马克思主义。依托马克思主义而形成思想上的共同点，使得各民族之间的交流联系更频繁，有利于增进各民族人民之间的感情。与此同时，以信件往来、印发刊物等为主的媒介传播方式也得到了一定发展，在传播马克思主义思想理论上发挥了越来越重要的作用，加强了各民族之间的联系沟通。

组织传播为实现民族团结奠定了良好基础。广西早期的马克思主义传播中，组织传播发挥着重要的基础作用。中国共产党建立初期，马克思主义传播最广泛的地方主要集中在北京、广州、上海等地区，各地区宣传组织之间的合作为促进马克思主义大众化提供了保障。广西较早的马克思主义传播，

---

① 旷永青、王钰鑫：《广西马克思主义大众化初期史研究》，《社会科学家》2016年第2期。
② 覃江河：《韦拔群与右江革命根据地政权建设探讨》，《广西地方志》2009年第5期。

是在中国社会主义青年团上海总团的支持与指导下进行的，他们派遣了专门人员来到广西南宁等地创立了社团，筹划举办了各种马克思主义宣传活动。此外，在中国社会主义青年团广东分团的鼓励与支持下，梧州建立了《新青年》的代派处，为进一步宣传马克思主义提供了平台，也有利于促进各民族之间的互动沟通，推动良好民族关系的形成。1925年，中国共产党召开了第四次全国代表大会，会议上提出了"党关于民主革命总路线"的思想方针。之后，受此思想的感染与鼓舞，中共广东区委共青团广州地委专门派遣了龙启炎、周济到梧州负责建团建党工作。建团建党工作开展过程中，先进分子朱锡昂到玉林筹划建党事项，一系列党建团建工作的开展进一步加强了各地区民众的沟通联系，在促进各民族人民交流互动、实现民族团结上发挥了重要作用。马克思主义的宣传与传播，使得很多落后地区开始与外界交流，积极寻求合作，各民族也主动聚集起来开展马克思主义的学习实践活动，各民族之间交流也由此日益频繁。

邓小平清醒地认识到："在中国的历史上，少数民族与汉族的隔阂是很深的"，① 但这种隔阂并不是不可消除，而且是"有消除民族隔阂的条件的"，② 所以邓小平在领导龙州、百色起义的过程中始终坚持扎根农村地区，在左右江根据地用无产阶级革命思想埋下了马克思主义的红色种子。

五　结语

"八桂大地"民族关系平等、团结、互助、和谐，稳定富足、法治建设、民族教育、民族文化、面向东盟、共有精神家园建设等方面在全国民族地区都是广西特色"名片"。正是在马克思主义与中国革命实践相结合，与广西民族地区特殊情况相结合的科学理论指导下，探索出了适合广西发展的特色民族区域自治政策，促进了广西民族团结和共同发展。民族区域自治是我们党运用马克思主义民族理论解决我国民族问题的基本政策，是具有中国特色的重要政治制度，必须坚持和发展。革命时期，马克思主义理论被仁人志士带入广西，并通过不同形式、载体传播，增强了革命的意志，同时为中国共产党在民族地区的领导奠定了坚实的理论基础。在未来的建设和改革发展中，坚持中国共产党的领导，强化马克思主义指导地位仍是做好各项民族工作的前提。在以习近平同志为核心的党中央领导下，广西各族人民一定能够共同团结奋斗，共同繁荣发展，民族团结进步事业一定能够再创辉煌。

---

① 《邓小平文选》第1卷，人民出版社1994年版，第162页。
② 《邓小平文选》第1卷，人民出版社1994年版，第162页。

共生的实际：论中国西部民族间拟亲属关系*

新吉乐图**

付吉力根　译

摘　要　在内蒙古阿拉善地区，蒙古族与汉族和睦相处，呈现着一种民族共生态势，这就不能不提到与之相关的"干亲"这一拟亲属关系。在阿拉善，干亲关系不局限于民族内部，不同民族间的结亲尤为重要。许多学者认为，民族间的干亲会使民族边界消失。可是，在本文探讨的案例中，民族间缔结的干亲关系以民族边界为前提。同时，无共鸣为前提的宽容，造就着共生的效果，这就是本文探讨的区域社会可能共生的实际。

关键词　共生；干亲；他者性

DOI：10.13835/b.eayn.25.05

在干亲实践中，自我他者化至关重要。若将子女"寄托"于没有血缘关系的他者，子女则会免遭曾降临于自身亲属集团的不幸，这是干亲实践的基本逻辑。实践者跨越自他集团的血缘边界，实现到达他者一侧的目的。这在自我他者化在民族间的干亲关系中也存在。对汉人而言，蒙古人和自己既没有血缘关系，也没有文化上的交叉。汉人期望与蒙古人缔结干亲正是因为追求这种血缘和文化上的他者性。

探讨民族共生的重点在于，蒙古人未必与干亲逻辑产生共鸣，却并不拒绝汉人结干亲的要求。在蒙古人的认知里，万物皆有 kešig（蒙古语，表示绝对幸运），为增加 kešig，对他者的负面言行都被认为是 eb ügei（蒙古语，表示不和）。为回避 eb ügei 的产生，要尽可能地留意不拒绝他者的请求。这种留意是他们所遵循的逻辑的产物。汉人虽无法与上述逻辑产生共鸣，但正是这种无共鸣的宽容，造就着共生的效果。

一　共生的理念

（一）无共鸣的宽容

民族间的纷争和杀戮等不幸事件屡发不止。正因如此，我们更应当关注不同民族相遇时所表现出

---

*　本文原稿为日文，刊载于日本《文化人类学》杂志81卷3号（2016年12月），第439~462页。因版面限制，本汉译文对原文进行了删减。

**　新吉乐图，蒙古族，日本熊本大学大学院人文社会科学研究部教授，博士。译者：付吉力根，内蒙古大学民族学与社会学学院2013级博士研究生。

的共同生存的愿望。① 那么，这种愿望何以可能？本文旨在通过分析生活在中国西部多民族、多宗教环境中的卫拉特人的经验，就此问题进行探讨。卫拉特人分布于天山南北、青藏高原、蒙古高原、中亚及东欧平原。卫拉特人在中国和蒙古国作为蒙古民族的一员，在吉尔吉斯斯坦作为信仰伊斯兰教的萨尔特卡勒玛克，在俄罗斯作为卡尔梅克共和国的主体民族而生活。② 跨越不同国家、民族、宗教，与不同他者共同生活的卫拉特人的经验都至关重要。本文着重探讨生活在内蒙古阿拉善地区的卫拉特人与汉人缔结的拟亲属关系的现象。

阿拉善地区汉人移民的人口超过卫拉特人，两者和睦相处，形成"共生"态势。首先要提到与之相关的拟亲属关系。在阿拉善地区，拟亲属关系不限于民族内部，不同民族间也较普遍，后者又被视为理想形式。如果只强调这一点，拟亲属关系似乎就显得从最初开始就为民族共生所准备的一样。许多学者也将民族间的拟亲属关系理解为逐渐消除民族边界，使民族共生成为可能的制度。③ 但是，如果在地区语境中仔细推敲，我们就会发现，民族边界本身作为拟亲属关系缔结的前提而存在。那么，应该如何理解民族间的拟亲属关系？支撑着地区中"共生"的又是什么呢？

共生作为以一种理念，可以有多种解释。井上达夫根据日语中"共生"一词的两个词源（源自希腊语的 symbiosis 和源自拉丁语的 conviviality）的异同，对共生进行了如下的定义。

> "共栖"（symbiosis）是……封闭的共存共荣的系统。……为了区分以 symbiosis 为原形的"共生"，用英文标记时 conviviality 更适合。……我们提议："共生"一词，即我们所说的"共栖"，在指对异质性存在开放的社会性聚合形式这一意义上使用。④

究竟是什么会使异质性存在之间的共生成为可能？为此，井上提出了不以人际共鸣为前提的"宽容"概念。⑤

> 宽容的核心是宽容根本无法产生人际共鸣的对方。……与对方共同秉持着"我们同样都是人"这种感觉时，宽容比较容易达成。考验人是否真正拥有宽容的是，能否宽容不管如何努力都无法产生共鸣的对方。

"各个国家、各个民族、各种宗教、各种意识形态之间存在巨大分歧，存在血腥斗争的危机时，上述宽容弥足珍贵。"⑥ 总之，共鸣不是宽容的基础，共鸣的局限正是宽容存在的理由。那么，应该如何

---

① シンジルト：《伸縮する遠近——モンゴル＝キルギス人の現在》，風間計博、中野麻衣子、山口裕子、吉田匡興（編）：《共在の論理と倫理——家族・民・まなざしの人類学》，はる書房，2012 版，247 - 270 頁。
② 在突厥语里，称改信伊斯兰教的卫拉特人为"萨尔特卡勒玛克"。除吉尔吉斯斯坦外，约有 100 户萨尔特卡勒玛克人生活在中国新疆维吾尔自治区伊犁哈萨克自治州昭苏县。相关研究参见：Alymbaeva, Aida Aaly, "Contested Identity of Kalmaks in Contemporary Kyrgyzstan", Integration and Conflict, Field notes and research projects. VI: pp 63 - 69. CASCA, Max Planck Institute for Social Anthropology, Department, 2013; Nanzatov, B. Z, "The Oirats of Kyrgyzstan: Social, Cultural, and Identity Practices of the Sartkalmaks", In Oirat People: Cultural Uniformity and Diversification, 86; pp. 155 - 166. National Museum of Ethnology, 2014。
③ 参见李静、戴宁宁《文化人类学视野下的回汉民族"干亲交往"》，《宁夏社会科学》2010 年第 5 期；赵旭峰、王凌虹《云南民族拜干亲习俗与族际共享阈的构建》，《黑龙江民族丛刊》2013 年第 5 期。
④ 井上達夫、桂木隆夫、和田是彦：《共生への冒険》，每日新聞社，1992 版，25 頁。
⑤ 井上達夫：《共生の作法——会話としての正義》，創文社，1986 版，197 頁。
⑥ 井上達夫：《共生の作法——会話としての正義》，創文社，1986 版，198 頁。

理解无共鸣的宽容呢?

(二) 民族共生

拟亲属是一种广泛存在于世界各地的人际关系。它可以向外扩展家庭亲属的狭窄人际关系，用亲密的家庭亲属原则，将属于"他人世界"的外界引向自己。文化人类学家前山隆关注拟亲属关系的建设性方面，记述了移居巴西不久的日裔为适应新环境、强化日裔内部的联合而使用过的拟亲属关系。[1]

在多民族的中国，"干亲"作为拟亲属关系，被学者们积极地评价为孕育"民族团结（民族共生）"的制度。[2] 例如，赵旭峰和王凌虹通过研究云南省的干亲，认为各个民族间缔结的干亲是旨在让自己子女健康成长，将外族男女拟定为孩子父母的现象。表面上只是基于传统生育观念，为子女的健康成长而进行的祈愿，实际上在经济层面上也会带来不同民族间的"相互依存的共生"关系。而且，通过干亲变成拟定子女的人会成为不同民族文化特征的持有者、族际人以及民族团结的实践者。赵旭峰和王凌虹进一步认为，在云南各民族间所见的干亲关系是民族团结和民族间相互帮助的象征，它会弥合民族边界，促进基于共同利益的新民族联合体的形成。[3]

同样有些研究认为，宁夏回族自治区的回族与汉族之间的干亲有利于两个民族间的相互交流，促进少数民族社会的发展。李静和戴宁宁的研究认为，干亲基本上属于汉族的习惯，从回族接受汉族缔结干亲请求可察知回族尊重汉族习惯的共生文化。干亲深化了两个民族间的友谊，扩展了两个民族交流的范围，"干亲"已成为探讨回汉两个民族共生关系时不可或缺的关键词。[4]

与宁夏交界的内蒙古阿拉善盟[5]下辖阿拉善左旗、阿拉善右旗、额济纳旗。依据国家的民族分类，其人口主要由蒙古族和汉族两个民族构成。除了信仰藏传佛教的卫拉特人之外，当地蒙古族也包括信仰伊斯兰教的"蒙古穆斯林"。[6] 另外，历史上一些汉人移民，现已成为信仰藏传佛教、起蒙古名、说蒙古语的"baɣtaɣamal"（被接纳者之意），也被认定为蒙古族。阿拉善盟的汉族多数来自甘肃省民勤县，民勤人被卫拉特人称为"索高"。在谈论汉人历史的语境中，卫拉特人经常以"索高"指称全体汉人。有人认为索高源自民勤县旧称"镇番县"[7] 当地一条河名[8]。

解放前，阿拉善的主流人口为卫拉特人。这与阿拉善王府禁止外部移民流入、限制汉文化扩张的政策密切相关。阿拉善王府从1821年开始，明令禁止卫拉特人模仿汉人戴帽穿鞋、养驴以及建造固定房屋。民国时期以及中华人民共和国成立以来，流入的汉人急剧增长，超过卫拉特人口。汉人进入阿拉

---

[1] 前山隆:《適応ストラテジーとしての擬制親族——ブラジル日本移民における天理教集団の事例》,《人文科学論集》,1978年12期。
[2] 近年，汉语中开始使用"共生"一词，意义与conviviality相近。在中国国内表示民族共生时一般会使用"民族团结"。民族团结（national unity）可以理解为各民族间的友好关系（amity between nationalities）。社会人类学家乌·额·宝力格用"民族团结"分析历代中央政权对少数民族的统治理方式，指出提倡"民族团结"的现代中国的民族政策的历史连续性。宝力格认为，中国的民族问题产生于国家、少数民族、国外列强三者之间，欲理解中国民族主义的特征，需关注在与第三者进行博弈时另外两者间的动态协作关系。参见 Bulag, Uradyn E, *The Mongols at China's Edge: History and the Politics of National Unity*, Rowman and Littlefield, 2002; *Collaborative Nationalism: The Politics of Friendship on China's Mongolian Frontier*, Rowman and Littlefield, 2010。
[3] 赵旭峰、王凌虹:《云南民族拜干亲习俗与族际共享阈的构建》,《黑龙江民族丛刊》2013年第5期。
[4] 李静、戴宁宁:《文化人类学视野下的回汉民族"干亲交往"》,《宁夏社会科学》2010年第5期。
[5] 阿拉善盟总面积27万平方公里。根据2010年全国第六次人口普查数据，阿拉善盟人口为231334人，其中汉族人口172466人，占总人口的74.55%；蒙古族人口为44635人，占总人口的19.30%。
[6] 安孟和:《蒙古族穆斯林》,中国文联出版社,2009年版。
[7] 明朝洪武二十九年（1396）为镇番卫，清朝雍正三年（1725）改为镇番县，民国十七（1928）改为民勤县。参见许协（修），谢集成（纂）《甘肃省镇番县志》,成文出版社,1970（1825），清道光五年影印本，第66 – 67页。
[8] 刘援朝:《历史与现实、阿拉善盟的汉族与蒙古族——阿拉善盟民族关系调查》,《西北民族研究》1995年第1期；富玉、谢咏梅:《清代阿拉善和硕特旗汉族移民的形成》,《内蒙古师范大学学报》2010年第3期。

善主要有三种模式：一是"投旗"的汉人移民，即童年从民勤县移居后被卫拉特人收养，进入旗户籍的人；二是作为养子被蒙古家庭养大，后通过当女婿而成为蒙古族的人；三是为务工而来的人。①

在1950年土地改革之前，蒙古人因与满族人同属盟旗制度，所以被称为"旗人"，而隶属州县的汉人被称为"民人"。蒙古人称汉人为 irgen（庶民之意，与民人对应）。当时，移民的前提是起蒙古语名字，信仰藏传佛教，说蒙古语。从 irgen 转入"旗人"户籍的人被称为 baγtaγamal。作为词根 baγtaγaqu 有"接纳"和"编入"之意。土改后，汉人向草原地区移居也变得自由。当前，蒙古人因语言和文化的差异，将不会说蒙古语又不知地方习俗的汉人称其为"irgen"，略有距离感。阿拉善地区的干亲关系主要在蒙古穆斯林、baγtaγamal 以及卫拉特人等蒙古族与被称为索高或 irgen 的汉族之间缔结。

当前，学者们研究阿拉善的蒙古族与汉族关系时，经常根据两个民族间的通婚得出两者共生的结论。②的确，阿拉善的蒙古族与汉族之间"族际婚"的比例较高。可是，族际婚的离婚率比族内婚的离婚率平均数要高。③尽管如此，学者们仍倾向高度评价族际婚，认为族际婚既是民族共生的结果也是其原因。④

族际婚被认为是弥合民族边界或使民族边界消失的理想模式，人们对民族共生的贡献深受期待。在同样的前提下，民族间的干亲关系对民族共生的贡献亦倍受关注。按上述学者们的逻辑，对民族共生进行推理，得出的结论应该是：阿拉善蒙古族与汉族之间的共生是族际婚和干亲关系的产物。那么，民族间的拟亲属（干亲）与民族边界之间又是什么关系？

（三）他者的"咒力"

2005年，笔者在阿拉善盟额济纳旗进行干亲关系的调研⑤，当时70岁的卫拉特女性A氏所说的话至今印象深刻：

> 蒙古人只和汉人结干亲，汉人也只和蒙古人结干亲。

笔者问："蒙古人之间不结干亲吗？"她断然回答："不会。"当追问："汉人之间也不会结干亲吗？"她明确地说："不知道。"当笔者了解到额济纳旗30多岁的卫拉特男性B氏关于干亲的理解，才明白事情的复杂性。

> 关键在于蒙古人要让自己的子女成为汉人的干子女，汉人将自己的子女作为蒙古人的干子女。民族内部结干亲的几乎没有，因为干亲是一种 dom（巫术之意）。

从B氏所讲的内容来看，在民族内部缔结的干亲称不上是一种禁忌，但如果考虑对方的"咒力效

---

① 内蒙古自治区编辑组：《蒙古族社会历史调查》，内蒙古人民出版社1985年版，第195-199页。
② 刘援朝：《历史与现实、阿拉善盟的汉族与蒙古族——阿拉善盟民族关系调查》，《西北民族研究》1995年第1期。
③ 何生海、白哲：《内蒙古西部地区族际婚姻的流动模式研究——以阿拉善左旗为例》，《内蒙古社会科学》2014年第3期；何生海：《青年族际离婚的现状、特点及发展趋势研究——以阿拉善左旗为例》，《西北民族研究》2016年第1期。
④ 马戎、潘乃谷：《赤峰农村牧区蒙汉通婚的研究》，《北京大学学报》1988年第3期。
⑤ 笔者在阿拉善盟的实地调查分别实施于2005年8月（额济纳旗）、2014年8月（阿拉善左旗、阿拉善右旗）、2015年2月（巴彦浩特市）。

果",在不同民族间缔结更佳。据笔者所知,既有汉人之间的干亲关系,也有少数卫拉特人之间的干亲关系,但最多的仍是 B 氏所讲的蒙古人与汉人之间的干亲关系。这里所说的"咒力效果"是 B 氏对汉人逻辑的理解方式。那么,与蒙古人缔结干亲的汉人在 B 氏眼里又是怎样的存在呢?笔者问:"想结干亲的是额济纳旗的汉人吗?"他回答:"额济纳旗内和旗外的汉人都一样。"额济纳旗的汉人几乎都是来自邻近的金塔县的移民。所以,B 氏所说的旗外是指金塔县。实际上,B 氏在旗内和旗外都有干儿女。另外,在前节曾谈到,土改以后汉人出入阿拉善变得更自由。再加上近年人口流动的加速,对于 B 氏这样的卫拉特人来讲,很难用阿拉善这一地区框架来区分汉人。在干亲关系的语境中,汉人与作为民族的汉族几乎一致。

干亲关系中所见的对民族性他者的偏好在阿拉善以外的地区中也存在。西南地区作为"民族团结"象征的干亲关系中存在另一种逻辑。根据广西壮族自治区壮族学者李虎的研究,壮族认为与苗族缔结干亲关系为好,因为他们相信缔结干亲会使自己多子多孙。① 文化人类学家郝瑞研究彝族,指出彝族和汉族之间的通婚很少见,却存在干亲关系。同时,他强调彝族内部没有干亲关系。在此基础上,他认为民族间干亲关系的功能在于强化从属两个不同民族集团的家庭和个人之间的关系。② 从西北地区宁夏回族与汉族之间的干亲也可察知,结亲的请求主要来自汉族。因为"汉族普遍认为,历史上回族来自异域,历经艰难困苦,跋山涉水才在中国立足,民族性格坚强,对小孩更有保佑作用"。③

干亲是为"民族团结"而缔结,但上述各种事例显示,实践者因为憧憬异民族所具有的咒力而在践行干亲实践。正如本节所示,对汉人一方而言,结干亲是获得异民族咒力的实践。实践者正在通过干亲实践将对方他者化。在多民族地区,民族边界的存在是干亲实践的前提。那么,我们应该如何理解围绕干亲同时展开的民族边界的强化和民族共生这两种态势?

二 干亲的逻辑

(一) 血缘边界

据上述 A 氏所言,她母亲所生的孩子几乎全部夭折,当 A 氏出生几个月后一位山西省富裕的汉人给她佩戴了银锁。

> 3 岁时取下来让祖母保管。当我长大后祖母还给了我,让我好好珍藏,可是"文化大革命"时丢失了。小时候管那位汉人叫"qaγurai abu"。他个子不高,和蔼可亲,蒙古语说得很好。他姓李,起了蒙古语名字叫"察甘达"。卖完所带货物为止住在阿拉善。

卫拉特人称干爹为"qaγurai abu",干妈为"qaγurai eji",干儿子为"qaγurai küü",干女儿为"qaγurai ökin"。蒙古语中"qaγurai"代表干燥,在这里是汉语"干亲"中"干"字的直译。蒙古语没有对应的名词表示"干亲"。用动词性"keüked boolaqu"表达结干亲。"keüked"指孩子,动词"bool-

---

① 李虎:《壮族的拟亲属关系及其功能》,《前沿》2010 年第 11 期。
② Harrell, Stevan, Manshuiwan: Nuosu Ethnicity in a Culturally Han Area, In *Ways of Being Ethnic in Southwest China*, pp. 171–189. University of Washington Press, 2002.
③ 李静、戴宁宁:《文化人类学学视野下的回汉民族"干亲交往"》,《宁夏社会科学》2010 年第 5 期。

aqu"的词根"boo"是汉字"抱"的音译。① 当卫拉特人表达收养他人子女为养子时说"keüked asaraqu"或"keüked ürečileku",而非"keüked boolaqu"。前文介绍过卫拉特人之间的干亲关系很少见,从上述语言使用的特点也可察知结干亲不是卫拉特人的传统习惯。

那么,中原地区的干亲如何?山西省是中国北方和西北少数民族地区汉人移民的主要来源地。学者尚会鹏基于山西省村落社会的事例,认为汉人村落社会的人际关系可分为亲属和非亲属两大类。人们有一种倾向,从亲属联系出发,处理与非亲属的关系,看待整个外部世界。② 换言之,在中原地区,汉人以自己为轴心,以亲属为中介认识周围社会环境,即通过亲属化的方式认识世界。尚会鹏认为,亲属化的具体事例就是拟亲属关系。拟亲属关系可分为以下三类:"虚拟的亲子关系""虚拟的平辈关系""虚拟的婚姻关系"。其中,"拟亲子关系"是拟亲属关系的核心,是一般所说的"干亲关系"。根据缔结的目的干亲可分为三种。(1)"巫术"性质的干亲。为了使孩子健康成长,特别是为了幼童能"成人"而认的干亲。这种干亲关系的缔结是出于这样的认识:通过调整一个人与其归属亲属集团的关系可以改变其命运。(2)"补充"性质的干亲。缔结干亲的一方只有男性后代或只有女性后代,一方以另一方的子女为名义上的子女,借助认干亲来实现"儿女双全"的愿望。(3)"公关"性质的干亲。父辈相处融洽,借子女认干亲加深父辈之间的关系。③ 干亲关系必须具备以下三个前提才能成立:(1)缔结干亲的两个家庭不是一个姓氏,或者虽是同姓但血缘关系已相当疏远;(2)两个家庭的交往关系必须密切;(3)缔结干亲的两家大人必须是同辈。④

缔结干亲的礼仪简单朴素。当事双方提前商量,决定会面日期。然后,请求方带着以食物为主的礼品和爆竹、线香等礼仪用品,领着自己孩子拜访要成为拟亲属(干亲)的人家。受托方将事先准备好的衣服给孩子穿上,再给孩子挂上锁。给孩子穿衣服代表孩子已成为自己家庭的一员;挂锁象征着孩子将永远留在拟亲属家里,虚拟血缘关系将得以固定。⑤

阿拉善的干亲礼仪也遵循上述规则。依赖方准备十八个馒头给受托方,受托方给孩子穿裤子、系红腰带、颈上挂锁即可完成。

结干亲有以下几方面的原因。首先,关系密切的朋友之间为加深友谊,相互结交干亲。其次,假如没有女孩的家庭盼望获得女儿,于是和女孩多的家庭结干亲。再者,为了治愈爱哭或患病的孩子而请求某个人结干亲。还有,认为有孩子夭折过的家庭再生孩子时,必须请求异族人作孩子的干亲。这些事例在顺序上与尚会鹏提出的三种类型反向对应。负面理由愈强,愈需要异民族的人作干亲。比如夭折等攸关性命的例子中,需要以受托方的民族语言重新起名。这正是第一部分第三节中 B 氏所表达的"咒力效果"。

如果包括汉族之间的干亲,阿拉善的干亲关系中上述三种类型均可见,也遵循三个前提。但汉族和蒙古族之间的干亲关系,则多为"巫术"性质的干亲。在三个前提中"不是一个姓氏"倍受重视。因为能断定没有血缘关系,所以民族间的干亲关系受青睐。作为临时避难措施,一旦跨越基于血缘的亲属集团边界,让自己子女归属于其他亲属集团,就可使孩子免遭降临在原亲属集团或家庭的不幸,这就是"巫术"性质干亲的逻辑,是一种自我他者化。自我他者化凸显于阿拉善多民族社会,属于

---

① Čoyidandar, ča, Mongɣul yosujang šil-un ü čir, ündüsüten-u keblel-ün qoriy-a. 2012, pp. 336 - 338.
② 尚会鹏:《中原地区的干亲关系研究——以西村为例》,《社会学研究》1997 年 6 期。
③ 尚会鹏:《中原地区的干亲关系研究——以西村为例》,《社会学研究》1997 年 6 期。
④ 尚会鹏:《中原地区的干亲关系研究——以西村为例》,《社会学研究》1997 年 6 期。
⑤ 尚会鹏:《中原地区的干亲关系研究——以西村为例》,《社会学研究》1997 年 6 期。

"蒙古"这一民族范畴的人作为结亲的对象而较受期待。在文化边界的另一侧栖息的人具有异质性，所以才值得跨越边界让子女暂时避难。这时，可充分理解"咒力效果"的内涵。

（二）文化边界

在涉及民族性他者这一点上，干亲关系的生成和命名行为有密切互动。从命名行为可以解读实践者对干亲的考量。对汉人而言，卫拉特人是无须争辩的"民族性他者"，即使在第一部分第二节中介绍的baɣtaɣamal也不例外。

Buoyandelger氏是一位70多岁的baɣtaɣamal。他9岁时从民勤到此地，他的妻子从宁夏移居到此地。推行生态环境保护政策后，停止放牧，① 现在生活于移民村。长子开了一个商店，次子在养猪场干活，三子在开出租车。身份证上全都写着蒙古族。Buoyandelger氏夫妇在甘肃和宁夏都有干亲子女。起初夫妇俩犹豫不决，但宁夏的人来了好几次，最终接受了结干亲请求。他们说："我们给那个孩子起名叫Temürbaɣatur，从那以后他茁壮成长，没有发生任何问题。"不仅身体健康，据说还成了空军飞行员。笔者问："他们那么远跑过来结干亲，到底为了什么？"夫妇回答说："他们觉得我们蒙古人好，特意从青铜峡过来的。"夫妇确信成为飞行员的干儿子至今仍使用Temürbaɣatur这一名字。蒙古语Temürbaɣatur的意思是"钢铁英雄"。蒙古人基本上一生使用出生时起的名字。所以，夫妇俩期望干儿子仍用那名。干儿子健康而且成了飞行员，身处未曾奢望过的高处，夫妇确信这都承蒙于那强韧的名字"Temürbaɣatur"。

汉人有起贱名或小名等乳名的习惯。俗话说"恶名为福，贱名长寿"，给孩子起低贱恶劣的名字令人期许。父母担心体弱多病的孩子，起个贱名，盼望将来一帆风顺。一般取家畜或器物的名称，相信贱名带来旺盛的生命力。② 在这里，人们认为动物和器物具有无法和人类交往的异质性，被当作绝对他者。基于上述的思维逻辑，贱名显然是作为象征符号。

蒙古人命名的逻辑与上述逻辑不同。上述的贱名仅限于乳名，而在蒙古地区没有乳名和大名的区分。上文中登场的贱名，将动植物和非生物置于卑微之处，将其排除在与人类不可同日而语的边界外。在蒙古地区没有此类前提和边界设置，即使是对汉人而言的贱名，对蒙古人很有可能就是普通人名。蒙古人的名字多与此类事物相关，比如动物、植物、天体、物质、机械、颜色、时间、组织、民族、国家、神祇、现象、状态、希望等。从蒙古人的名字很难断定某人是谁的亲属或子孙。仅凭字面甚至无法推知是不是人名。在蒙古地区，名与人的关联被认为是其人的命运，可谓人如其名。③ Buoyandelger氏对"Temürbaɣatur"的确信也与上述观念不无关系。这种人名是一种基于类似性的象似符号。詹姆斯·弗雷泽的交感巫术理论和列维-布吕尔的互渗律的逻辑支撑着命名者的思维。④ 这种思维异于以象征符号的贱名为特征的汉族思维。对汉人而言，起贱名和用蒙古语起名源自同样的思维逻辑。正因为贱名来源于与自己完全相反的卑微的存在，所以它才能护佑自己的孩子。

在阿拉善干亲实践中，基于血缘边界的亲属集团与基于文化边界的民族集团相对应。干亲不可能

---

① シンジルト：《中国の西部辺境と"生態移民"》，小長谷有紀、シンジルト、中尾正義（編）：《中国の環境政策"生態移民"——緑の大地、内モンゴルの砂漠化を防げるか》，昭和堂，2005年，1-32。
② 参见刘德龙《民间俗信与科学文化》，山东教育出版社，2002年。
③ Humphrey, Caroline, "On Being Named and Not Named: Authority, Persons, and Their Names in Monglia", *In The Anthropology of Names and Naming*, pp. 160 . Cambridge University Press, 2009.
④ フレイザー、J.G：《初版 金枝篇（上下）》，吉川信訳，ちくま学芸文庫，2003年；レヴィ・ブリュル：《未開社会の思惟（上下）》山田吉彦訳，岩波書店，1953年。

变成实际亲属的根源在于，文化与血缘同样被认为不可逾越。蒙古人在干亲关系中充当他者角色，不单纯是抽象表征，而是关乎当事人子女命运的切实需求。只要存在对子女的爱，对蒙古人的他者化和异质化就不会结束。如果汉人执着于和蒙古人缔结干亲关系的理由之一是希求他者性和异质性，那么从这一事实也可了解汉人对民族边界所持的观念及其特征。

三 干亲与追求幸运

（一）限制自我的幸运

有民族意识才有民族边界，有民族边界才有民族集团。这是弗雷德里克·巴斯的边界理论。该理论在各种社会的民族问题研究中被广泛引用，奠定了当今民族研究的学术方向。[①] 但就民族边界的维系方法而言不具有一般性。巴斯以牧民的事例为中心，强调边界维持和生计方式之间的关系。牧民的群体生成并非源自共享的物质财产和物理性边界，而是源于各个营地对集体移动所达成的共识这一社会性结合。牧民的集团性产生于支配和权力等社会领域，而不是产生于限定的土地这一地理空间。[②]

在日本，研究畜牧社会的人类学家将关注点放在生计方面，试图梳理牧民的边界观念。研究东非畜牧社会的佐川彻指出，特定的地理空间是特定人群的所有物，这种国民国家的思维本身属于"定居民式的思维"。佐川强调，牧民的边界观念与定居民的边界观念互不相容，对牧民而言，敌与友、战争与和平并非二元对立，而是可以相互转换的关系。[③] 研究西南亚沙漠地区文化的松井健导入"生计精髓"这一概念，试图系统地阐释人们持有的边界观念的特征。"生计精髓"是指，在特定的自然条件下形成的生计方式、特定的生活习惯、基于特定观念的伦理态度等相互规约而出现的行为和思维倾向。[④]

那么，就牧民而言其"生计精髓"又是如何呢？随着阿拉善的汉人移民不断增长，其与卫拉特原住民之间的区别也在逐渐消失，但作为族群标识可以提到一种叫"kei mori"的布制方旗。当地蒙古人将方旗升在庭院或屋顶上。

方旗 kei mori 的中央绘有一匹马，四周用藏文写着经文，画着佛像。他们认为扬起 kei mori 会招福纳祥，成就心愿。"kei"表示空气，"mori"代表马。kei mori 可译作幸运、朝气、独立、主权、灵魂等。kei mori 不仅仅是一个旗帜，也是升旗之人的内心世界的映照。[⑤]

在卫拉特人之间还有很多类似 kei mori 的概念。例如，日常生活中使用的"buyan"和"kešig"等概念。卫拉特人用"buyan"这个概念来理解干亲关系。他们认为汉人为了获得"keüked‐ün buyan"，而专门与子孙满堂的人家缔结干亲。"buyan"的意思是幸运，"keüked‐ün buyan"可意译为"子女运"。有人认为，因为结了干亲，导致自己失去了子女。退休教员 C 氏失去了两个孩子，长期思索后

[①] Barth, Fredrik, "Introduction", In *Ethnic Groups and Boundaries: The Social Organisation of Culture Difference*, pp. 9 – 38. Universitetsforlaget, 1969.
[②] Barth, Fredrik, "Boundaries and connection", In *Signifying Identities: Anthropological Perspectives on Boundaries and Contested Values*. pp. 17 – 36, Routledge, 2000.
[③] 佐川徹：《東アフリカ牧畜社会における横断的紐帯の持続》，《アジア・アフリカ言語文化研究》，2009 年 78；佐川徹：《暴力と歓待の民族誌——東アフリカ牧畜社会の戦争と平和》，昭和堂，2011 年。
[④] 松井健：《西南アジアの砂漠文化：生業のエートスから争乱の現在へ》，人文書院，2011 年。
[⑤] シンジルト：《幸運を呼び寄せる——セテルにみる人畜関係の論理》，奥野克巳（編）：《人と動物、駆け引きの民族誌》，はる書房，2011 年，131 – 165 頁。

他将原因归结于自己成为汉人的亲家。老人静默很长时间后说："我们的 kešig 被带走了。""kešig"代表幸运，与"buyan"是同义词，但使用范围比"buyan"广，可以指人类之外万物所具有的幸运。卫拉特人经常使用"幸运"来解释地区历史和社会问题。有时为强化语气也会说"buyan kešig"。

卫拉特人对"策塔尔"（seter）① 一词也都不会陌生。不杀不卖特定的家畜个体，终其一生，称为策塔尔。原则上所有种类的家畜个体都可以成为策塔尔对象。除了家畜，植物也可以成为策塔尔对象。受策塔尔仪式的家畜和树木个体被视为特别的存在。人不会干涉已成为策塔尔对象的动植物。人为什么会限制自我行动？一是为了从不幸中解放人和家畜。遇到家畜患病、孕妇流产、幼儿死亡时都会进行策塔尔。人们认为不幸是由于人和家畜的 kešig 降低而起的，策塔尔实践可以恢复 kešig。二是为了召唤 kešig。人们相信对家畜进行策特尔可以维持畜群的 kešig。

kešig 相当于汉语中的吉祥、幸福。但是吉祥或者幸福等词会有不吉、不祥、不幸等反义词，而 kešig 却没有。否定形式在 kešig 上不能成立。kešig 代表的是绝对肯定的价值。kešig 不仅在人间，在自然界也普遍存在。违反禁忌会使 kešig 减少。策塔尔正是防止 kešig 减少并试图使其增加的一种行为。万物普遍具有 kešig，这一认识源自牧民所处的自然环境和生计方式。②

如果认为 kešig 所代表的"自然认识"的特征是代表"牧业精髓"，那么这种"牧业精髓"从根本上支撑着巴斯的边界理论。土地所有意识的欠缺和边界观念的流动性等问题可以从这种"牧业精髓"中寻找原因。这种"牧业精髓"不仅在理解人与人之间的边界观念时，在理解人与非人的边界观念的特点时也大有裨益。在他们的观念中文化不是自然的对立词。文化人类学中所说的文化，在他们所说的 kešig 语境里与自然相统一。kešig 对他们而言是存在的根源。

（二）扩大自我的幸运

干亲实践是避开厄运追求幸运的行为。那么，学者和卫拉特人又是如何看待这种追求幸运的做法呢？除了阿拉善，内蒙古的其他地区也存在干亲实践。这里的干亲实践基本上被认为是作为移民一方的汉人为了实现移居的目的而使用的一种策略。③ 从事民俗学研究的汉族学者米守嘉，分析了干亲关系对汉人移民的功能，然后将干亲关系得以成立的原因归结为蒙古人的"宽容"（包容），认为"蒙古族具有很强的包容精神"，所以接受了汉人缔结干亲的请求，否则汉人移民的"定居和生存是很难"。④ 民勤县有一种"阿拉善——民勤人圆梦的地方"的说法。对于贫困的民勤人来说，阿拉善人少地广、牲畜繁盛，去那里总会生存下来。阿拉善之所以成为实现人们切实愿望的地方，不仅是山美水美，更因为人善。汉族老百姓常说蒙古人"心肠好"。这或许是对历史上接纳自己的东道主的自然反应。

如果不能把"心肠好"仅仅当作一种恭维话，就应该探究"心肠好"的内容。有一位汉族退休干部叫黄志，60多岁的男性。他1960年代遇到粮食危机，从故乡民勤县逃荒到阿拉善。年幼的他被蒙古人收留，活了下来。"他后来知道蒙古人的心肠好，是因为信教。从那以后他就跟着信这个教了。"⑤ 由此可以总结出黄志的观点为：因为是佛教徒所以蒙古人心肠好。丁鹏是一位研究阿拉善汉人移民文

---

① 策塔尔的词源是藏语的 tshe thar。关于以藏语为第一语言，生活在青藏高原的卫拉特人所进行的策塔尔实践，参见シンジルト：家畜の個体性再考——河南蒙旗におけるツェタル実践，文化人類学，2012 年 4 期。
② シンジルト：《牧畜民にとってのよいこと——セテル実践にみる新疆イリ＝モンゴル地域の自然認識の動態》，中国，2011年34期。
③ 史亚楠：《民间"圆锁"习俗的发展与演变——以山西、内蒙古地区为例》，《法制与社会》2008年7期。
④ 米守嘉：《走西口移民运动与蒙汉交汇区村落习俗研究》，硕士论文，山西大学，2011年，第18页。
⑤ 丁鹏：《内蒙古阿拉善左旗巴彦浩特镇汉族移民文化变迁研究》，博士论文，兰州大学，2010年，104-105页。

化变迁的汉族学者，他根据自己的问卷调查（设问：您有没有宗教信仰？），谈到汉人移民的宗教信仰时，总结如下①：

> 调查数据显示，在所有被访人群中选择"没有宗教信仰"的人数占到79.10%（120张问卷，收回86张）。这说明汉族移民虽然来到了蒙古族聚居区，但是无论是藏传佛教还是汉传佛教或其他宗教的传播与发展，并没有改变大多数汉族人没有宗教信仰的文化传统，也没有从根本上改变他们的精神生活。

中国人类学的鼻祖费孝通在1947年出版的《乡土中国》中考察了汉人乡土（农村）社会的个人与团体（群体）之间的关系。他认为，中国乡土社会的基层结构是"一根根私人联系所构成的网络"。这些网络像蜘蛛网一样，有一个中心，就是自己。可是这个自己又与西洋的个人主义无关，一切价值以"己"为中心，应该称为"自我主义"。

费孝通论述汉人社会的基层结构时，以西洋的"团体格局"为对照，而"团体格局"又被认为源自游牧社会。在游牧生计中人无法单独生活，需要相互依赖，"团体"是他们生活的前提。在"团体格局"中，道德的基本观念建筑在团体与个人的关系上。可是在一个安居的乡土社会，每个人可以在土地上自食其力地生活时，只在偶然和临时的非常状态中才感觉到伙伴的需要。对他们来讲，和别人发生关系是后起和次要的，而且他们在不同的场合下需要不同程度的结合，并不显著地需要一个经常性的团体。②

费孝通的《乡土中国》并不是在特定地区进行调查的结果，而是对中国农村社会的理念型考察。因此，从现在的观点可能被批判为本质主义。丁鹏基于实地调查得出的结论，无意中验证了费孝通70年前的观点。用费孝通的话，可以说卫拉特人面对的世界是：通过血缘亲属或者模拟亲属的干亲方式扩展的汉人世界和亲属化的自我中心世界。干亲是追求幸运的行为，是以自我为前提的进取性追求幸运的方式，而卫拉特人通过限制自己行动的策塔尔追求 kešig。那么，在如此不同的两者之间何以形成共生？

（三）回避不和

丁鹏对阿拉善蒙汉两个民族间的和谐关系，即共生关系得以成立的理由进行了如下分析："历史上多民族聚居的长期经历和游牧民族海纳百川的广阔胸怀，造就了阿拉善蒙古人宽厚、包容的品性。"这不是单纯的赞美。作为法学和民族学研究者的丁鹏，依据自己的实地调查，进行了具体的描绘：对"因躲避灾祸而进入的汉族人，当地蒙古族群众一般会伸以援手"。③

那么，汉族老百姓所说的"心肠好"，学者所说的"宽容"（宽厚、包容）等表现形式，在反映当事者的哪些具体实践？在干亲的语境中，对阿拉善的蒙古人提出"为什么干亲的对象必须是异民族"等问题毫无意义。对他们而言，干亲从开始就是汉人带来的习俗。正因此，如前文所述，很多蒙古人认为干亲是只和汉人缔结的关系。果真如此，那就有必要考虑蒙古人在什么情况下成为认干亲的对象。

---

① 丁鹏：《内蒙古阿拉善左旗巴彦浩特镇汉族移民文化变迁研究》，博士论文，兰州大学，2010年，第102页。
② 费孝通：《乡土中国·生育制度》，北京大学出版社，1998年，第31页。
③ 丁鹏：《内蒙古阿拉善左旗巴彦浩特镇汉族移民文化变迁研究》，博士论文，兰州大学，2010年，第54页。

如第二部分第二节中登场的 A 氏，蒙古人中主动结干亲的事例并非全无，但更多的人是为迎合对方请求才成为干亲关系的当事者。例如，40 多岁的蒙古族干部 E 氏已经成为几个汉族朋友子女的干爹，被问到当干爹理由时他说："人家找我们给孩子认干亲，我们不接受也不好。人家按人家的规矩，我们用我们的规矩完成礼仪。"这里所说的人家的规矩，正如前文中的介绍那样。那么，"我们的规矩"，即蒙古式的规矩又是什么？对此 E 氏也没有明确的答案。他说，汉人去别人家里走访时会带以日常用品为主的礼品，而蒙古人会带哈达，确实有细微的差别。重点是他所说的"我们不接受也不好"。此话似乎在传达一种义务感。虽然不是强制的，但理解对方的期望并积极地做出回应，这可能就是 E 氏在不知不觉中所表达的核心理由。所谓义务感中的"义务"关联到本文第三部分第一节中谈到的限制自我的行动。换句话说，就是对拒绝、回绝等负面言行的自我限制。

除了 E 氏之外，蒙古人接受缔结干亲请求的事例很多。Buoyandelger 氏、退休教员 C 氏都是因为无法拒绝而接受了认干亲的请求。在他们的感知里，如果对外部的各种事物无动于衷，对他人的请求予以拒绝的话，很容易给自己带来某种消极影响。因此，我们可以见到很多为尽可能避免拒绝他人而采取的行动。这种行为在结果上显得向对方无条件"让步"。但是，如果行为的前提在"尽可能避免拒绝"这一点上，行为本身也是一种"宽容"。在这样的语境中，"让步"和"宽容"几乎没有区别。"让步"一词的蒙古语为 nair talbiqu，其词根为 nair，是代表宴会和友好的名词。当然，不能就此推论，卫拉特人言听计从或在有意展示利他行为。检束自己的言行是为防止代表绝对幸运的 kešig 减少。拒绝对方是否定性言行，会导致 kešig 减少，从而倾向于选择"让步"。

第三部分第一节中谈到，汉人结干亲的请求时蒙古人无法拒绝。原因就是拒绝别人的请求会被理解为"eb ügei"。E 氏所说的"我们不接受也不好"换言之就是"如果不接受，就会 eb ügei"。eb ügei 这个词，表示"有敌意、不和谐、不灵巧、难看、不方便、不应该、不愉快、讨厌、不协调、不好看"① 等消极状况。这里并不是在说汉人不能感知这些消极状况。但是汉语里没有能与"eb ügei"完全对应的词，就像蒙古语里没有与"干亲"完全对应的词一样。在日常生活中卫拉特人时不时地无意使用"eb ügei"这一词，母语为汉语的人很难与这一词背后的观念产生共鸣。

eb ügei 的反义词是 eb tei，指"亲密、和睦、和平、坦率、适宜、舒适"②理想的状况。因为追求这些理想状况，所以才有上述的种种情况。追求理想状况的过程就是连续不断地防止 eb ügei 发生的过程。eb ügei 和 eb tei 的词根都是 eb，表示"和合、亲睦、和平、和谐、秩序、便利"等意思。同时，eb 也是"仲裁、调停、共产、和谐、秩序"等③词的词根。另外，"和谐的"在蒙古语里是"eb nairtai"。nairtai 以表示宴会的 nair 为词根，表示友好。综合上述可以说，eb nairtai 与共生（conviviality）的意思无限接近。

蒙古语中"eb"有时会在抽象的语境中使用，但基本上根植于日常生活。日语的"共生"和汉语"团结"在日常生活中很少使用，如果明白这一点，就无法将三者混为一谈。日常语境中的 eb 是对自身周围的留意（留心、用心、担心、关心、关照），是对物质的禁欲态度等谨慎姿态的总称。进一步讲，它是指包括人在内的各种事物能够相互均衡、安稳共存。eb 或 ebtai 所要勾画的领域是充满 kešig 的世界，这里的 kešig 就是在第三部分第一节中谈到的策塔尔实践中人们所追求的 kešig。在此追求过程中我们可以

---

① 小沢重男（编）：《現代モンゴル語辞典》，大学書林，1994 年。
② 小沢重男（编）：《現代モンゴル語辞典》，大学書林，1994 年。
③ 小沢重男（编）：《現代モンゴル語辞典》，大学書林，1994 年。

见到两种实践并行，即人与动物之间的策塔尔实践，人与人之间的回避不和（eb ügei）的实践。

回避 eb ügei 的实践是细腻的运作过程，是根据他者的状况推测其意图，再决定自己行为的实践。这也是从根本上否定强调自我，将自己的意识强加于人的所有态度。共有上述观念的群体被称为"蒙古"，但这里所说的蒙古不是基于宗教文化或血缘边界的蒙古。正因如此，蒙古当中有信仰佛教的卫拉特人，也有信仰伊斯兰教的人，也有汉人的后裔。虽然赞美却未必共有上述观念的人群被认为是"irgen"。这里所说的 irgen 与其说是指汉人，不如说意味着非"蒙古"。还有一个不容忽视的事实是：价值观虽然与自己截然相反，但是 irgen 并没有成为被排斥的对象，而是被接纳。通过接纳可以回避 eb ügei。如此看来，汉族老百姓所说的"心肠好"和学者所说的"宽容"正是在反映卫拉特人实践深层的"eb"。

四 共生的实际

干亲在汉人社会具有悠久的传统。干亲所代表的拟亲属关系在不同民族间缔结时，被认为益于民族共生。族际婚作为民族边界消失的契机而倍受期待，在同样的语境里，不同民族间的干亲关系所受到的期待丝毫不亚于族际婚。如果沿着这种期待进行阐释，民族间的干亲关系与民族共生似乎有种因果关系。但考察实践者的具体动机，就会发现实践所依据的观念与学者的解释不完全吻合。民族间缔结的干亲关系基本以民族边界的存在为前提。

就本文提到的阿拉善的民族间干亲关系的事例而言，多数以汉人的请求开始。在他们的观念里，卫拉特人与自己不同，具有很强的咒力。正因为卫拉特人在文化上具有异质性，所以才成为需要接近的对象，民族边界和文化边界相互重叠。干亲关系对卫拉特人并没有多大的吸引力。即便如此，卫拉特人也不会拒绝请求。虽然理由多种多样，但他们共有的 kešig 观念至关重要。卫拉特人确信，包括人和动植物在内的世间万物普遍具有代表绝对幸运的 kešig。为防止 kešig 的减少并力争使其增加，需要留意自己的言行。这种留意在与动物的关系中以策塔尔的形式实践，在人与人的关系中以回避 eb ügei 的形式得以具体展现。

在人与人的关系语境中，"尽可能避免拒绝"别人成为必要的姿态。接受请求是一种留意，这种留意的姿态对其本人而言极为敏感，从他人那里则受到"心肠好"或"宽容"等肯定评价。但肯定评价是对接受干亲请求的事实本身，并非对卫拉特人的 kešig 逻辑产生了共鸣。换言之，心肠好和宽容等脱离干亲主题的内容在造就着共生的效果。

心肠好和宽容在本文的语境中等值。心肠好的前提未必是共有对方的观念。在与对方持不同观念的情况下，仍保持自己心肠好。在此意义上，井上的主张较为妥当，即并不是先有共鸣然后才变得宽容，而是正因为无法共鸣才产生了宽容。在宽容的基础上成立的正是本文所示的共生。这种共生并不以基于共同观念的民族边界的消失为前提，而是以不同观念间的并存为条件。正因相互间的差异，共生才变得可能，这就是一个区域社会中共生的实际。

中国西部地区是传统的少数民族聚居区，虽然有时也发生摩擦，但是老百姓总体上在和平的环境中融洽共生。无论在西南地区还是在西北地区，可以普遍地观察到民族之间的干亲这一拟亲属关系。虽然是虚拟的，但是将毫无关系的他人变成亲属，所以干亲往往被赋予正面的理解。在因果论中，干亲被阐释为民族共生的原因。不过，这种解释不一定符合本文所展示的共生的实际。正因如此，我们可以坚信，中国西部地区蕴藏着更多有待发掘的共生睿智。

从生存需求到族群团结和国家认同：拉祜族敬老仪式的文化表达*

张锦鹏**

摘　要　拉祜族的敬老之礼是一种源于传统并保持至今的文化事项，在春节期间通过向老人长者行洗手之礼的方式进行集体性、仪式性呈现。拉祜族敬老之礼之所以能长期且鲜活地存在于拉祜族文化传统之中，是因为它的文化表达具有很强的时代转化性。在拉祜族迁徙历史中，老人生存经验具有维持族群生存的重大意义，敬老之礼因此产生。随着拉祜族社会发展，敬老之礼在宗教因素影响下成为凝聚族群和整合族群的重要力量，"敬老"向"敬尊"扩展。中华人民共和国建立以来的现代民族国家建构，使拉祜村寨传统卡些（头人）制度向村委会制度转型，当今卡些（即"村干部"）被赋予了国家代理人角色。特别是近年国家对边疆少数民族实行多项扶持政策，拉祜族群众利益获得感不断增强，更加增强了拉祜族群众的国家认同感。在春节期间通过向"村干部""领导"们拜年行敬老之礼，其文化表达实质是仪式性呈现国家认同的社会心理。

关键词　敬老之礼；族群生存；族群整合；利益获得；国家认同

DOI：10.13835/b.eayn.25.06

从社会意义上来看，尊老敬老作为一种道德伦理观，体现了人类对自己生命的敬重，以及对自身命运的终极关怀。若从文化演进路径来审视，敬老文化则是原始社会"卡里斯玛"崇拜的后续，在知识主要靠经验层积的社会里，年龄决定经验厚度，经验性知识优势使老年人自动获得权威和人格魅力。但是，在知识传播方式发生重大改变和科学技术快速发展的今天，向老人学习的前喻文化正被向年轻人学习的后喻文化所取代，尊老敬老的社会物质基础和精神文化根基发生了根本性变化，尊老敬老也转化为个体自我完善的美德愿景和社会倡导的良习公德，缺乏社会需求和外力内化的尊老敬老这一传统文化渐趋淡化。当社会弥漫着道德失范的社会担忧之时，在中国西南边疆拉祜族村寨，却看到一股逆时代之流的敬老之礼在每年拉祜新年扩塔节中仪式化呈现，并且在愈来愈隆重的仪式程式嬗变中呈现出意义强化的特点。这一现象背后的文化表达值得关注。

拉祜族的敬老之礼是一种源于传统并保持至今的文化事项，如何理解拉祜族的敬老之礼？有关拉祜族的研究多将其作为节日中的一个文化事项来叙述，[①] 也有的学者将其作为拉祜族伦理道德的一个

---

*　本文为国家社科基金重大项目《我国民族团结和民族关系的理论与实践研究》（项目批准号：16ZDA151）阶段性成果。

**　张锦鹏，女，汉族，云南大学西南边疆少数民族研究中心教授，博士，博士生导师。

①　参见安东尼·沃克《拉祜尼（红拉祜）的新年庆典》，载《泰国拉祜人研究文集》，云南人民出版社1998年，第110－155页；晓根《拉祜文化论》，云南大学出版社1997年；等等。

组成部分来分析,① 还有学者的研究将拉祜族从敬老拜年仪式演化而来的政府团拜仪式,与国家认同建构联系起来,分析其对发展和谐民族关系的意义。② 其他一些针对少数民族尊老敬老问题的研究,或将其纳入少数民族伦理道德体系之中加以研究,认为这是少数民族传统文化的重要组成部分;③ 或强调它的社会功能,认为少数民族尊老敬老伦理观渗透于少数民族的日常生活、节庆和人生礼仪习俗、宗教信仰、村规民约之中,成为个人的行为规范和社会控制准则。④ 还有学者运用互惠理论来解释,认为一些少数民族利用敬老习俗来实践父母与子女的互惠关系。⑤

拉祜族尊老敬老之礼,不仅体现在日常生活之中给予老人特殊地位,⑥ 更是以新年拜年的方式仪式性集体展示。本文认为,拉祜族的"敬老"之礼有其特殊的文化意义,它超越了普遍意义上伦理道德的社会规范,随着族群的发展从保障族群生存向促进族群团结演化,在现代民族国家建设过程中它又被赋予了国家认同的象征意义。

本研究所选取的田野点是云南省澜沧县东回乡班利村。该村因其主要是拉祜族聚居且人口规模较大被称为"拉祜第一村"。该村也是一个基督教社区,几乎全村的拉祜族都信仰基督教。目前该村除了基督教堂之外,还建有一个基督教培训中心。虽然基督教影响无处不在,班利村仍然是一个拉祜族传统民族文化保存较好的社区,是拉祜族国家级非物质文化遗产创世史诗"牡帕密帕"的传承基地,也是省级非物质文化遗产"拉祜族摆舞"的传承基地,被称为"摆舞之乡"。

一 拉祜族春节拜年:仪式性、集体性敬老活动

主要分布于澜沧江流域的拉祜族,是云南的世居民族和跨境民族,目前在中国境内有46万多人口,还有20多万人口分布在缅甸、泰国等东南亚国家和地区。拉祜族最重要的节日是扩塔节,即拉祜族新年。过节时间与汉族春节相同,即在农历腊月三十开始,一直持续到正月十一或更晚。⑦ 扩塔节有"过大年"和"过小年"之分,大年从大年初一开始到初三结束,主要内容是进行拜年活动。然后休息三天过小年,小年通常从初七开始,根据情况过三天或五天,主要是有组织地进行村民集体狂欢活动——从早到晚在公共场地上举行盛大的芦笙舞会,人们围成圆圈在芦笙和象脚鼓声的引导下,男人跳芦笙舞,女人跳摆手舞。敬老仪式在"过大年"期间举行,大年三十是准备礼物,初一到初三主要就是进行以敬老为主题的拜年活动。下面按时间顺序来了解班利村扩塔节期间的敬老仪式——拜年过程。

---

① 参见王正华、和少英《拉祜族文化史》(云南民族出版社1999年,第291页)、石春云主编《从葫芦里出来的民族——拉祜族》(云南民族出版社2009年,第52页)等研究成果。
② 薛敬梅:《澜沧拉祜族的拜年仪式与和谐民族关系建构下的国家认同》,载《拉祜族传统与发展学术研讨会文集》,云南民族出版社2013年版。
③ 参见相关研究:高发元《中国少数民族道德概论》(昆明:云南民族出版社1992年),绪初华《怒江州几个民族的敬老习俗》(《云南社会科学》1982年第5期),佟德富、金京振《朝鲜族先民孝道浅析》(《黑龙江民族丛刊》1989年第3期),李淑霞《论我国少数民族的尊老敬老风尚》(《赤峰学院学报》,2001年第2期),张永庆、刘宗福《回族的孝文化和当代回族的尊老敬老思想》(《宁夏社会科学》2003年第6期),全京庆《解析当代朝鲜族的敬老习俗》(《安徽文学》2014年第6期),等等。
④ 张跃:《论少数民族的敬老伦理观》,《西南边疆民族研究》第18辑,云南大学出版社2013年版。
⑤ 白志红:《互惠型孝敬馈赠:佤族敬老宴的人类学研究》,《云南社会科学》2015年第6期。
⑥ 如在以火塘为中心的家庭居住格局中,老人的床被安置在最靠近火塘的地方。
⑦ 拉祜族没有历法,过去拉祜族新年的时间是由头人根据花开观察节令,并根据方便原则自主确定每年的过年时间,每个村寨过年时间都是不同的。受汉族春节习俗的影响,现在中国境内的拉祜族过拉祜新年的时间均确定为春节。过节时间长短则由村寨头人卡些决定,可长可短。

时间：大年三十，地点：自己家里，内容：准备拜年礼物。

天尚未破晓，村寨里舂粑粑的"咚咚"声早已此起彼伏、不绝于耳，每家每户都在准备春节期间最重要的食物——糯米粑粑。这不仅是春节必吃的应景食品，更是"过大年"期间行敬老之礼时的必备礼物。

时间：大年初一，地点：长辈家里，内容：给长辈拜年。

这是新年的第一天。已成家立业的中青年夫妇（通常这样的核心家庭已剥离原生家庭，单独盖房立户）要很早起来，在自家水龙头上接一壶水"新水"，意味着这是新一年最洁净新鲜的水。过去人们要到山上取新水，还有抢新水的习俗，现在因家家有自来水，就直接在自来水龙头上接新水了。取来的新水烧开后，倒在热水瓶里，带上早已准备好的新毛巾，在新的拉祜挎包里放上一些糯米粑粑，然后带上孩子们，或走路或骑上摩托，分别到父母家、岳父母家、自己的叔伯舅姨等长辈家，以及村里其他年长寿高的老人家或德高望重的长者家，开启他们的家庭敬老仪式——给长辈拜年。

当到达长辈亲人所住院落门外，拜年的夫妻就让小孩子放一个鞭炮（过去是放铜炮枪），以通报有人来拜访。在竹楼火塘前或庭院中，老人们早已等候，并为后辈们准备好一个盆。来访的后辈将粑粑送给老人，并将带来的热水倒入盆里，浸湿新毛巾帮老人们洗手或洗脸。老人们站着接受洗手、洗脸，大多数只是象征性擦一下手。之后，老人们给年轻人和孩子们说几句简单祝福话，然后握手道别。关系密切者在道别的时候老人会用自家粑粑回赠，或者会给年幼的小孩一两元或五元不等的压岁钱。整个程序持续时间不长，从进入庭院到行洗手之礼后结束离开，七八分钟。来访者和被拜访者之间也很少进行语言交流，多是默默进行着洗手仪式，有时老人会简单说几句祝福话，大多数老人一句话也不说，年轻人也很少有语言方面的问候和祝福。每个人都象征性地做着倒水、洗手的动作，然后离开，整个仪式充满严肃之感。

但是，敬老仪式却又是隆重和热烈的。隆重热烈的气氛是靠不断进进出出的拜年者烘托出来的。在长辈所住的房屋庭院里，不断有自己的儿女、侄儿侄女、孙子孙女，以及非亲非故的年轻人带着孩子们来拜年，行敬老之礼。走了一波又来一波，或者前面的还没走，后面的又进来了，鞭炮声此起彼伏，不大的庭院挤满了拜年的人，为老人行洗手之礼的队列排成长队。

长寿老人和德高望重的老人，来拜年者尤其多。班利村有一个百岁老人家庭，是全村最长寿的两个老人，夫妻均健在。来他家拜年的人络绎不绝，熙熙攘攘，老人站在火塘边，一遍一遍地被洗着手，盆里的水也不断倒掉又倒入新水。洗手程序不知重复了多少遍，老人开始坚持站立接受洗手，后来实在坚持不住只好坐下来，看起来很是疲惫。这样的场景在村基督教会长老Z的家中也能看到。Z有六十多岁，退休后成为本村基督教会的长老，深受村民的尊重，所以来他家拜年行敬老之礼的年轻人也非常之多。

在外地工作、打工或远嫁他乡的拉祜族青年，大年初一这天无法赶来，他们可以在初二到初五的任何一天回家，向父母和长辈们拜年。即便是远归的子女，他们给父母拜年的时候也不需要带年货钱物，只需要带着水壶、毛巾，给父母和长辈们象征性洗手，他们就完成了这一年最重要的任务。

时间：大年初二，地点：村公所，内容：给村干部拜年。

班利村是村委会所在地，也是基督教教会教堂点。向村寨卡些（头人）及各类神职人员拜年是拉祜族的传统习俗，班利村这一习俗固定于大年初二举行。大年初二一大早上，村委会所辖村寨村民和本教区的教徒们就自发聚合，远的村寨村民们开着拖拉机、大卡车，载着全村的人来到村公所。看到村民们已经基本集中，村干部成员（村民委员会主任等五人）在村公所大门口排成队，与村民握手祝福。村民们也排成长队依次与他们握手祝福，长至弯腰驼背者，幼至襁褓中婴儿，无一遗漏。不少女性村民自己从家里带来了新毛巾和热水壶，排队前，她们先将新毛巾浸湿准备好，当随队伍走到村干部前时，她们用带着热气的毛巾为村干部们一一擦手。整个程序重复了初一家庭拜年中为老人行洗手之礼，不过因为人太多而简化了洗手仪式、强化了握手仪式。

时间：大年初二，地点：教会培训中心，内容：教会拜年。

村委会的拜年结束之后，村民们来到基督教培训中心的操场上，在这里，一个更加盛大的拜年仪式拉开序幕。广场正面是主席台，牧师、长老、理事、传道者等教会骨干就座，广场三面里三层外三层围着村民。广场中间摆着五个大盆，村民们把从自家带来的热水倒在其中，为洗手仪式做好准备。其实，人们并未用这大盆的水来洗手，摆放的大盆只是一个象征符号而已。

拜年仪式也是首先从洗手开始。牧师带领几个青年教会成员，端着盛水的小盆走向观众席位的几位老人，为老人们行洗手之礼。被洗手者也不限于老人，在老人身边的中年人也同样受到洗手之礼，接受洗手之礼的人有十几个村民。仪式性的洗手礼结束后，牧师回到主席台中，带领信徒向厄莎①（上帝）祈祷，并请求厄莎赐福。简短的祈福仪式结束后，就进入了教徒向教会骨干洗手祝福以及教会成员相互祝福的仪式。牧师等教会骨干站成一排，后面跟着一些村民排成一列，另外一些村民则从相反的方向排成一列，然后这两个队列以相反的方向迎面前行，相互行洗手、握手之礼，形成了互行洗手握手礼回环。在圆圈的中心，有几个男子在敲打象脚鼓助兴，鼓声热烈、激扬，在象脚鼓声的渲染下，一双双手越来越热烈地相互紧握，一双双真诚的眼睛相互对视，把拜年的气氛推向高潮。互行礼约四五圈后，仪式才结束。

时间：大年初三，地点：澜沧县城葫芦广场，内容：县政府团拜活动。

大年初三，在县政府的葫芦广场上，也举行了大型的拜年仪式。县委县政府领导、澜沧县各族人民代表、各群众团体代表等组成了一个团拜成员团，由县长带领在广场上主席台接受了村民代表们的拜年。这个拜年仪式用敬酒仪式代替洗手仪式，同时把敬献粑粑、猪头、特产、美酒等程序以表演的方式展现出来。这一拜年活动，通过组织展演的方式对外宣传，成为澜沧县民族文化的一张名片。

二 拉祜族敬老仪式的由来

从上面对拉祜新年拜年这一文化事项的叙述，可以看到，拉祜春节拜年的核心内容是敬老，主要是通过为老人洗手这一仪式来呈现。这一仪式由家庭扩展及社区，由"敬老"延伸及"敬尊"，扩大了拉祜族传统"礼"的内涵。为什么拉祜族敬老之礼成为拜年的核心内容？

拉祜族史诗《牡帕密帕》②的记载为我们解开了敬老之礼的由来。《牡帕密帕》记载了天神厄莎创造天地万物、创造人类以及指引拉祜族发展的故事。厄莎创造了包括拉祜族在内的人类，教拉祜族利用土地、利用火，进行刀耕火种，拉祜族用自己的劳动获得丰足的食物，过上了温饱生活。厄莎暗示拉祜族要知恩图报，要把新收获的粮食等物品先供奉给他。不少拉祜族都照办了，但是，厄莎的儿子——札努札别③——却不听从厄莎的旨意，认为这是自己劳动所得，应自己享受不需要敬奉给不劳

---

① 在信仰拉祜族基督教的村民心中，厄莎即上帝；在信仰佛教的拉祜族心中，厄莎即佛祖。
② 《牡帕密帕》，澜沧县文化馆整理，2009。以下来源于《牡帕密帕》的内容均出于此版本。
③ 札努札别也是厄莎创造的具有神性之人，是厄莎的独子，是厄莎按照自己的秉性创造的。

动者。于是在厄莎和札努札别之间，发生了一场惊天动地的战斗，他们斗武斗力，之后又斗智斗勇，最后札努札别中厄莎毒计死去。从此以后，拉祜族在节庆时期都要敬老人、敬天神厄莎。

这个故事世代流传下来，故事叙述者总是用自己的方式来阐释这个故事的寓意。来自官方和学者的阐释多数把札努札别当作反抗强权的英雄。① 而拉祜山寨的老人们在讲述札努札别故事时，总是在故事结尾告诉子孙们：老人是宝，是智慧，要尊重老人，你们可不要学札努札别。在 2009 年版的《牡帕密帕》版本中，整理者所记述的口传史诗"札努札别"这一节的最后是这样唱的：

札努札别的故事，拉祜世代相传承，从古一直到如今，教育孩子要行善。
养儿养女为防老，孝顺长辈是天职，莫学札努短命鬼，多行善事多积德。

这是一个十分有意思的话语次序，在拉祜族长者的教诲中，札努札别故事的寓意，既不是应反抗强权，也不是要尊敬权威，而是要善待父母的养育之恩，然后才是感激天神厄莎的赐予之福。这意味着，在代代相传的拉祜族历史文化之中，拉祜族对父母之孝敬与对神的孝敬是不对等的，前者的重要性大于后者。

这在《牡帕密帕》文本中也是如此。在"造天造地"等多个章节中，一直将厄莎塑造为创世之神、指引之神，但是，在"札努札别"这一节中，却将厄莎还原为一个权威型的父亲，与一个有智慧和力量的儿子之间发生矛盾和对抗。札努札别与厄莎的关系，首先是具有血缘的父子关系，然后才是统治生灵的神与被统治的芸芸众生之间的人神关系，血浓于水的人性亲情高于看不见摸不着却无时无刻不关照着人们的神性。显然，拉祜族传统文化体系中"敬老"之礼被赋予了非常重要的地位。

既然"敬老"在拉祜族传统文化有其重要地位，那么，它一定会被个体的社会生活场景所表达和强化。在拉祜族传统文化中，除了春节拜年以敬老为主题、以敬老仪式为核心之外，在其另一个重要节日——新米节中，敬老之礼再次被仪式化呈现。在农历六月份新米成熟收获之时，拉祜族每家每户都要过新米节。过节的仪式很简单，家中任意选一日，邀请亲朋好友来吃一顿新米饭。他们把当年收获的新米煮熟后，第一碗要盛给老人品尝，然后还要将煮熟的新米盛给牛吃，敬农具，之后一家人才可以吃新米聚餐。在日常生活中，拉祜族也遵循着"敬老"的道德伦理。过去拉祜族一家人都是在火塘旁置床睡，父母的床是最靠近火塘的，这是为父母取暖优先；打到猎物，全村人平分，德高望重的老人一般是分给最鲜嫩的部位；等等，不一一列举。

三 与生存需求关联的"敬老"之礼

为什么拉祜族传统文化中"敬老"不仅是一个非常重要的内容，而且还以十分庄重的集体仪式来呈现？这与拉祜族的个体生存和族群命运息息相关。拉祜族源于青藏高原青海河湟一带的氐羌民族，

---

① 《拉祜族民间集成》中对札努札别的评价是"由于札努札别为了大家的幸福反抗厄莎，他不屈不挠、死不屈服，所以拉祜人都颂扬他的反抗精神。每当蝉虫和比鲁妈鸟唱起来的时候，拉祜人们总是同音叹息说：这是札努札别遇难的时候了！"澜沧县原县长石春云谈到札努札别时说："厄莎与札努札别的斗争，是人类不屈不挠的精神的体现。尽管最后失败，却也足以激励世代拉祜人，保持着这种精神，开创美好生活。札努札别是拉祜族的英雄，拉祜人从来不自卑。清朝的时候，拉祜人被压迫得不行，大家起来和官府斗争，靠的是札努札别的精神。现在拉祜人在共产党的领导下，建设美好家园，靠的也是这种精神。拉祜族因为有了札努札别而成为一个勇敢的民族，山行不惧虎豹，处世不畏强暴，不断进取，向着太阳奔去！"参见张锦鹏、熊开万《普洱非物质文化遗产丛书·牡帕密帕》，上海世纪出版集团 2015 年版，第 30-37 页。

《后汉书》载："自爱剑后，子孙支分凡百五十种。其九种在赐支河首以西，及在蜀、汉徼北……其五十二种衰少，不能自立，分散为附落，或绝灭无后，或引而远去。"[①] 拉祜族先民就是南迁的一个部落。根据拉祜族的史诗记述以及相关历史文献印证，拉祜族从河湟地区南迁，在四川北部地区居住过一段历史时期后，因群体冲突向南迁徙进入云南大理巍山一带，后又因群体冲突继续向南迁徙，主要聚居在云南澜沧江流域南部地区和哀牢山以西部分地区。清朝末年拉祜族因受清政府的围剿，再次被迫向今滇西南边境地区及东南亚一带南迁，从而形成了拉祜族跨境而居的空间分布格局。历史上拉祜族的四次大迁徙都与外族战争有关，战争使拉祜族人口大量减少，其生存几度面临着灭绝。但拉祜族顽强地生存下来了，生存的法则是迁徙。《牡帕密帕》载：厄莎赐给拉祜族头人一个神箭匣子和一张弩，神箭匣子里有三支箭，一支是金箭，一支是银箭，一支是铜箭。厄莎告诉他们，在族群生死攸关的时候，只要把神箭搭到弩上，射向远方，神箭落下的地方，就是拉祜族安居乐业的地方。因这些神箭飞向了南方，于是拉祜族一路寻找神箭向南迁徙。

关于漫长迁徙之路的艰辛，拉祜族先民没有留下更多信息。但是从青藏高原到云贵高原再到中南半岛，到处都是深林、野兽以及蛮瘴，其艰辛可想而知。在这种艰难困苦之中，生存经验尤为宝贵，而生存的经验需要靠时间积累，年长者自然是积累更多生存经验的智者，在迁徙中他们的经验可以说是族群生存的保障。因此，尊重老人，倾听和学习他们的经验，是年轻人必修的功课，是他们的生存之道。笔者曾经在泰国清莱省一个拉祜族村寨（他们经历过从中国到缅甸、从缅甸到泰国的迁徙）做过田野调查，发现一个特别的现象，拉祜族的生育率很高，但是死亡率也很高，一个家庭会生七八个孩子，但是能够成活长大的只有两三个，大多数死亡发生在2岁以前，12到16岁也是死亡高发期。前者与营养、照看有关，后者与缺乏丛林生存经验有关。在热带丛林里，毒蛇猛兽袭击和疟疾等病发生都与丛林生存经验密切相关。在调查期间，笔者了解到的近10年该村年轻人意外死亡原因也是上述二类。可见，老年人的生存经验就是个人生存法宝，也是迁徙之中群体维持的基础。

老人和长者还是知识的持有者和传播者。拉祜族没有文字，文化的传承靠的是世世代代口耳相传。在拉祜族的婚礼、葬礼等人生礼仪上，在拉祜族的节庆活动中，在拉祜人家的火塘边，老人们多通过吟唱史诗、叙述故事等方式，将拉祜族传统文化代代相传。如在创世史诗《牡帕密帕》中，老人们用悠长的吟唱，借厄莎的教导告诉年轻人：如何利用火，如何耕种庄稼，如何酿造美酒，如何寻找铁矿……这些都是生产知识，是拉祜族进行社会再生产的专业知识。老人们用动人的故事，借各种动物寓言，指导年轻人如何辨识善恶，如何处理家庭关系……如果没有老人们一代又一代的口口相传和言传身教，就没有保持至今的拉祜族民族文化。尊重长者，既是群体可持续发展的必要，也是对自己文化的最大尊重。

因此，拉祜族的"敬老"之礼，已经超越了家庭伦理道德的内涵，是为了实现一个民族生存繁衍这一关攸群体命运之需要。

四 从"敬老"到"敬尊"：民族团结的需要，国家认同的表达

从前面拉祜族拜年活动的叙述来看，可分为以家庭为中心的敬老仪式，以"村干部"和"县领导"为中心的敬尊仪式，以及以宗教为组织的敬老及互敬仪式三种类型。从拉祜族敬老仪式呈现次序

---

① （宋）范晔撰：《后汉书》卷八十七《西羌传》，北京：中华书局1965年版，第2898页。

来看，首先从家庭的父母做起，然后是家族中长辈，再然后是村寨中的长者。因此，从操作层面上而言，敬老之礼首先是对家庭秩序的规范，在家庭中树立对父母长辈的尊重，才会在社会中形成普遍意义的对长辈尊重，与"老吾老以及人之老"有一致的内涵。不同的是，在我们所看到的拉祜族敬老仪式，还延展向了另一个层面，那就是"敬尊"：拉祜族村民对"村干部"，以及对作为"人民公仆"的县委县政府行政官员，均采用同敬老仪式如出一辙的仪式，或更为盛大热烈的场面，来表达对这些"干部"们的尊敬。

这种方式与国家的政策有些"背离"，无论是县领导们，还是有职无官的"村干部"们，他们都是本着为人民服务的职责义务，是广大群众的公仆，应该是他们向村民拜年才对，而不是村民们单向度地给"村干部"洗手，或者抬着粑粑，扛着猪头浩浩荡荡到县政府给"领导"们拜年。当我们向澜沧县有关部门人员提出群众向领导拜年不符合党的组织纪律之时，他们却轻描淡写地回答："这是我们拉祜族的传统。"这一文化现象合理地存在着。那么这种从敬老向敬尊延伸的礼仪，是仅仅作为传统而存在和传承，还是有其他更深层的原因？

在早期氏族公社时期，大家庭组织是当时拉祜族最主要的社会组织。进入私有制社会以后，拉祜族社会组织也从母系氏族向"卡些"制转化。"卡"即村寨，是由共同血缘或同一地域的群体组成。村寨或部落的领导者称为"卡些"，"卡些"是"头人"的称呼，负责管理整个部落的社会事务。此外部落内部还有三个重要的人物，负责祭祀的"阿朵阿嘎"、铁匠"章力"、为人占卜看卦的"摩八"。以上四个职位的人员共同负责组织、管理整个部落的公共事务。一般是每年过年全村聚餐的时候，全体村民民主选举推选出下年度这四个职位的负责人。这种"卡些卡列"组织构架，在拉祜族村寨存续了很长历史时期。直到 19 世纪末到 20 世纪中期，因清朝土司制度、民国乡保甲制度、中华人民共和国的乡村基层组织制度（合作社、农村人民公社、村民委员会）的多次改造，这一组织构架才逐步被取而代之，但是它的文化遗存仍然影响着拉祜族村寨。[①]

在传统卡些制度下，一年一度的原始民主选举制度，在避免权力固化而衍生的身份等级的同时，自然产生了"卡里斯玛"型人物的人格魅力。他们是村寨里最好的猎人、最勇敢的射手、最有影响力的组织者，随着年龄的增长，他们成为最有经验和最有发言权的长者。除"卡些"外，其他的三个职位的人（"阿朵阿嘎""章力""摩八"）都是专业技术人员，通晓某一方面的知识或掌握某一方面的技能，是村寨的知识精英，他们的特长需要长期积累和个性化领悟力，因此，在多数情况下，能担任这些职位的人也是年纪较长的人。因此，村寨领袖的角色和村寨长者、老人的角色是重合的，敬老与敬尊具有同一性。对自己父母的尊重推及村寨领袖而产生了由敬老向敬尊的发展。

但是，现代化进程中，拉祜族村寨的卡些也逐渐由年长者让位于年轻人，村主任、村支书通常是二十多岁或刚入而立之年的青年人担当，新型卡些与传统卡些已经在产生程序和影响力上有很大的不同，但是敬尊仪式仍然存续。它存续的原因是什么呢？正如我们前面提到，战争、失败、迁徙是拉祜族最为深刻悲壮的历史记忆，在迁徙中，头人的带领、群体的团结是至关重要的。但是，即便有优秀的部落首领的带领，分散的、小规模的部落也许能在险恶的自然环境中求得生存，却不能在群体纷争、大民族压迫小民族的社会环境中生存，他们需要借助一种外部力量来整合群体，凝聚群体。拉祜族万物有灵的多神信仰不能提供这样的社会功能，直到清朝中期，大乘佛教传入，拉祜族获得了进行社会动员的力量，于是佛教在拉祜族地区迅速传播，拉祜族地区建立了四大佛教基地、五个佛教活动中心，

---

① 现在仍然有少数的拉祜族村寨完整保留了这一组织构架，与村委会共同负责村寨管理。

形成了政教合一的组织形式,将原来分散的、松散的拉祜族部落联合起来,形成了有凝聚力的力量。清朝末期,因反抗清政府的统治,拉祜族遭到了清政府的围剿清洗,政教合一组织瓦解,失去整合力量的拉祜族也变成散兵游勇四处迁徙,流落到缅甸等地。20世纪初期,迁徙到缅甸的拉祜族首先接受了来自西方的基督教,拉祜族基督教化运动以缅甸景栋为中心,向中国境内扩散,形成了拉祜族的第二次宗教改革活动,宗教再次成为凝聚拉祜族的精神力量。

20世纪40年代末50年代初期,拉祜族的宗教组织在国民党残余势力挟裹下逃往境外。中华人民共和国新型乡村基层政治制度的建立,用集体化制度成功改造了传统村寨卡些制度,国家制度植入村寨卡些的社区管理之中。"文化大革命"期间基督教的取缔,进一步强化了卡些作为国家代理人的身份符号。20世纪80年代恢复拉祜族地区基督教信仰之后,宗教精英重新崭露头角,但是他们与具有国家代理人特征的新型"卡些"相比,在社区影响力方面已大大弱化了。改革开放以后,特别是新农村建设以来,各种旨在促进农村发展和少数民族与民族地区发展的项目通过县、乡、村逐级向村寨社区传递,并赋予了"村干部"资源分配的部分权力,利益获得使拉祜族的国家认同得到强化,国家认同下的族群团结信念深入人心。这样的信念,从班利村村委会与基督教会之间的良好互动、配合关系上体现得十分清晰。①

由此可见,在现代民族国家制度建构下,中国拉祜族聚居区传统卡些已经向地方基层政府代理人身份转变,并被广大民众认同为引导群体团结和群体发展的领导者,由群众海选产生的"村干部"也自然而然地成为国家代理人,成为代表国家的象征符号,"敬尊"也因此成为广大拉祜族群众对代表国家的"村干部"和县政府领导们合情合理的情感传递。

五 结语

总之,"敬老"之礼是拉祜族传统之礼,是鲜活地传承至今并不断被强化的文化仪式,它通过年轻人在春节期间为老人行洗手之礼进行集体性、仪式性表达。这些仪式之所以长期存在于拉祜族文化传统之中,是因为在不同的族群发展时期,它具有不同的文化内涵。在传统社会,由于老人是知识和经验拥有者,是历史文化的持有者,在艰难困苦的迁徙生活中,敬老意味着获得生存知识,保护个体和维护族群繁衍,因此,敬老之礼是生存需要而产生的文化。为了进行群体整合,凝聚群体力量,增强群体认同,在从原始宗教转向佛教、基督教信仰过程中,在制度性宗教的影响下"敬老"之礼向"敬尊"之礼延展。中华人民共和国成立后,边疆少数民族地区国家化进程中,建立了社会主义新型地方基层组织制度体系,拉祜族村寨传统卡些制度向农村合作社、农村人民公社、村民委员会制度体系转化,在这些制度转型中,卡些作为国家代理人的角色不断被强化。改革开放以来特别是近十年来,国家加大对边疆少数民族和民族地区发展的支持,广大拉祜族群众利益获得感不断增强,从而产生了强烈的国家认同心理。给予"村干部"和各级"领导"敬老之礼,正是边疆少数民族地区中民族凝聚和国家认同的集体性仪式化表达。也正因为这一仪式的文化表达指向是抽象意义的"国家"而非具有个人色彩的"卡些",因此,尽管村民们即便对某位"村干部"或"领导"颇有微词,也并不影响他们怀着真诚之心态参与拜年活动并对其行敬老之礼。

---

① 在班利村,基督教会遵守国家宗教政策,积极拥护支持村委会的工作,村委会也一定程度上利用基督教会平台宣传党的方针政策。

区隔与交融：资源利用中的民族关系

袁东升

摘　要　案例村水族与苗族分寨分族而居，两族在资源分配、共享与争夺过程中呈现之模糊与清晰的边界现象，体现了族际的"区隔"与"交融"。本文通过对村中族际资源分配、共享与争夺的田野工作，揭示了族际关系和谐的要旨，相对以往的族际关系研究而言，具有一定的拓展及推进。在这个水、苗两族交融共生的命运共同体中，相异民族村民基于族际资源利用体系的建构与解构，引致民族社会及文化边界的消弭与复兴，进而趋致自我与他者的交互认同，最终导致多民族差异共生及和谐共居。

关键词　资源利用；交融；区隔；边界；认同；民族关系

DOI：10.13835/b.eayn.25.07

关于民族关系的研究，虽然以往的部分学术成果也涉及经验性研究，但是我们能够明显地发现这种研究仅仅是一种宏观上的展示，缺乏实证性的微观层次的民族关系经验总结。笔者认为，今后的研究走向之一应该是基于资源维度着力于微观田野的在地性个案分析，揭示出导致民族和谐的内在机理及未来民族关系的可能走向。诚如杨圣敏先生所说："多年的实地调查使我认识到，对于矛盾甚至冲突着的双方影响更大的是各种实际的利益，如经济利益、政治权利、（个人和群体）社会发展的机会等。"① 由此观之，从资源分配、共享与争夺等方面着手对案例村水、苗两族交往互动进行微观个案研究，既可呈现水、苗两族"各美其美"的具体内容及特点，也可通过该典型个案，深入探析水、苗两族"美人之美"的运作机制与机理，最终发现 ZL 村"和而不同"社会的真正意境。

案例村——ZL 村位于贵州省黔南布依族苗族自治州三都水族自治县东部，坐落在半山腰上，区隔为非常明显的上、中、下和排场四个自然寨。上寨和下寨为水族居住，中寨和排场寨为苗族居住，水族人口约占全村总人口的55%，苗族人口约占全村总人口的45%。田野点是一个水、苗两族共居三百余年且两族关系非常和谐的村寨，两民族居住格局及人口结构等极有特色。在此前的研究中，笔者从

---

* 本文为2015年度贵州省哲学社会科学规划一般课题"族群互动视域下西南民族地区文化生态变迁研究"（15GZYB23）前期研究成果之一；2015年度贵州省教育厅规划课题"西南民族地区族群互动与文化生态失衡研究（15gzgh012）"与2015年度广西南岭走廊族群文化研究基地开放基金课题"族群互动视域下南岭走廊文化生态失衡研究"（2015kf02）阶段性研究成果。

** 袁东升，男，民族学博士，贵阳学院西南山地生态与文化研究中心主任、副教授。研究方向：民族理论与政策、西南地区民族历史与文化。

① 杨圣敏：《民族和宗教差异并非冲突的根本原因（代序）》，〔德〕李峻石（Günther Schlee）：《何故为敌：族群与宗教冲突论纲》，吴秀杰译，社会科学文献出版社2017年版，第2页。

民族和谐的文化生态、共食习俗与民族和谐的关系、民族和谐互动的机理、民族边界与民族互动、族际经济活动过程与族际和谐的关系等方面对 ZL 村水、苗两族差异共生及和谐共居的经验进行了总结与概括。① 在此，笔者尝试从资源利用的角度对该社区进行微观和在地性研究，我们有理由相信能够对民族之间的和谐互动给出另外一种解释及答复。

一 资源利用中民族互动的多维度展演

（一）合理分配资源

案例村的土地、山林等自然资源极少。人民公社化时期，村民主要采取"靠近"原则和"四固定"原则对当地有限的资源进行合理分配。家庭联产承包责任制时期，水田与耕地按照实际人口来分配，山林按照村民小组来分配。

案例村既定区域内资源分配、竞争乃至共享的现状，清晰而深刻地反映出当地水、苗两族之间关系的情状，借此亦能"对族群关系脉络有更多的反思与体认"。② 如果民族之间在资源的分配公平性方面超越了双方民族成员都能够承受的限度，民族之间的关系就会出现问题；反之，如果各民族成员能从公平及互利互惠的角度处理民族之间资源分配、利用与共享诸方面的问题，族际关系则会朝和谐的方向发展。正如王明珂先生所说："特定环境中的资源竞争与分配关系，是一群人设定族群边界以排除他人，或改变族群边界以容纳他人的基本背景。"③ 由此来看，从资源分享及共享这个维度出发，我们更应该在多方凝聚共识的前提下，基于民族边界的流动与固定来探讨如何建立一个资源共用共享、族际和谐平等的地域社会共同体。

由于当地特殊的地理环境，水源的分配、使用与共享在水、苗两族之间显得尤为重要。因此我们下面主要是以当地水源的利用为例来探析两族之间的资源利用情况。全村灌溉用水全部来自于村后山上的泉水，水、苗两族村民参照当地传统的"水班制"对村里面所有的农田水源进行了恰适的分配与调节。所谓水班制，就是把一昼一夜分成两班，每班十二个小时，需要用水的时候，每户人家各用一班。据村民说，从民国开始就已分配确定哪个寨子用哪股水，各寨子内部的村民也一直严格遵循当地用水的传统惯习及旧俗。20 世纪六七十年代的时候，四个寨子的用水能够相互调节使用，如任何一个寨子的用水不够，即可抽调其他寨子多余的水源进行补充。20 世纪 80 年代以后，每个寨子之间的用水基本上很难相互调节使用，上寨只用上寨的水源，中寨只能用中寨的水源。虽然寨际的用水从当地分田下户（1982 年）后就很难调节了，但是寨子内部村民间的用水还是可以进行相互的调节使用。

除了"水班制"，当地还有另外一种分配水源的方法——岔水法。所谓岔水法，就是根据农户家水田大小，来设定分水岔沟的大小，分水岔沟既不能太大也不能太小，只要符合约定俗成的大小就行，以便对当地有限的水资源进行合理分配与使用。水源少时，田块小的农户人家则会自然放弃使用公用的水源，任其水田中的稻禾自生自灭，村人心甘情愿且主动把水源让给田块大且多的农户人家使用。笔者在近七年的调查期间，就经常看见"上丘无水下丘有"这种有趣的山地梯田分岔用水现象。

---

① 参见拙文：《论民族和谐的形成要件及文化生态》，《广西民族研究》2017 年第 6 期；《互动与交融：经济活动中族际关系的多维透视》（待刊稿）；《认同与共融：基于共食习俗的族际关系研究》（中国人类学民族学 2017 年年会优秀论文）；《民族和谐互动的机理论析——基于 ZL 村水、苗两族差异共生的研讨》（待刊稿）；《显与隐：怎雷古村之民族边界图景》（待刊稿）。
② 李亦园：《族群关系脉络的反思：序王明珂〈羌在汉藏之间〉》，《广西民族学院学报》（哲学社会科学版）2004 年第 1 期。
③ 王明珂：《华夏边缘：历史记忆与族群认同》（增订本），浙江人民出版社 2013 年版，第 249 页。

上述两种分配水源的传统方法都有其价值及可资借鉴的地方，二者可以交互运用、互为补充。如果水、苗两族村民需要同时用水，则用岔水法较为科学；如果两族村民需要在固定的期限时间段内使用水源，则采用前一种传统的"水班制"来进行水源的分配与调节较为可行，也更具操作性及适用性。

对于当地有限资源具体的分配情况，请看村民的说法：

> 我们村里的田、土、山、林是1982年就分到各家各户的。田、土是按照人口来分的，超计划生育的没有。山、林是按照组分下去的，然后各组按照组里的人口来分，虽然每组的人口不是一样多，但是每组分到的山、林基本上是平均的。
>
> 再就是在1964年的时候，我们村里面就搞了"四固定原则"和"靠近原则"，具体来讲就是每个寨子的田、土、山、林、水源都是靠近自己寨子的，这样就避免了很多矛盾的发生，这就是我讲的靠近原则。还就是我们的田、土、林、水一旦分下去后，就基本上固定下来，不会再发生什么大的变动，这也就是我们这里的四固定原则。
>
> 关于水源的事情，在解放以前就是由我们这里的老年人定好了的，就是哪个寨子用哪股水，现在一直这样，从来没有变过。具体来讲，就是每一大坝田都有自己的一个水源。如果我们两家的田都在一坝田，那么就共同使用一个水堰沟来用水。这样来说，我们事先就要把这个水源分清楚，如果你的田多一点水就分多一点，田少那么水源就分少一点。①

由上所知，水、苗两族村民在协商分配当地有限资源的过程中，呈现出以下几个明显的特点：一是沿袭当地传统民间智慧对资源进行合理的分配，以规避两族之间因资源争夺而产生不和谐的文化氛围；二是分配资源时，尽量避免双方的民族认同及排他性认同，突出并强调自我与他者共同地域及文化的认同；三是在资源分配过程中，基于两族村民的协商而积极地营造及建构相互包容的文化氛围及社会机制，充分利用国家力量的在场，对水、苗两族存在的可能冲突因素进行科学的研判并采取合适的方法进行有效的化解与调节。笔者认为，当地水、苗两族村民在日常生活中所建构的这种在资源分配方面的生存性智慧，是导致案例村水族与苗族长期和谐共生共居的重要原因之一。

（二）族际共享资源

王明珂先生基于超越"历史实体论"及"近代建构论"的境界，"从未来世界族群和谐平等共处的观点来'筹谋改进或规划更理想的人类资源共享环境'"，② 他认为，"……我们不能不关心他们目前在整体社会族群关系中的处境，以及此种族群关系的历史演变。……我都将强调其在人类资源分配、分享与竞争关系上的意义。相信这样的历史民族志知识可以帮助人们思考：我们如何才可能共商如何建立一个资源共享、和谐平等的社会体系"。③ 由这种基于现实关怀及"人类生态"的学术理念出发，本研究尝试对 ZL 村水、苗两族资源的共享状况进行尝试性的探讨。考量到当地的实际情况，这里主要是以水资源的共享与利用为例来做具体陈述。

---

① 讲述人：WJD，上寨人，男，水族，64岁，ZL 村兽医，农民；讲述时间：2013年5月15日；讲述地点：ZL 村上寨 WJD 家。
② 王明珂：《羌在汉藏之间：川西羌族的历史人类学研究》，中华书局2008年版，第5页。
③ 王明珂：《羌在汉藏之间：川西羌族的历史人类学研究》，中华书局2008年版，第11页。

ZL 村水、苗两族村民建构的对当地有限水资源分配与共享的现实情状，深刻地影响并建构了两族相互包容、互惠合作、和睦相处的族际关系格局。首先，从水源分配上来讲，遵守传统的分配形式，哪股水属于哪坝田都是老祖宗定下的规矩，任何人不得违反。其次，从具体的水资源利用方面来讲，完全按照民间的用水制度——水班制及岔水法，对有限的水资源进行交叉式的合理利用与分配。最后，在水资源共享过程中建构起一种自我与他者相互包容的"上丘无水下丘有"的社会机制及文化氛围。也即"为了人类能够生活在一个'和而不同'的世界上，从现在起就必须提倡在审美的、人文的层次上，在人们的社会活动中树立起一个'美美与共'的文化心态"。① 也诚如有学者所论，"在特定'历史心性'下，人们以同一模式建构'根基历史'，以规范理想中的族群关系与相关的资源共享、分配体系"。②

有限资源的共享共用既为 ZL 村水、苗两族和谐共居提供坚实的物质基础，也是两族共融共生的物质动因，进而推动两族关系长期的良性循环及互动。"族群共生格局的形成具有深刻的物质动因。……族群共生的过程不仅可能产生新的共生形态，而且能够形成新的物质结构，有利于促进族群关系向更高层次的有序化不断演进。"③ 对于当地有限资源的共享、共用与分配，当地水、苗两族村民是这样说的：

> 我们这种用水的规矩是我们的老辈人一代代传下来的，一直都这样。哪个寨子用哪里的水，哪几户农田共用哪股水，这都是已经固定下来了的，这么多年了都这样，一直都没有大的变动。因为你是看到的，我们这里还是很缺水的，不管是农田用的水，还是家里面用的。分田下户之前，我们这里的水源都是可以相互调节的，哪个地方水多就转到水少的地方去用；分田到户以后，要再去这样调水就很难了，好像都有自家用自家的水这种认识，这还是不好的，毕竟我们大家都是兄弟嘛。我个人认为应该就是这股水把我们大家伙儿联系在了一起，粘在了一起。不管你是苗族还是水族。我们都有亲戚关系，都是兄弟，这样一来也对我们大家缺水的时候如何商量来调水很有好处的，我们也习惯并喜欢了这种用水的老古代制度，也没有想到希望有什么大的变化。④

> 听老年人说，我们这个地方那个时候很缺水，那怎么办呢？当时我们这里寨老和牯脏头讲话都还起作用的时候，这些人就把大家召集在一起，商量大家如何用水的问题，就形成了这种用水的老规矩。这种习惯已经延续好几百年，这种规矩好，避免了很多不必要的争吵，这样也很公平，大家既不争也不吵，对大家都有好处，有事多商量嘛。不过呢现在这种老习惯也在慢慢地变化了，寨子与寨子之间不好调水了，寨子内部还是好调一点的。⑤

（三）相互争夺资源

"我族"与"他族"在相互关系上表现出来的边界与交融的图景经常会通过资源的分配与竞争体

---

① 费孝通：《费孝通论文化与文化自觉》，群言出版社 2007 年版，第 441 页。
② 王明珂：《羌在汉藏之间：川西羌族的历史人类学研究》，中华书局 2008 年版，第 311 页。
③ 袁年兴：《民族杂居区族际互动的结构性特征：一种超越二元对立的研究视域》，《中央民族大学学报》（哲学社会科学版）2012 年第 4 期。
④ 讲述人：BJM，排场寨人，男，苗族，32 岁，农民；讲述时间：2012 年 6 月 16 日；讲述地点：ZL 村排场寨 BJM 家火坑边。
⑤ 讲述人：WNF，下寨人，男，水族，32 岁，农民；讲述时间：2012 年 6 月 15 日；讲述地点：ZL 村下寨 WNF 家。

现出来。ZL 村两个民族四个寨子之间的山地纠纷及争夺，既反映民族之间围绕资源的竞争而体现出民族认同的工具性特点，也反映了现实生活中民族之间围绕民族利益而形成的"你中有我，我中有你"交错重叠的族际关系以及民族利益对民族关系的双向影响。正如雷振扬先生所说："分析研究影响民族关系的诸因素，不难发现，各种因素背后都隐含着利益问题，民族利益是决定和影响民族关系最重要的因素。……民族利益关系民族的生存和发展，是导致民族之间冲突与摩擦的最基本、最常见的原因。"① 围绕山地的纠纷及利益的争夺，ZL 村寨子与寨子之间、水族与苗族之间形成了复杂而多元的关系，既有体现在民族层面的族群关系，也有体现在地域层面的人群关系。"在多族群社会里，相邻的族群为了争夺各种生存资源常常动员社会力量互相攻击，围绕某一稀缺自然资源而展开族群之间的博弈，对资源产地甚至更广阔范围之内的族群关系，都会产生深刻而深远的影响。"② 案例村前村支书是这样对笔者讲述相关信息的：

> 排场河边的那块李家坳山林是三、四组造的林，那里开始的时候就是一大片荒山，属于我们村的荒山，最初是划归到都江区里面的林场，造了一次山林，没有造成功。后来划给当地林场去造，也没有造成功。1987 年 10 月，有个造林公司来造林，有个世行贷款的指标，名字就叫速生丰产林基地。那个时候我去参加了这个会议，在会上我说前面区里、林场都没有造成功，我们村里的荒山本身也很少，让我们自己在这块荒山上造林吧，政府那个时候就答应让我们村来造林。那个时候我没有组织全村的人来造林，我也没有承包给个人造林，我是承包给了上寨的人来造林。造林中管理各方面工作也加强了，最后就造成功了，就成了现在的一大片山林。
>
> 到 ZYW 担村支书的时候，他就傲起来了，就说这个山林不是上寨的，是全村的，这样就造成了山林的纠纷。1998 年的时候，山林经营证书重新填写，就写成了是三、四组的山林，这个证书的有效期要管六十年。他们却说是全村的，不是上寨的，一、二、五组与三、四组就是为这件事产生的矛盾。原来我们全村是相当团结和睦的，从产生山林纠纷后，就不太团结了，现在很多的工作开展不顺利，主要的原因就在这里，就是这个山林纠纷引起的。我是上寨的人，他们认为我偏袒上寨，他们不太信任我后，我也对村里面的工作不理好多。
>
> 这块山林现在也还没有调解好，就放在那个地方，还没有落实这件事情，既没有说山林是村集体的，也没有说这块山林是属于上寨的。现在 ZYH 支书也认为这块山林是集体的，不过他也没敢组织人来调解，他怕几个寨子的人为这事相互打架。我们上寨有 1998 年的山地产权证，其他几个寨子什么证都没有，如果有其他什么证，我们还可以坐下来协商，无缘无故的怎么来调解呢。③

从 WGS 老支书的访谈材料中，我们发现，水、苗两族之间围绕李家坳山地所有权问题发生了较大的矛盾纠纷。WGS 老村支书不仅隐瞒了其中不利于上寨的关键佐证材料，反而虚构了有利于上寨的属地所有权信息并进行了虚构的处理。对于此山地纠纷，我们再来看另外一任老村支书的说法：

> 我们 1982 年搞分田下户的时候，田、土、山、林都分完了，但是还有李家坳、铜刀山和铜集

---

① 雷振扬：《民族利益与民族关系初探》，《中南民族大学学报》（人文社会科学版）2006 年第 6 期。
② 黄秀蓉：《明清时期武陵地区丹砂开发与族群关系变迁考》，《西南民族大学学报》（人文社会科学版）2016 年第 5 期。
③ 讲述人：WGS，上寨人，男，水族，68 岁，ZL 村前村支书；讲述时间：2016 年 2 月 12 日；讲述地点：ZL 村上寨 WGS 家。

山三块山林没有分下去，留下来了作为村集体的山林。李家坳有400多亩，铜刀山有150多亩，铜集山有350到400亩大小。现在我们和他们上寨形成争议的就是李家坳山林，上寨说是他们的山，其实这是属于村集体里面的山。铜刀山那块山林虽然是我们排场寨造的林，但是这是属于村集体的山林，这块山林也没有分下去。砍柴不要紧，要树木可以，关键是这块土地，要把这块地分出去肯定是不行的，土地还是属于村集体的。因为那个时候那是一大片荒地，是属于村集体的，他们上寨是在这块荒地上造的林，他们要回这上面的树木，是可以的，现在要想把这块地也要过去，我们肯定不同意的，要土地就争吵起来了，他们的目的就是想要回这块土地。

这个事情很麻烦，说来话长。那个时候村干部全部都是上寨的，①他们就说我们就去村里面承包过来，我们上寨一起造林。1998年延包的时候，他们就私自去搞了承包的经营凭证（综合各方面的证据信息，应该是承包延期经营凭证），下面这几个组都不知道这件事，后来才发现这件事。他们暴露了以后，他们现在就以这个延包证来说是他们的山林地。他们与村里面签的有造林合同，既然是你们的山林地，就完全没有必要签这个承包合同，这个合同就证明这块山林地不是他们的。老人也证明说这块山林地不是上寨的，他们就说有这个证，是他们的。合同是先签的，山林经营权证是后面搞的，是偷偷摸摸搞的，是假证，就是这个原因我们才说山林地不是他们上寨的。

再就是分田下户的时候，我们五个组都有组里面的集体山林，每个组有一大片山林。二三年以前，我们五组把组里面的集体山林分到每家每户了，四五年之前，一、二组把组里面的集体山林分到每家每户了，他们三、四组的组集体山林早就分下去了，大约是分田下户的时候就早早地把自己的组集体山林分下去了。他们看我们三个组现在还有集体山林，他们现在没有组集体山林，他们是眼红我们，其实他们原来是有组集体山林，只不过是早就分下去了，他们现在就想争这块山林地作为他们的组集体山林地，他们这样太不应该了。李家坳是他们造的山林，铜刀山是我们五组造的，他们争，我们五组就没有争铜刀山的山林地呀！怎么能去争呢，因为我们与村里面签的有承包合同呀！他们认为李家坳是他们造的山林，他们就以这个不是理由的理由来争李家坳的山林地。

那个合同书我也不认可，没有村两委的人员参加来商讨，来做证明，就是WGS一个人决定的，他私自搞的。再就是他承包了这块山林，而没有给村里面交一分钱，并且也没有给大家商量，我们怎么会认可呢，这就是假的合同，这个合同应该终止了。1998年他们在这个上面又办了延期承包合同书，我们更加不认同了，原来有的才能延期，原来就没有怎么能够延期呢，我们更加不认可这个1998年的延期合同了。②

由上可见，原两任村支书围绕李家坳山林地的归属问题形成了针锋相对的意见，四个寨子两个民族争论的核心问题最后都聚焦于李家坳山林地的所有权问题上。上寨村民认为他们应该拥有这片山林

---

① 据笔者访谈与统计，1970年至1981年，村支书是水族人WYL，这个时间段出现了三任副村支书，1970年至1976年是水族人WZH担任副村支书，1977年至1978年是水族人WYK担任副村支书，1979年至1981年是水族人WYZ担任副村支书；1982年至1993年，村支书是水族人WYZ，村主任是水族人WGS；1993年至2010年，村支书是水族人WGS，这个时间段出现了三任村主任，1993年至2003年是苗族人CZL担任村主任，2004年至2005年是水族人WZK担任村主任，2006年至2010年是苗族人ZYW担任村主任。由此看来，1993年前村干部全部是水族人的说法是可信的。

② 讲述人：ZYW，排场寨人，男，苗族，63岁，农民，ZL村前村支书；讲述时间：2016年2月14日；讲述地点：ZL村排场寨ZYW家。

地的所有权，而其他三个寨子则认为李家坳山林地的所有权应该归属于 ZL 村集体。笔者在此拟借用王明珂先生的"反思性"观点来对水、苗两族村民山地纠纷进行尝试性的探讨及考释："反思研究着重在历史变迁与相关历史记忆中了解当代情境：一方面解释当代情境的形成过程；另一方面在与过去之比较中理解当代情境。……此种新的反思知识能让人们对当代有不偏倚的了解，有助于人们认识自身与他者的历史处境，因此得以珍惜及有思改进现实，以促进各种社会人群之和谐相处。……反思性研究不争论历史事实；它从历史记忆角度尝试探索古今历史叙事与记忆中'隐藏的景'，也就是尝试了解留下这些历史记忆者的情感、意图与相关社会情境。"①

关于李家坳山地的纠纷，我们这里把作为具体承包人 WJD 的自我陈述完整呈现如下，以便更准确客观地认识并理解 ZL 村水、苗两族之间围绕李家坳山地的所有权问题而产生的矛盾纠纷及利益纠葛：

> 那片山（李家坳）是初级社搞"四固定"的时候，就固定分给我们上寨了。那时候五组只有几户人家，随着他们的人口多了，他们叫我们分一点给他们，我们不同意。1982 年分田下户的时候，土地珍贵起来了，我们就不让他们砍山上的树子了，也不让他们放牛。他们没有权力争，他们也说不上什么所以然，因为那个时候我们上寨人干部多，文化比他们好。到五组的 CZL 搞村长的时候，开始我是村长，他也不敢争，到 ZYW 的时候就争。他们五组人口少，就邀约其他一、二、五几个组的人一起来争，下寨的老年人就说你们不要争，原来就是他们的山林。然后政府的人来调解，就说村集体没有证，上寨有证，应该是他们上寨的。他们不服气，就到县里去找律师，打官司告我们。"四固定"是我们的，这是我们老人老祖宗的土地，我们也有证，这三个原因就说明还是我们的。这就产生了现在的山林纠纷。他们说是集体的，我们说是我们上寨的，因为我们有证，而且政府也规定是我们的，那就肯定是我们的。他们说是村里面的，他们有本事就去把我们告了呀。他们嘴巴上这样说去分这块山林地，实际上他们也不敢去分。前面有一年，村里的包村干部支持他们三个组（一、二、五组）去分山林地，没有叫上我们三、四组去分，那一次只差一点就打架了，那一次也没有分成。

> 政府调解是我们的，包村干部要分给他们三个组，这样就产生了矛盾。还没有植树造林的时候，那里有一部分就是我们的。承包这块山林地的人就是我，我组织了上寨的人来造林的。那个地也不是全村的，是我们上寨的。土改的时候，分田地的时候，就是划给我们上寨的。他们现在五组极个别户没有柴火，我们可以让他去砍，因为我们毕竟都是邻里邻近的，都有或多或少的关系，都是本村的，他个别人要一点柴火也是可以的。

> 搞集体的时候，每一个组分一片山林，那时候造林没有成功。然后公社里面的林场来造林，也没有造成功，我们就把这块荒地要回来了。那个时候 WGS 是村长，必须要村长来担任法定代表人，他就是法定代表人，我是承包人，来造的林。地是我们上寨的，那个时候没有人敢来承包，我就来承包了，组织群众去造林，我们三、四组的人造林就成功了。那个时候要法定代表人，必须要是村里面的领导，不能说他是法定代表人，他签了字，就证明这块地是全村的，这不合道理呀。

> 再就是他们三个组每个组都有一片集体山，我们上面两个组都只有一片山，这不公平呀，我们上寨有两个组，就应该有两片集体山，所以李家坳那片山加上我们屋背的那片集体山，这样两

---

① 王明珂：《英雄祖先与弟兄民族：根基历史的文本与情境》，中华书局 2009 年版，第 2 页。

个组两片集体山,这样分才公平。

现在的组也管不好山林,管理不周到,我们现在想把它分下去,但是群众都在外面打工,人不集中,也不好分下去。我们上寨年轻人都不在家,就叫我们老人分,我们觉得吃亏,就不想去操心了。他们那三个寨不让我们分,他们就去告呀,就打官司呀。我们上寨的每户里面的人数不统一,如果按照人口来分,有人不同意,按照户数来分,又有其他人不同意,现在形成了争论,还比较大,一直拖到现在,也没有分下去。跟其他三个寨外面的矛盾,我们不理会,我们不好分下去是因为我们上寨里面内部的矛盾。①

从上述三则田野个案访谈材料以及笔者对当地长期在地性参与观察中,我们发现,上寨水族村民提出了四条理由,来证明李家坳是他们的山地:其一,上寨所有村民现在拥有李家坳山地的产权证,其他几个寨子没有这片山地的产权证;其二,初级社期间,对当地所有自然资源进行"四固定"的时候,这片山地就已经被指定由他们的寨子管辖,并且这片山地原来就是他们的祖宗地;其三,通过政府的调解,这片山地已经明确归属于上寨管理;其四,上寨是两个组,应该有两片集体山,而他们只有一片集体山。其他三个寨子的人则提出了三条理由,来证明李家坳应该是属于全村的集体山地,而不是属于上寨的山地:其一,如果李家坳山地属于上寨,那么作为直接的当事人及见证人,上寨水族人WJD就完全没有必要与村集体签订该片山地的承包合同,由此可见,合同存在虚假成分,不足以取信于人,从而他们不会认同合同书的相关约定;其二,当地老年人可以证明这片山地是属于怎雷全村的集体山,而不是上寨的组集体山;其三,该片山地产权证的办证时间显示在"荒山造林承包合同书"签订的时间之后,前后的时间差说明此山地产权证有问题,是一份伪证。

上述几例材料表明,当地村民由于对信息掌握不对等,对一些事实的具体细节了解不全面,以及对某些基本事实理解的偏差,引起了水、苗两族村民对李家坳山地所有权的认识不统一,最后导致了上寨与其他三个寨子村民之间产生了山地的纠纷。再就是通过分析WGS与WJD的说法,我们可以明显发现WJD的部分言辞是不真实的情况。② "在中华民族大家庭的形成过程中,各民族之间有矛盾冲突更有交流融合,在冲突和融合中关系越来越密切,成为民族关系的主流。"③ 通过对ZL村水、苗两族交往互动的深入研究,笔者也认为,虽然水、苗两族之间对山林地所有权的归属问题没有达成共识,从而导致两族存在着纠纷与矛盾,但是从总体来看,两族之间的关系还是比较和谐的。笔者认为,日常生活中民族之间发生小的纷争是一种正常的社会与文化现象,关键就是如何有效地应对并处理这类事件,以及建构什么样的机制与机理来应对类似的不和谐事件,避免这种民间个体冲突上升为民族间的冲突,才是最为迫切的,也是至关重要的。就如雷振扬先生所言:"建立良好的利益调控与矛盾化解机制,运用科学的利益调控方法,促进和谐民族关系的发展。"④ 案例村中不同民族的村民这样说:

我们这个山林纠纷发生后,村民之间表面上是好的,心情上内心上肯定是不愉快的。因为那是集体上的事情,是组与组相争,不是个人的事情。周围都是亲戚、朋友,肯定是好呀。他们对

---

① 讲述人:WJD,上寨人,男,水族,50岁,兽医;讲述时间:2016年2月10日;讲述地点:ZL村上寨WJD家。
② WJD认为上寨有两个组,就应该有两片集体山,而实际情况却不是这样。因为笔者访谈WGS的时候,他曾经说,原来的上寨就只有一个组,与其他几个组一样,当时也分了一大片集体山,后来因为人口数量多了,才分成两个村民小组。
③ 习近平:《领导干部要读点历史》,《中共党史研究》2011年第10期。
④ 雷振扬:《民族利益与民族关系初探》,《中南民族大学学报》(人文社会科学版)2006年第6期。

我们有疙瘩，我们内心对他们也有疙瘩也有防备。比方说我中寨姓平的亲家，上次投票选村长的时候，很明显的，他就没有投我的票。我没有看到，别人看到了，这就体现出我们内心的不好，但是表面上是好的，因为我们是亲戚。如果在一起吃饭喝酒的时候，我们也不提这件事，我们就只说其他的事情。再就是我们村那次选村领导的时候，中寨、排场寨和下寨他们全部把票都投给了下寨的那个人，他们也不考虑文化、水平、工作能力呀，这就体现出他们内心对我们的不好。①

虽然现在还没有发生什么大的冲突，但是现在我们这些人相处还是有一点尴尬，大家相遇在一起，好像都有点尴尬，都不好相互问，谁都不好开口。这件事情如果解决好了，不管在哪里，大家都眉开眼笑的，大家都好。有了这件疙瘩事我们现在关系都不是很融洽了，但是为这件事我们也绝对不会发生打架的事情。②

由是观之，虽然水族与苗族村民之间存在的李家坳山地纠纷没有演变成较大的民族冲突，也没有导致形成族际的敌视与分离状态，但是对于这种有限资源的争夺还是对当地水、苗两族村民间的日常交往产生了或多或少的负面影响，从而制约了水、苗两族更深入的交往交流及移情互动。笔者认为，族际发生矛盾纷争的时候，"我群"与"他群"都应该采取相互包容的态度，积极地探寻并建构合适的调解机制与机理，正确应对纠纷并妥善处理之，绝对不能采取回避或躲避的态度来应对纷争。

二 资源纠纷过程中的解决机制

民族之间在稀有资源上的纠纷与争夺，一方面给地域社会带来了动荡及不稳定，另一方面也促进了人群之间的交往交流。ZL村水、苗两族村民在面对及处理李家坳山地纠纷过程中，既借助了当地两族民间权力的余威，也充分地利用了国家在场的渗透及影响。"国家在场是族际和谐共居的动力与导向。"③ 甚而基于村庄命运共同体的理念并利用国家的在场，"我族"与"他族"在相互协商并取得共识的前提条件下进行了建设性的应对与调解。首先，水、苗两族村民借助当地传统的头人力量对当地的山地纠纷进行了基于交互认同之差异并置的调解：

我们这里确实存在一个山林的争议问题，也就是上寨和我们其他几个寨子的矛盾。这都是好多年以前的事情了，但听他们说，好像当时请了我们的寨老和苗族的牯脏头什么的，大家就这个事进行了调解，当时好像说都谈好了。我们也愿意用这种方式来解决问题，后来不知道怎么搞的，又搞没好。山林都是我们老祖代留下来的，那个就那个，有么子好争的！④

其次，对于两族四寨之间的山地纠纷，当地不同利益主体首先是积极地借力国家在场进行建设性的调解；然后就是组织当地村民开展面对面的商议，借助民间的生存性智慧进行调解，但是这两种类型的调解既未取得理想上的结果，也未达到预期目的。

---

① 讲述人：WJD，上寨人，男，水族，50岁，兽医；讲述时间：2016年2月14日；讲述地点：ZL村上寨WJD家。
② 讲述人：WZG，中寨人，男，苗族，42岁，农民；讲述时间：2016年2月15日；讲述地点：ZL村上寨WZG家。
③ 袁东升：《论民族和谐的形成要件及文化生态》，《广西民族研究》2017年第6期。
④ 讲述人：WLJ，下寨人，男，水族，70岁，农民；讲述时间：2011年8月11日；讲述地点：ZL村下寨WLJ家。

对于发生在我们两个民族中的李家坳山林纠纷，我们先是找政府进行调解，我们这边人没有同意那种解决方案，最后没有调解成功。后来我们私下通过村干部、组长、委员协商了，双方也没有达成一致意见。现在我们就想走司法程序，因为政府解决不了，民间也调解不成，就想找县里的"三纠办"。2008年后，水苗之间还是相互走动，相互参加对方家里的红白事情，但是相互内心还是有隔膜，虽然表面上没有什么，这都是那个山林纠纷惹的祸。①

最后，在如何处理李家坳山地纠纷这件事上，当地水、苗两族村民的共识就是大家都是一个地方的人，上、下寨子的村民之间都或远或近地存在着拟哥弟姊妹关系，双方成员应该通过对话的方式来应对存在的分歧与纠纷，应该通过和平友好的方式来解决在具体有限资源分配过程中存在的争议问题，而不应该诉诸武力来解决"我群"与"他群"在资源利用过程中存在的矛盾纷争，也即应该基于村人命运共同体理念来共同推动本村寨的和谐发展。"发展过程中出现的问题，要靠人民群众的智慧来解决；促进和谐发展的模式、对策和措施，要靠人民群众来探寻。因此，调动人民群众的积极性，激发人民群众的创造力和智慧，是促进和谐发展的动力。"② 正如田野调查中当地村民所说：

这个山林纠纷肯定要说清楚的，要和平解决的，不能用暴力来解决。要等下一个村主任来以后，要把这件事解决好。杉木与其他的树木是属于他们的，他们已经卖了，那应该是他们的，但是这里的土地就应该属于村里面的，不是他们的，现在他们等于是霸占。我问你一下，你看你有不有什么好的办法帮助我们调解一下，把这件事解决好，有什么好的办法你可以给我说一下。

我主要就是想在每个组里面找几个说话公平，有分量，通情达理，说话算数的人来调解，把它和平解决掉，最好不要起冲突，我们都是同一个村里面的人嘛。要他们上寨主动来做这个事情，有点难，下面几个组商量之后，再叫他们来，他们不来的话，我们就请他们来，一定要把他们请过来，一起解决这个事情。谈没谈成，还不知道，这件事情总是要解决的。我们这样做是为了避免双方发生更大的冲突，为了这块土地，伤害了我们之间的和气，伤害了我们之间的感情，这样肯定是不好的。③

由上可知，对于发生在ZL村水、苗两族间的李家坳山地纠纷，当地各方力量都参与进来并进行了积极的协商对话及良性互动，同时还采取多种方式进行了建设性的调解，虽然最终没有达成一致意见，没有取得理想中的两族共识，但还是或多或少缓和了两族间的紧张对立关系，逐渐地疏通了两族交往交流的沟通渠道。"一般而言，良性的族群互动会使得一种建立在结构性关系下的秩序得到保障，纠纷的解决也必然可依据俗例而得到顺畅执行。"④

综上所述，笔者认为李家坳山地纠纷给我们提供了如下的启示。其一，搁置争议，承认差异，

---

① 讲述人：ZYW，排场寨人，男，苗族，63岁，农民，ZL村前村支书；讲述时间：2011年12月1日；讲述地点：ZL村排场寨ZYW家。
② 段超：《民族地区之间和谐发展问题研究：以湖北省来凤县、湖南省龙山县为例》，《中南民族大学学报》（人文社会科学版）2006年第6期。
③ 讲述人：WZG，下寨人，男，水族，42岁，农民；讲述时间：2016年2月13日；讲述地点：ZL村下寨WZG家。
④ 赵旭东：《族群互动中的法律多元与纠纷解决》，《社会科学》2011年第4期。

在更高层次上追求共识的重叠。其二，还原历史的本来面目，把事件所有过程与细节都公布于众，大家就问题本身来共同商量，趋利避害，协商处理。其三，充分利用民间传统精英及民间智慧调解民间纷争，涉及民族因素时，则弱化民族界限，尽量从村民或者寨子的角度，而不是从民族的角度来处理问题。其四，依靠村民群众及政府组织等多方力量处理纠纷。其五，代表国家力量的村干部应该有所为有所不为，积极化解本地存在的矛盾；同时，各级政府也应该适时有效地适度干预民间的纷争，争取不让矛盾过度激化，把类似的事情控制在最小的影响范围之内。"不同民族地区之间，特别是相邻民族地区之间，客观存在着利益关系。毗邻地区在河流水资源等公共资源利用、经济技术合作等方面利益关系十分明显。要想和谐发展，必须妥善处理好彼此在经济社会发展中的利益关系。"①

唯有如此，我们方有可能重新建构起 ZL 村水、苗两族古老而美妙的"共同上山打鸟，共同下河抓鱼"② 的和谐族际关系。

三 讨论与启示

总之，本文意在研析族际基于资源分配、共享及争夺而体现出族际边界的清晰与模糊历程，透见民族边界复现及消隐之交错景观和自我与他者交互认同之历史本相，从而体认到族际关系的摇摆性与共融性，体认到族际基于资源分配、共享及争夺存在平衡与失衡关系的交互状态，同时也希望借此对多民族国家民族关系的实质有更多的反思与远虑。

ZL 村水、苗两族在资源分配、共享及争夺等方面的现实场景不仅全时空地呈现在读者面前，而且就是水、苗两族交互关系的"原生态"场景，对这种具体互动过程的深入研究与分析，理应是从微观层面对中华民族多元一体理论的补充与完善，也可以看作对中华民族多元一体理论的延伸与拓展。进而言之，基于在地性对 ZL 村在资源分配、共享及争夺上的微观个案研究，既可呈现水、苗两族之区隔与交融的族际关系特点，亦能够深入研讨基于族群边界的交错显现而传递出族际认同及互动的深层次运作机理，并进而发掘族际和谐的最核心本质。

综而述之，水、苗两族通过对有限资源的分配、共享及争夺之田野情景的呈现，展示出族际关系建构及解构过程中族群边界的显与隐，进而体认到"地域社会共同体中民族之间所呈现的界与合，融与分，属于认同问题，在于建构与解构，在于共识重叠，在于差异共生"。③ 在这个意义上，对族际资源分配、共享及争夺过程的田野研讨应会对中国西南地区民族互动形成一种真实的理解与体认，在此基础上，亦可能会对当前的中国民族理论政策形成新的观照与思考。正如刘琪先生所言："我国的民族政策真正需要的是方向性的转变。……我们目前的民族政策客观上造成了少数民族与主流群体之间的区隔，而若要形成二者之间情感上的联结，首先需要的则是化解这种区隔，促进不同民族在日常生活中的相遇。"④ 进而言之，基于资源分配、共享及争夺的维度，"当人们可以共享生活经历，形成互帮

---

① 段超：《民族地区之间和谐发展问题研究：以湖北省来凤县、湖南省龙山县为例》，《中南民族大学学报》（人文社会科学版）2006 年第 6 期。
② 2016 年 2 月 15 日，笔者在与 ZYW 的随意交谈中，他略带兴奋地说："我们这里从很早的时候开始，就是水、苗一家亲，关系很好。我听老人说，那时候人少，老人、大人都很团结，都是相互认哥弟，相互打老庚。我们是共同上山打鸟，共同下河抓鱼。"
③ 袁东升：《论民族和谐的形成要件及文化生态》，《广西民族研究》2017 年第 6 期。
④ 刘琪：《构建多民族共同体的"迪庆经验"：历史、现实与启示》，《华东师范大学学报》（哲学社会科学版）2014 年第 5 期。

互助的关系，构成情感交流的时候，便会自然产生对所生活的地方与国家的认同"。① 这亦有助于我们深入思考日常生活中基于情感共同体的族际和谐，如何借助自我与他者个体情谊的互构与并置，逐步形成族际差异共生的村寨共同体，并进而体会到基于互信及双向情谊而合谋建构的命运共同体及地域共同体理念。

---

① 范可：《信任、认同与"他者"：族群和民族省思》，《广西民族大学学报》（哲学社会科学版）2013年第6期。

新中国成立前川南民族关系浅析

刘 琳 郎维伟**

摘 要 新中国成立前川南民族关系以苗汉之间为主,研究他们的关系得益于两类资料,一类是地方史志中记录苗族历史状况的资料;另一类是出自苗族民间的谚语、格言和日常生活表现的田野调查记录。前者来自"他者"的眼光,后者记录"主位"的感受,两者反映的情形基本一致,即新中国成立前川南苗汉关系存在隔阂,从阶级社会中产生民族问题的理论和社会心理学理论的视角分析其成因似能还原当时的民族关系而且更具说服力。

关键词 川南;民族关系;隔阂

DOI:10.13835/b.eayn.25.08

川南宜宾、泸州两地历史上是一个多民族分布的区域,明清时期随着大量汉人的迁入,逐渐演变为汉族人口占绝对多数、少数民族以苗族为主的民族分布格局。因此,研究新中国成立前川南的民族关系问题,自然是苗汉关系最为显现,不可回避,也最具典型。新中国成立前川南社会中的苗汉之间存在隔阂,以民族偏见和歧视为主要特征。笔者认为采用阶级分析和社会心理学相结合的理论和方法,能更好地回答新中国成立前川南苗汉关系中的问题,为民族关系的成因做出新解释。

一 新中国成立前川南苗汉民族关系状况

从前人留下的方志及调查资料和后人对历史的回忆考察,川南苗汉关系的历史记忆中确有许多反映民族隔阂的内容,以民族偏见与歧视为主要特征,我们将这些资料整理归纳,偏见主要表现在以下两方面。

第一,川南汉人社会对苗人形成负面的刻板印象。新中国成立前,苗族多居住在海拔600至800米以上的山区,土地贫瘠,荆棘遍野,峭岩深阻,道路崎岖。[①] 方志中把苗族的居住情形归结为:"喜山居","喜耕山辟荒土"[②],"居平地,则必生疾病"[③]。甚至认为苗族"蓬发鬃面","实未开化"[④],

---

* 本文为教育部人文社会科学研究规划基金项目"川滇黔交界区域多民族交融的历史演变与现实关系研究"(16YJA850004)、西南民族大学博士学位授权一级学科建设项目(2018XWD-B0304)阶段性成果。
** 刘琳,西南民族大学马克思主义学院副研究员、博士;郎维伟,西南民族大学西南民族研究院教授、博士生导师。
① 郎维伟:《四川苗族社会与文化》,四川民族出版社1997年版,第72页。
② 佚名纂:《民国古宋县志初稿》,载《中国地方志集成·四川府县志辑34》,巴蜀书社1992年版,第109-110页。
③ (清)敖立榜等修,曾毓佐等纂:《同治高县志》卷五十四,载《中国地方志集成·四川府县志辑35》,巴蜀书社1992年版,第516页。
④ 赖佐唐等修,宋曙等纂:《民国叙永县志》卷四,载《中国地方志集成·四川府县志辑33》,巴蜀书社1992年版,第772页。

把其看作落后的民族,[①] 而把汉族看作"智识程度实占优等之位置",并以"丛林法则"解释苗族"日亡日少":"以见优胜劣败,不能逃天演之公例也"[②]。由此可见,野蛮、落后、劣等、喜欢居住在山区成为人们对苗族的刻板印象。

第二,川南汉人对苗族持排斥的态度。偏见的情感维度被社会学家称为社会距离的反映。博加德斯提出了测量美国各个族群之间社会距离的技术,这个量表被社会学家普遍作为族群偏见的一般度量标准。[③] 该量表的七个指标按照从最近社会距离到最远社会距离的顺序排列:亲人、朋友、邻居、同事、公民、游客、被排斥在外的人,后一个指标代表的社会亲密度比前一个指标低一个层次。新中国成立前川南苗汉之间的社会距离虽然无法按照指标一一具体量化,但是以下三点事实能在一定程度上反映苗汉之间的社会距离。

一是苗族作为有自己文化特点的人群并未受到社会的接纳和承认。明清时期统治者视川苗为"蛮夷",民国时代视苗人为"边民",普通民众则歧视性地称他们为"苗子""苗婆"。苗族作为有自己文化特征的人群,在受到异族的偏见和歧视下,自然会形成一种群体意识,并通过自己的表达方式来抵制汉族人群和当时社会对他们的偏见和歧视。于是,川苗中也就流传"老虎不是牲口,汉人不是朋友""芭蕉不是丝绸,汉人做不得朋友"[④]"苗家下不得山,下山要绝种"[⑤] 等谚语。通过"主位"的表达,可以得出两点认知:(1)新中国成立前川南苗族未受到主流社会真正接纳,汉对苗持偏见和歧视,苗也拒绝与汉交往,苗与汉的社会距离明显较远;(2)苗族对偏见和歧视的抵制也反映出苗是一个利益共同体,在受到异族的压制时,他们的民族认同会更加强烈,甚至会超出阶级认同。

二是据史志记载,明清以来川南苗族逐渐由平坝退居山谷,基本上形成了"坝区汉家,山上彝家,苗家住在石旮旯"[⑥] 的民族分布格局,这种分离的民族居住环境格局客观上造成苗汉之间的社会距离更加疏远,两个民族之间的社会区隔更加明显。

三是新中国成立前川南苗汉两个民族在通婚关系上持排斥的态度。一方面汉人看不起苗民,文化上有排斥感,族际不通婚成为苗汉之间无形的屏障,川南的旧方志也记载这些情况,例如,民国《筠连县志》记载,苗族与汉人"不通婚媾"。[⑦] 另一方面,苗民既然视汉人不可做朋友,在择偶的习俗中便形成了不与汉人通婚的禁忌,以至在川苗的族谱中成为族规而传承下来。[⑧]

以上三点明显表现出新中国成立前川南苗汉民族之间社会距离的客观状况,从中可见,苗族受汉人排斥和在此基础上形成的对汉人的不认可已构成了川南民族偏见的情感维度,而民族偏见则是导致民族隔阂的原动力。新中国成立前川南社会的民族关系中没有使民族偏见消减的动力,反而是加深和继续传递了这些偏见。

[①] 四川民族调查组苗族小组:《泸州专区苗族社会历史调查》,载四川省编辑组《四川省苗族傈僳族傣族白族满族社会历史调查》,四川省社会科学院出版社1986年版,第13页。

[②] (清)邓元鏸等修,万慎等纂:《(清光绪三十四年)续修叙永永宁厅县合志》卷二十,1908年版,第524、529页。

[③] 〔美〕马丁·N. 麦格:《族群社会学:美国及全球视角下的种族和族群关系》,祖力亚提·司马义译,华夏出版社2007年版,第67页。

[④] 四川民族调查组苗族小组:《泸州专区苗族社会历史调查》,载四川省编辑组《四川省苗族傈僳族傣族白族满族社会历史调查》,四川省社会科学院出版社1986年版,第13页。

[⑤] 郎维伟:《四川苗族社会与文化》,四川民族出版社1997年版,第73页。

[⑥] 郎维伟:《四川苗族社会与文化》,四川民族出版社1997年版,第72页。

[⑦] 祝世德著,筠连县地方志办公室整理:《筠连县志(民国版)》,四川大学出版社2012年版,第164页。

[⑧] 新中国成立前川南苗汉不能结婚的规定,可在川南苗族的老族谱中查到,如叙永县枧槽乡苗族的老族谱中就明确规定苗族不能与其他民族通婚。

当这些偏见外化在人们的行为中，就成了民族歧视行为。民族歧视行为在形式和程度上的变化是广泛的：程度相对较低的族群歧视形式是使用针对族群成员的毁谤性标签；对少数群体造成更大伤害的、程度更为严重的歧视行为，包括拒绝给他们提供各种生活机会；程度最为严重的歧视形式是攻击行为。① 新中国成立前川南的民族歧视主要体现在以下三个方面。

第一，对苗族的歧视性语言广为流传，在某种程度上"苗子"成了污名化的代名词。在很多情况下，使用者甚至根本就不理解那些毁谤性语言。虽然如此，这些词和习语仍然有助于族群刻板印象的长久性，并对毁谤对象造成心理伤害。

川南苗族有青年男女"吹芦笙和歌""情符者约为夫妇"的婚俗，此婚俗被视为"污俗"；苗族表达美好爱情的歌谣被贬称为"淫词谑浪"。② 苗族的服饰特点显著，色彩鲜明，被视为"苗里苗气"③"苗头苗脑"，后成为普通人对穿着打扮看不顺眼的代名词而延续传播，可见这种污名化的影响有多深远。汉族听不懂苗族语言，把说苗语贬称为"讲苗话"，当听不懂某人讲话时，不管是汉族还是苗族，就会说其"讲苗话"。汉族普遍称呼苗族为"苗子""苗婆"，有的地方还称其为"苗老保娘""苗老保爷"④，有的地方则称其为"苗大哥""苗大嫂"⑤，总之，"苗"成为贬词在川南汉族人群中广为传播。汉族对苗族毁谤性的称谓或习语，隐含着苗族野蛮、落后、劣等的刻板印象和对苗族的否定情感。这些称谓或习语的使用，既会加深汉族对苗族的偏见，又会给苗族带来心理伤害，以至于苗族认为"汉人不是朋友""汉人做不得朋友"。⑥

第二，新中国成立前川南苗族社会地位低下，无法享有平等的社会资源。

新中国成立前，川南苗族政治地位低下。晚清时期，川南乡村匪盗横行，各地苗族自办苗团，官府为利用其维持当地的秩序，便授予苗族团团首一定的职务，如光绪三十四年（1908年），筠连苗族陶富华被任命为总团首，负责地方治安。⑦ 民国时期，珙县苗族王仿钦被委以罗渡团防局长、罗渡联保主任、罗渡乡长。⑧ 但是，清末民初，在苗族聚居的乡村，苗人乡绅谋得一官半职的，不过是凤毛麟角。1947年，川南边民文化促进会提出，苗族也要参加国大代表选举，触怒了国民党统治者，而被视为"异党活动"。⑨ 可见，新中国成立前川南苗族谋求政治参与的行为时时招来打压和禁止。

一般而言，教育能帮助社会人群实现向上流动和社会地位的改变。然而新中国成立前川南苗族社会受教育的条件远不如汉族人群，清末川南社会的私塾教育比较普遍，但对苗族而言，仅在珙县出现过苗族乡绅出资创办的私塾学堂。⑩ 到了民国，川南学校勃兴，但苗区却无官办教育出现。反而是西

---

① 〔美〕马丁·N.麦格：《族群社会学：美国及全球视角下的种族和族群关系》，祖力亚提·司马义译，华夏出版社2007年版，第69-70页。
② （清）冉瑞桐、罗度、郭肇林等修纂：《光绪珙县志》，载《中国地方志集成·四川府县志辑35》，巴蜀书社1992年版，第51页。
③ 郎维伟：《四川苗族社会与文化》，四川民族出版社1997年版，第61页。
④ 四川民族调查组苗族小组：《泸州专区苗族社会历史调查》，载四川省编辑组《四川省苗族傈僳族傣族白族满族社会历史调查》，四川省社会科学院出版社1986年版，第13页。
⑤ 四川民族调查组苗族小组：《筠连县联合乡苗族社会历史调查》，载四川省编辑组《四川省苗族傈僳族傣族白族满族社会历史调查》，四川省社会科学院出版社1986年版，第97页。
⑥ 四川民族调查组苗族小组：《泸州专区苗族社会历史调查》，载四川省编辑组《四川省苗族傈僳族傣族白族满族社会历史调查》，四川省社会科学院出版社1986年版，第13页。
⑦ 筠连县苗族志编纂委员会：《筠连县苗族志》，筠连县新世纪印刷厂2007年版，第11页。
⑧ 珙县民族事务委员会编印《珙县苗族志》，1996年版，第51页。
⑨ 郎维伟：《四川苗族社会与文化》，四川民族出版社1997年版，第79页。
⑩ 清宣统元年（1909年），珙县苗族乡绅陶荣欣创办过曹营乡私塾学堂，此外珙县玉和、陈胜苗族乡绅也相继开办过私塾学堂。参见珙县民族事务委员会编印《珙县苗族志》，1996年版，第73页。

方教会在川南苗寨传教的同时，循道公会在苗寨相继开办了 15 所光华小学，以至川南苗族识文断字者多为基督教徒。① 1938 年川南苗族在筠连县乡村开办了一所苗民小学，因成绩日有进展，汉人保甲长闻之而生怨恨，纠集数十人无理捣毁苗民小学，幸师生逃脱，苗民告至县府，虽下令清查，办事者敷衍塞责，最后未作追究，不了了之。② 抗战时期的 1942 年，叙永苗族自发成立边民文化促进会，创办私立复兴小学，苗民节衣缩食，自盖校舍，捐玉米为薪酬，但最终因边民文化促进会要求参与国大代表选举的诉求，被当局视为"异党活动"，而殃及复兴小学被迫关闭。③ 苗寨没有官办的教育，西方教会率先而入，从社会心理上拉近了教会与苗族的关系，对苗汉间的偏见和歧视起到推波助澜的作用。新中国成立前川南苗族未能享有同样的教育机会，而自办教育又招致干扰和破坏，教育上的歧视导致了他们没有资格和能力从事更好的工作，无法改变落后的经济状况和低下的社会地位。换言之，教育领域上的公开歧视，在就业、经济等领域产生了间接的歧视效应。④

川南苗族在生产资料的占有关系上明显受到歧视。解放前，据不完全统计，川南有苗族 13330 余户，苗族地主仅占苗族总户数的 0.2%，苗族佃户和雇农占苗族总户数的 99.8%。⑤ 这种悬殊的生产资料占有不平等是十分惊人的。苗族农民一般都不占有或很少占有土地，他们基本上依赖佃种汉族地主、富农的土地为生。例如，叙永县文化乡兴复村 143 户居民中有苗族 93 户，占全村总户数的 65.0%，仅占全村耕地总面积的 4.9%，平均每户仅占有 0.4 石土地。其余 50 户为汉人家庭，却占有耕地的 95.1%。如此悬殊的土地占有关系，从两个民族的关系看具有明显的社会性歧视。⑥ 又如，古蔺县共和乡（后并入麻城乡）苗族均无土地，多是佃耕汉族地主的土地，以至川南苗族流行这样的谚语："老鸦无树桩，苗家无地方。"⑦ 这是在封建地主制经济下，阶级占有的不平等在民族关系上的表现，由于这种表现所具有的普遍性，在社会人群中也造成广大汉人对苗人身份的成见，从而滋生了普遍的偏见意识和歧视行为。

除了教育、经济等领域，对川南苗族的歧视在医疗领域也有所体现，即苗区没有医疗条件，苗族人民生病只能求助于苗巫草药。据《民国古宋县志》记载，苗族"有疾病，不知延医诊视，惟服苗巫草药，不效，则谓门神为祟，必杀猪享之，或谓祖灵不安，当翻尸，则启棺而改易之。其所作与病者何关？盖不讲卫生，时疫易染，病作而又失医调之法，所以多死丧也。苗族之消灭，此其大原因矣"。⑧ 其实，苗族人民生病不看医生并不在于他们主观上不知道、不愿意，而是当地并无医疗条件这一客观原因造成的。由于医疗条件的缺乏，苗族地区经常流行着伤寒、回归热、痢疾等传染病，给苗族带来了深重的灾难。

第三，苗族存在民族地位低下的历史记忆。

---

① 郎伟：《天主教、基督教在川南苗族地区传播述略》，《中央民族学院学报》1989 年第 6 期。
② 王建明：《西南苗民的社会形态》，《边声月刊》1939 年第 1 卷第 3 期。
③ 郎维伟：《四川苗族社会与文化》，四川民族出版社 1997 年版，第 78－79 页。
④ 这种情况被费金夫妇称为"歧视的副作用"。他们认为，在某个领域人们的蓄意歧视将导致另外一个领域无意识的歧视，因为绝大多数的社会领域（经济、政治等）都是彼此紧密联系的，歧视具有一种跨制度的特性。参见〔美〕马丁·N. 麦格：《族群社会学：美国及全球视角下的种族和族群关系》，祖力亚提·司马义译，华夏出版社 2007 年版，第 72 页。
⑤ 郎维伟：《四川苗族社会与文化》，四川民族出版社 1997 年版，第 66 页。
⑥ 四川民族调查组苗族小组：《叙永县文化乡苗族社会历史调查》，载四川省编辑组《四川省苗族傈僳族傣族白族满族社会历史调查》，四川省社会科学院出版社 1986 年版，第 26－27 页。
⑦ 四川民族调查组苗族小组：《古蔺县麻城乡苗族社会历史调查》，载四川省编辑组《四川省苗族傈僳族傣族白族满族社会历史调查》，四川省社会科学院出版社 1986 年版，第 70 页。
⑧ 佚名：《民国古宋县志初稿》卷八，载《中国地方志集成·四川府县志辑 34》，巴蜀书社 1992 年版，第 110 页。

由于生产资料占有的严重不平等，新中国成立前川南广大苗族贫雇农在封建地主制经济下受到租佃剥削、附加剥削、高利贷剥削、雇工剥削，生活十分窘迫，更无政治地位可言，尤其是只能靠长期雇工为生的苗族农民，在汉族地主家中受到的非人对待更是司空见惯。在20世纪50年代川南苗区的社会调查中有许多这样的历史记忆，尽管这些资料有浓厚的阶级斗争色彩，但苗族在新中国成立前社会地位低下应该是一个基本事实。清末，川南苗族也曾参与到整个西南出现的反清起义中，但其结果都是以失败而告终。所以，留给广大苗族的是民族社会地位低下的历史记忆。

二 新中国成立前川南苗汉民族隔阂的成因

如前所述，新中国成立前川南苗汉民族关系存在隔阂，以民族偏见与歧视为主要特征，其成因可以从两个视角去分析，一个是阶级分析的视角，这是新中国成立前川南汉族对苗族存在偏见和歧视的制度性诱因。

在土地改革前，川南广大农村以封建地主制经济为主要的所有制关系，当地苗族中贫困农民占绝大多数，苗族佃农和雇农占苗族总户数的99.8%。换言之，川南的土地基本上集中在汉人手中，当然主要集中在汉族地主和富农手中。历史上形成的土地占有状况反映出浓厚的民族不平等色彩，这无疑与整个苗族在旧中国的政治地位和经济地位低下是分不开的。生产关系的制度性不平等，自然会导致民族压迫从属于阶级压迫的状况，因此在阶级社会中不能排除民族偏见和歧视有制度性诱因。而川南苗族则以"老鸦无树桩，苗家无地方"的谚语来表达对这种既有阶级不平等，又有民族占有不平等的不满。

另一个是社会心理学的视角。除了制度性不平等的诱因外，民族之间的群体心理因素，也会产生具有负效应的民族偏见。由大民族引起两个民族互持偏见的情形，久而久之，这种民族偏见会无意识地储存在人们的记忆中而不易消除。汉族人群以自己的方式外化表达出对苗族的歧视，而苗族则以"苗家是朋友，汉族是仇人"[①]的苗谚形式来表达自己的偏见性判断。新中国成立前川南苗汉民族间出现的偏见与歧视从社会心理学的角度讲也是说得通的。

新中国成立前川南汉族对苗族存在偏见和歧视可以用社会心理学的规范理论和权力冲突理论进行解释。权力冲突理论可以解释在川南这一场域中汉族对苗族存在偏见和歧视的起源，而规范理论则能解释这种偏见和歧视是如何在新中国成立前的川南得以传播和维系的。

第一，对苗族的偏见和歧视源于"赶苗夺业"。

权力冲突理论认为，偏见和歧视源于历史上的群体冲突事件（Bernard，1951；Newman，1973）。负面的信念和刻板印象是支配群体意识形态的基本组成部分，以强化支配群体的社会地位意识，维持主从关系模式，并为对少数族群的差别待遇提供一个正当合理的理由，歧视是支配群体伤害或消解威胁自己权力和利益地位的外群体的一种手段。简而言之，偏见和歧视是群体利益的产物，并且被用来保护和增进这些利益。[②]

苗族出现在川南最早且有据可查的记载在明代。明嘉靖年间编修的《四川总志》在叙泸（宜宾和泸州）民族种类中出现了苗族的记载。《明史·四川土司二》记载，"白罗罗"于"景泰中，纠戎、珙

---

① 郎维伟：《四川苗族社会与文化》，四川民族出版社1997年版，第61页。
② 〔美〕马丁·N. 麦格：《族群社会学：美国及全球视角下的种族和族群关系》，祖力亚提·司马义译，华夏出版社2007年版，第83、88页。

苗，攻破长宁九县"。① 此后，有关川南苗族的记载便不绝于书。据乾隆时期撰写的《珙邑安苗论》记载，"此处（珙县）苗民自明万历初年隶入中国，二百余载未尝轻动"。②《高县志》称苗族乃"明初始渐入川南"。③ 另据多位学者在川南的田野调查，得知不论是苗族的民间传说，还是苗族的族谱记载，均推测川南境内的苗族迁居至此不过二十代，且为明清时期陆续迁入。迁入川南的苗族一部分在彝族土司领地内生活，一部分则自己垦荒有了自己的家园和村落。

明清王朝的"国家化"进程使汉人大量进入川南。川南属于丘陵山区，便于耕作的平地有限。按照零和竞争理论，在总的资源不变的情况下，一方资源的增加必定导致另一方资源的减少。大量"客民"迁入川南苗区，便产生了土地争夺问题。外来势力强盛之时，则强行夺取苗民土地产业，并驱赶苗民离开家园，故有"赶苗夺业"之说。这一点可从方志记载中得以佐证。《续修叙永永宁厅县合志》记载："叙永、永宁，旧为苗人故居，凡土著者皆苗人，今皆窜居山谷间。"④《古宋县志》记载："有明改制，汉人觊居，诸苗渐退居山洞，日即凌夷。"⑤

"赶苗夺业"自然会遭到苗人反对和抗争，但在强大的"国家化"进程中，抗争无济于事，苗人渐渐流入山间各地，汉人对苗人的偏见和歧视伴随着"赶苗夺业"而在社会中形成。久而久之，汉人社会对苗人形成落后、劣等、喜居山区的刻板印象，对苗族的否定情感构成了汉族群体意识形态的基本组成部分。不管是汉族统治者，还是汉族民众，对苗族施以语言侮辱，已成为一种普遍存在的社会行为。而汉族统治者拒绝为苗族提供社会资源，则被深深嵌入新中国成立前的川南社会规范体系中。

第二，对苗族的偏见和歧视是社会化的产物。

规范是群体标准，界定了在特定的社会情境中人们被期望如何行动。偏见和歧视可以借助社会规范框架得以解释，也就是说，偏见和歧视是人们对所处社会情境的从众反应，是社会化的产物。因此，偏见和歧视可以追溯到的根源不是个体本身，而是个体的社会环境——他们所属的群体、所在社会及团体的文化和政治规范，以及社会化的过程。⑥ 社会化，是一个人获得自己的人格和学会参与社会或群体的方法的社会互动过程。⑦ 通过社会化，个体学习外在于自身的价值标准和社会规范，并将其内化为自己的思想标准，并按照社会的期望行动。

当民族偏见和民族歧视已经成为汉族群体的意识和行为标准时，无须刻意指导，也会被儿童在家庭、学校和居住环境等主要社会化场所中自行习得。例如，当汉族家长在家经常称呼苗族为"苗子"时，儿童自然而然地就学会了如此称呼苗族，而且觉得这样的称呼理所当然。这些在早年习得的思想和行为标准引导着人们成年后对待苗族的态度和行为，同时又在潜移默化中影响着下一代。通过一代代的社会化，汉族对苗族的偏见和歧视在新中国成立前的川南得以传承和维系。

三 余论

民族偏见是指某民族对异民族的预先判断或先入为主的信念，该信念是针对整个民族的，不易改

---

① （清）张廷玉等撰：《明史》卷三百一十二·列传第二百·四川土司二，中华书局1974年版，第8052页。
② （清）冉瑞桐、罗度、郭肇林等修纂：《光绪珙县志》，载《中国地方志集成·四川府县志辑35》，巴蜀书社1992年版，第230页。
③ 转引自刘复生《僰国与泸夷——民族迁徙、冲突与融合》，巴蜀书社2000年版，第199页。
④ （清）邓元鏓等修，万慎等纂：《（清光绪三十四年）续修叙永永宁厅县合志》卷二十，1908年版，第526页。
⑤ 佚名纂：《民国古宋县志初稿》卷八，载《中国地方志集成·四川府县志辑34》，巴蜀书社1992年版，第109页。
⑥ 〔美〕马丁·N.麦格：《族群社会学：美国及全球视角下的种族和族群关系》，祖力亚提·司马义译，华夏出版社2007年版，第77页。
⑦ 〔美〕戴维·波普诺：《社会学》，李强等译，中国人民大学出版社1999年版，第154页。

变，且通常是负面的，隐含着对异民族的否定态度。民族偏见的信念维度主要是指针对异民族的种族体质、文化、语言、宗教、生活习俗等方面形成或习得的负面刻板印象，[①] 态度维度则是指建立在负面刻板印象上的否定情感。具体而言，当一个民族以自己民族的文化、语言、宗教、习俗等为标准，去衡量别的民族，发现与自己民族不同而觉得其另类或落后，便形成了对该民族的刻板印象，在此基础上产生了不尊重或否定的情感，这就构成了民族偏见的态度维度。由此可见，这种类比是建立在居高临下、民族不平等的基础之上。一旦形成对异民族的刻板印象和否定情感，如果社会环境不变，就会代际传递，构成难以克服的、根深蒂固的社会心理偏见。

民族偏见可能是有意识的，也可能是潜意识的，但均不在行动中表现出来。也就是说这是主观的，无法直接感知。在多元或文化异质性较明显的社会中，很多人针对与自己民族不同的群体往往容易持无意识偏见。当民族偏见以语言、文字的形式表达出来，或者以民族类别先天性地享有某些体系、制度上的优势表达出来时，这就是民族歧视了。二者相较，民族偏见属于意识范畴，民族歧视属于行为范畴，后者是偏见性表达，民族偏见不一定导致民族歧视，但二者可结伴而行，互相强化。在社会调查中，我们可以观察到民族偏见是双向的，例如，新中国成立前川南社会人群中汉族对苗族持有偏见，苗族同样对汉人持有偏见，但后者更多的是对前者所持偏见不满的情形下形成的偏见意识。而汉族人群将自己置于比苗族更优越、更重要位置的意识，就构成了汉对苗偏见与歧视的心理基础，在新中国成立前的社会生活中也就更多地表现为汉作为强势民族对苗作为弱小民族的歧视。

综上所述，通过前人留下的方志记载可以梳理出新中国成立前苗汉关系的基本轮廓，自明代在西南边疆推行"国家化"以来，大量汉人进入川南，苗族居住空间格局发生变化，基本退居山区，正如方志所载"其田少，其民乏"。伴随着生存条件的不利，社会地位的低下，传统文化的异质性差别，苗汉民族隔阂表现以偏见与歧视为显著特征。新中国成立前川南出现的民族偏见与歧视在田野调查资料中有所记录，诸如川南苗族民间流传于世的"石头不是枕头，汉人不是朋友"[②] 等谚语，为规避民族歧视，他们告诫族人"下不得山，下山要绝种"[③]。在日常生活中苗汉通婚已成禁忌，汉对苗的歧视性称呼习以为常，以至民国学者在川南调查发出"苗民之畏汉人，甚于虎豹"[④] 的惊异话语。应该说史志文献和民国学者的调查对苗族而言，属于"他者"的记录，苗族的谚语格言和生活禁忌是"主位"的感受，两者反映的情形是一致的，这就说明新中国成立前川南苗汉民族关系的确存在隔阂。而这种情形的主要表现是汉对苗的偏见与歧视，通过阶级理论和社会心理学的分析框架也许能找到民族偏见与歧视形成的机理和原因，为研究历史上的民族关系提供新的方法和更有说服力的解释。

[①] 刻板印象是由沃尔特·李普曼（Walter Lippmann）于1922年提出的，他将刻板印象描述为：人们没有经过个人经验而获得的"脑海中的图景"。就族群刻板印象而言，外群体的成员选择某个族群独特的行为特点，将其夸大并构建成为群体的"一种速记式的描述"。参见〔美〕马丁·N.麦格《族群社会学：美国及全球视角下的种族和族群关系》，祖力亚提·司马义译，华夏出版社2007年版，第60页。

[②] 四川民族调查组苗族小组：《泸州专区苗族社会历史调查》，载四川省编辑组《四川省苗族傈僳族傣族白族满族社会历史调查》，四川省社会科学院出版社1986年版，第13页。

[③] 郎维伟：《四川苗族社会与文化》，四川民族出版社1997年版，第73页。

[④] 林名均：《川苗概况》，《新亚细亚月刊》1936年第12卷第4期。

新中国成立初期成阿公路修筑与现代民族国家构建

——以《岷江报》《筑路报》相关报道为线索*

王 田**

摘 要 成阿公路是新中国成立初期四川省的第一条干线公路,亦是连接成都平原与川西北少数民族地区的第一条现代公路。1951~1955年,伴随公路自平原向山地、草原的艰难延伸,新的各级政权在川西北地区逐步建立,更为重要的是,借此现代民族国家的理念与机制渐次深入这一族群区域。四川省藏族自治区人民政府主办的《岷江报》、成阿公路筑路指挥部主办的《筑路报》,全景式、高密度地报道了成阿公路的修筑历程。且因上述两种报纸的官方背景,众多与成阿公路相关的书写,清楚地表述了修筑现代公路的政治意义、军事价值、民族意涵。阅读之余或能注意到,兴起于清季民国的现代民族国家观念,很大程度上囿于区域自然环境与历史情境的特殊性,到20世纪50年代,凭借现代公路所承载的国家力量,方才得以成规模、有体系地进入川西北高原腹地。在这一过程中,作为社会文化实践的成阿公路修筑发挥着多面手的角色,与此同时,这两份报纸的文本编纂与书写本身亦是现代民族国家构建的助推力量。

关键词 新中国成立初期;修筑成阿公路;现代民族国家构建;《岷江报》;《筑路报》

DOI:10.13835/b.eayn.25.09

一 研究背景

杜赞奇(Prasenjit Duara)曾指出,民族国家是具有明确疆界的政治体制,其中代表民族 - 人民(the nation - people)的主权国家不断扩展自己的角色和权力。[①] 要实现民族国家构建的目标不可能一蹴而就,诚如本尼迪克特·安德森(Benedict Anderson)所观察到的,民族国家的构建是一个系统工程,须经由大众传播媒介、教育体系、行政管制等手段,甚至是民族主义意识形态的灌输。[②] 学界广泛认识到,清季民国以来中国开始或者加速了现代民族国家的构建历程。比如,马戎考察了中国传统的政治、文化体系如何转型,以及知识阶层如何利用传统来重建现代的"民族""祖国""爱国主义"

---

* 本文为四川省社科规划项目"成阿公路与川西北社会文化变迁研究"(SC15C048)、西南民族大学中央高校基本科研业务费专项基金项目"成阿公路与川西北区域协调发展研究"(2016SZYQN31)的阶段性成果。
** 王田,男,羌族,人类学博士,西南民族大学西南民族研究院副研究员,主要研究方向为族群与区域历史过程。
① Duara, Prasenjit. *Rescuing History from the Nation: Questioning Narratives of Modern China*. Chicago: University Of Chicago Press. 1997.
② Anderson, Benedict. *Imagined Communities*. London: Verso. 1991.

等观念和制度。① 当然,我们也需要留意中国现代民族国家构建的长时段背景。譬如,孔飞力(Philip Kuhn)曾阐述中国现代民族国家与旧帝国之下社会的深层联系。② 葛兆光注意到,自宋代起中国既具有传统帝国式国家特色,又具有一些很接近近代民族国家的意味,因此中国民族国家的空间性和主体性并不一定与西方的"近代性"相吻合。③

整体而论,现代民族国家在中国的构建是相对晚近的现象,而犹如水波泛起的层层涟漪,现代民族国家构建在族群边缘区域的实施更为滞后。其缘由无疑是复杂的,或者也可简单归结为传统时期国家对于边疆地区控制的相对松散。回过头来需要思考的是,现代国家透过哪些行动才能实现基层政权的建立、政治经济机制的运转、思想观念的灌输?或许我们能够立即想到的是军事行为、民族政策、现代教育、跨族群移民等。

就本文所关注的川西北区域,即今日大致的阿坝藏族羌族自治州而论,20世纪上半叶就有官方与学术机构合力推动的边政、民族调查研究,④ 也有民族资本家与地方上层人物合作下的资源开发。⑤ 这些政治、经济、文化行为都在一定层面上拉近了川西北民族地区与国家的距离,不过,囿于国力、技术等条件,其规模与深度均较为有限。

作为历史脉络的赓续,20世纪50年代以来,国家力量向川西北地区的下沉实现了质的飞跃,而最为显著的表征莫过于1951~1955年成阿公路的修筑。我们注意到,修筑现代公路的技术能力、少数民族参与公路的修筑、纵贯雪山草地的公路实体,这些现实均助推国家政权向高原深处建立。反过来,基层政权的愈发稳固又保证了公路修建的进度。假若说修筑成阿公路的行为本身,就伴随公路的延伸而昭示新的政权、新的交通与生活方式的到来,那么,这一时段内的两份报纸《岷江报》《筑路报》就更是透过大量文本编纂而描述、修饰、阐释了成阿公路的民族国家意涵。⑥ 下文将简要勾勒成阿公路修建历程,在此基础上,从上述两份报纸中甄选出一些故事、关键意象、反复出现的词汇等,继而考察特定时空下的公路修筑与现代民族国家建构的紧密关联。

二 成阿公路修筑概况

1950年12月,西南军政委川西行署交通厅公路局"灌茂公路工程处"成立,具体负责修建灌县至茂县公路。1951年初,驻四川省新都县原西南军政大学川西分校的七个队近千名学员,奉命改编为"川西军区教导一团",执行灌茂公路修筑任务。1952年3月,交通部核准投资修建成(都)阿(坝)公路。正在灌县至汶川一线施工的"灌茂公路工程处"随即调整任务,负责起成阿路公路的建设。1952年7月,灌县至汶川段73公里建成。1952年12月,汶川至理县段51公里建成。⑦

1953年初,成阿公路开始向川西北藏区腹地延伸,"成阿公路筑路指挥部"组织军工、民工、劳

---

① 马戎:《族群、民族与国家建构——当代中国民族问题》,社会科学文献出版社2012年版。
② Kuhn, Philip. *Origins of the Modern Chinese State*. Stanford: Stanford University Press. 2003.
③ 葛兆光:《宅兹中国——重建有关"中国"的历史论述》,中华书局2013年版。
④ 王明珂:《华夏边缘:历史记忆与族群认同》,社会科学文献出版社2006年版,第209-221页;王田:《民国时期理番四土五屯之社会文化研究与实践》,《西南民族大学学报》(人文社会科学版)2011年第1期。
⑤ 王田:《民国时期藏彝走廊杂谷脑河流域的木材开发》,《贵州民族研究》2016年第3期。
⑥ 《岷江报》创刊于1953年1月1日,为四川省藏族自治区政府机关报;《筑路报》创刊于1953年5月1日,为四川省成阿公路筑路指挥部机关报。
⑦ 四川省交通厅公路局:《四川省公路志》,四川人民出版社1994年版,第39页。

改队（属四川省公安厅劳改局筑路工程处管理），共同承担理县至海子山段219公里公路的修建任务，并于1954年2月完工。1954年4月，成立成阿公路工程处，隶属四川省交通厅公路局、茂县地委、茂县军分区，以军分区领导为主，负责海子山至阿坝县城段108公里公路的修建，至1955年11月完工。

成阿公路翻越崇山峻岭，大部分路段处于高寒山区，全线平均海拔在2000米以上，最后二百多公里平均海拔在3500米以上，其中鹧鸪山海拔4132米，查真梁子海拔3910米，海子山海拔3986米，阿依拉山海拔3940米。施工任务艰巨、条件艰险、事故不断，不少筑路人员为之付出了宝贵的生命。譬如1953年7月1日中午，解放军四川省公安总队二四团二营六连正在理县米亚罗八角碉口路段施工，山体突然大面积垮塌，该连10名战士被塌方在顷刻间覆埋，壮烈牺牲，其中年纪最小的战士仅19岁，同时造成轻重伤11人。据不完全统计，在成阿路的修筑施工中，共有191名筑路人员牺牲。①

上文记述了一连串关于成阿公路修筑进度的时间点，与之相伴的是新的基层政权在川西北地区的逐步建立与巩固。1950年初，人民解放军向川西北地区进军，2月在茂县成立川西人民行政公署茂县专区专员公署，9月控制了原四川省十六专区（专员公署设于茂县凤仪镇）所属的茂县、汶川、理县、松潘、懋功、靖化等6县。1952年7月，解放军发动黑水战役，并迅速取得胜利。1952年12月，四川省藏族自治区建立，区府驻茂县。1953年3月至5月解放军进军草地，控制了川西北草地。1955年12月，四川省藏族自治区改名为阿坝藏族自治州，州府扼守进入草地的门户刷经寺。

三 "以往没见过汽车"：新生政权的力量展示场域

1953年3月初，成阿公路汶川县至理县段刚刚贯通，理县龙窝寨小学的王光明小朋友难掩兴奋之情。他给修筑成阿公路的民工写信说："在反动派统治时候，莫说是汽车，就是修路也没有见过。解放了，毛主席为了改善我们少数民族的生活，才派民工叔叔来修路。"②

时隔不到两个月，理县立列寨小学的羌族小朋友宋巧花、陶先第、查先第，利用"五一节"假期忙着砍柴、割草，准备出售柴草来扯布做花裙。她们憧憬即将到来的儿童节，届时要穿着新的花裙子，上街看汽车。③

1955年9月下旬，成阿公路终于修筑到了川西北草地的重要节点查理寺。9月30日下午，塔洼部落的藏胞朗罗正赶着一群牦牛牧归，这时两辆吉普车沿着新修好的公路开了过来，牛群受汽车马达声的惊吓而四散逃开。朗罗顾不得吆喝牛群，她"盯着汽车细细地看，很久不忍离去"。次日是国庆节，清晨两辆大卡车开到了查理寺，当地藏胞都跑来观看。不仅如此，在安曲工作委员会藏族干部力肘的率领下，80多个藏胞坐上了卡车。"汽车在草原上飞跑，藏胞们在车上不断地欢呼——这是他们第一次坐汽车。"④

《岷江报》的不少报道都蕴含着类似的叙事模式，"从无到有""从旧到新"这样的二元对立关系贯穿其间。作为新生事物的公路、汽车、花裙子、筑路民工、藏族干部、儿童节、国庆节等，均是新的时代条件下的产物，而带来这一切变化的就是新的国家政权。20世纪50年代初的川西北高原上，热火朝天的筑路工地、平整的公路、飞驰的汽车，是交通条件的改善，更塑造出新中国强大力量的理

---

① 阿坝藏族羌族自治州交通志编纂委员会：《阿坝藏族羌族自治州交通志》（内部资料），1992年，第83-85页。
② 《羌族小学生写信给成阿公路民工》，《岷江报》1953年3月4日，第2版。
③ 《穿花裙 看汽车》，《岷江报》1953年6月4日，第3版。
④ 《汽车第一次开到查理寺》，《岷江报》1955年10月11日，第1版。

想图景。

四 宏大时空叙事下的筑路故事

现在看来时，成阿公路修筑与现代民族国家构建的关联性几乎是毋庸置疑的。不过，在当时的历史场景下，要将偏僻的川西高原上的修路行为与民族、国家流畅地联系起来，的确需要些巧思。《岷江报》《筑路报》的编辑、作者，尽可能将微观区域内的公路修筑融入宏大的国内、国际场景中。

1953年1月，成阿公路筑路民工二支队二大队二中队，给稍早前在朝鲜战场上牺牲的黄继光的母亲写了一封饱含深情的慰问信，兹节录如下。

> 亲爱的黄妈妈：
> 当我们听到你的儿子黄继光同志，为了保卫祖国和全世界人民的安全，在朝鲜战场上英勇牺牲的消息后，我们非常感动。我们一百多个同志，都表示要坚决向你的儿子学习，学习他那种高度的爱国主义和国际主义精神，努力工作，克服一切困难，争取早日修好成阿公路，把我们祖国建设得更好，还要用实际行动加强抗美援朝，支援志愿军。①

在短短的百余字的书信中，多次出现"祖国""爱国"字眼。黄继光为了祖国牺牲了性命，筑路民工何尝不是舍弃小家而建设祖国边区呢？这样说来，抗美援朝与修筑成阿公路都闪烁着意义非凡的爱国主义光芒。

1953年5月初，成阿公路一支队四大队二十一中队来到了理县洪水沟。他们见到当地到处是人粪、马屎、垃圾堆得如同小山，阴沟淤塞不通，粪坑里的尿水装满了，流得到处都是，太阳一出来，蒸发的四处都是臭味。全中队认识到卫生的重要性，就立即着手打扫和整顿。中队的厨房紧邻一座厕所，他们就动员老乡掩埋了厕所，还疏通了阴沟，清除了人畜粪便。不仅如此，该中队还成立了卫生委员会、爱国卫生宣传组，借此向当地老乡、过路民工、行商宣讲卫生的重要性。洪水沟的爱国卫生运动搞得有声有色，"感动得当地七十多岁的藏族吴大娘说：'你们一来，洪水沟好像亮多了！'"②

杨念群曾论及，朝鲜战争期间中国的卫生防疫运动从单纯的反对"细菌战"转型为常规化的"爱国卫生运动"，而这一过程实现了从情感激励型的国家民族主义形式向与日常生活节奏密切相关的常规性卫生运动的切换。③ 当然，内地推进爱国卫生运动时，主要依托卫生行政部门、医护工作者、广大的群众。相比之下，20世纪50年代初的川西北高原上，新的各级基层政权以军事、政治工作为重心，尚无力开展卫生防疫工作。这一时段的成阿公路筑路队伍几乎就是一个不断向高原纵深移动的政府，义不容辞地承担了包括爱国卫生运动在内的职责。

事实也是如此，到1953年7月成阿公路筑路队伍的爱国卫生运动愈发专业化。比如养路大队二中队二分队的卫生员牟世龙在理县甘溪地方主动与农会配合，既宣传爱国卫生运动，又编订了卫生检查制度，在他的努力工作下，"羌族老乡也讲究卫生了"。又如一支队二十一中队的卫生员谢道芬在一个

---

① 《给黄继光烈士母亲的慰问信》，《岷江报》1953年1月25日，第2版。
② 《爱国卫生运动在洪水沟》，《筑路报》1953年5月11日，第3版。
③ 杨念群：《再造"病人"：中西医冲突下的空间政治（1832－1985）》，中国人民大学出版社2012年版，第429－500页。

大雨滂沱的早上来到大队部为患癫痫病的藏族民工亚木畅做治疗。再如三支队三营十连的付友培、一支队一大队五中队的谭安皖、一支队四大队二十中队的余光辉等卫生员，经常给病人洗衣服、端开水、煮病号饭、背重伤病人大小便。①

安德森曾讲到，报纸为重现民族这种想象的共同体提供了技术上的手段，编辑将同一版面上多个独立事件并列在一起，从而制造出它们之间的关联性。② 我们随机翻阅一张《岷江报》，譬如1954年7月13日的第1版安排了如下几篇报道：《周总理离开北京前往日内瓦》《新建重庆电力厂全部移交生产》《全区各族干部开始学习宪法草案》《成阿公路上的骡马一中队》。如此，北京、日内瓦、重庆、四川藏族自治区等国内外、区域内外的地名与事件，奇妙地与成阿公路连接在了一起。读者几乎可以想象，周恩来总理踏出飞机舱门与迎接者挥手致意的时候，正有一支藏族运输队在骡马铃铛清脆的响声中唱着山歌前行。

五　公路修筑与意象建构

周永明以汉藏公路为中心，论述了"路学"研究的生产、使用、建构和消费四个视角，其中生产与建构是关系密切的一对"坐标"。③ 就成阿公路而言，修筑或者生产的同时，这条道路就被赋予了象征层面的多样意象，而且这些意象往往服务于构建现代民族国家的目标。

1953年5月15日，成阿公路筑路一支队一大队二中队在理县一颗印地方举办文娱晚会。晚会即将开始的时候，"山上的少数兄弟民族们，打着火把，四面八方地向一颗印围拢来。"节目一个接着一个，歌声、掌声、欢呼声、锣鼓声，不绝于耳。"在大伙的热烈欢迎下，少数兄弟民族姐妹们给我们唱了他（她）们自己优美的歌子。大家更兴奋啦！都自动地唱起了'团结就是力量'。"④

跟上述故事一样，在《岷江报》《筑路报》涉及成阿公路的报道中，"兄弟民族"是出现特别频繁的词汇，换言之，"民族团结之路"是修筑公路者最意欲建构的意象之一。如下的一则小唱更是直抒胸臆：

> 成阿公路长又宽，
> 越过万水和千山，
> 红花开在绿叶上，
> 成都阿坝要相连。
>
> 十五月亮圆又圆，
> 高山寨子接平原，
> 藏族羌族和汉族，
> 弟兄携手齐向前。
> ……

---

① 《成阿路上的白衣战士》，《筑路报》1953年7月21日，第6版。
② 〔美〕本尼迪克特·安德森：《想象的共同体：民族主义的起源与散布》，吴叡人译，上海人民出版社2003年版，第26-36页。
③ 周永明：《汉藏公路的"路学研究"：道路空间的生产、使用、建构与消费》，《二十一世纪》2015年4月号。
④ 《欢乐的歌声响遍了一颗印》，《筑路报》1953年6月11日，第6版。

>　　藏族羌族同胞们，
>　　热烈支援和慰问，
>　　团结犹如亲兄弟，
>　　友爱好比一家人。①

如果说民族团结是修筑成阿公路过程中的主旋律，那么修筑者尝试建构该公路的形象不止于此。比如将修筑公路隐喻为"翻身的利器"，修筑者创作的一首歌曲如是表述："千年的岩石翻了身，挡路的古树斩断根，锄头快快挖，铁锤用力打，我们的公路呀嗨！一直到阿坝。要把公路修得宽又平，汽车跑得稳，运进百货与机器，藏胞的生活得改善。"② 充满激情的歌词留下了时代的烙印，诸如"翻身""斩断根""锄头""铁锤"等包含革命气质的辞藻，将势不可挡的公路延伸与翻身做主人的藏族同胞连接在了一起。

赫尔曼·鲍辛格（Hermann Bausinger）在谈及技术的魔力话题时指出，技术事实往往证实了从前已经普遍被相信的东西，也把从前曾是梦幻和神话的东西放入了真实的外在世界。③ 作为当时新生事物与先进技术的代表，蜿蜒在鹧鸪山间的成阿公路，让修筑者不由自主地将之比喻为龙：

>　　高高的鹧鸪山，
>　　耸立在云间，
>　　仰头也难望山顶，
>　　飞雪六月天。
>　　巍巍的鹧鸪山，
>　　交通被它拦，
>　　羊肠小道盘山转，
>　　丛草铺满一山，
>　　鹧鸪崖高坡又陡，
>　　爬山真是难。
>
>　　春雷震天响，
>　　解放军来到鹧鸪山，
>　　半山腰上搭帐篷，
>　　战斗在云雾中，
>　　就凭英雄两只手，
>　　拿起了铁镐要把路修通。
>　　……
>　　看哪！

---

① 《成阿公路小唱》，《岷江报》1953年7月13日，第3版。
② 《千年的岩石翻了身》，《筑路报》1953年6月1日，第4版。
③ 〔德〕鲍辛格著，户晓辉译：《技术世界中的民间文化》，广西师范大学出版社2014年版，第45页。

悬岩峭壁上显出平地，
鹧鸪山腰出现了路，
公路好似一条龙，
弯弯曲曲修上山，
我们是筑路英雄，
我们是开路先锋！①

在修筑成阿公路的过程中，修筑翻越海拔 4000 余米鹧鸪山的盘山公路尤为艰辛，军工、民工、技术人员等为此付出了极大的牺牲与努力，最终实现了从羊肠小道到现代公路的转换。上文所引用的诗歌中，龙的意象建构并非盘山公路的生动写照，也不仅是把神话中的龙嵌入在现实世界里。诗歌将解放军表述为筑路英雄、开路先锋，也就是说，筑路者以超出常人的能力在川西北高原创造了这条巨龙，在这样的语境下读者不难意会到龙所呈现出的现代国家的强大能量。

六　黑水藏胞的筑路事迹报道："化生为熟"的技术

1954 年 6 月中旬的一天，时任四川省藏族自治区人民政府副秘书长的苏永和，代表自治区人民政府各位首长亲自在下壤口（今红原县壤口乡境内）慰问成阿公路藏族筑路民工。慰问中，苏永和副秘书长表扬了藏族民工在筑路中努力钻研技术、积极工作的精神，号召大家今后要遵守劳动纪律，争取当筑路模范。苏永和还给藏族筑路民工赠送了礼物，并与大家联欢。藏族筑路民工纷纷表态，只有早日把公路修好，才能发展我们少数民族的政治、经济和文化。②

随后的《岷江报》开始了更高密度的藏族筑路民工先进事迹的报道，而其中的"藏族筑路民工"又主要来自黑水地区。据本文的不完全统计，在 1954 年 7 月 22 日至 1955 年 7 月 5 日近一年的时间里，《岷江报》有 12 篇讲述黑水藏族筑路民工先进事迹的专题报道。此前的《岷江报》《筑路报》虽也在积极报道羌族、藏族民众支援成阿公路修筑的事迹，不过没有如此频繁，亦没有专注某一特定地方的少数民族。实际上，成阿公路并没有途经黑水地区，那么黑水藏族支持成阿公路修筑的热情来自哪里？或者换个角度思考，为什么《岷江报》要塑造黑水藏族筑路民工的先进形象？

我们把时间拉回到 1952 年 9 月 18 日，这一天，中国人民解放军西南军区批复川西军区和"黑水前线指挥部"，电文节录如下：

……

（四）"前指"仍保留，继续由郭、张、唐统一指挥，留该区部队及茂县军分区，执行如下任务：

1. 利用军事上的大胜利，大力开展政治争取，组织现有部队发动、结合少数民族继续清剿，务使坚决彻底肃清残匪，不使一个漏网。

……

---

① 《戳穿鹧鸪山》，《筑路报》1953 年 10 月 1 日，第 4 版。
② 《苏永和副秘书长慰问藏族筑路民工》，《岷江报》1954 年 7 月 4 日，第 1 版。

3. 协同四川省政府交通厅，勘测汶川至阿坝段公路，并组织可能参加的部队配合，争取今年能部分施工，为明春修路准备好各种有利条件，必须认识此一公路的修通，对巩固我们的胜利，在军事上、政治上、经济上全面开展整个川西地区的工作，配合西北军区解决川甘青边地区问题，都有极为重大意义。故必须重视这件工作。①

从 1952 年 6 月下旬解放军成立"黑水前线指挥部"到 9 月 13 日黑水大头人苏永和投诚，② 前后不足 3 个月即取得黑水战役的胜利。然而，错综复杂的黑水问题却在较长的历史时期中一直存在着。清乾隆时期的保县所属辖区划分为里、寨、窝、番、土司辖地等多种类型，黑水河流域被笼统归为"后番"，③ 反映出国家对该区域及其族群的松散控制与模糊认知。清末民国时期的黑水及其周边地区局势极其混乱，梭磨土司绝嗣、④ 头人林立、⑤ 四川军阀插手黑水事务，⑥ 这些纷争又如乱麻般交织在一起。到 1951~1952 年，在乱局中脱颖而出的麻窝头人苏永和，与进入川西北的国民党残部暧昧不清，由此导致了武力解决黑水问题的战事。

正如电文所透露的，包括黑水在内的川西北、川甘青结合地区历史上遗留下来的，或现实存在的问题是综合性的。军事上的胜利是至关重要的，然而要维持黑水地区的长久稳定，要让当地各族群认同新的政权，的确需要政治上、经济上的工作。基于这样的考虑，修筑成阿公路可以巩固胜利果实，更重要的是要让当地藏胞参与其中，如此，黑水藏族筑路民工能够见识到国家不同以往的决心和能力，也可以促使他们对国家的陌生感转化为熟悉感。当然，要达成这一目标，需要做许多"技术性"的工作，新生的四川藏族自治区政府很快就以黑水藏胞修筑成阿公路为契机，塑造他们积极支援的形象，譬如被成阿公路筑路指挥部评为甲等筑路模范的罗尔机谋就是其中的典型。

时年 19 岁的罗尔机谋是黑水藏族人，他于 1954 年 4 月参加修筑成阿公路。在领导的教育下，他认识到修公路是为了少数民族自己的幸福。他所在的分队全部是藏族民工，一开始他们都只会凭力气盲目的干，工程质量和工效都极低。在军工、汉族民工的教授下，他们很快就提高工效，罗尔机谋甚至"建议把砂倒成距离一公尺的'品'字形，增快了把砂扒平的速度，工效提高了四倍。"分队中爱和别人打架、偷懒不做工的阿娃西，在罗尔机谋的耐心说服和实际工作带动下，也积极工作了。罗尔机谋牢牢记住了分队长的话："工具是国家的财产，要很好爱护。"罗尔机谋经常擦拭工具，修补背筐、土簸箕，他所在的分队为国家节约了一笔财富。在学习中，罗尔机谋养成了爱卫生的习惯，他坚持每天都洗脸洗脚，还对其他藏族筑路民工说："要爱卫生，不然容易生病，生了病，就会影响修路。千百万双眼睛在看着我们，等待我们，希望我们早日把路修通哩。"⑦

黑水藏族筑路民工罗尔机谋几近完美，他就是理想中的少数民族劳动模范：觉悟高、讲大局、学习能力强、有创造性、爱护国家财产、自觉维护民族团结、讲究卫生的新生代藏族。《岷江报》密集报道的黑水藏族民工筑路事迹，营造了少数民族积极参与现代民族国家建设的氛围，更要在这样的气

---

① 郭祥林：《"陆上台湾"覆灭记——黑水芦花剿匪纪实》，江苏文艺出版社 1992 年版，第 325-326 页。
② 阿坝藏族羌族自治州地方志编纂委员会：《阿坝州志》（下），民族出版社 1994 年版，第 2666 页。
③ （清）陈克绳，毕成裕校注：《保县志》卷二《民居》，阿坝州地方志编纂委员会 1998 年。
④ 林耀华：《川康北界的嘉戎土司》，《边政公论》1947 年第 6 卷第 2 期。
⑤ 于式玉：《记黑水旅行》，《旅行杂志》1943 年第 18 卷第 10 期。
⑥ 政协第十四届黑水委员会编：《清民时期黑水三次内战始末》，载《黑水文史选辑之一：历史文化集锦》，2013 年，第 174-201 页。
⑦ 《为了自己的幸福——记藏民筑路模范罗尔机谋》，《岷江报》1955 年 3 月 24 日，第 3 版。

氛烘托下真正地将往昔的"后番"转化为新中国的少数民族同胞。

七 修筑公路的磋商意味：少数民族精英的表态与表率

1953年4月1日《岷江报》刊载了一则读者来信，反映成阿公路汶理段筑路民工将通化地方的一块麦田挖掉了，通化余乡长向筑路支队交涉情况时，竟遭遇冷漠态度。来信又说，就在同一个地方，当地民众已于1952年修了一条长约六十丈的水沟，筑路民工却将水沟的石料拆去三分之一，用于修筑路基。来信还讲到，下庄（今汶川县克枯乡下庄村）附近的一块空田内，被筑路民工挖三四个五六尺深的大坑，当地老乡无力将之填平。①

很快地，成阿公路延伸至理县杂谷脑附近，这里是一个热闹的市镇。一支队的部分民工经常无故旷工，装病耍赖，大吃大喝，吃酒发疯，工作中不爱护国家财产。最恶劣的一天，某中队竟有28人私自跑到杂谷脑吃酒玩耍，他们更向队部扬言："你们不放假，我们自己放假。"仅以1953年4月为例，某中队168人应做工20天半，累积旷工128天。一旦逢假日，杂谷脑的酒馆茶馆更是坐满了筑路民工，他们吃喝划拳，没钱就赊账。某两个中队的386人，欠账的有130多人，甚至有人欠着1952年的老账。尤为严重的是，有民工吃醉了就骂人打人，并在商店、茶馆寻衅滋事，在群众中造成了极不好的影响。有的老乡气愤地说："什么工人，简直是二流子。"②

上述两则成阿公路修筑中的负面报道，在《岷江报》《筑路报》中颇为罕见，却在一个侧面上反映出，成阿公路的延伸面临诸多困难，甚至是阻力。复杂的地质地貌、高原的极端天气、简易的筑路工具等客观困难自不消说，还须协调筑路队伍与沿途民众的利益冲突，加之筑路民工内部不同地区、族群、文化背景的差异，要使他们对修路意义的认识快速提升到建设现代民族国家的层面，实属不易。作为应对的策略，一方面，来自基层的筑路模范在不断地被塑造和宣传，另一方面，少数民族精英或自发或受邀，通过恰当的言行表达他们对修筑成阿公路的积极态度。事实上，20世纪50年代初，来自川西高原上的少数民族精英层次更为多样了。

1953年3月20日，从茂县水西村走出的羌族老红军、时任西藏军区后方部队参谋长的何雨农，回到家乡探望母亲。这天他从成都出发，"安安稳稳的坐着汽车，行走在路基非常平坦的成阿公路上"，一路上见到了藏族自治区的新气象。何雨农不无感慨地说："为什么藏族自治区会建设得这么快、这么好呢？这是因为我们党有各族广大的群众，我们的党和群众有血和肉一样的联系。"③

何雨农来自羌族普通家庭，参加红军改变了他的生命轨迹，使他成为解放军的高级军官。上述报道特别刻画他回家所使用的新式交通方式，再以他的所见、所闻、所述，呈现出四川藏区自治区的全新面貌。回家省亲的何雨农在家乡停留的时间毕竟短暂，一些四川藏族自治区籍的少数民族老红军则是修筑成阿公路的决策层，诸如羌族老红军苏新，修筑成阿公路期间他担任筑路指挥部副司令员、阿坝自治区人民政府副主席。如果说藏族、羌族老红军是资深的少数民族精英，那么20世纪50年代初，国家培养的新生代少数民族知识分子、干部都无不为成阿公路的不断推进而欢欣鼓舞。比如1955年1月四川藏族自治区成立两周年之际，远在首都北京学习的本区学员向自治区人民政府发来贺信。学员

---

① 《成阿公路筑路民工为啥乱挖沿途农田》，《岷江报》1953年4月1日，第4版。
② 《一支队部分民工严重的存在着违犯劳动纪律情况》，《筑路报》1953年7月16日，第1版。
③ 《老红军何雨农回来了》，《岷江报》1953年4月1日，第3版。

们特别提及:"不久的将来,成阿公路全线通车了,它将给我们山区带来更大的繁荣,给各族人民带来更大的幸福。"①

这一时期,少数民族精英还来自以往的土司、土官、活佛、守备、头人。在新的历史条件下,经过中国共产党的民族政策的贯彻落实,他们多数已成为自治区的各级干部。虽然这类人士的地位大不如前,角色亦发生了根本转变,不过,他们对于区域社会的影响力依旧不可忽视,新生的自治区政府对此有清醒的认识。

每当成阿公路取得重要进展之时,《岷江报》《筑路报》就会刊发索观瀛、华尔功成烈、苏永和、卓苍·昂旺格勒、杨绳武等人士的祝贺言辞。② 或者,每至自治区的重要会议、庆典的时候,上述人士的发言也会专门述及修筑成阿公路的非凡意义。1955年11月10日,成阿公路全线通车的典礼在四川省藏族自治区首府刷金寺隆重举行,自治区人民政府副主席索观瀛在庆典上讲了话,还亲自为彩车剪彩。③ 全国人大代表、自治区人民政府副主席华尔功成烈也表示,成阿公路全线通车是自治区各族人民的一件大喜事。通车后,"就会使我们少数民族地区和内地联结起来,加强物资交流,自治区的政治、经济和文化事业也会得到进一步的发展。现在我以无比欢欣的心情来祝贺成阿公路的通车。"④

八 结语

总体而言,成阿公路修筑与现代民族国家构建是互为表里、相互支撑的关系。如上文所述,到1950年9月新政权已基本控制川西北高原的东部、南部地区,以此为基础,1950年12月,西南军政委川西行署交通厅公路局"灌茂公路工程处"得以成立。值得注意的是,此时公路的走向是溯岷江而上的茂县凤仪镇,这里是历代中央王朝普遍设立治所的地点。伴随公路自灌县(今都江堰市)向汶川县的延伸,国家对川西北草地、川甘青结合部的局势有了新的分析和判断,1952年3月公路的目的地调整为阿坝县,"成阿公路"由此得名。1952年6月黑水战役爆发,此时公路已贯通至汶川,在之后3个月的军事行动期间,公路修筑不仅没有停滞,反而为战役的胜利提供了后勤保障作用。1952年12月,四川省藏族自治区建立,区府仍驻茂县,也就是说此时的地区政权首府并没有位于公路沿线。1953年初成阿公路的修筑向川西北藏区腹地推进,到1955年11月全线贯通。这时四川藏族自治区人民政府已经完全掌控川西北局势,自治区首府遂搬迁至农区与牧区接壤处的刷金寺,这里也是成阿公路的枢纽之一。

当然,作为系统工程的现代民族国家构建,建立各级基层政权只是其中的重要环节,它还至少包括相关机制的落实、理念的灌输。20世纪50年代初的川西北高原,成阿公路的修筑责无旁贷地肩负起了这些任务。透过阅读《岷江报》《筑路报》的相关报道,我们见识到了成阿公路修筑的多面手角色,而且这两份报纸的文本编纂与书写本身就对现代民族国家的建构起到了有力的推动作用。

可以想象,第一次见到平坦公路、飞驰汽车的川西平原的农民与川西高原的牧民,都会产生相似

---

① 《祝贺家乡的辉煌成就》,《岷江报》1955年1月18日,第3版。
② 索观瀛,民国时期为卓克基土司,成阿公路修筑时期任四川藏族自治区副主席;华尔功成烈,民国时期为阿坝大土官,成阿公路修筑期间任四川藏族自治区副主席;卓苍·昂旺格勒,民国时期为若尔盖卓藏寺第四世活佛,成阿公路修筑时期任四川藏族自治区副秘书长、川西民族事务委员会委员;杨绳武,民国时期为理县杂谷屯守备,成阿公路修筑时期任四川藏族自治区文教处副处长。参见阿坝藏族羌族自治州地方志编纂委员会:《阿坝州志》(下),民族出版社1994年版,第2629-2644页。
③ 《四川省成阿公路全线修筑完工 刷金寺隆重举行通车典礼》,《岷江报》1955年11月11日,第1版。
④ 《一点感想》,《岷江报》1955年11月11日,第4版。

的新奇感。那么，如何让少数民族的新奇感转化为对国家的仰慕之情呢？《岷江报》《筑路报》引入前后对照的时间界线，并通过本地人自己的表述与行为，彰显唯有新中国才能实现这样的壮举。报纸的编纂者引导我们的视野跨越封闭的高山峡谷，去想象、去关注热火朝天的筑路工地与朝鲜战争、爱国卫生运动、国家领导人的出访等宏大时空的关联性。我们注意到，成阿公路的修筑与这条现代道路的意义建构是如影随形的。除了将成阿公路塑造为民族团结之路外，充满时代特征的"翻身做主人"等意象也被烙印在成阿公路之上。黑水藏胞筑路先进事迹的密集书写、修筑队伍与本地民众紧张关系的罕见报道、多层次少数民族精英的争先表态，则映射出公路的延伸、现代民族国家的构建，确实是各族群、诸利益群体不断磨合、磋商的艰辛历程。

滇藏怒江通道之历史演变考察

李亚锋[*]

摘　要　2009年以来，随着从云南丙中洛至西藏察瓦龙段公路的修通，滇藏怒江线成为一条热门进藏线路。早在从怒江进入西藏的公路修通以前，该条线路就已经在发挥作用，并已经有了比较长的历史。完整的滇藏怒江线应该由两个部分组成，一是从怒江外进入贡山的道路，二是从贡山进入西藏察瓦龙的道路，其全线贯通形成经历了一个漫长的历史演变过程。

关键词　滇藏；怒江；通道；察瓦龙；演变

DOI：10.13835/b.eayn.25.10

本文中的"滇藏怒江通道"指的是从云南怒江大峡谷沿江而上，进入到西藏境内的一条古通道。2009年以来，随着从云南贡山丙中洛到西藏察瓦龙公路（也称"丙察"线）的修通，滇藏怒江线遂成为一条新的从内地进入西藏的热门线路，并引起社会的广泛关注。笔者认为，完整的滇藏怒江线应该包括两个部分，一是从内地进入怒江峡谷北部的贡山独龙族怒族自治县（以下简称"贡山"）的道路，贡山地处怒江北部的滇藏交界，是从云南怒江进入西藏的必经之路；二是从贡山进入西藏察隅县察瓦龙的道路。回顾该条进藏通道的形成历史，可以发现其经历了一个漫长的演变和发展过程。

一　滇藏怒江通道发展简述

传统上从云南进藏的主要线路为滇西北的德钦到西藏盐井的澜沧江流域。清代倪蜕《滇小记·藏程》中说："凡进云南进藏有三路：一由江内鹤丽镇讯地塔城五站至崩子栏，又三站至阿得酉，又三站至天柱寨，又三站至毛伕公，又五十四站至乌斯藏，盖自塔城起共计六十九站。一由剑川协讯地危习——即今维西，六站至阿得酉，以下与前同。该自维西起共为六十七站。一由中甸——即结党，六十五里至泥色落……三十里至江卡拉——即天柱寨，是总口……"[①]倪蜕所总结的三条进藏路线虽然起点各异，但都有一个共同的交汇点："天柱寨"（即今西藏自治区芒康县盐井纳西民族乡），盐井地处澜沧江峡谷，是传统滇藏线的必经之地。

---

[*] 李亚锋，男，1983年12月生，甘肃庆阳人，人类学博士，长江师范学院重庆民族研究院研究人员，讲师，主要研究方向为历史人类学。

① （清）倪蜕：《滇小记·藏程》，载李汝春主编《唐至清代有关维西史料辑录》，维西傈僳族自治县志编委会办公室，1992，第55－58页。

除了倪蜕所总结的三条滇藏线路，同一时期的《藏行纪程》①中还完整记录了另外一条从云南进藏线路，即从德钦出发，过溜桶江，到梅里树，往西翻越梅里雪山，到碧土，沿玉曲河往上，到达左贡、邦达等地，最后到西藏。该条进藏线路虽然不经过盐井，但也远远绕开了本文所述的怒江峡谷。倪蜕和《藏行纪程》的作者杜昌丁都为清康熙五十九年（1720 年）随军进藏的亲历者，可见，在清代早期，滇藏怒江线尚未形成或引起人们的注意。

19 世纪中叶，一名叫勒努（又译罗勒拿）的法国传教士经过不懈努力，发现了从云南怒江进入西藏的通道，随后从怒江进入察瓦龙地区传教，成为 19 世纪第一个在西藏建立传教点的传教士。1854 年，勒努从丽江出发，到维西，从维西下到澜沧江边，沿江东岸一路往上，过康普、叶枝，到达巴东村。在此地，勒努探听到了从怒江峡谷进藏的消息，随后雇请向导背伕，向西翻越碧罗雪山，最后到达怒江北部的菖蒲桶（即今贡山丙中洛）。在菖蒲桶喇嘛寺居住期间，勒努意外发现"有一条来自东方的山脊，向西成直线形朝前延伸，蓦然终止于凸向怒子江的悬崖峭壁。当得知，这便是西藏的确切边界，在大山背后，就隐藏着为之付出整整八年心血和精力的西藏王国时，他万分激动，何等的幸福！"②这也是笔者能发现的从内地进入怒江峡谷再到西藏的最早完整记录。

1950 年 8 月 6 日，中国人民解放军 126 团接到进军西藏的命令，"进藏南线部队，由鹤庆县分两路开进。一路由成泽民政委率领团机关一部、团直属队、2 营和 125 团 3 营，经巨甸、中甸、翻越白马雪山到达德钦县待命；另一路由高建兴团长率领团机关一部、1 营及工作队，经维西，渡过澜沧江，翻越碧罗雪山到达贡山，然后，翻越松塔山，横渡怒江。迂回、包抄至门空，堵死藏军向西藏边境外逃之路。"③正是这次解放军从怒江进入西藏的南线进兵，有效配合了昌都战役的实施，并且顺利解放西藏东南部的察瓦龙、盐井以及整个察隅地区，滇藏怒江线的重要军事价值也在此次事件中得以彰显。

新中国成立后，滇藏怒江线被正式纳入国家交通干线管理，从云南进入西藏察瓦龙的沿途道路被拓宽改造，两地间的大规模马帮运输也得以开始。察瓦龙地处青藏高原和横断山区交接的崇山峻岭之中，环境封闭，交通不便，过去从乡政府驻地扎那到察隅县城要走 8 天马程，物资获取非常困难。为了照顾西藏察瓦龙地区的特殊情况，国家从 20 世纪 50 年代起改从云南贡山为其调配物资产品，"从 50 年代至今，察瓦龙地区所需的军民用物资，仍然由贡山县供给，贡山县在安排调货计划时，把察瓦龙地区所需的物资，纳入全县的需求计划内。"④

从新中国成立后到 21 世纪初，滇藏怒江线的公路建设一直处于不断延伸和递进当中。直到 2009 年，从云南丙中洛到西藏察瓦龙乡的沿江公路才修通，从而结束了两地间漫长的人背马驮运输历史；2011 年左右，从察瓦龙到察隅县城的公路也基本建成，至此，从云南怒江进入西藏的公路才正式得以全线贯通。

滇藏怒江线的公路贯通，为内地进入西藏又增加了一条新通道，有人也将其称作国内的"第八条"进藏线路。现在，每年都有大批游客沿滇藏怒江线进入西藏，滇藏怒江线已经成为一条新的热门旅游线路。随着新建的从澜沧江到怒江的"德贡公路"的开通，滇藏怒江线在未来的内地与西藏的往

---

① （清）杜昌丁：《藏行纪程》，载方国瑜主编《云南史料丛刊》（第 12 卷），云南大学出版社 2001 年版。
② 〔法〕弗朗索瓦·巴达让：《永不磨灭的风景：香格里拉 百年前一个法国探险家的回忆》，郭素芹译，云南人民出版社 2001 年版，第 144 页。
③ 高永欣、曹加臣、苏国柱：《进军西藏南线部队的先锋——记进军西藏时期的 126 团团长高建兴》，庆祝昌都解放 50 周年书系编委会编《为和平解放西藏而战：昌都战役回忆录》，四川民族出版社 2000 年版，第 254 页。
④ 王玉球：《怒江州交通志》，云南人民出版社 2000 年版，第 53 页。

来上必将扮演越来越重要的角色。

二 内地至怒江峡谷贡山段道路的形成及变迁

贡山地处滇藏交界，不仅是从怒江进入西藏的必经之地，也是连接边界两端往来的重要节点。没有怒江峡谷外到贡山段道路的畅通，内地从怒江进藏也就无从谈起。1973年从怒江峡谷入口进入贡山的公路未修通以前，澜沧江流域的维西地区是内地进入贡山的主要入口。维西和贡山两地中间相隔碧罗雪山，虽然山高险阻，但两地间的直线距离较短，自古就有山间小道可以相通，16世纪时就有大批傈僳族从维西地区向西迁往怒江。清代余庆远的《维西见闻纪》中记载，怒江地区的怒族"精为竹器，织红文麻布，么些（即纳西族）不远千里往购之……其道绝险"。可见，即使道路艰险，也不能阻止雪山两边民众的来往。

民国22年（1933年），国民政府滇缅界务调查小组的丽江分组成员途经此道，对维西到贡山的道路情况有过详细描述。调查人员从丽江出发，到达维西的岩瓦，这里也是翻越碧罗雪山的起点，"此处有干道二，一沿江而上，十余日可达滇边阿墩子。一过溜到江西，翻碧罗雪山，八日可达菖蒲桶（即贡山）。但此道未经修理，马不能行，每遇春冬路被雪阻，交通断绝"。从岩瓦村进入贡山的具体行程为：从岩瓦出发到坪子计程六十里，至碧罗雪山顶计程九十五里，至腊早计程六十里，至茨开计程七十五里。茨开即现在的贡山县城所在地，从维西岩瓦翻越碧罗雪山到达怒江边的腊早，再从腊早溯江而上到达茨开，共近三百里路程，前后花费五天时间，而光是翻越碧罗雪山的路程，就需三天时间。

然而，早期从维西进入怒江的道路为只供行人通行的简易步道，不能通行骡马，给两地之间的货物运输和物资往来带来很大不便。从民国20年（1931年）开始，时任菖蒲桶行政委员的陈应昌派款筹资，并与维西县协商，双方共同修建腊早到岩瓦间的碧罗雪山人马驿道，并约定在碧罗雪山顶的阿欠里会合。民国24年（1935年），毛路初通。腊早至岩瓦的人马驿道修通后，封闭的贡山地区，终于有了一个通向内地的窗口，每年七、八月份高山冰雪融化时，维西小商背来茶叶、布匹、针线，换取贡山土特产品贝母、黄连、兽皮等山货药材，名曰："赶药会"。①

据陶云逵在1936年左右的见闻，已经有内地的马帮队伍进入到贡山茨开境内。当时的茨开镇，除了固定店铺，也有来自内地的不定期马帮。"来贡山经商的马帮只是十几匹马的小帮，马帮一般驮来布匹、盐、铁锅、犁耙等，带走的是山货药材，等到马帮走后，小镇又变得沉静如死。"② 这与碧罗雪山人马驿道的修通是分不开的。

抗日战争爆发后，当地政府无暇顾及交通建设，泥石流、水灾频繁，道路桥梁受到严重破坏。这时，在贡山的传教士任安守、安德烈、莫尔斯向瑞士圣伯尔铎慈善会说明原委，请该会筹资，修整进入贡山的道路。同时，在碧罗雪山上修建避雪所三处。维西的小维西天主教堂对此有所记录："1942年，当地政府批准，由当地政府协助出民工百人以上，有木匠、铁匠、石匠数人。民工由当地政府负责指挥，工钱由司铎常驻山上按时发。同时，在阿尼打半腰处修避雪所一处、腊匝（即腊早）山头修避雪所一处、贡山境内修避雪所一处。每座避雪所两层，每层四格，木石建筑，周围有固定床位，并有火塘，以供行人取暖煮饭。三处避雪所竣工后，每处雇请两人看守，并背柴火供行人免费使用。看

---

① 王玉球：《怒江州交通志》，云南人民出版社2000年版，第51页。
② 参见陶云逵《陶云逵民族研究文集》，民族出版社2012年版，第86-87页。

守人员工资由天主教司铎按月支付。"①

新中国成立后，国家重视边疆民族地区经济的发展和边防巩固，把羊肠小道拓宽成人马驿道，为驮马畅通创造条件。从1953年起，根据西南军政委员会的指示，驿道纳入各省交通厅管理，怒江滇藏驿道也纳入干线驿道管理的范围。贡山至西藏自治区察隅县察瓦龙乡的人马驿道，起于维西县岩瓦渡口，翻越碧罗雪山，经马格罗、四季多美到达怒江边，往北行，经贡山县城当丹、丙中洛，联结西藏自治区察隅县察瓦龙乡，全长260公里。国家对驿道在资金上给予补助，对旧驿道整修的同时，进行驿站建设，先后在维西县岩瓦、碧罗雪山上的马格罗、士机朵咪（四季多美）、腊咱建立驿站，并组织了40～50人亦工亦农的修路队，国家发给工资，供应粮食油脂。②

1956年，贡山独龙族怒族自治县成立，国家拨出专款，到丽江、维西、大理等地购买驮马114匹，分配给商业、粮食部门，粮食和商业物资开始马帮驮运。1958年贡山县民间运输站成立，其主要任务是组织人力背运和部分畜力运输。据统计，每年发动人力2万人次（全县人口2万多人），完成1000吨运量，每天要背运436背。贡山县城至岩瓦往返8天。③

对于新中国成立后的这条从维西到贡山的人马驿道，有人对其进行过深刻描述。1959年8月，从丽江师范毕业的29名毕业生被分配到贡山任教，他们正是踏着这条驿道，翻越碧罗雪山进入怒江。其中的陈凤楼女士回忆道："当我踏着楼梯似的枕木台阶往下走时，有点奇怪，便问向导，'为什么铺这些枕木？'向导说：'运进贡山的物资，全靠这条人马驿道，每年上千头骡马加全县几千民工，人背马驮要从这儿经过，这几年差不多把路给踏通了。'我虽不解其意，但从这伟大的'工程'看来，贡山的艰苦，明显地摆在这条用枕木铺就的人马驿道上了……"④ 通过陈女士和当地向导的对话，我们可以深切地感受到当时贡山和外界交通的困难，以及该条连接怒江和内地的人马驿道的重要作用。

1962年，贡山县在碧罗雪山西边的腊早成立了一个民间运输分站，同时成立国营马帮运输队，直属民间运输站管理，从丽江、维西、鹤庆等地招聘有赶马经验者进入马帮运输队，再从本县傈僳族、怒族、藏族青年中挑选一部分青壮年，组建成一个65人的赶马队，列入国家工人编制。把商业、粮食部门的驮马集中起来，由民间运输站统一管理。县里指派一名有兽医经验的人负责，首先从维西岩瓦物资集中地起运，然后在怒江边的腊早民运分站卸货，为抢在碧罗雪山封山前运完物资，还要发动成百上千的民工背运，有时，机关干部和学生也加入进来。每年行程达5000公里以上。⑤

马帮运输属于季节性的运输，一般来讲，每年7～11月为运输期，其余时间为冰雪封山期，人马不能通行，处于和外界隔绝的状态。每年的运输开始前，县里都要成立一个由一名副县长挂帅的抢运物资领导小组，由工交、商业、粮食部门组成。一般先派出修路队整修道路、驿站（哨房），另派人到外地请马帮支援。每年从丽江、维西、中甸、德钦、宁蒗、永胜、兰坪等县及西藏自治区的察隅县、四川省得荣县前来支援的骡马有2000多匹。

1973年5月，从怒江大峡谷入口处的瓦窑镇到贡山县城的公路修通，从而彻底改变了滇藏怒江线的历史。瓦贡公路贯通后，调拨物资可以用汽车运输，不用再组织马帮和大批人力翻越碧罗雪山进行

---

① 施光华：《天主教圣伯尔那铎会修避雪所、修路纪实》，存于维西傈僳族自治县小维西天主教堂。
② 王玉球：《怒江州交通志》，云南人民出版社2000年版，第51、52页。
③ 贡山独龙族怒族自治县县志办：《贡山独龙族怒族自治县志》，民族出版社2006年版，第298页。
④ 陈凤楼：《忆进贡山办学一、二事》，见中国人民政治协商会议怒江傈僳族自治州委员会文史资料委员会编《怒江文史资料选辑 第22辑》，1993年，第107-110页。
⑤ 贡山独龙族怒族自治县县志办：《贡山独龙族怒族自治县志》，民族出版社2006年版，第299页。

物资运输。雪山东麓的维西县岩瓦转运站和西麓的腊早转运站相继被撤销。但由于公路贯通的不彻底，贡山县城北部的捧当、丙中洛和独龙江等三个地方仍然需要依赖人背马驮。瓦贡公路的修通，极大缩短了滇藏间的距离，外界物资运送到贡山县城后，到西藏察瓦龙只剩下 90 公里的人马驿道。

1991 年 4 月，瓦贡公路进一步延伸，贡山至丙中洛公路修通。这样，滇藏之间的距离又进一步缩短，从丙中洛至西藏察瓦龙只剩下 50 多公里的人马驿道。

三　贡山丙中洛到西藏察瓦龙段的道路变迁

历史上，从贡山丙中洛到西藏察瓦龙的这条滇藏古道长期隐匿于青藏高原和横断山区相交的崇山峻岭之中，对其相关记载极少。关于该条古道的起源，我们或许可以从当地的民族迁徙中找到一些线索。

一般认为，怒族是怒江峡谷地区的最早先民。据称怒江即因怒族最先居住于此而得名。在滇藏边境另一侧的西藏自治区察隅县察瓦龙乡，至今还有怒族村庄分布。从云南省贡山独龙族怒族自治县的丙中洛镇沿怒江而上，进入察瓦龙乡境内以后，会先后碰到松塔和龙普两个怒族村庄，松塔和龙普都位于怒江东岸，其中松塔村距离滇藏边界大约 10 公里，距离丙中洛约 27 公里，龙普村还要再往北约 5 公里，这里也是怒族在怒江地区分布的最北端。

据有关学者研究，西藏察瓦龙的怒族与今贡山地区的怒族同属于怒族的阿龙（$a^{31}nuŋ^{55}$）支系，他们自认是同族人。他们的怒语属于阿龙支系语言，有所区别的只是方音和少数词的不同而已，同民族支系内部可以通话。松塔、龙普的怒族自称"门浪"［$mə^{31}laŋ^{55}$］，意思为"上头人"，和贡山怒族自称"门塞"［$mə^{31}se^{55}$］的"下头人"相对。而且，两地人过去和现在都互为婚嫁。藏族对贡山怒族和松塔、龙普两地怒族都称为"江"。"江衣"，怒族地方，即指松塔、龙普一带怒族地方；"米江"，怒族下方之地，即贡山一带；"亚江"，怒族上方之地，即松塔、龙普往上的察瓦龙。①

20 世纪 50 年代，云南民族调查工作队在松塔和龙普村一带发现了葫芦状的夹砂陶罐以及柳叶形状的石箭头等新石器时代的遗物，据村里的怒族老人讲，这种陶器是他们传说中最早的陶器形制，而且，他们的祖先在大约 21 代（约 525 年）以前还主要用石锄锄地。② 由此推断，怒族先民迁徙到察瓦龙地区的历史已经相当久远。可见，早在数百年以前，怒江的这条滇藏古道就已经有了民族间的迁徙和往来。

清代，云南维西的康普女土司将贡山北部一带的管辖权转让给西藏喇嘛寺，察瓦龙的门空喇嘛寺僧人曾一度南下怒江向当地的怒族、独龙族等征收贡物，两地之间的关系由此变得紧密起来。有学者认为，这是两地之间正式交往的开始。"北部怒族地区，在清代以前是维西康普土千总禾姓（纳西族）的属地。清嘉庆初年，信奉藏地佛教的女总千总禾娘为了给她早逝的儿子'超度'，遂将这一地区连同独龙江上游赠给察瓦龙米空寺，并由门工土千总来收'超度费'。从而开始了怒藏两族之间的交往。在这一交往过程中，经济文化较为发达、人口众多、社会发展走在前面的藏族是主动的一方，而人口较少、社会发展相对落后和弱小的怒族则在交往中往往处于被动地位。"③

---

① 段伶：《西藏察瓦龙怒族社会考察散记》，载中国人民政治协商会议怒江文史资料委员会编《怒江文史资料选辑　第 14 辑》，1990 年。
② 怒族简史编写组：《怒族简史》，民族出版社 2008 年版，第 15 页。
③ 何叔涛：《藏地佛教在北部怒族中的传播演化及其影响》，《民族研究》1994 年第 3 期。

任乃强先生在《西康图经》中说："自门空渡溜，为察纳村。自此北行，踰达拉山至盐井巴塘。南行，循怒江东岸，经扎许扎恩宋达，踰梭罗山入云南菖蒲桶土司地界。"① 其中的"察纳"即今察瓦龙乡政府驻地扎那，从扎那往北，可以到达左贡县的碧土乡，从碧土沿玉曲河往上，可以到达左贡县城，往东翻山可以进入芒康盐井和澜沧江流域。从扎那沿怒江往下到达"宋达"，即今松塔村，翻越"梭罗"山，也就是现在的松腊拉卡山，进入到云南贡山境内。

除了民族迁徙、政治往来外，怒江滇藏边界两端的民族也进行着经济上的交换和联系。20世纪20年代，英国植物学家F. 金敦·沃德（F. Kingdon Word）从缅甸进入西藏东部横断山脉进行植物研究。在从察瓦龙到贡山的途中，他记录说："当我停下来拍照、测方位并作记录时，好几批怒族人走了上来，他们运送谷物到西藏去出售，然后准备换回食盐。"② 贡山的丙中洛等地区盛产粮食，而且还能种植水稻，但是缺盐；而察瓦龙地区为干热河谷，粮食生产困难，但靠近盐井（即今西藏芒康盐井纳西民族乡），食盐运送相对方便。于是，两地间各取所需，便产生了这种相对固定的交换模式。《菖蒲桶志》中也说："菖属尽食砂盐，产于西康省盐井县，由察瓦隆（即察瓦龙）蛮人运贩，概系以粮谷掉换，用银币购买者少。因察瓦隆产粮甚少，故运盐换粮，运回自食。"③

除食盐之外，两地之间还有其他物品的交换。民国22年（1933年）的国民政府滇缅界务调查小组成员进入到贡山茨开时发现，察瓦龙一带出产的药材，也拿到贡山来进行出售。从茨开出发有两条干道："一由茨开翻高黎贡山，五日到俅江之茂顶。一顺潞江而上，十余日到西康省属之察瓦龙。故察瓦龙俅江一带出产药材，皆集中于此。贸易以黄连贝母为大宗。"④

察瓦龙最南边的松塔、龙普两个村子的小手工业比较发达，例如纺织毛线衣袜、打制小铁农具、烧制土陶器皿等。其中烧制土陶器皿是传统工艺，大的如储水罐、背水桶、熬酒甑子、储粮罐、煮饭锅等，小的如酥油茶壶、灯盏、香炉、碗、酒杯等，产品远销全县和邻县各地。贡山县过去也常不辞远路到那里用大米换取土陶制品。⑤

新中国成立以前，从贡山到西藏察瓦龙段的道路基本都是山间步道，很少通行骡马。尤其是从丙中洛进入察瓦龙境内的道路，需要翻越滇藏交界处的松腊拉卡雪山，交通十分困难。据1950年从怒江进藏部队的回忆，该段道路当时还不能通行骡马，"昌都战役即将开始，126团1营（先遣部队）从贡山出发，经过一天的紧张行军，通过了一段崎岖的山路后，便到了碧落雪山。这座雪山，顶峰终年积雪，半山腰则是原始森林，森林下边是寸草不生的悬崖，崖下是滔滔的怒江。部队行进到森林地段时，前哨排传来：森林中只有一条单人能通过的小路，牲口无法通行。高建兴听后，即带领连队干部赶往前面进行实地观察，发现树多林密，惟一的办法就是砍树开路。他与各连领导商量后，果断决定调来工兵班，并从各连抽调刀斧手（带得有刀、有斧的战士），组成开路分队，边砍树开路，边组织部队通过。部队经过一天的奋战，在森林地带劈出一条骡马道，部队顺利通过了。同时，也给当地群众留下了一条宽阔的骡马道。"⑥

---

① 任乃强：《西康图经（境域篇）》，《近代史料丛刊》（第八十九辑），文海出版社有限公司印行，1933年。
② 〔英〕F. 金敦·沃德：《神秘的滇藏河流》，李金希、尤永宏译，四川民族出版社2002年版，第149页。
③ 菖蒲桶行政委员公署编《菖蒲桶志》，政协云南省怒江傈僳族自治州委员会文史资料委员会编《怒江文史资料 第18辑 贡山独龙族怒族自治县文史专辑》，1991年，第48页。
④ 滇缅界务调查小组：《云南北界勘察记》，成文出版社有限公司刊行，1933，影印本。
⑤ 段伶：《西藏察瓦龙怒族社会考察散记》，中国人民政治协商会议怒江文史资料委员会编《怒江文史资料选辑 第14辑》，1990年。
⑥ 庆祝昌都解放50周年书系编委会编《为和平解放西藏而战：昌都战役回忆录》，四川民族出版社2000年版，第256页。

从 1953 年开始，贡山到察瓦龙的这条道路和维西到贡山的道路一起被国家纳入滇藏人马驿道的建设和管理当中，其交通条件才逐渐改善，并在随后的年代里在察瓦龙地区的物资运输以及沟通沿线地区社会经济往来方面发挥了不可替代的作用。

20 世纪 80 年代初，沿丙中洛到察瓦龙地区进行民族学考察的王恒杰曾写道："我到这里的时候，正是贡山最繁忙的季节。因为五月中旬到九月中旬，是独龙河与察瓦龙化雪开山的季节，大批粮食和各种日用品要靠贡山驮入，而独龙河和察瓦龙的土特产品也要通过贡山运出。"① 在丙中洛的石门关，王恒杰遇到从察瓦龙翻山下来的马帮队伍，马背两侧架着装满麝香、贝母、熊胆、天麻等名贵药材和种种珍贵毛皮的竹筐。这些东西是运到贡山换取茶叶、火柴、盐巴、布匹和百货等日用品的。足见该条驿道在沟通两边民众经济往来上的重要性。但由于两地间的往来都要靠翻越雪山来完成，而雪山通行的季节很短，一般每年只有几个月的时间，严重限制了人们社会经济交往的进行。

对于雪山封阻时的无奈，也有学者进行过描述："到了仲冬十一月，耸拉勒卡（即松腊拉卡）雪山便被厚厚的积雪覆盖了。在这样的时候，察瓦龙与贡山的交通全断绝了。整整 6 个月，即使缺了盐巴和茶叶，就是打不成酥油茶，也只好'耐心'等待积雪开冻。"因此，两边群众必须赶在每年大雪封山之前，将所需物资运送完毕。"每年六七月间，当冰雪融化的时候，滇藏边境便响起了清脆的马铃声和欢快的脚步声。察瓦龙各族群众期盼已久的运输季节来到了。这时，成群结队的藏族、怒族群众便赶上牲口、背上背篓，翻过耸拉勒卡雪山，赶 7 天路程，来到贡山驮运物资。从火柴、盐巴到布料、衣服，从锄头、镰刀到斧头、砍刀，从化肥、农药到农用机具，都要从贡山人背马驮进去。"②

这一时期从丙中洛到察瓦龙的具体行程，王恒杰也做了描述，"丙中洛是贡山最北的区，从此往上就是直接进入察瓦龙的雪山路了。沿途需要自己做饭和露宿，道路又十分艰难，所以必须进行休整，添置粮、油、盐等。""按习惯：从丙中洛到青纳桶（即秋那桶）为一站，然后第二天就爬松塔雪山，在山顶过夜，第三天进入察瓦龙。"从王恒杰的亲身经历来看，光是从丙中洛翻山进入察瓦龙境内就需要三天的时间，而到达察瓦龙乡政府驻地扎那总共要走七天马程。当时察瓦龙最南端的松塔、龙普两个村子的群众，"买一盒火柴和买一斤盐，都得到贡山县的青那桶、丙中洛或者扎那，往返最快也得三天半。所以我们进村后，吃饭付钱他们并不在意，而送一块砖茶或者一斤盐却十分高兴。"③ 可见当时交通条件带给察瓦龙地区民众生活上的困难。

为了缓解交通困难和雪山封阻带给群众的困难，贡山县与察隅县商议，决定联合改道，炸开沿怒江边的悬崖峭壁，凿出一条可供人马通行的便捷之路。"从 1983 年起，察隅县人民政府就拨出 30 万元专款，并组织察瓦龙区 6 个乡的 500 多名群众'参战'，他们置个人安危于度外，遇岩放炮、逢河搭桥，滇藏边境'山鹰飞不过'的 37 道悬岩炸开了，一条 4 尺宽的人马驿道从贡山丙中洛沿着怒江通到了察瓦龙。1987 年春节前夕，尽管松腊拉卡雪山早已封冻，还是有 120 多匹牲口和 50 多名藏族、怒族群众来到贡山选购了年货，只需 3 天时间就驮运回了察瓦龙……"④

丙中洛进入察瓦龙的沿江人马驿道凿通以后，大大缩短了两地间的距离，方便了当地群众的生活。过去，仅从丙中洛翻越松腊拉卡雪山进入察瓦龙境内就需要三天时间，而沿江道路修通以后，只需要半天左右的时间；从丙中洛至察瓦龙的扎那，过去需要走七天时间，沿江道路修通后总共只需三天

---

① 王恒杰：《初探察瓦龙》（上），《中国民族》1983 年第 6 期。
② 尹善龙：《滇藏边境探访》（中），《中国民族》1988 年第 3 期。
③ 王恒杰：《初探察瓦龙》（下），《中国民族》1983 年第 7 期。
④ 尹善龙：《滇藏边境探访》（中），《中国民族》1988 年第 3 期。

时间。

新改造的这条沿江人马驿道,工程一直持续到 2009 年。从 2000 年开始,丙中洛到察瓦龙的公路开始动工建设,到 2009 年才基本完工。至此,从怒江进入西藏察瓦龙的公路全线贯通,两地之间彻底摆脱了人背马驮的历史,从而开启了滇藏怒江线的新时代。同年 12 月,从西藏察隅县日多乡到察瓦龙乡的毛路也建成通车,这标志着"从贡山独龙族怒族自治县连接西藏的四级公路全线贯通",从贡山丙中洛到察隅县只需 14 个小时就可到达。①

四 结语

滇藏怒江线的形成经历了一个漫长的过程。虽然早在古代,沿线各民族就已经有了人口上的迁徙以及政治和社会经济上的往来,但更多的是一种局部段落上的往来,而且人们所使用的道路也以简单的自然形态为主,其被真正建设和作为内地进藏线路的历史并不长。民国时期,当地政府为滇藏怒江线的建设做出过一些努力,但其真正建设、全线贯通和被作为一条重要通道使用还是在中华人民共和国成立以后。从 20 世纪 50 年代开始,滇藏怒江线就成为西藏察瓦龙地区物资调入的主要通道,也成为沿线各民族和内地社会经济联系的一条"生命线"。此外,从 2008 年开始动工的"德贡公路"目前也已经建成通车,这样,就突破了原本单一的只能从怒江峡谷入口处进入贡山的历史,使滇藏怒江线又多了一条选择。进入新时期,滇藏怒江线的功能也在发生着变化,随着沿线公路的全部贯通以及交通条件的改善,越来越多的内地游客开始从原本偏僻闭塞的怒江地区进入西藏,该条线路的旅游功能也日益凸显,其对沿线各民族未来的社会经济发展也将起到越来越重要的作用。

---

① 王靖生、付雪晖:《贡山进藏四级公路贯通》,《云南日报》2009 年 12 月 8 日,第 001 版。

境外中籍背包客的性别差异：基于加德满都市的调查*

李静玮　范香花**

摘　要　随着我国居民收入水平的显著提升，2009年，我国出境游市场规模首次超过入境游市场。作为我国周边出境游的目的地之一，尼泊尔加德满都迎来的中籍游客数量也逐年上涨。由小样本问卷统计可知，在中籍背包客群体中，性别差异存在于旅行动机、旅行方式、跨文化交际等方面。对关键词的统计分析则显示，旅行消费及旅行体验也存在着较大性别差异。和国内游相比，前述差异源于旅游主体对异国文化的体验、调整和适应，而性别则对具体调适方式构成了重要影响。

关键词　中籍背包客；性别差异；出境旅游；旅游人类学

DOI: 10.13835/b.eayn.25.11

一　导言

根据世界旅游组织（UNWTO）发布的2016年《全球旅游报告》，受人民币汇率坚挺和经济发展的驱动，2015年中国出境旅游花费达到2920亿美元，同比增长26%，出境人数达到1.28亿人次，同比增长10%，表明中国已经成为全球第一大旅游客源市场和出境旅游消费国。同时，《中国出境旅游发展年度报告2016》显示，未来五年，中国出境游市场将保持稳定增长的新常态。[①]　因此，国家旅游局原副局长杜一力认为，全球已进入中国旅游时代。[②]

作为中国的亲密邻邦，尼泊尔独特的自然风光和历史文化对中国游客形成了巨大的吸引力。官方数据显示，2013年尼泊尔的中国游客人数是113173人次，2014年升至123805人次，中国已成为尼泊尔第二大境外客源市场。尼泊尔内阁及旅游相关企业也非常重视中国市场，为了持续吸引中国游客，尼泊尔内阁2015年12月25日决定给予赴尼泊尔旅游的中国公民免签证费待遇。[③]　包括尼泊尔在内，各出境游目的地国不仅在政策上给予中国游客方便，也在针对中国游客的消费特征和偏好，不断完善对中国游客的接待环境，使中国游客在境外获得更加物有所值的旅游体验，以对中国游客形成持续的

---

* 本文系国家社科基金青年项目"'一带一路'背景下中国—尼泊尔族际互动机制研究"（17CMZ034）的阶段性成果。
** 李静玮，女，四川大学国际关系学院助理研究员，四川大学历史文化学院博士后，主要研究方向为文化人类学；范香花，女，四川大学历史文化学院博士研究生，主要研究方向为旅游者行为、旅游可持续发展，联系电话：18073347965，E-mail：531122307@qq.com。
① 世界旅游组织（UNWTO）：《全球旅游报告》，2016年。
② 中国旅游研究院：《中国出境旅游发展年度报告2016》，旅游教育出版社2016年版。
③ 受地震影响，2015年总入境人数降为66984人次。参见 Nepal Tourism Statistics 2015, Government of Nepal。

旅游吸引力。[1]

虽然出境游在我国旅游业中占有重要地位，但对境外旅游者的研究较少，对与旅游行为相关的性别差异也未见专门探讨。对于境外中籍游客的行为研究有助于加深国人在跨文化交际方面的理解，亦能在境外消费结构、消费水平、旅游地形象认知等方面取得进一步的认识。以下将以加德满都市的中籍背包客为研究对象，立足于境外游的性别差异及其成因，进行案例分析，以期对相关问题进行深入研究。

二 文献回顾

性别与人类各方面的行为有很大关系。[2][3] 进化心理学认为，男性和女性在适应外界环境的过程中形成了行为上的差异。[4] 消费者行为学理论也认为，男性和女性消费者的行为表现常常大相径庭。此外，根据社会角色理论，男性和女性在社交方面存在差异，导致他们在社会中的角色不同[5][6]。因此，要对男性和女性实施不同的营销策略。[7]

对于旅游目的地营销者来讲，性别是一个比较容易识别的变量，不像家庭收入、受教育水平等人口学变量，性别可以通过游客的外表得以辨识。因此，在旅游研究文献中，性别也是一个重要的研究变量。[8][9][10] 旅游中的性别差异研究始于20世纪80年代的美国，研究主题集中在性别对旅游活动的影响，包括旅游动机、旅游偏好、旅游行为、旅游感知和旅游体验等五方面的内容。90年代，国外已有了较为细致的个案研究，如一项关于英国湖地区（English Lake District）的研究通过文化回路论（Circuit of culture）的分析框架指出，目的地选择中的性别差异是由女性游客的童年经历导致的，同时，旅游区的纪念品购买等活动也使得她们对儿时的记忆进行重温和实践。[11] 斯温总结了旅游文献中性别研究的阶段特征：（1）无视阶段（没有女性）；（2）补充阶段；（3）二分阶段（性别差异）；（4）女性视角阶段（关注女性）；（5）性别意识框架阶段（性别关系、角色及成见的分析）。[12] 可见，旅游研究中的性别差异及女性话题经历了从无到有的过程，而今也在进一步细化。

---

[1] 新华网：《瞄准中国市场 多个热门旅游国家放宽对华签证限制》，http://news.xinhuanet.com/local/2016-01/07/c_1117701227.htm，访问时间：2017年3月13日。

[2] Moutinho L., Goode M. M. H., "Gender Effects to the Formation of Overall Product Satisfaction", *Journal of International Consumer Marketing*, 1995, Vol. 8, No. 1, pp. 71-92.

[3] Riquelme H. E., Rios R. E., "The Moderating Effect of Gender in the Adoption of Mobile Banking", *International Journal of Bank Marketing*, 2010, Vol. 28, No. 5, pp. 328-341.

[4] Wood W., Eagly A. H., "A Cross-cultural Analysis of the Behavior of Women and Men: Implications for the Origin of Sex Differences", *Psychological Bulletin*, 2002, Vol. 128, No. 5.

[5] Archer J., "Sex Differences in Social Behavior: Are Social Role and Evolutionary Explanations Compatible?" *American Psychologist*, 1996, Vol. 51, No. 9.

[6] Eagly A. H., *Sex Difference in Social behavior: A Social Role Interpretation*, Hillsdale, NJ: Erlbaum, 1987.

[7] Sanchez-Franco M. J., Ramos A. F. V., Velicia F. A. M., "The Moderating Effect of Gender on Relationship Quality and Loyalty toward Internet Service Provides", *Information and Management*, 2009, Vol. 46, No. 3.

[8] Figueroa-Domecq C., Pritchard A., Segovia-Pérez M., Morgan N., Villacé-Molineroa T., "Tourism Gender Research: A Critical Accounting", *Annals of Tourism Research*, 2015, Vol. 52, No. 3.

[9] Hwang J., Han H., Kim S., "How Can Employees Engage Customers? Application of Social Penetration Theory to the Full-service Restaurant Industry by Gender", *International Journal of Contemporary Hospitality Management*, 2015, Vol. 27, No. 6.

[10] King Y., Wan P., "Minding the Gap in the Gaming Industry", *International Journal of Contemporary Hospitality Management*, 2014, Vol. 26, No. 1.

[11] Shelagh J. Squire, "Gender and tourist experiences: assessing women's shared meanings for Beatrix Potter", *Leisure Studies*, 1994, Vol. 13, No. 3.

[12] Swain M. B., "Gender in Tourism", *Annals of Tourism Research*, 1995, Vol. 22, No. 2.

在国内，关于性别差异的研究也早已有之。如谢晖和保继刚通过对黄山的个案研究，认为女性倾向于从更多的来源收集信息，更愿意从交流中获取信息，也在民居型旅游产品和购物上有更多倾向。① 近几年来，国内的性别差异研究指向了更为多元的人群，在研究方法和数据处理方面亦有创新。韩立宁等人基于以外国游客为对象的问卷统计，认为女性的旅游空间分布更均匀，在动机、线路、口岸和旅伴选择等方面都与男性有较大差异。② 谢雪梅等对长三角来华游客目的地意象认知的性别差异进行研究，发现男性对人居环境认知的评价高于女性，女性对旅游环境认知的评价高于男性。③ 秦俊丽和林岚基于 AMOS 技术，对福州市居民的男女性利益决策影响机制进行比较研究，发现居民的旅游决策影响因素存在性别上的差异等。④

21 世纪以来，随着各学科方法的成熟和现代生活的变革，在视角、主题和地域上，相关研究呈现出较强的多样性。金大英、帕克、邱·拉蒂摩尔等人的研究，均发现男性和女性在信息来源、风险感知和选择行为方面存在显著差异。⑤⑥⑦ 韩等对不同性别自行车旅游者旅游行为的差异进行研究，发现在设施满意对价值感知、旅游需求对忠诚的影响方面，女性要高于男性，在满意度对旅游需求的影响方面，男性高于女性。⑧ 王等探讨了游客对目的地期望形成的性别差异，发现旅游动机和广告对认知形象的影响、认知形象对旅游期望的影响方面，男性要高于女性；而在口碑传播对认知形象、情感形象对旅游期望的影响方面，女性要高于男性。⑨

由前文可知，除了成为一个单独的主题，性别的话题一方面与语言、家庭、宗教、种族等一起综合成游客研究中重要的文化变量，另一方面，又因其在诸多文化中的特殊含义和自身的多元内涵而受到科学主义的质疑。因此，下文将结合调研中的访谈及问卷，对性别差异及成因进行探讨。

三 数据、方法与样本概况

（一）数据来源

文中数据来自笔者 2012 至 2017 年在加德满都游客社区进行的人类学调查。⑩ 调查采用深度访谈和问卷抽样相结合的方式，其中，问卷部分来自 2013 年 8 月及 2015 年 4 月的两次调查，深度访谈则持续至 2017 年 6 月。首先，对游客、周边的商户和打工者进行初步访谈，并按照获取的信息设计结构化

---

① 谢晖、保继刚：《旅游行为中的性别差异研究》，《旅游学刊》2006 年第 1 期。
② 韩立宁、吴晋峰、王奕祺、任瑞萍：《入境外国游客旅游行为性别差异研究》，《软科学》2012 年第 11 期。
③ 谢雪梅、马耀峰、白凯：《性别差异视角下的旅华游客目的地意象认知分析——以长三角为例》，《旅游科学》2010 年第 6 期。
④ 秦俊丽、林岚：《基于 AMOS 技术的男女性旅游决策影响机制比较研究——以福州市居民为例》，《经济地理》2014 年第 4 期。
⑤ Kim D-Y, Lehto X. Y., Morrisonc A. M., "Gender Differences in Online Travel Information Search: Implications for Marketing Communications on the Internet, *Tourism Management*, 2007, Vol. 28, No. 2, pp. 423–433.
⑥ Park K., Reisinger Y., "Differences in the Perceived Influence of Natural Disasters and Travel Risk on International Travel", *Tourism Geographies*, 2010, Vol. 12, No. 1, pp. 1–24.
⑦ Khoo-Lattimore C., Wilson E., *Women and Travel: Historical and Contemporary Perspectives*, In Oakville: Apple Academic Press, 2016.
⑧ Han H., Meng B., Kim W., "Bike-traveling as a Growing Phenomenon: Role of Attributes, Value, Satisfaction, Desire, and Gender in Developing Loyalty", *Tourism Management*, 2017, Vol. 59, No. 2, pp. 91–103.
⑨ Wang C., Qu H., Hsu M. K., "Toward an Integrated Model of Tourist Expectation Formation and Gender Difference", *Tourism Management*, 2016, Vol. 54, No. 3, pp. 58–71.
⑩ 调查点位于尼泊尔加德满都市区，是一片以游客为主要服务对象的区域。不同于加德满都其他区域，该区内可满足游客食住行游购娱等各项需求，因此除了一些特殊情况，如寄宿亲友家或是从事义工项目的游客，大部分游客都将途经或是暂住此地。

问卷；其次，对中籍背包客进行专门调查；最后，对区内商户进行调查，以掌握东道主商户的基本经营情况，加深对周边情况的了解。① 调查形式以深度访谈为主，但调查中后期分别使用了两次抽样问卷作为补充，因此在问卷涉及的个人资料、路线选择、目的地印象等信息之外，填写人的口述也对相关观点进行了补充。在剔除了11份不合格样本后，最终选出100份有效样本作为性别比较的基本数据来源。②

（二）分析方法

本文主要通过主题分析和语义分析两种方法进行研究。主题分析是常用的定性研究方法，运用此方法可对材料中高相关性的部分进行有效分析。后文中的分析主题主要来自问卷和访谈中性别差异明显的问题，经过对材料的整理和归类，可从中归纳出旅游动机、旅游方式和跨文化交际三方面的差别。语义分析则是对问卷获取的关键词进行编码、统计和数据比较。结合田野调查中的典型案例，语义分析可进一步说明背包客在出境游过程中的交际、旅游体验、消费水平及纪念品购买等四个方面的性别差异。

（三）样本概况

在对于背包旅游的探讨中，有学者总结了西方研究中对背包旅游的阐释，并指出背包旅游是自助旅行的一种，指旅游者有明确的意识，旅游行程具有弹性变化的旅游方式。在背包旅游活动中，旅游者以与他人交流为目的，且在精力、装备和时间之外，还需要"充沛的体力，足够的经验，镇定的神经和对旅游天生的狂热"。③ 本文关注的性别差异即存在于这一定义所指向的"背包客"群体——自主参与到自助式旅游活动中的旅游者。

研究样本由46名男性和54名女性构成，平均年龄分别为24.9岁和25岁。④ 学生、教师和无业人员构成了样本的主体，三类人群占男性样本的71.7%，占女性样本的71.4%。职业在样本中的比例因性别而出现了一些差异，如女性无业人员为12人，高于男性的5人，而女性教师4人，少于男性的8人。在受教育程度和婚姻状况方面，经过各类型所占总体比例的比较，性别间存在的差异较小，且以本科学历和未婚者为主体。宗教信仰上，声称自己为佛教徒的男性有6名，比例上略大于3名女性佛教徒。超过半数的样本初次进行出境游，加上在男女性中分别占21.7%和23.2%的曾去过另一个国家的游客，可知样本主要由出境游"新手"构成。

四 游客旅游行为的性别差异分析

（一）旅游动机

在与旅游动机相关的统计结果中，男性对单独选项进行选择的频次为94，女性为114，以下用Excel转换成频次所占比例进行分析（见表1）。由分析结果可知，尽管尼泊尔的自然旅游资源和文化旅游资源各有特点，但样本中女性对于文化的关注度要高于对自然风光的关注度。同时，关于当地课程

---

① 社区内商户主要为尼泊尔人，也有印度人、中国人及其他国家商人，调查区域东道主商户详情可参见：李静玮、梁捷：《全球化集市中的民族互嵌模式：以加德满都T区为例》，《西南民族大学学报（社会科学版）》2016年第10期。
② 后文材料对男性和女性的样本进行了编码，其中，M为男性样本，F为女性样本。
③ 盛蕾：《背包旅游及其特征》，《社会科学家》2003年第7期。
④ 出现小数点后数据时，以下将取小数点后一位，必要时取小数点后两位。

学习意愿的统计也显示，女性对学习当地文化，如瑜伽、冥想、烹饪等课程的兴趣在整体上大于男性。男性对于二者的兴趣则基本持平。在访谈中，有女性游客表示，在出境游过程中，她十分享受观察当地人民的生活，而自然景观在国内也有很多，她并不是太感兴趣（F17）。和男性相比，样本中的女性对物价的关注度更高，这也涉及她们潜在的消费欲，即在旅游地消费的兴趣比男性更高。

表 1 基于问卷的旅游动机频次分析

单位：%

男性		女性	
选项	频次比例	选项	频次比例
地方文化	26.6	地方文化	30.7
自然风光	26.6	自然风光	18.4
低廉物价	13.8	低廉物价	18.4
商机或工作机会	0	商机或工作机会	1
靠近西藏	25.5	靠近西藏	23.7
签证方便	7.4	签证方便	7.9
其他	0	其他	0

（二）旅游方式

（1）同行人数

在同行人数统计上，男性游客的平均数为 2.5 人，女性为 2.1 人，独自出行者各为 6 人（见表 2）。据观察，实际情况比数据反映的偏好复杂。首先，由于结伴出行的旅客会时常遇到和其他小团体结伴的机会，而在计算同行人数上，由于成员间不同的认同倾向，大队伍和小团体之间的边界时常模糊不清，如在一个大队伍中，成员可以认为自己是与 12 人同行，也可认为自己是和较为亲密的 1 人同行；其次，就部分单独出门的女性游客而言，在身处异地的情况下，她们并不愿意向别人透露自己独自出行的情况，并可能因此而做出有违事实的回答。在另一项关于出行旅伴的选择中，男性选择独行的频次为 17，而女性则为 13，也说明了以上问题。

表 2 同行人数的分析

单位：人

	男	女
总数	108	94
平均值	2.5	2.1
最大人数	14	8
最小人数	0	0

（2）交通工具

在交通工具方面，游客们主要有以下几种选择（见表 3）。共性上，男女游客都主要由陆路抵达，但在离开的时候，飞机的使用人数则有明显上升。基于访谈材料及加德满都还未开通到拉萨的直航这一情况，回程选择飞机的人多是考虑回到家乡、工作或学习地点，另一可能是通过搭乘飞机前往另一国家。女性游客区别于男性的特点主要在于骑行人数和搭车人数。在骑行方面，女性的态度多为"太辛苦，不想尝试"（F26）。而笔者访谈到的骑行者约有八成左右为男性，且因为"经过长期骑行，需要休整"的原因，绝大多数骑行者都不打算把骑到拉萨、樟木或是加德满都的自行车再原路骑回去（M06）。另外，在搭车方面，在样本中女性相对较高的搭车率有着事实根据。由于女性更容易取得司机的信任，一路上顺利搭到车的概率通常要大于男性。一些搭车的男性则时常抱怨"那些司机连停也不停"，或是"半天才能搭到一辆愿意载的车"（M24）。

表 3 选择交通工具的频次统计

单位：次

	男		女	
	到达	离开	到达	离开
飞机	3	14	5	16
汽车	33	25	43	29
火车	4	0	4	0
骑行	7	0	2	0
搭车	7	3	14	7
其他	0	0	1	0
合计	54	42	69	52

（三）跨文化交际

关于沟通程度的五分制问题显示，样本中有 31 位女性游客认为"基本能沟通"，而男性仅 14 位，认为自己"勉强能沟通"的男性和女性分别为 22 位和 14 位，这表明在与当地人打交道的过程中，女性的体验要明显优于男性。据观察，除去男性英语程度更好、对语言能力自信或是身为队伍领导者等情况，在男女同行且有所分工的队伍中，与当地人讨价还价等琐事主要由女性来执行。尽管女性更善于沟通，但身在队伍之中，这种沟通的权力往往是由男性的领导者赋予的。一些样本认为自己在沟通方面不存在问题，但事实上却存在沟通障碍。如一位女性受访者经常用英语与本地人和其他游客交谈，认为自己"完全可以与本地人沟通"，但那些和她交谈过的人们却认为与她无法沟通（F06）。

五 基于性别差异的语义分析

（一）目的地及居民感知

此处通过运用 Rost 内容挖掘系统和 Excel 的关键词相关功能进行统计、对比和补充，探讨背包客们对尼泊尔和尼泊尔人的总体印象（见表 4）[①]。问卷中，男性提供的尼泊尔关键词共 122 个，尼泊尔人关键词 111 个，女性分别为 143 个和 145 个。综合起来可以看到，第一，女性对于环境的评价总体低于男性，这体现在"美丽"和"漂亮"等正面评价相对较少，而男性虽然也做出了频次相近的负面评价，但

---

① 限于篇幅，表格中去掉了出现频次小于 1 的关键词，将与高频词意思相近的低频词和程序遗漏的单字词归入相应的统计，但讨论中会结合未列入表格的低频词进行分析。

是在细节如"灰尘""路烂"和"炎热"上的认知却低于女性。此外,通过"便宜"和"物美价廉"的频次比对也可发现,女性对物价的关注要多于男性。第二,尼泊尔人的关键词较为相近,正面色彩的评价出现频次较多,且意思和频次集中,如"热情""友好"和"善良"等。负面关键词虽然出现频次不多,但性别差异明显,男性的评价集中在"奸商""精明",而女性的评价中还出现了"不靠谱""好色"以及以中国人为本位的"会骗中国人""乱讲中文"等。女性的关键词特点还体现在对当地人面部特征的注意,如肤色上,更多的女性关注到当地人的黝黑肤色,以及"大眼""长睫毛"等面部细节。

表4 尼泊尔和尼泊尔人关键词的词频统计

单位:次

男				女			
尼泊尔关键词	词频	尼泊尔人关键词	词频	尼泊尔关键词	词频	尼泊尔人关键词	词频
脏乱	7	热情	23	便宜	9	热情	30
漂亮	6	友好	10	脏乱	6	淳朴	9
宗教	5	善良	7	灰尘	6	黝黑	8
美丽	5	友善	5	宗教	5	善良	7
落后	4	勤劳	5	拥挤	3	好客	6
贫穷	3	奸商	3	美丽	3	友好	5
环境	3	朴实	3	热情	3	可爱	4
神秘	3	好客	3	物美价廉	3	耐心	4
雪山	3	漂亮	3	漂亮	3	贫穷	3
古老	3	可爱	2	神秘	3	漂亮	3
信仰	2	英语	2	悠闲	3	微笑	3
文化	2	幽默	2	咖喱	2	奸商	3
拥挤	2	和善	2	信仰	2	中国人	2
风光	2	信仰	2	淳朴	2	诚实	2
自然	2	精明	2	贫穷	2	礼貌	2
历史	2	淳朴	2	多雨	2	英语	2
脏乱差	2	虔诚	2	舒适	2	单纯	2
便宜	2	活泼	2	特色	2	幽默	2
/	/	黝黑	2	交通	2	友善	2
/	/	/	/	友善	2	大眼	2
/	/	/	/	落后	2	/	/

(二)旅游体验

男性提供的旅行关键词共111个,女性为135个。在频次数量上,"开心""辛苦""便宜"等词出现较多。而在用词的选择方面,可以观察到一些差别,如在描述路途遥远的时候,男性中出现的词是"遥远""车程久"等,女性中则出现了"离家远""背井离乡"等具有思乡色彩的关键词。另外,女性的负面关键词较为单一,主要集中在身体疲劳这一主题之下,如"辛苦""疲倦""艰辛"等,而男性用以表达消极感受的关键词则相对多样,除了疲劳主题之下的词语外,还包括了"忐忑""不安""纠结""麻烦"等。

（三）消费水平

预算方面，男性每日消费的平均数为616.8元，大于女性的406.6元。但在数字中存在三个大于5000元的特殊值。三个值分别来自于两名男性，一名女性。严格而言，他们和背包客当中的主流人群有所区别，这体现在他们的年龄较高，而收入也相对可观。其中一名男性表示，自己通常青睐高星级酒店，但这次"钱包丢了，迫于无奈才入住青年旅馆"（M21）。另一名女性则对体验青年旅馆的气氛表示了兴趣（F45）。三人的共同之处是对于住宿条件的评价较低，且在购物上有大量支出。剔除三个最大值后，男性平均数为259.6元，女性平均数为283.8元。两个数值基本能反映这一区域经济型背包客的人均日消费水平。在消费比例分配上，尽管男女性都倾向于将食住行摆在前面，但用于购物上的消费常常是不可预期的，尤其对女性游客而言，其花在购买和挑选上的时间通常高于男性，而对于二者而言，一次偶然性的购买都可能明显改变原有的预算结构。

样本中，有三成到四成以在校学生和刚毕业的大学生为主体的"穷游族"尝试将每日消费控制在100元左右，其中3个样本甚至将消费额度限定在50元及以下。预算过少的样本常需要借助其他人的合作完成旅行，如请求其他游客帮助一顿午餐，或是在语言不通的情况下尝试简朴甚至艰苦的生活方式。在这几个样本中，女性请求成功的比例更高，男性则更愿意尝试艰苦的生活方式。如一名男性表示，如果能节约，睡地板、全程骑行或是吃简餐等较为艰苦的生活方式都是可以接受的（M12）。住宿方面，预算少的样本有更明显的拼房倾向，在未能找到同性旅伴的情况下，有的女性愿意采取和异性旅伴拼房的策略节省开支。而在主要面向大团队的多床位套间和男女混住的多人间中，异性拼房的情况则更常见，有的男性描述"如果没有和女生打交道的机会，那多人间就白住了"（M33）。女性则多表示"和几个人一起住，感觉比独住安全"（F02）。与此相反的情况多出现在女性中，即为了避免和男性同住，而向前台询问有没有女性专属的多人间。

（四）纪念品购买

男性提供的纪念品关键词为91个，女性为117个（见表5）。统计时依前述方法，保留了出现频次大于1的关键词，并将同义词和单词进行归类整理。从排名靠前的关键词来看，围巾、佛珠、首饰等词出现的频次较高。性别差异最显著的是排名第一的关键词，男性游客对军刀的消费意愿明显大于女性，而女性对于衣服的需求超过男性。此外，经过含低频词在内的整体性对照可以发现，女性对纪念品的定义范围比男性更广，基本涉及了日常生活的各方面，如唇膏、香皂、眼线笔、笔记本、门帘和桌布等，男性的答案中则以特点鲜明、名气较大的旅游纪念品为主，没有出现前述日常生活用品。

表5　旅行和纪念品关键词的词频统计

单位：次

男				女			
旅行关键词	频次	纪念品关键词	频次	旅行关键词	频次	纪念品关键词	频次
辛苦	8	军刀	12	开心	11	衣服	13
开心	5	围巾	9	辛苦	10	围巾	11
炎热	4	佛珠	6	便宜	5	首饰	6
刺激	4	手链	5	放松	5	茶叶	6
便宜	4	项链	4	休闲	4	佛珠	5

续表

男				女			
旅行关键词	频次	纪念品关键词	频次	旅行关键词	频次	纪念品关键词	频次
舒服	3	菩提	4	刺激	3	唐卡	4
惊喜	4	珠宝	4	惊喜	3	香料	4
享受	2	服装	3	学习	3	木雕	4
快乐	2	包包	3	炎热	3	菩提	4
美好	2	工艺品	2	舒适	2	手工	4
难忘	2	明信片	2	新奇	2	包包	4
自由	2	裤子	2	好玩	2	披肩	3
满意	2	饰品	2	满意	2	唇膏	3
/	/	木雕	2	购物	2	灯笼	3
/	/	唐卡	2	悠闲	2	戒指	2
/	/	披肩	2	风景	2	裤子	2
/	/	香料	2	兴奋	2	宝石	2
/	/	/	/	美好	2	香皂	2
/	/	/	/	有趣	2	耳钉	2

六 结语

就人类学而言，对性别的关注多集中在东道主群体中发生的文化变迁，而旅游者则不容易受到东道主的影响。[①] 依前文所述，时空转换同样对游客群体产生了相应作用，使之采取具有不同性别特点的应对策略。由于出境游目的国分散，加之游客群体内部分化较大，宏观意义上的游客研究存在一定局限。而将境外游客的研究细化到中籍背包客，以及目的国的具体区域，则可观察到前述问题上的具体性别差异，譬如女性在跨文化沟通上体验较好，相对更关注加德满都的文化、物价和类目广泛的旅游纪念品，对周边安全和环境的要求更高，也倾向于选择更为轻松和易行的出游方式。对于男性来说，消费、环境和安全等问题则显得没有那么重要，一些旅游中的细节也不那么明显。

除了这些较易观察的差异，和身处境内的背包客相比，境外游的行为出现了一些调整。在语言方面，他们需要使用非母语来达成和当地人之间的沟通，而基于目的地较为匮乏的物质现实，原本成为习惯的诸方面需要也不得不削减。出于安全、预算和新鲜感的考虑，一些性别带来的行为规范将在特定的场域中得以解构，如不和异性拼房、不接受陌生异性的馈赠等。不过，解构的力度因人而异，而个体身处的临时性群体也对其活动施加了适应的压力。

总之，从本研究的分析和统计结果来看，性别并非旅游活动中的伪命题，而是对旅游者的行为有着重要的影响。在背包游中，这种影响来自游客主体的性别意识、当地环境及旅游过程中不同主体间的互动。其中，当地的环境增强了背包游的阈限性，使游客采取不同性别特点的方式进行适应。就长期而言，对前述差异和适应的理解，关系到相应的旅游产品设计、地方政策法规和两国间的协商机制，可帮助减少东道主与游客间的冲突，并改善游客的游览体验。

---

① 〔美〕瓦伦·L. 史密斯：《东道主与游客——旅游人类学研究》，张晓萍、何昌邑等译，云南大学出版社2007年版。

中国王朝国家的疆域格局与边疆形态

孙保全

摘 要 历史上，以汉族为主体建立的王朝国家，疆域格局呈现同心圆形态；而由边疆少数民族入主中原建立的国家政权，疆域格局则呈现"板块"样式。这两种疆域类型中的不同圈层或不同板块具有不同属性，呈现突出的异质性特征。与此相适应，王朝国家的边疆形态不仅是异质性的也是碎片化的。在"核心—边缘"的二分范式中，边疆的碎片化特征表现为：边疆在王朝版图中易于盈缩和流变，边疆和内地之间存在深刻的二元性区隔。不仅如此，处于不同文明板块中的边疆区域以及"内边疆"和"外边疆"之间，在政治生态、经济生业、社会结群和文化形态上也存在多样性差异。

关键词 王朝国家；疆域；边疆；边疆治理；文明板块

DOI：10.13835/b.eayn.25.12

中国自秦朝建立之日起便进入王朝国家时代，这样的历史进程一直延续到清的灭亡。在这个漫长的历史时期里，中国的国家发展史遵循着王朝兴亡更替的演变轨迹和基本逻辑。其中，既有国家疆域的统一，又有国家版图的分裂；既有以汉族为主体建立的王朝，又有边疆少数民族入主中原建立的国家政权；既有中原王朝强盛时期的开疆拓土，也有实力衰落时期的疆域萎缩。在某种意义上，甚至可以说一部王朝国家发展史，就是一部国家疆域和边疆的演变史。在历时2000余年的王朝国家时代，中国的疆域格局并不是浑然一体的，而是始终存在较大的内部异质性，疆域的不同部分往往具有不同的特征。王朝国家为了有效地控制和治理这样一个异质性的地理空间，通常会根据民族分布和文化差异将边缘性部分单独划分出来，并采取特殊的方式加以治理，于是便有了"核心—边缘"的区分。在这样的疆域构造中，边疆的形态不仅是异质性、多样性的，还是碎片化的。这种碎片化格局不仅表现为边疆与内地之间存在较大差异，而且表现为不同的边疆地区之间也形态各异、互不相同。

一 两种疆域类型及其异质性格局

总体来看，整个王朝国家时代的疆域格局是异质性的，与之相适应的边疆形态则是多样性和碎片化的。尽管"大一统"的思想作为一条主线贯穿于历代王朝，并形成了"天下""四海""中国"等

---

* 本文是国家社科基金项目"中国民族国家构建过程中的边疆整合研究"（17CZZ043）的阶段性成果。
** 孙保全，云南大学公共管理学院讲师，法学博士，研究方向为民族政治与边疆治理。

极具感召力的疆域称谓，但这并不是国家疆域的真实情况。可以认为，中国的疆域在王朝国家时代从未真正实现过均质化和一体化，不同区域之间往往具有不同的特征，并由此形成了一个差序性的疆域格局。具体来看，王朝国家的这种异质性疆域，又可分为两种基本类型。

一是以汉族为主体建立的王朝国家统治下的疆域。在这种类型的疆域中，中央王朝往往以"京畿"之地为核心，按照文化的标准，分层式地向外划分与推衍疆域范围。这样的疆域格局，是以若干个同心圆的形式分布的，不同圈层的疆域特质及其对中央王朝的意义是不同的。对此，许倬云曾提出，王朝国家时代的中国疆域实际上由核心区、中间区与边陲区三个层次构成，其中"核心区人多地狭，可是文化发展居领导地位，也是政治权力的中心"；"边陲区则人少地广，又往往必须与民族主流以外的人群杂居混处"；"在核心区与边陲区之间，另有一中间区"。① 此外，李大龙也将唐朝的疆域分为"九州""海内""海外"三个层次。② 美国学者费正清也有类似认识，在《中国的世界秩序》一书中，他提出了"汉字圈"、"内亚圈"和"外圈"三个传统中国的基本圈层结构。当然，这样的疆域格局并不是一种纯自然地理空间的客观存在，而是王朝国家主观构建的产物。这是因为，这类疆域构造并不一定是以地理空间的远近为参照，而是更多地依据对文化要素的考量。在以此建构起来的空间格局中，地理上远近不同的疆域部分可能被视为处在同一个圈层之中。

二是边疆少数民族通过入主中原建立王朝国家而整合起来的疆域，以元朝和清朝最为典型。此时的疆域格局，在一定程度上淡化了华夷之辨的文化色彩，但仍旧是异质性的，甚至有时候这种异质性更为突出。以清王朝来看，其疆域架构可分为五个部分：第一，作为清朝龙兴之地的东北地区；第二，传统的汉族聚居、统治的中原地区；第三，南部和西南少数民族生活的地区——土司地带；第四，西部、北部、西北边疆地区——藩部；第五，依靠朝贡体制而维系的周边属国。③ 尽管在汉族建立的某些王朝国家中，也大体存在这些地理空间部分，但是这些结构往往按照文化标准进行重新排列组合，由此主观建构起来的疆域格局仍表现为"无远弗届的同心圆，一层一层地开花，推向未开化"。④ 与此不同的是，同样是基于这种疆域结构，元、清这样的中原王朝，由于较少持有华夏中心主义，所以更加倾向于从"因俗而治"的角度看待不同的疆域部分。因此，这种类型的疆域格局并非以"华夏"为中心呈同心圆、放射状的形态，而是呈现不同"板块"的样式。

面对这样规模庞大而又充满异质性的疆域，中原王朝为实现国家治理的有效性，就不得不对占有的地理空间进行合理地划分，以便采取不同的方式加以管辖和治理。当然，就一般逻辑而言，王朝国家完全可以依照疆域格局中不同"圈层"或不同"板块"的分布进行区域划分，并实施"因俗而治"的地方治理方式。然而，这样不仅会加重国家的治理成本，还可能加剧国家疆域的多元化、破碎化，甚至导致国家共同体的分裂。因此，这种将国家疆域细分为若干部分，并分别实施不同统治方式的情况在王朝国家时代并不常见。相比之下，区别核心区和边缘区的做法在王朝国家疆域划分和疆域治理中的应用更为普遍。在汉民族（或华夏族）建立的王朝国家中，最基本、最简单的方式，就是按照文化范式将边疆和内地区分开来。在少数民族建立的中原王朝中，情况则较为复杂。在入主中原并建立王朝之后，原来作为其"龙兴之地"的边疆区域就同时具备了双重属性：一是地理空间上的边缘属

---

① 许倬云：《求古编》，新星出版社2006年版，第1页。
② 李大龙：《是"藩属体系"还是"朝贡体系"？——以唐王朝为例》，《中国边疆史地研究》2014年第2期，第11–17页。
③ Mark Mancall, "The Ch'ing Trbute System: Aninterpretive Esay", in John King Fairbank ed., *The Chinese World Order: Traditional China's Foreign Relations*, Cambridge: Harvard University Press, 1968, p. 870.
④ 许倬云：《我者与他者：中国历史上的内外分际》，生活·读书·新知三联书店2010年版，第20页。

性，二是政治心理上的核心属性。而随着在中原地区政权统治的延续和不断巩固以及受到内地文化影响程度的不断加深，这些少数民族的王朝统治者会逐渐超越自身的种族认同，转而以国家统治和国家治理的整体视角来看待疆域的空间构造。因此，随着时间的推移，曾作为民族发祥地的区域，在疆域格局中的特殊地位会越发退化，相反作为国家疆域边缘部分的边疆属性则会愈来愈突出。

因此，在两种不同类型的王朝国家中，虽然疆域格局和疆域治理逻辑有很大差异，但是"核心—边缘"或"内地—边疆"的二分法一直都是划分中国疆域格局的基本范式。在这种空间结构下，疆域内部的异质性特征便主要体现为边疆与内地之间的巨大差异：一方面，内地与边疆之间存在先天性的自然差异，这在生产力水平较为低下的时代，具有决定性的影响；另一方面，王朝中央对二者采取的不同统治方式，也进一步固化了这种差异性。这样的客观现实，为王朝国家时代边疆形态和边疆治理创造了一个最为重要的前提条件。理解历史上的边疆及边疆治理，离不开对这一宏观背景的认知；乃至对今天中国的边疆现象和边疆问题做出合理阐释，也需要从这种历史主线中去寻求依据。

二 边疆在王朝版图中的存废盈缩

在"核心—边缘"的疆域格局中，王朝国家边疆形态一个突出特征就表现为，边疆在王朝国家版图中经常呈现"时来时往"的流变态势。与现代的国家领土不同，中国王朝国家的疆域空间并不存在明晰而稳定的外围界线。英国学者吉登斯所描述的"有边陲而无国界"，① 正是这种疆域和边疆形态的现实写照。在天下疆域观中，王朝国家时代形成的"四海""中国"等有关疆域的地理概念，所指代的空间范围都是不确定的，有时含糊地指向"普天之下"，既包括中原地带也包括"夷狄之地"；有时又单指"华夏诸国"，即仅包括核心区。正如学者所言，"中国古代的国土观以带向心性的文化取向为特征，本土基本不变，外沿则可因边境异族的或主支'变夏'，或被征服，或入侵之后自觉不自觉地'变夏'等诸多原因而扩展"。② 同样的原理，"天下"的范围也时常因王朝实际影响力的衰减，而出现向内地方向收缩的现象。

在王朝国家构建之初，秦代的疆域面积较为有限，现在所谓边疆区域大部分都尚未纳入国家统治范围之内。尽管如此，秦朝奠定的疆域空间为后世王朝的统一和疆域拓展，奠定了一个主体与核心。在此后的国家演变历程中，始终"存在着一个以秦朝的疆域为基础的中原政权，其版图有盈缩"。③ 汉代以后，以农业文明为基础的华夏范围——核心区——在生态地理范围上已然达到了极限，王朝国家的版图盈缩主要就体现为边疆空间范围的历史流变。一是同一边疆区域在不同王朝国家时期出现"归属与分离"的变动。如历史上被称为西域的边疆地区，曾在西汉时期因西域都护府的设置而成为中原王朝的疆域组成部分。但是在东汉以后，这一区域对历代王朝的归属出现了时断时续的变迁，其归属的空间范围也不尽相同。明朝时期曾一度完全退出对这一区域的统治，直到清朝时期这一区域才再度被纳入中原王朝的版图。二是同一王朝统治下的不同阶段，边疆范围的盈缩变动也十分明显。仍以西域为例，汉王朝在王莽之后曾放弃对此区域的统治，其后在东汉一朝又出现了对都护府的多次撤销和复置。类似的情况在王朝时代屡屡上演，由此也引发了一幕幕有关边疆存废的历史分合大剧。

---

① 〔英〕安东尼·吉登斯：《民族—国家与暴力》，胡宗泽等译，生活·读书·新知三联书店1998年版，第4页。
② 罗志田：《先秦的五服制与古代的天下中国观》，载汪晖等主编《学人》（第十辑），江苏文艺出版社1996年版，第395页。
③ 葛剑雄：《统一与分裂：中国历史的启示》，商务印书馆2013年版，第83页。

历史上，王朝国家的边疆范围通过上述两种方式不断发生着嬗变。这不仅凸显了边疆的碎片化特征，也使得这种碎片化的存在形式在整个王朝国家时代得到延续和强化。在这样的流变过程中，既有王朝国家因实力不济而被迫丧失边疆的情况，也有王朝统治者主动放弃边疆的情况。纵观整个王朝时代，国家的统一是主流，国家的分裂是支流。但是，具体到每部分边疆地区归属于中原王朝的时间，与分离于中原王朝的时间相比，并不算长甚至较短。如果将当代中国的所有边疆区域作为考察对象，其全部归属于中原王朝的时间更加短暂，葛剑雄认为这样的统一实际上只有 81 年。① 如蒙古高原是在唐朝时期才部分内附于中原政权的，并且这个时间不算太长。此后，直到元朝建立它才再次被纳入王朝版图，而在整个明朝时期又一次与中原王朝分离，直至清初才重新为中国统一。诸如这样的边疆地区，实际上在大部分历史时期内都保持着独立的政权体系。因此，边疆在王朝国家时代的流变，带来的一个重要结果就是边疆地区长期处于一种分离或分治状态，从而保持了自身独特的政治生态，并由此形成了极强的异质性和多样性。这种状况既是碎片化边疆的一种存在形式，也是碎片化的边疆现象产生和反复重现的深层原因。

综合来看，这样的一种疆域和边疆现实是由多重因素所导致的。一是中国王朝国家处于前主权时代，国家主权领土体制远未形成。在此条件下形成的疆域形态是非领土性的，无论是王朝外部还是王朝内部都缺少保障疆域稳固的有效机制。二是王朝国家普遍持有以华夏文明和核心区利益为中心的疆域文化，② 对于内地和边疆治理存在厚此薄彼和重本轻末的价值取向，再加上王朝国家整体实力的消长无常，中央政权不能长期实现对边疆区域连续而严密的控制。三是在"家天下"的国体之下，无论是统治者还是被统治者都缺少捍卫家园、维护疆土的坚定信念和持久动力，边疆在国家疆域中的构成和存续也远不如内地那样稳固。四是边疆地区自身独特的治理生态，给王朝力量在这一区域的深入和渗透带来困难，面对高额的治理成本和微弱的政治收益，多数王朝只能是"望疆兴叹"。五是王朝国家所拥有的国家能力和政治技术，也不足以保障与支持经久不变的边疆整合活动。

三 边疆与内地间的二元性区隔

在王朝国家的疆域版图中，边疆和内地并不是均质的，也不构成铁板一块的整体，而是产生了内外分际的二元性关系。在漫长的王朝国家时代，通过历代诸朝的持续治理，边疆区域也经历了缓慢内地化的演化过程，这一点在边疆临近内地的部分表现得尤为明显。尽管如此，边疆与内地之间始终存在一条相对稳定的过渡地带，而过渡地带的两侧仍旧是差异性和二元性十分明显的两类疆域结构。

第一，地理生态结构的差异。在生产力较为低下的传统社会，边疆与内地之间的二元化差异首先是由自然地理条件所决定的。唐代名臣狄仁杰的描述很能反映这样的现实："天生四夷，皆在先王封疆之外。故东拒沧海，西隔流沙，北横大漠，南阻五岭，此天所以限夷狄而隔中外也。"③ 在这样的地理生态结构下，以农业资源和农业生产为物质基础的内地空间，在向周遭区域，尤其是向北部边疆的扩散过程中，遭遇到了难以克服的困境。事实上，这种自然因素的制约，使得整个王朝国家时代，内地范围和边疆范围之间的界线一直处于相对稳定的状态。对此，王明珂曾洞见："到了汉代，华夏在亚洲

---

① 葛剑雄：《统一与分裂：中国历史的启示》，商务印书馆 2013 年版，第 245 页。
② 疆域文化本质上属于一种政治文化现象，指特定时期一国内流行的有关国家疆域的观念、态度和倾向。不同国家类型中的疆域文化往往存在较大差异。
③ 《旧唐书》卷 89《狄仁杰传》，中华书局 1975 年版，第 2889－2890 页。

的扩张已达到其农业与社会文明所能存在的生态地理极限。从此，华夏边缘大致确立，华夏也从此努力维持这个华夏边缘。"①

第二，社会形态的差异。在不同的自然条件下，边疆与内地形成了不同的生产方式、生产关系、社会习俗和宗教文化，进而产生了不同的社会文明和社会形态。与此同时，整个王朝国家时代也缺乏足够的人口迁移动力和机制，使得边疆同内地之间人口分布呈现相对固化的状态，这又阻碍了不同文化之间的交流和融合。当然，在边疆与内地之间也存在一定空间尺度的交叉地带，用拉铁摩尔的话来说就是内地与边疆之间存在"贮存地"，并在此区域产生了沟通不同文化的"混合文化"。但在这种混合文化的两侧，依旧是传承迥异文化的"两个不同的世界"。② 基于这种文化和社会形态的差异，王朝国家的疆域文化普遍将内地视为首善之区，而将边疆地区视为夷狄之地。

第三，边疆与内地的差异还表现为二者在国家疆域架构中的悬殊地位。作为中央王朝统治的核心区，内地是王朝国家经济、文化和政治资源的聚集所在。在王朝时代，特定时期的国家利益就是王朝利益，而王朝利益又主要是以核心区为空间基础的。因此，在"核心—边缘"的视野下，内地是国家存在和发展的根本，内地沦丧往往被视为亡国的标志，而边疆地区则往往处于附属地位，甚至在必要时扮演"舍卒保车"中"卒"的角色。在王朝国家的治理逻辑中，对边疆的管控与开发多因无利可图而被视为徒劳无益或好大喜功之举。特别是在王朝实力不济或统治者缺少开疆拓土主动性的时候，边疆与内地之间的这种地位差别更显突出。

第四，边疆与内地在政治形态上往往大相径庭。今天被视为边疆的区域，在王朝国家时代多建立过自己独立的民族政权。即便是在被王朝纳入版籍以后，边疆地区的王朝体制外的地方政权依然广泛存在，边疆地方制度仍具有明显的独特性，边疆治理多处于一种高度"自治"的状态，边疆民众的政治生活多在地方政治体系中展开，边疆区域的政治文化多为地域性的，各族民众缺少对王朝国家的感知和认同。因此，在王朝国家的结构形式下，同内地相比，边疆地方与中央政权的关系较为疏松，甚至可以同王朝力量分庭抗礼。在一定条件下，边疆政权还可能脱离王朝国家，成为一个独立的政治体系。

边疆与内地间这种二元性关系，几乎贯穿于整个王朝国家时代。且不论是注重"华夷之辨"的以汉族为主体建立的历代诸朝，还是清这种由边疆少数民族通过入主中原建立的号称"中外一体"的王朝国家，边疆与内地之间的巨大差异都十分明显。这集中表现为两个层面。第一，内地和边疆之间存在民族分布上的内外区隔。清朝继承了前朝两京、十三布政使司的地理空间，③ 这个区域既是国家疆域的核心，也是汉族的传统聚居地；而在广大的边疆地区，则主要生活着少数民族群体。按照清朝的民族政策，边疆与内地之间不仅保持着地理上的自然隔绝，而且在族际交往上也保持着严格的政治隔离。第二，在地方政治上，内地和边疆也存在明显的二重性。一方面，清朝在内地政区继承了自秦以降的郡县体制，统一实施中央集权下的行省建置，中央对地方实施绝对管控；另一方面，在边疆地区则广泛推行多种形式的羁縻制度，中央较少介入地方事务，传统民族政权保留了大量的自治空间。如此看来，被视为"大一统"的清朝疆域其实并未真正突破传统王朝国家的范式，边疆和内地的二元化格局依旧非常鲜明。

---

① 王明珂：《华夏边缘：历史记忆与族群认同》，社会科学文献出版社 2006 年版，第 249 页。
② 〔美〕拉铁摩尔：《中国的亚洲内陆边疆》，唐晓峰译，江苏人民出版社 2010 年版，第 549 页。
③ 晚清时期，这个区域被称为"内地十八省"。

晚清时期形成的"中国本部"与"属部（疆部）"或"内中国"与"外中国"等概念集中反映了上述边疆现实。学界大多认为这类概念的出现，源于西方人的著述，① 确切地说是对"China Proper"一词汉语翻译不同的结果。另有一些学者认为，这一概念是日本人为侵略、分裂中国边疆而炮制出来的。② 但无论如何，这些概念一经提出就得到广泛认可，是因为它体现了传统疆域的异质性格局以及边疆现实的碎片化形态。历史上，中国人也曾大量使用"腹地""中原""海内""海外"等概念来区分内地和边疆，因而晚清社会所流行的"本部""属部"等词语显然是具有沿承性的。

四　边疆板块间的区域性差异

边疆是国家疆域的一部分，是以疆域为基础而划定和治理的。总体来看，王朝国家的疆域格局呈现异质性的特征。在这种异质性的疆域格局中，不仅边疆和内地之间存在很大差异，而且边疆与边疆之间也是千差万别的，甚至有时候后者的异质性程度要高于前者。这也进一步凸显了王朝国家边疆形态的碎片化特质。归纳起来看，边疆地区之间的差异主要体现在以下两个层面。

一是不同边疆文明板块之间的差异性。在王朝国家时代，中国的东北、北部、西北、西南和南部的边疆地区，在不同的自然环境和社会环境的影响之下，各自形成了独特的社会文明。在生产力低下、交通通信闭塞、人口流动受限以及王朝"因俗而治"和"羁縻治策"的综合作用下，这些文明分别得到较为完整的保留和相对独立的传承，从而逐步固化成为不同的文明板块。总体来看，这样的文明板块大致可划分为"大漠游牧文明板块""东北渔猎耕牧文明板块""雪域牧耕文明板块""海洋文明板块"等几种基本类型。③ 地处不同板块的区域，由于受到各自宏观文明环境的制约而产生了形态各异甚至是截然不同的边疆社会。与现代民族国家强烈的一体化倾向不同，中国的传统王朝国家并不需要强制性的国家整合。国家疆域维系与国家共同体集结的模式，对多样性甚至多元性的边疆文明板块具有较大的包容性。中原王朝通过"守中治边"的治理取向、羁縻性的治理制度和"统而不治"的间接性治理方式，基本能够实现有效的疆域整合。在这种疆域整合模式下，多元性的边疆文明板块及彼此之间的巨大差异得以保留和延续，并且以松散的结构形式镶嵌于王朝控制的政治地理空间之中。

二是"内边疆"与"外边疆"间的差异性。"内边疆"与"外边疆"的概念是由美国学者拉铁摩尔在《中国长城的起源：理论与实践中的边疆概念》一书中首先提出的。在拉铁摩尔看来，中国古代的农耕社会和草原社会之间存在一条安全缓冲带——"贮存地"，贮存地临近己方（即"内贮存地"）与邻近彼方的部分（即"外贮存地"）分别就是王朝国家的"内边疆"和"外边疆"。④ 与此同时，"内、外边疆"也是基于"已治"和"未治"标尺来划分的。⑤ 中国王朝国家的边疆形态在现实中也确实普遍存在这种内外分际式的层次划分，甚至有学者坚称双重属性是古代中国边疆形态的一种基本特征。⑥ 先秦时期，"五服"或"九服"的"服事观"就带有这种层次区分的意味，后世的王朝国家又对此进行了继承和进一步发挥。西汉年间，人们就将同为边疆的南粤和长沙区分为"蛮夷"地区和

---

① 葛剑雄：《统一与分裂：中国历史的启示》，商务印书馆2013年版，第29页。
② 钱穆：《中国历代政治得失》，生活·读书·新知三联书店2001年版，第120页。
③ 于逢春：《构筑中国疆域的文明板块类型及其统合模式序说》，《中国边疆史地研究》2006年第3期，第9页。
④ Owen Lattimore, *Studies in Frontier History: Collected Papers, 1928—1958*, Oxford: Oxford University Press, 1962, p. 115.
⑤ 宋培军：《拉铁摩尔"双边疆"范式的内涵及其理论和现实意义》，《云南师范大学学报》（哲学社会科学版）2013年第2期，第26页。
⑥ 杨军：《双重边疆：古代中国边疆的特殊性》，《史学集刊》2012年第2期，第17页。

"半蛮夷"地区。① 唐朝时，表现为用"九州"指代核心区，用"海内"指受管辖的"四夷之地"，同时用"海外"指更为疏远的藩国。宋朝时期，这种边疆的层次观念更加细化，其中"极边"（又分为"外边"与"内边"）、"次边"等概念的广泛使用就反映了这种情况。明清两代，则流传着"化内""化外"、"内藩""外藩"以及"熟番""生番"的区域划分，这也反映了边疆的二重属性。质言之，双重边疆的划分主要就是依据边疆的内地化标准和受中央政权控制的程度。因而，"内边疆"与"外边疆"虽同属与核心区相区分的边缘性区域，但二者间实际上也存在十分明显的差异，这又进一步凸显了边疆的碎片化形态。

可以认为，无论是不同文明板块下的边疆，还是内外有别的边疆，它们彼此之间都不是均质化的，而是充满了异质性的。综合比较，不同边疆区域间的差异性主要体现在以下几个方面：第一，政治生态的差异，即不同边疆地区在政治体系、政治权威、政治文化以及边疆地方与中央政权间的关系等方面都不尽相同，呈现多元化的结构特征；第二，经济生产的差异，即各个边疆地区的生产方式、生产关系、生产力水平以及边疆与内地间的经济往来等都有所差异；第三，社会结群的差异，即不同的边疆地区，其群体认同，阶级构成，社会的组织、形态、结构、演变规律，以及人口密度和分布、生活方式等都各有特点；第四，文化形态的差异，即不同边疆社会在语言、文字、艺术、风俗、道德、宗教等方面均存在差异性。

五 余论

历史上王朝国家的疆域呈现明显的异质性格局，无论是汉族为主体建立的王朝，还是少数民族入主中原建立的王朝皆是如此。在这种疆域格局之下，边疆的流变十分频繁，边疆与内地之间、边疆与边疆之间的差异性不但突出而且具有刚性特征，这便是王朝国家时代碎片化的边疆形态。异质性的疆域结构与碎片化的边疆形态，是中国王朝国家的基本空间样貌，也是一份特殊的历史遗产。近代以后的现代国家建构，面临的一个根本性问题就是如何克服这种异质性和碎片化，从而把整个国土空间整合起来。而时至今日，这个问题仍未得到完全解决，目前学界普遍关注的边疆地区的认同整合、族际整合、社会整合、文化整合，本质上都属于国家疆域整合和边疆整合的范畴。因此，阐释今天中国的边疆现象、边疆问题和边疆实践，都离不开对历史的回顾，特别是只有从王朝时代的疆域和边疆的特质出发，才能得出准确而深刻的认识和判断。

---

① 马大正主编《中国边疆经略史》，武汉大学出版社2013年版，第711页。

"边治"与"县治"：中国边境县治理的双重路径

夏文贵

摘　要　边境县是毗连国家边界的县级行政区。这一特定的地理空间条件，造就了边境县显著的县域属性和边境属性。边境县的这种双重属性决定了在边境县治理中存在一条双重的治理路径，即"边治"路径和"县治"路径。前者主要以特定边境事务的治理为其目标指向和行为范式，后者则主要紧扣并遵循一般县域事务的治理模式而进行。这两者之间的有机结合、相互支撑和合而为一，为确保完整地实现边境县治理过程、达成既定边境治理目标奠定了坚实基础。

关键词　边境；边境县；边治；县治

DOI：10.13835/b.eayn.25.13

在我国县域体系中，边境县是一个具有特定内涵的县域形态。它首先是"县"，具有一般县域的基本内涵，并趋同于其他非边境县；同时它又不是一般意义的县，具有"边"之基础上的独特意蕴，从而迥异于内地县或其他边疆县。此外，边境县还是界定国家边境的基本单位，在国家治理体系中具有独特性和重要性，关乎边境的安全、稳定和发展，构成了国家边境治理的直接行政载体和根本依托。由此而进行的边境县治理，主要就围绕一般县域治理实践和特定边境事务治理实践而展开。可见，边境县治理具有自身独特的逻辑，而这种特殊性是由边境县的县域属性和边境属性所决定的，在此基础上又形成了边境县治理的双重路径，即"边治"路径和"县治"路径。这两者之间的有机结合、相互支撑和合而为一，为确保完整地实现边境县治理过程、达成既定边境治理目标奠定了坚实基础。

一　边境县的性质和特点

简而言之，边境县就是毗连国家边界的县级行政区。表面上，边境县同全国其他县域一样，都是我国现行行政体系下的一个县级地方，然而，这只不过是一个方面而已，或者说只是其中的县域属性罢了。除此之外，边境县还有着显著的边境属性，是二者的有机复合，并由此造就了其别具一格的内在意涵。

---

*　本文为教育部人文社会科学研究基金项目"中国陆地边境县治理研究"（项目编号：17YJC810018）的阶段性成果。本文获云南省2015年博士学术新人奖资助。

**　夏文贵（1984—），男，云南昭通人，云南大学民族政治与边疆治理研究院助理研究员，主要从事政治学理论、地方政府与边境治理研究。

其实，之所以把边境县称为边境县，根本上取决于两个关键要素：国家边界和边境。边境因国家边界而生，国家边界是确认、界定、言说边境的核心基点和参照。相较于传统意义上的"边陲"，① 边境是伴随近代主权领土体制的形成，尤其是国家边界的划分和确立而产生的，构成了民族国家时代一种特有的政治地理空间现象。在空间形态上，"边境与边界存在的形态不同，边界为'线'，边境为'面'，即边境是基于边界线所划定的一定的'区域'"。② 客观而言，边境县的基本地理空间范围，主要就涵盖这样一个由"线"而"面"的区域。而且，现实中无论是边境，还是边境县，在区域范围上都有着相互重合的一面。较为典型的是，中国同周边国家签订的若干边境管理协定，都以毗邻双方边界的县级政区来认定边境；"兴边富民"行动以140个边境县与58个边境团场，作为主要实施范围；如此等等。显然，在此空间范围内，边境县无形之中被赋予诸多丰富而鲜明的独特意蕴。

首先，边境县本质上仍属于"县"。在国家政权体系中，县级体系所处位置是极为关键的。"从县级政治看，县政承上启下，是国家上层与地方基层、中央领导与地方治理、权力运作与权力监控的'接点'部位；从县域社会看，县域是城市与乡村、传统与现代、中心与边缘地带的'接点'部位。"③ 这样，作为国家设置于边境地区的县级建制政区或单元，边境县兼有所有一般县级政权体系的基本特性和功能。

其次，边境县是具有边境特性的县域形态。边境县直接与国家边界相毗连的地理空间特性决定了它不是一般意义的县，而是一个有着丰富而独特内涵的县域形态，在一般县域要素构成及县域特性基础上，还有着诸多其他非边境地区不曾有的特定边境现象和边境属性。这主要体现为：在"物"的维度，有边界、界标、口岸、边境通道、边民互市点、边境经济合作区等物理性标识；在"人"的维度，以标示边境社会特殊性的边境居民及其活动为外在表征，包括境内外边民、边境难民、"三非"人员、非法移民、边境生产作业、跨境活动等。

最后，边境县是国家边境治理的行政载体和根本依托。客观地说，边境及边境治理本身是"虚空"和抽象的，只有以一定的行政建制单元为支撑和依托，才能被体认并实现治理。我国辖有国家边界的边境地方建制单元有边境省（区）、市（地、州、盟）、县（市、区、旗）、乡（镇）四级，其中，省、地市级因含有许多非边境区域，因而不属于严格意义的边境地方，乡镇因不是完整的一级地方，因此理应纳入县级政区范畴予以看待。相对而言，只有县级政区才是最为恰当适宜的边境地方，涵盖完备的政权要素和边境要素，是承续和对接国家边境治理任务的具体实践形式。

显然，边境县同时涵盖"边"和"县"两个维度，并在此基础上造就了其别具一格的边境县域性质。其中，在一般的县域特性之外，基于边境属性基础上的边境县的特性也是格外显著的，最为典型的有以下三点。一是主权性。由于靠近、毗连国家边界，边境县于边境的设置，不仅是国家治理的需要而且是边境治理的需要，更是彰显、标识国家主权的政治符号和行为。同时，边境县在边境区域范围内所进行的某些特定而具体的治理实践，均与国家主权有着密切的关联，典型的如界标管理与维护、口岸管理、"三非"人员管理等。二是军事性。在边境县域之内，为适应守土固边的需要，除了成建

---

① 严格说来，在前民族国家时代，国家只有边陲而无边界，相应地也就没有边境。边陲常伴随国家实力的消长而呈现盈缩变化，而边界的出现、运用和确认，使得国家之间有了明确固定的边境以及相对稳定的领土疆域。具体可参见高杨《"一切地理都是政治的地理"——从领土属性看中国民族国家之形成》，《文化纵横》2016年第6期。
② 吴羽：《边境管理法律制度通义》，法律出版社2016年版，第5页。
③ 徐勇：《"接点政治"：农村群体性事件的县域分析——一个分析框架及以若干个案为例》，《华中师范大学学报》（人文社会科学版）2009年第6期。

制的军事力量的直接设置和驻扎外,边境县自身也要充分发挥安边固边富边护边实边睦边的功能。在某种意义上来说,边境县的治理,终究应以此作为其衡量标准,而相应的实现程度和水平则直接关联着边境县守土固边功能的发挥。三是涉外性。在全球化及国家沿边开发开放深入推进的宏大背景下,边境地方与毗邻国家之间,在基于经贸往来、人文交流、人员互动和边境合作等基础上的官方或非官方涉外活动日趋频繁、多样和常态,从而彰显了边境县的涉外特性。同时,由于与他国的"一衣带水"关系,边境地方还常常面临许多需要与邻国共同处理的涉外事项,如边境处突、非法跨界活动等,这再一次凸显了边境县的涉外特性。

综上可见,边境县不仅具有县域属性,还内涵特定的边境属性,本质上是一个典型的"双重结构"。离开了其中的任何一个方面,边境县都将因丧失其客观实在性,而不称其为边境县。而且,边境县本身所蕴含的独特治理逻辑,根本上也取决于边境县的这种特殊性。其中最为突出的是,边境县的这一双重属性决定了,在边境县治理中必然存在边境治理与县域治理的问题及要求,从而形成了治理实践中的"边治"和"县治"的双重治理路径。

二 边境县治理中的"县治"路径

所谓"县治"路径,即遵循一般县域治理范式来实施边境治理的行为模式及其实践过程。实际上,无论边境县面临的治理生态、治理问题多么特别或复杂,都并不影响它的县域属性和特质,其仍要履行相应的县域治理功能、职责和使命。而且,边境县的县域功能的发挥,才是其治理实践的常态,属于典型的区域治理范畴,并趋同于内地县或其他边疆县。这同时意味着,在具体的治理实践中,遵循一般县域治理的基本路径,按照一般县域治理的理念、目标、方法、手段和举措来进行治理,就成为边境治理的题中应有之意和根本性依赖路径。总的来说,边境县治理中的"县治"路径,主要以一般性的县域问题解决为其基本的实践预设和行为指向,并体现于以下四方面。

首先,推进边境基层政权建设。边境基层政权包括县乡两级的政权组织和单位。立足我国统一的政治体系维度,按照"上下对应、机构对口"的原则,①边境基层政权与非边境区域政权的设置,在制度安排、权力架构、功能体系等方面大体一致,都是推动基层治理的重要政权组织形式。诚然,在现代治理语境中,多元、多中心的治理主体,已成为对传统单一政府治理的重要补充,然而,在此过程中的政府的主导角色和核心地位并未改变。尤其对于处于行政层级之底端的基层政府,更是对应和承接"上面千条线"之下的那"最后一根针",即直接的行政主体、具体的责任者和最终的实现者,不仅攸关基层治理的程度和水平,也影响国家治理的成效。究其本质,边境县治理的核心在于权力的配置和运行,并以此调动各种资源来对边境县域范围内的事务或问题进行治理。这样一来,加强基层政权建设,自然也就成为边境县治理的首要前提和关键环节。当然,这一过程完全是紧扣政府权力的配置和运行而展开的,具体包括以下五个方面。一是"党权"的规范化,即不断提升执政党掌权、用权的科学化、制度化、法治化程度和水平。二是"政权"的规范化,即不断强化政府权力获取、运行和使用的法治化、透明化、民主化和效率化程度和水平。三是立法的实效性,即为重大地方事项或行政事务,提供及时有效的法制供给。四是司法的公正性,即切实维护宪法法律的权威和尊严,严格执法、公正司法。五是权力监督的制度化,即通过实施制度化的巡视、督察、审计以及公开的权力清单制,

---

① 朱光磊:《当代中国政府过程》(第三版),天津人民出版社2008年版,第42页。

构筑权力运行的底线、红线。

其次，实施边境的开发与建设。开发与建设是实施区域治理的重要方式，也是实现发展的唯一方式。特别是对于有着较大差异性和异质性的边境区域，开发与建设尤显关键。开发与建设方式本质上所体现的内在治理逻辑是，通过国家政权力量的推动，把处于相对滞后或长期落后状态的边境地区，直接纳入国家的现代化进程之中，以期实现该区域的跨越式发展。近年来，伴随我国综合实力的大幅提升，国家完全有能力而且也应该投入更多资源来促进边境区域的发展，以逐步缩小边境与内地的差距，推进二者之间的同质化和一体化进程，从而更好地适应国家发展的全面性和整体性要求。对此，较为典型的做法有以下三种。一是加强边境基础设施建设。总体上，边境地区的道路、交通、通信、水利等基础设施远滞后于内地，而加快这些方面的建设和投入力度，则是实现边境与内地同步发展的关键。二是实施易地扶贫搬迁。结合国家减贫政策及守土固边战略安排，对确实不适宜人居且"一方水土养育不了一方人"的某些边境村寨，按照统一的规划部署，实施整体搬迁，并尽可能地沿国界一线抵边而居。三是安排建设项目。治理资源匮乏、发展基础薄弱和自我发展能力有限，是制约边境发展的重要因素。因而，国家或上级政府源源不断的项目投入，就成为边境开发与建设的主要形式和根本途径。在这一导向之下，向上争取项目、获取立项支持，便构成了边境地区推进地方治理的重要行径。

再次，促进边境的经济社会发展。经济欠发达以及由此而至的整体性的社会发育水平低下，社会进程缓慢，贫困的广度、深度、宽度大等，是长期制约边境地区现代化建设的关键性因素。为此，国家实施了一系列旨在提振边境经济社会发展的政策举措，较为典型的有以下三种。一是推进边境贸易发展。充分挖掘和利用"边"的资源，最大限度地发挥"边"所内含的积极效应，无疑是就地实现边境县域经济社会发展的便利途径。为此，构筑并依托于口岸、边民互市点、边境经济合作区、跨境经济合作区等载体和平台，推动形式各异、层次纷呈的边境贸易的纵深发展，已然成为助推边境区域经济社会发展的重要支点。二是发展边境特色优势产业。挖掘、提炼和推介富于边境地方特色的产业，是坐实进而实现区域发展的重要支柱。显然，针对沿边一带潜藏的丰富多样的产业资源，如水资源、生物资源、矿产资源、农特资源、民族文化资源、旅游资源等，努力把这些自然资源转化为治理资源进而转化为治理优势，已成为边境县治理的基本共识，并得到了国家和上级政府的认可以及相应的政策引导和支持。三是加强边境社会建设。边境社会建设，旨在解决一切涉及、攸关边民切身利益的各项民生事宜，如就业、就学、就医、社会保障、健康等。这一点在边境地区具有特别的意义，并为国家决策层所关注和强调，如在国家出台的《"兴边富民行动"十三五规划》中，便专门提及了"民生安边"这一新理念。显然，边境社会建设的水平和程度，直接关系边民能否安心居边以及居边脱贫进而居边致富的可能。

最后，维护边境社会秩序。边境社会由以边民为主体的边境居民所组成。在任何社会条件下，"秩序是先于其他一切价值的"。① 关涉边境发展、安全、稳定、和谐等的各项议题，无不关联着边境秩序问题。也就是说，一定程度的必需的秩序供给和秩序基础是这些核心事项得以有效推进的前提条件。因而，在边境县治理中，构塑、维系和巩固良好的边境社会秩序，也就成为边境地方实施治理的内在要求和必然逻辑，其中尤以一般性的社会管理问题和特殊性的社会管理问题为主。前者主要围绕一般的社会治安管理而展开，如利益矛盾和冲突的调处、社会治安事件的处置、专项化的"扫黑除恶"行

---

① 〔美〕格伦·蒂德：《政治思维：永恒的困惑》，潘世强译，浙江人民出版社1988年版，第112页。

动等；后者主要立足于"跨境"基础上的活动而进行，如边民的跨境管控、境外人员的管理、跨境流动人口的管理、非法跨境行为的防控等。

三 边境县治理中的"边治"路径

所谓"边治"路径，意指立足于"边"的特殊内涵和属性来进行边境治理的实践过程。在实践层面，边境县在面临一般县域问题的同时，还直面各种基于"边"之基础上的特定边境事务和问题，而且对应和承接着国家边境治理的各项安排和任务，构成了国家边境治理的具体实践形式和最终实现环节。毕竟，这些特定的边境事务和问题，存在于一定的县域范围之内，并有赖于在该区域范畴基础上来解决，且边境治理也需要转化为一般性的地方治理或基层治理，并在特定的行政区域内方可真正实现。与此相对应，在边境县治理之中，自然也就蕴涵"边治"这样一条实践路径及趋向。边境县治理中的"边治"路径，主要解决"边"之特性基础上产生的各种特定边境问题，以达成一定的边境治理目标为依归，属于边境县治理的特殊性范畴。其中，通过实施具有专门性、针对性和特殊性的边境治理举措、手段和方法等，来解决特定的边境问题，常常是边境县治理中"边治"路径的具体体现。对此，可从以下三个维度来加以认知。

一是开展了专项性的治理行动。我国的疆域面积广阔，由于各个区域之间的异质性和差异性，自古以来在国家的整体疆域结构中，便始终存在"核心—边缘"的疆域形态及其分殊。这样一种情况便催生和孕育了针对边缘性区域而开展的治理实践，即"运动式治理"。对此，最早可追溯到首先萌生和发端于晚清新政时期实施的"边疆迁移垦荒"行为，以及后来国民政府开展的"开垦蒙荒运动""乡村建设运动""边疆服务运动"。① 需要指出的是，运动式治理的形成需要以国家或政府极强的政治动员和宣传能力，尤其是政治权力对基层社会的整合能力为前提。这样来看，晚清和民国时期对边疆进行的社会运动治理行动，因受制于当初"皇权不下乡"体制的限制以及民国政权的破碎性影响，其至多只能算作运动式治理的雏形和始端。显然，真正意义的运动式治理方式的确立和广泛运用，是在新中国成立之后的事。这一时期，较为典型的有边疆社会改造、屯垦戍边、移民开发、开发北大荒、西部大开发等规划及行动。② 在这一进程中，伴随边疆治理的持续进行和深入推进，作为民族国家时代特有的政治地理空间现象——边境的战略地位、作用和意义逐渐显现，并在边疆基础之上成为一个单独的需要特别予以关注的治理领域。这样，于20世纪90年代末期，形成并实施了专门针对边境治理的"兴边富民行动"。这一行动规划延续至今，所产生的影响和意义可谓深远，并构成了国家边境治理的行动纲领。而对于坐拥广袤边境线的云南，则更进一步实施了旨在改善沿边群众生产生活条件的三年行动计划。③ 可以看到，目前所有的边境县的县域治理实践，无不是在遵循、贯彻和落实国家统一的专项性边境治理行动谋划、部署和安排基础上进行的。同时通过这些力度空前的专项性治理行动，边境区域的整体面貌随之发生了翻天覆地的变化。

二是实施了专门性的治理政策。客观而言，新中国成立以来的边境治理，在很长一段时间内是从属和内含于边疆治理范畴之中并通过边疆治理方式来予以实现的。当然，这与边境在这一期间的重要

---

① 参见孙保全《中国民族国家构建与边疆架构的转型》，云南大学博士学位论文，2016，第234-236页。
② 参见周平主编《中国边疆政治学》，中央编译出版社2015年版，第63页。
③ 详见《云南省深入实施兴边富民工程改善沿边群众生产生活条件三年行动计划（2015—2017年）》（云政办发〔2015〕57号）。

性未能充分凸显，进而未受到足够重视有关，其中还有国际国内其他因素的限制。从边疆治理视域来看，新中国成立之后所采取的专项性边疆治理政策是多种多样的，涵盖边疆地方政权建设、民族工作、开发与建设、经济发展、边境管理与维护等领域。应该说，这些政策体系是全面的、系统的、深入的，涉及边疆社会的方方面面，治理力度之大是空前的，由此而与王朝国家时代的传统边疆治理方式，即以"恩威并施""因俗而治""以夷制夷"等为基本范畴或内核的治边之策的狭隘性、单一性有本质性的区别。而边境及其治理的被关注并付诸实践，则与全球化、区域一体化的迅猛发展大势密不可分。在这一过程中，边境在国家整体发展和外向发展中的战略支点作用及地位也越来越突出，并渐至成为国家治理中的一个特殊领域和重要版块。在此期间的"边治"之策，主要围绕沿边开发开放和兴边富民行动来实施，从而形成了丰富多样的边境治理政策体系，涉及社会保障、民生、扶贫、产业、财税、金融、土地、口岸、边境贸易、生态补偿、人才等诸多特定政策举措。在很大程度上，边境地方尤其是边境基层治理实践，就是在这些具有显著边境内涵和特色的政策体系、政策工具的指导、执行和落实基础上得以推进的，并由此实现了治理边境的功能和要求。

三是形成了特殊性的治理领域。在边境地方治理中，除了一般性的区域治理事务，还有诸多"边治"内涵和特点显著的边境事务及问题。需要特别强调的是，这些事项是边境区域特有的，所进行的治理实践也是边境区域独有的，因而常常需要采取具有针对性、专项化、特殊性的政策举措来加以治理，这也构成了边境县域治理实践中的特殊领域。第一，边防建设。"有国必有边，有边必有防。"加强边防建设，不仅关系边境安全，也关系内地的安全、发展和稳定局面。这样，于边境设防，建立常态化的边境管控体系，便是边境国防建设的题中之意。除边境驻军系统之外，这一重任自然也落到边境地方身上，并构成了其重要的治理议题。第二，边境管控。现实中，边境管控主要围绕"边界"和"跨境"维度而展开，前者涉及边界、界标、边民、出入境、边境生产作业等方面的管理，后者涉及非法跨界、非法移民、跨境犯罪、边境处突等事项。当然，这两方面完全可能出现交叉、重叠的情况，并进一步导致边境管控形势的剧化，这也凸显了"边治"实践的重要性。第三，边境特殊区域管理。在边境地区，还存有一些特有的并需专门划定进而予以特别治理的区域，典型的有口岸、边境通道、边境小道或便道、边境禁区、边境旅游区、红色教育基地等。因而，针对这样的边境现实，除了遵循一般的地方治理逻辑，更多地还需依照或结合"边治"路径来进行治理，这也构成了边境县治理的重要实践维度。

四 "边治"与"县治"的结合

可以看到，边境县的县域属性和边境属性是十分明显的。在此基础上形成的边境县的治理，其实主要就是围绕"边治"和"县治"维度而展开的逻辑实践过程，二者共同构成了边境县治理的基本路径。当然，这种形式上的相对划分和区别，不过是治理实践中的各有偏向或侧重不同而已，虽分别对应着不同的问题领域和具体指向，本质上却难以掩盖二者有机结合、相互促进和合而为一的特性，并由此从根本上确保了边境县治理过程的完整实现，尤其是既定国家边境治理目标的顺利达成。

首先，"边治"与"县治"的结合可能。作为两个重要的治理维度，"边治"和"县治"乃边境县治理中的"一体两面"，相互间存在高度的相关性、契合性和一致性，这就为二者的有机结合提供了可能。一方面，"边治"要以"县治"为基础。显而易见的是，"县治"领域中的边境基础设施建设、社会公共服务体系建设、经济社会发展等，可以为"边治"实践的推进创造条件、提供保障。与此同时,"边治"实践所涉及的各种特定边境事务和问题的治理,都存在于既定的边境县辖区之内,并要转化为一定的区域治理形式才能更好地得以解决。另一方面,"县治"要以"边治"为保障。在边境范围之内,除一般性的县域事务,往往还有诸多特殊性的边境事务,如边界管控、出入境管理、口岸管理、非法跨境活动防控、边境处突等,并需要采取专门、特殊的治理举措。显然,针对这些特殊性,单纯的县域治理方式是难以奏效的,而有赖于"边治"功能的发挥。在实践层面,"边治"和"县治"是在政府这一核心治理主体主导下的各有偏重又互为一体的政治过程,统一的国家和地方行政建制及其治理的制度框架为二者的有机结合奠定了坚实的政治基础和制度保障。这也意味着,任何一方面的治理弱化,都将导致另一方治理效能的衰减,进而滞迟边境治理的整体效果。可见,在边境县及其治理中,唯有立足于"边治"与"县治"相结合的视域,方能实现最大化的边境治理效果。

其次,"边治"与"县治"的结合体现。就实际情形来看,不论是专门性的边境治理方略,还是一般性的区域治理部署,无不程度各异、深浅不一地内涵并体现着"边治"与"县治"交叉、互促和共进的实践趋向。一是在治理主体结构方面,边境县政府中的各部门除要履行一般性的县域治理任务,还会程度不一地涉及一定的"边治"事务,需要发挥一定的"边治"功能。例如,边境管控虽以边防部队为主,但也涉及公安、外事、国土、发改等职能机构。同时,驻军系统作为专门针对特殊"边治"事务的重要主体,除日常的勤务实务外,因置身边境县域之中,因而也承担一定的"县治"任务、发挥一定的"县治"功能。二是在边境治理的具体举措方面,较为突出的是,国家或上级政府制定出台的专项化边境治理方略在边境地方落地之后,一定程度上常常成为边境地方,尤其是边境基层赖以实施边境区域治理的重要举措,从而体现了"边治"特色与"县治"内涵、"边治"路径与"县治"路径的完美结合。三是在国家整体的治理谋划方面,面对我国各区域间的差异性和异质性现状,分别形成了国家治理中整齐划一和差别化的治理取向与实践形式。前者为国家治理中的"常态",具有一定的普遍性、稳定性和延续性;后者则是国家治理中的"例外",属于特殊性、专门性和临时性的制度框架体系。而边境这一特定区域对于国家治理中的这两种制度安排和实践形式,都有着内在的需求和深刻体现,并在根本上起到了治理边境的作用,为达成既定边境治理目标发挥了应有的作用。

最后,"边治"与"县治"的结合维度。毋庸置疑,"边治"与"县治"的有机结合,并非自然而然的结果,它完全是一个综合各方面因素的必然逻辑体现和结果,并深刻存在于各个治理维度之中。一是制度维度。在我国中央集权体制之下,统一的政治体系建构以及全国整齐划一的地方建制,是"边治"与"县治"结合的制度基础和政治保障。应该说,离开这一点,"边治"或"县治"都将难以由可能成为现实,更难以走向统一进而结合,更不可能成为边境地方尤其是边境基层赖以实施治理的基本依赖路径。二是行政维度。在政治时代,无论何种层面、性质、类型的治理活动,也不论核心区治理,抑或边缘地带治理,无疑都离不开政府这一核心主体的主导。由是,在边境县域之内,由于县域治理和边境治理的双重要求,分别形成了"边治"和"县治"的实践形式,在此过程中,边境地方政府的行政管理功能和治理主导地位,又使二者有机、完整地结合到了一起。三是实践维度。在边境这一特定的地理空间范围内,其所面临的最大现实便是,既有一般性的县域事务及其问题,又直面特殊性的边境事务及其问题。而这一现实情势体现到具体的边境县治理过程之中,也就分别对应"边治"和"县治"的实践维度、具体要求以及二者的内在结合过程。

生存政治与边区历史

——明代以降盏西土目孟氏研究

张柏惠[*]

摘　要　明朝国家在向西南边疆拓展的过程中，许多土著头目开始了他们的身份变化，盏西土目便是其中一员。盏西土目在明代以"军功"崛起，成为明廷分封下南甸宣抚司的地方头目。明清易代，通过成为清廷边防关隘的把总，其成功依附清廷，逐渐摆脱南甸土司的管控并与之对抗。清代中期盏西土目正式隶属于腾越州管辖后，除展开与南甸土司的争夺战外，进一步实践着对汉人文化的"依附"。后来，其"背叛"清廷，选择联合地方固有势力集团在战乱中以求生存。清末，盏西土目主导的地方叛乱不断发生，使得其丧失了清廷所看重的维持地方秩序的能力，中英划界中清廷不惜牺牲土司、土目的领地以求暂时平稳的举措亦使得其走上反清的道路。盏西土目家族的生存实录所反映的，不仅是土目与土司、国家之间的博弈，更是滇西南地方历史发展脉络的一个侧面。

关键词　盏西；土目；明清；生存政治

DOI：10.13835/b.eayn.25.14

有关云南西南边陲盏西土目孟氏的事迹以及盏西地方（今盈江县盏西镇）的史事记载历来甚微且略，学界的相关研究也较少。对于土目的研究，李世愉在其著述中将史籍所载土目分为三种：一是指没有经过国家授职的土酋，即土人之头目；二是指帮助土司进行内部管理的头目，即土司之佐官；三是指土司中最末的一个等级，具有世袭性质，至清代才出现。[①] 而对于土司与土目的关系，其仅论述了土目为土司佐官的情况。成臻铭在其著述中指出土目具有领兵、朝贡、提唤三种职能，并且这些职能有不断转化的趋势。[②] 这些研究展示了土司制度中土目设置的大致情况，但对于制度设计和国家实践来说，地方的视角缺失，并且土目与土司以及国家之间的互动，土目对于地方管理的实际运作是如何展开的，我们并不能从现有的研究中知晓。

众多学者已经运用不同的族谱或家谱做出了成果丰硕的研究，其中刘志伟翔实地论述了广东番禺沙湾何氏家族建构祖先的过程，从而揭示了祖先谱系的重构过程及其意义，同时表明宗族的历史记述

---

[*] 张柏惠，北京大学历史学系博士生。
① 李世愉：《清代土司制度考论》，中国社会科学出版社1998年版，第172-175页；李世愉：《试论土目内涵的演变及其在土司制度中的地位和作用》，《民族研究》1987年第3期。
② 成臻铭：《论明清时期土目的职能及其转变》，《青海民族研究》2007年第3期。

反映了明代珠三角社会发展的一个关键转变，即定居和国家认同的形成。①

在这样的学术背景之下，本文以盈江县档案馆藏盏西土目孟氏家谱为线索，分析其重构祖先谱系的过程，并且参之留存的文书档案，试图刻画其家族由明至清的生存实录并借此管窥滇西南地方历史发展的脉络。②

一 家谱编纂的过程与背景

现所留存的盏西土目家谱共有三种汉文抄本。一是1982年过录咸丰十一年（1861）的抄本，该谱共有三个部分：一为咸丰十一年之谱序；二为"宗图"，共记三十二世之世系，附述祖先自后汉至明正统年间简历；三为乾隆四十三年（1728）所纂"孟国桢墓志铭"。

该谱序言为咸丰十一年孟氏后人孟曰善、孟允善所写，基本上交代了其孟姓的来源，俨然是中原士大夫所流行的编谱模式：以书写孟姓起源将其先祖与中原王朝的名人望族联系在一起，来提高家族的声誉和地位。序言的第二部分是叙述其祖如何迁滇、落业盏西的过程。同我们常见的中原世家编谱叙述的情节相同，该部分重构了早已"迷失"的祖先事迹，附和诸葛亮南征事迹，为其先祖南迁腾城提供历史依据。以清志中所记载的人物孟琰作为其先祖，并以其山东府人氏的身份来塑造盏西土目家族为中原汉族的形象。其后略去二十三世之事而转接元代第二十四世祖孟光，以"慕祖"为由将山东籍的一世祖孟琰与南京籍的二十四世祖孟光联系在了一起，并以此作为其迁往腾城、莅任腾越知府的原因。查诸史籍，孟光确为元代时腾冲府知府，但其为四川成都人氏。③家谱中对于孟光的描写，可见孟光已成为孟氏家族将其世系从元代重新接连起来的关键人物，而为了与之前乾隆底本上报时就已确定的南京籍先祖相对应，孟光摇身一变成为南京应天府人氏。之后有关明代永昌、腾冲、盏西、岗峨支派的罗列，表明此番修谱时或之前孟氏一族已经在腾越地区展开了联宗的活动。

序中虽然提及多个宗支分脉，但咸丰本对于世系只记录了直系未有支系。④该谱记录到明正统年间其三十二世祖的事迹为止，此后便附上了一份乾隆四十三年所立的"孟国桢墓志铭"。照墓志铭所述，其先祖"原籍南京应天府上元县人氏，洪武十三年随师征剿"，后"钦准授腾冲卫土司总兵官督旅"职，其子闷佐为湾甸州职判，于崇祯十六年（1643）递职于闷德云。墓志铭中有关先祖事迹的追溯虽自明初起，但祖先名字被明确提出则是从另一光绪谱中所载第十二世祖"闷佐"开始，其后闷德云的承袭时间也与光绪本一致。从咸丰本记述来看，该谱序及世系极可能是在孟氏联宗后盏西土目孟氏从其他支系的谱中誊抄而来，其后在世系中加上了本支祖先以及乾隆年间其祖孟国桢的墓志铭而编修成一体。如前所述，可以推测正是为了掩盖其土著身份、强调其自中原迁来的汉人身份以形成在战乱中的一种"身份保护"，盏西土目编修了该谱。

第二份家谱是光绪年间的抄本，全谱共记十五世之世系，述其祖先自明初至乾隆三十一年之事迹，

---

① 刘志伟：《祖先谱系的重构及其意义——珠江三角洲一个宗族的个案分析》，《中国社会经济史研究》1992年第4期；刘志伟：《附会、传说与历史真实——珠江三角洲族谱中宗族历史的叙事结构及其意义》，载郑振满主编《族谱研究》第一辑，社会科学文献出版社2013年版，第317－329页。
② 因盈江县档案馆对于土司部分档案不开放，因此笔者未能见到原件，本文所参考的史料是《德宏史志资料》抄录的有关盏西土目原档案。
③ （清）罗纶、李文渊纂修康熙《永昌府志》卷二十《古迹·丘墓附·腾越州》，《北京图书馆古籍珍本丛刊》第45册，书目文献出版社1998年影印版，第1040页。
④ 《孟氏家谱》，载德宏州史志编委办公室编《德宏史志资料》第十一集，德宏州民族出版社1988年版，第143－144页。

并说明"疆界四至"、附录一则（光绪时讼案）及编谱的说明。与咸丰本所编写的祖先世系对比，光绪本则陈述了另一个完全不同的祖先世系，可见两谱并未有"续修"的关系，而是独立编修的不同家谱。据文末所记，光绪十一年（1885）四至五月，"因被族恶散敖、扫应等谋害"一事，腾越厅派官员查办，"有文武两宪委员及各边防持事，同为安抚"，随后"看明原籍，到腾始莫，请人另写之后，以传后代"。无疑光绪年间的这一宗案件成为盏西土目编修此份家谱的契机。家谱开头便写道，"今将祖籍以来历代建功受职履历开呈"，对于一世祖至十四世祖的事迹描述较为简略，而对于十五世祖闷荣升的事迹记载尤为详细。但关于十五世祖之事迹记至乾隆三十一年便戛然而止，并在此后写明"为此具册"并列上"须至册者"之疆界四至、所管关隘以及所辖土著夷民户数的详细信息。仔细分析其世系以及疆界四至之内容，我们可以推测此份家谱并非光绪年时才开始撰写，似为光绪时誊写之前家族中所留存上报官府的文书而成，而底本文书修成的时间可能在乾隆三十一年后不久的几年。

如若底本文书的编修时间确为乾隆三十一年后，那么此时到底发生了什么使得盏西土目编写此份文书？嘉庆十年（1805）盏西土目呈送给腾越州的禀文可以为我们解开谜团。自雍正以来南甸土司对盏西土目步步相逼，不仅借机侵占其田土，更是对盏西土目承袭一事暗中作梗，企图谋夺其职，至乾隆十六年时，盏西土目闷荣升因平夷有功而被加升为千夫长，随后南甸土司起夷兵千余烧杀盏西土目管属的蛮章、蛮牙寨，并"将坝尾田土尽行霸去"，闷荣升抵抗失败后逃往旧城另招村寨。① 闷荣升去世后，其弟闷荣进接任盏西土目职位。闷荣进于乾隆三十五年向腾越州申诉未果后，又于乾隆四十七年委其庶兄孟连城、孟连芳、孟怀纪等向腾越州禀告失职、叠吞一案，并请求州府能"编粮以免侵吞"，但据其所述，在南甸土司贿赂了腾越知州后，腾越知州非但没有秉公处理，反倒是将其庶兄三人交与南甸，三人先后死于南甸宣抚手中。② 而乾隆三十一年前后清廷对缅战争亦在激烈的进行中。据此我们大致可以判断乾隆年间底本文书就是在盏西土目与南甸土司发生争斗、清廷对缅战争持续的背景下编修而成。

盏西土目的第三份家谱未写明编修时间，封面题"盏西孟氏祖籍顶辈宗图履历宗谱序"，开篇为世系名字简表，共记二十二世，二十六人，随后便详述其先祖自明初至民国三十四年（1945）的事迹，全文用水笔横书，似为后人誊写之本。文中对于祖先事迹的记载颇为详细，但其二十二世孟守义并未同前二十一世一样以"世祖"身份被记录，且其事迹亦记述至民国三十四年便止，我们可知该谱原稿应为孟守义任盏西土目时于新中国成立前后所修。此时正值新一轮的政权更迭时期，盏西土目家族为了得以在新政权下继续拥有对盏西地方的管理权，因而编修了该谱。

自二世祖闷散起，民国本便开始叙述明初至洪武四年以前的事迹，其事迹抄自光绪本的叙述，将光绪本从洪武四年（1371）至洪武三十五年的空白处填补上了，但记述的事件错乱不清、漏洞百出。其中，在洪武二十一年，其二世祖因军功被授予千夫长管理地方，而在洪武三十年盏西已升为宣抚司，成为"三宣"③之一。可以看出这些记述几乎是摘选明初腾冲地方的几个关键战事以及攀附南甸、干崖、陇川三宣的史事而写成，并且叙述中有意将南甸土司事迹改述为其先祖的经历。不难看出此番改动背后所隐藏的盏西土目与南甸土司的多年积怨以及欲取而代之的企图。

---

① 《盏西土目孟正泰给腾越厅禀》，光绪十五年四月，载德宏州史志编委办公室编《德宏史志资料》第十一集，德宏州民族出版社1988年版，第150 – 151页。
② 《盏西土把总孟体圣给腾越州禀》，嘉庆十年，载德宏州史志编委办公室编《德宏史志资料》第十一集，德宏州民族出版社1988年版，第147页。
③ 即腾冲西南面之南甸宣抚司、干崖宣抚司、陇川宣抚司。

二 力量的积蓄与权力的依附

云南自明代以降归入国家版图，而滇西南的大、小土司、土目亦逐渐被国家纳入麾下。盏西土目的事迹几乎未留存于官方所修的史料之中，但仔细拨检盏西土目所留存的家谱，我们大致能看到盏西土目由明至清不断积蓄自身力量、扎根地方并进而摆脱南甸土司掌控、依附王朝政权的诉求与过程。

盏西土目家族于明初的事迹如今已很难详细追溯，其家谱对于明初事迹的记载也颇为失实，但沿着家谱叙述的线索我们大致能追述一些盏西土目于明代所留的踪迹。盏西土目光绪本家谱自明初开始追溯其一世祖的事迹，一世祖为其始迁祖，迁往云南的原因为随明大军南征开滇。其落业盏西后的军功便是在洪武二年征剿刀干猛叛乱之事中的有所作为。洪武二年明大军尚未入滇，征剿刀干猛之事亦发生于明大军平滇（即攻下大理）后的洪武三十年。[①] 元明易代之际，滇西南部的麓川思氏趁机崛起，明军攻下大理后，其虽遣使向明军表示臣服，但暗中仍在不断扩充自己的势力，恰在洪武二十九年麓川思伦发手下掌管南甸州的酋首刀干孟发动针对思氏的叛乱。[②] 光绪本家谱所记洪武三年征刀猛寨之事，即为明军派兵征讨南甸刀干孟之事。最终刀干孟不敌明军，便遣人入贡，乞明廷"授土官职事"。[③]

光绪本家谱续之洪武三十五年一世祖闷散又因抓捕到叛军四人被选任为招岗，管理民、兵事务。[④] 如其所述，此时任职昭纲，表明其未归属于明廷而仍是麓川思氏的下属力量之一。至永乐四年（1406），盏西土目闷散便赴京进贡，"蒙敕下兵部颁给文凭，准任百夫长，事例具奏"，永乐五年，"钦准除授腾冲卫千户所百夫长，照试百户事"。[⑤] 此段事迹的记录表明其一世祖由此正式归附明廷，并被授予官职。永乐十一年，闷散再次赴京进贡，而此次进贡后明廷便"照湾甸等州事例，另立衙门，事奉吏部颁给法字十二号勘合开设南甸州，拨州任事，永乐十二年七月十三日到任，永乐二十二年七月十三日在任故"。[⑥] 按照孟氏家谱所述，永乐十一年明廷设立南甸州，并任命闷散为南甸州土知州。翻检史籍，可知永乐五年，南甸土司第三十三世祖"刀贡蛮袭南甸百夫长……备方物马匹进贡，钦升腾冲千户所千户夫长，兼试千户，具告要照湾甸州知州刀景发例，另立衙门，自当百夷儿女安业当差"。[⑦] 而南甸此时仍为麓川思氏势力下的府之一，南甸府改为直隶州则是在永乐十二年。[⑧] 显然盏西土目孟氏将南甸土司永乐年间的事迹直接截取嫁接到自己始祖的身上，此种有意而为之的写法再次将矛头对准了南甸土司。

那么我们不禁要追问南甸与盏西到底存在什么关系，以至于两者有如此纠葛？从地理位置我们可知，盏西在南甸所辖境内，据南甸土司刀氏宗谱所载，南甸设为直隶州后，其下领二地，一为曩宋，二为盏西。[⑨] 明、清史料中有关明代盏西建制的记录也仅有一条："正统八年，其酋刀氏（南甸土司）

[①]《明太祖实录》卷二百五十五，洪武三十年十一月癸酉条。
[②]《明太祖实录》卷二百五十五，洪武三十年十一月癸酉条。
[③]《明太祖实录》卷二百五十五，洪武三十年十二月乙巳条。
[④] "招岗"即"昭纲"，指土酋地区管理千人的官职。参看（明）钱古训，江应樑校注：《百夷传校注》，云南人民出版社1980年版，第68页。
[⑤]《盏西土目孟氏家谱》，载德宏州史志编委办公室编《德宏史志资料》第十一集，德宏州民族出版社1988年版，第145-147页。
[⑥]《盏西土目孟氏家谱》。
[⑦]（明）佚名：《土官底簿》卷下，《云南·南甸州知州》，《景印文渊阁四库全书》第599册，（台湾）商务印书馆1983年影印版，第385页。
[⑧]《明太宗实录》卷一百四十七，永乐十二年正月己亥条。
[⑨]《南甸司刀刀龚氏世系宗谱》卷一，载德宏州史志编委办公室编《德宏史志资料》第一集，德宏州民族出版社1985年版，第201页。

以麓川功升宣抚司，辖部有罗布司庄与小陇川，皆百夫长之分地。知事谢氏居曩宋，闷氏居盏西。"① 关于盏西建制的时间我们不得而知，但可以肯定的是至迟于正统八年（1443）已经设治盏西，而闷氏也是作为南甸司刀氏下属的知事而管辖盏西。

盏西土目第十三世祖闷德云自崇祯十六年承袭后，至康熙二十年（1681）在任病故，于是传其子闷国祥、闷国桢弟兄二人。② 按家谱中所述，康熙三十六年国桢兄弟招安弩手，"在神护关住垦耕种把守汛地，防范外夷，办理首领事务"。③ 万历二十二年（1594），巡抚陈用宾在腾冲西南边地设立八关防范外夷，其中一关便是神护关。④ 神护关设立在距盏西四十里地外的猛戛山，⑤ 归南甸宣抚司所属。⑥ 明廷设立神护关的目的是以此控制茶山、古勇、威缅、迤西等处要路。⑦ 康熙年间清廷在盏西设隘，并派汛兵（实为土弁）把守盏西隘以及神护关，而汛兵隶属于腾越州管辖。⑧ 盏西土目家谱中记述其在康熙三十六年已耕种、把守神护关汛地之事我们无法考证，但其记录表明在清初时，盏西土目已为清朝的边务出力。

查对实录，乾隆二十七年对缅战争开始后，因腾冲西南土司地区"地处极边，界连外域"，清廷随之在各关、隘要口添兵设防，并令各土司选立干练头目督率巡防。清缅战事消耗巨大，而清军将部分军事的负担转嫁于地方土司、土目身上，盏西土目闷氏亦不堪这连年战事之苦。⑨

盏西土目光绪本的记事至乾隆三十一年便戛然而止，家谱于世系末列上了盏西地方的四至及所管关隘。

> 为此具册，须至册者：一疆界四至，一东至鱼刀四十里，交州属猛蚌界；南至上猛卡库吒六十里，交干崖土司界；西至蛮埋一百二十里，交野人界；北至蛮旦江六十里，交州属古勇界。一所管关隘。一神护关，止那、蛮奔隘。一所土著夷民，一盏西一百八十户，一止那四十户。⑩

盏西土目所辖范围现存史料均无记载，从上面的论述，可知其所辖地界在南甸宣抚司辖境内。如前所述，明代盏西地方下辖于南甸宣抚司。依照南甸土司家谱⑪所记，雍正年间在云南推行的改土归流虽然未涉及南甸宣抚司，但其辖境内的地盘仍被清廷拆分了不少。

经历了乾隆年间的事后，盏西土目并未索回被南甸司夺取的田土，境内其他的土地也是因"先年出典各户契据、印信至今可验"才得以留存，而后"经升府详查源流，赏以便委土把总之职"盏西土目家族得以续任官职。⑫ 值得注意的是，对于明清易代之事，光绪本的家谱并未做些许的记载，而清初南甸土司却企图谋夺盏西土目的职位，强霸其产业。光绪本家谱虽然隐藏着诸多对南甸土司的不满以及欲取而代之的企图，但并未明确指出与南甸司之间的恩怨纠葛。而在嘉庆十年盏西土目孟体圣呈

---

① （明）刘文征纂修，古永继点校天启《滇志》卷三十《羁縻志·属夷·南甸宣抚司》，云南教育出版社1991年版，第989页。
② 《盏西土目孟氏谱牒》，载德宏州史志编委办公室编《德宏史志资料》第十一集，德宏民族出版社1988年版，第171－177页。
③ 《盏西土目孟氏家谱》。
④ （清）刘毓珂等纂修光绪《永昌府志》卷二十九《武备志·边防》，《中国地方志集成·云南府县志辑》第38册，凤凰出版社2011年影印版，第136页。
⑤ （清）屠述濂修乾隆《腾越州志》卷三《山水》，成文出版社1967年影印版，第36页。
⑥ （清）赵端礼纂，陈宗海修光绪《腾越厅志》卷十一《武备志·边防》，成文出版社1967年影印版，第183页。
⑦ 康熙《永昌府志》卷四《山川·关哨附·腾越州》，第917页。
⑧ 康熙《永昌府志》卷十三《兵制·腾越协·汛防》，第973页。
⑨ 《盏西土目孟氏家谱》。
⑩ 《盏西土目孟氏家谱》。
⑪ 《南甸司刀龚氏世系宗谱》卷三，第216页。
⑫ 《盏西土把总孟体圣给腾越州禀》，嘉庆十年。

送给腾越厅的禀文中，却是清晰地历数南甸司对盏西的种种迫害之举，在该禀文的结尾落款处我们注意到其特别属为"腾越统辖、盏西土便委把总"。盏西何时划归腾越州管辖均不见史料的记载，据上所述我们不妨做一大胆推测，盏西正是在乾隆后期至嘉庆初年间从南甸司的管辖范围中被划出而直属于腾越州统辖。因此碍于此时南甸宣抚司仍为其"上司"的事实，光绪本家谱中所含乾隆本底本的叙述并未直书对南甸的愤懑，而在盏西划属于腾越州管辖后，盏西倚仗着清廷这一"靠山"得以"明目张胆"地对抗南甸司。

盏西地界毗邻南甸司地界，而盏西土目经过明代的积蓄后已在地方建立了根基，虽然无法与南甸司相提并论，但仍是地方的一股强劲势力。明清易代时，南甸司欲趁势吞并盏西，清廷出于防守与制衡的需要保留了盏西土目的势力，从此，盏西也借势倒向或者说只能依附清廷保全并发展自身。入清以来，清廷不断蚕食土司地界，加之雍正后改流的逐渐推行，南甸司无力与清廷政权对抗便转向侵夺土司、土目体系中的弱小者，盏西土目便是其中一员。而盏西土目家族则通过依附清廷政权在与周边势力的不断争斗中求得生存。

三 族谱掩盖下的真实

在"名正言顺"地脱离了南甸宣抚司之后，盏西土目正式展开与南甸土司的对抗，虽然盏西此时已归属于腾越厅管辖，但在清中、后期的地方动乱中，盏西土目面对清廷时却并非如其在家谱中所记述的那般忠心耿耿。

从盏西地区留存下的档案来看，南甸司继前述乾隆三十五年与盏西展开田土争夺战后，嘉庆初年其再次出兵袭击盏西旧城，盏西土目闷朝品携其眷属退往烘弄、杨化，南甸司军继续追击，盏西土目无奈又只得逃往团坡。① 至嘉庆二十一年"庄主阅边，亲临盏西"，令南甸司与盏西"以江为界，各守疆土"，并"招安夷寨团坡、旧城等寨"，事情才有所缓和。②

嘉庆之事却持续发酵至道光十二年（1832）。盏西土目于道光十二年七月向腾越州呈上了一份禀文，③ 其中说明了嘉庆年的纠纷。此次纷争由腾越州府出面解决，将丙印、蛮冷等一百五十箩田土判给盏西土目，而盏西土目随后将这些田土编粮纳税，从而证明其在官方上"合法"拥有了这些田土。但南甸土司并未就此罢手，两者争抢田土之事再次衍生为地方械斗。争斗断断续续至道光二十一年腾越厅府再次出面调解才得以暂缓。④ 盏西争夺田土之事刚平息不久，道光二十六年南甸土司辖境内便又发生了一起影响颇大的动乱，盏西土目家谱将此次动乱浓墨重彩地记述为南甸司的叛乱事件："至道光二十六年，南甸二护印造反，烧杀河西、曩宋关一带。"⑤

南甸司于道光年间发生的暴乱事件使得南甸地方陷入混乱。据《腾越厅志》所记，事情发生于道光二十一年秋，刀鸿绪"纵其弟护印刀承绪大掠河西弄焕民田，殴毙田主周文广"，于是"河西练绅民具控到厅，同知庄粤台屡调听审，承绪等抗不赴案"。⑥ 随后，刀承绪与刀三用等又率领夷众抢掠曩

---

① 《盏西土目孟正泰给腾越厅禀》，光绪十五年四月。
② 《盏西土目孟氏谱牒》。
③ 《盏西土目孟氏给腾越州禀》，道光十二年七月十二日，载德宏州史志编委办公室编《德宏史志资料》第十一集，第148页。
④ 《盏西土目孟正泰给腾越厅禀》，光绪十五年四月。
⑤ 《盏西土目孟氏谱牒》。
⑥ 光绪《腾越厅志》卷十一《武备志·戎事》，第193页。

宋关民田，并抢劫官仓，曩宋关民众上告腾越厅，但知州吴均无力处理，让其赴永昌告状并寻求支援。① 道光二十三年，"刀承绪邀结六司管布黑等，率其凶党由沙沟园、遮岛直犯河西，烧民村七十四寨及明朗萧家庄，并围曩宋关，延烧河东二十寨"，② 盏西土目家谱中所说二护印即指刀承绪。事情愈演愈烈，后云贵总督阿桂亲自率师前往，并命迤东道周澍会同提督汪道成、腾越镇世泰、永昌府陈桐生亲赴南甸，清军攻克猛来，刀承绪因此逃到陇川。阿桂便令经历马伟堂、陇川土司多廷侯追捕刀承绪，其被抓获后押解至省府处死，南甸土司刀鸿绪也被治罪。③ 盏西与南甸积怨已久，因此在其家谱中便对南甸土司的此次"叛乱"大加书写。

其间双方又经历了多次战乱，至光绪十一年缅甸都城被英军攻下，边地告急，次年，南甸司再次与盏西发生内部战事，此次战事不同于以往，腾越厅亦参与其中。照家谱中所述南甸土司贿赂腾越厅同知陈宗海后，使其出兵攻打盏西，事后将盏西土目逼逃出境并把盏西部分所属田土划给南甸司。④ 从现今留存的光绪十三年盏西土目就此事上告腾越厅的禀文看，腾越厅出兵将此战乱平复后，便将南甸宣抚与盏西土目共同收押入狱，而在此期间孟正泰连月上书禀文。⑤ 事情毫无转机，腾越厅同知陈宗海除了将盏西土目田土划给南甸司外，亦借机将盏西土目家产改作官衙，并"将盏西根业换往龙江驻扎"。⑥ 盏西土目抵抗无力，被迫逃出盏西，随后腾越厅同知便派员进一步将其合族田产瓜分。⑦ 至光绪十五年盏西土目已处于"失职"又"无产"的窘况。虽然在陈宗海卸任腾越厅同知后，盏西土目曾向新任同知请求复其职、还其产，并表示"意愿改土归流"，但新任同知以"该土目等思复世职窒碍难行，本府无力为之斡旋"为由拒绝了他的请求。⑧ 英军不断进犯，光绪十七年，腾越厅众绅士以"孟正泰世居盏西，素为野匪慑服，边境恃为藩篱，一旦被事流离，恐野匪出扰"⑨ 为由呈请官府允许盏西土目复业。而清廷此时正是出于边防的需要，才将孟正泰召回并复其世职。⑩

其回盏西任事后，便于该年上禀请求清廷出兵抗击英军。

> 具禀盏西土目孟正泰，为禀恳救援、固人心以静边圉事。情□□□□□□十一月二十一日行抵昔董，至二十七日得洋兵假借昔董之报，即同止通早信、昔董早庄在界限，谕以宪台不许经过之意。殊贼等恃众倔强，难以理遣。二十八日大队人马来昔那火焚山寨，炮伤野夷二人。二十九日昔董大寨亦被焚毁，就此驻扎。数寨老幼虽各逃命，而早庄、早信等犹率壮丁数十人，同土目于要隘堵御。土目晓以大义，伊等均赤心为国守土。前土目同蒋绍春禀报来辕，未奉示谕不敢轻举。今与贼众相拒旬余，幸其未知是以狐疑不进，若趁此人心思奋之际，发给子药军需，并得□□□大兵数百遥为声援，土目愿同山官登先踏阵。贼虽猖獗，一鼓定可荡平。倘迁延日久，人

---

① 《武备志·戎事》。
② 《武备志·戎事》。
③ 《武备志·戎事》。
④ 《盏西土目孟氏谱牒》。
⑤ 笔者所见四份盏西土目于光绪十三年四月至七月连续上呈给腾越厅的禀文如下：《盏西土目孟氏给腾越厅禀》（光绪十三年四月）、《盏西土目孟正泰禀》（光绪十三年五月）、《盏西土目孟正泰禀》（光绪十三年六月）、《腾越明光孟氏族目给腾越厅禀》（光绪十三年七月）。
⑥ 《盏西土目孟正泰给腾越厅禀》，光绪十五年四月。
⑦ 《盏西抚夷孟正泰给腾越厅禀》，光绪十五年十二月十九日，载《德宏史志资料》第十一集，第152-153。
⑧ 《盏西抚夷孟正泰给腾越厅禀》，光绪十五年十二月十九日；《盏西土目孟正泰禀》，光绪十六年十二月，载《德宏史志资料》第十一集，第153页。
⑨ 《盏西土目孟氏谱牒》。
⑩ 《盏西土目孟氏谱牒》。

心瓦解，贼众乘虚直入，一至勐夏则歧路纷如，斯时防不暇防，堵不及堵，其后患有不可胜言者。况此地野夷即已招安，分皆赤子，若弃而不救，贼得抚而用之，边隅恐自此多事矣。①

如禀文中所述，当时英军已渐渐向内地靠近，企图占领边地等寨。昔董寨野夷于光绪十一年被孟正泰招抚，意味着孟正泰刚将此地纳入自己的麾下，却又面临可能被英军夺取的状况。盏西土目自知力量不够，加之考虑到若昔董被占恐盏西亦不保，便请求清廷派兵援救共同抗击英军。但清廷并未有任何动作，昔董地方夷众"去投英人，英人不收，逃奔内地，上处不准，实为进退两难栖身无地"。上报无果后，盏西土目亦"逃进州城不回"。最终在光绪二十年中英勘界后，昔董、大地方等原属盏西管辖的一带被划出境外。

在清朝覆灭、中华民国成立后，盏西土目孟正能"率夷众归附"新政权，民国政府"发与准袭世职执照"，"正能只领任事在案"。至家谱所记之民国三十四年，盏西土目第二十二世孟守义仍袭职任事。

四 余论

盏西土目的宿敌南甸土司同干崖土司、陇川土司共同组成了腾冲西南的"三宣"，他们都是"历史悠久"的土司家族，在明朝国家涉足云南前，其家族已在当地扎下了根基。相较于这几个"大土司"，盏西土目则是在入明以后，依靠明廷与清廷的册封才得以建立与维系自己对地方的统治，其对土著社会的控制能力也远不如南甸、干崖、陇川这三个根基稳固的土司。土司与国家政权、部分土司与土目名义上虽有"上下级"关系，但实质上土司、土目政权仍带有自治的性质。

在盏西土目家谱的叙述中，可以看到从其自身出发，土司及土目并不是单纯地生存于明、清国家以及缅甸政权等力量之间，其决策逻辑也并非仅仅在几方之间摆动。他们的生存首先需要面对的是与一群同自己类似或敌或友的土司及土目相互竞争。随着"改土归流"后"国家"力量的进一步介入，土司、土目固有的群体结构逐渐发生变化，盏西土目一类的弱小势力为了求得生存便学会了如何迎合"国家"，而其生存智慧最终也变为一种文化认同与国家认同。

当然，合作与依附不意味着真正的"归顺"，土司、土目与"国家"合作的目的恰恰在于"自治"与"自保"，并进而扩大自己的势力范围。家谱中记录的国家"大历史"以及"为国建立功勋"的事迹无一不是在掩盖土司、土目在地方治理中的实际操作。自乾隆以后，随着汉化程度的提高以及王朝的行政措施，土司、土目与"国家"的关系已经渐渐脱离那种"若即若离"的关系。连年的对外战事削弱了其权势及兵力，土司、土目间仇杀、叛乱不断致使地方秩序混乱，清廷也趁此进一步削弱土司、土目势力并坐收渔翁之利。清末，国家对地方的控制力已十分微弱，由土司、土目引发的新一轮地方战争使得其丧失了国家所看重的维持地方秩序的能力，在"外族"的入侵下清廷牺牲土司、土目的利益以自保，而此举也使得沿边土司、土目等走上反清的道路。清朝覆灭后，土司、土目便再次以臣民的身份投入新政权的麾下。

---

① 《盏西土目偕董山官为抗击英军入侵禀》，光绪十七年十二月，载《德宏史志资料》第十一集，第231页。

节庆转型视角下呼伦贝尔那达慕节庆利益相关者参与问题的观察研究

高 旸[*]

摘 要 从传统社会文化活动到文化体验产品，节庆文化资源已融入文化资本化的生产和重构进程。将那达慕节庆文化置于呼伦贝尔旅游经济活动中，既是区域旅游经济发展的客观需要，也是节庆文化自身发展的主动选择。借助参与观察的研究方法，发现在呼伦贝尔那达慕节庆转型中，政府、企业、蒙古族民众及旅游者扮演着不同的参与角色，成为节庆转化的参与主体。其中既存在着政治、经济和文化资本的转化现象，也存在着不同利益群体围绕着节庆转型的博弈和互动。

关键词 那达慕节庆；利益相关群体

DOI：10.13835/b.eayn.25.15

那达慕是蒙古族社会内部较为重要的节庆之一，每年夏末牛羊最为肥美的季节便是那达慕节庆举办的日期。游牧民族逐水草而居的生产生活方式，使那达慕并不存在固定的举办空间，而居住空间的分散性也造成了那达慕通常是地理位置较近的几个部族之间的那达慕。直至现代社会，那达慕在蒙古族的民族社会生活中也并未完全统一，即使是居住于呼伦贝尔草原内的蒙古族也因居住地理位置的不同，存在着陈巴尔虎旗那达慕、金帐汗那达慕等地域性的那达慕节庆。陈巴尔虎旗那达慕随着区域旅游经济的发展逐渐成为呼伦贝尔地区蒙古族那达慕的代表，其中存在着地区政府权力的主导和推动，也蕴藏着企业、旅游者、原住民等参与主体的利益互动与博弈。本文以陈巴尔虎旗的那达慕节庆为思考对象，深入思考和剖析其节庆内涵和形式的演变，并思考利益相关群体的参与问题。

一 节庆旅游经济背景下的那达慕节庆功能演变

（一）节庆文化空间娱乐性的增强

祭祀敖包是蒙古族宗教信仰的一种表现形式，与汉族社会传统中的祖先信仰不同，蒙古族所信仰的"腾格里"更为缥缈。以实物形态存在的敖包是蒙古族与"腾格里"沟通交流的媒介，祭敖包便成为蒙古族沟通神灵的宗教仪式。从传承演变来看，祭祀敖包不仅具有宗教文化价值，同时也是蒙古族社会内部加强族群认同的重要形式。游牧的生产生活方式使历史上蒙古族各部族聚落间长期处于分离

---

[*] 高旸（1992—），男，内蒙古呼伦贝尔人，武汉生物工程学院管理学院教师，主要研究方向为旅游人类学。

的状态，每年的夏末，临近地域的蒙古族各部族都会聚集在一起，共同完成祭祀敖包的仪式。因此，祭祀敖包对蒙古族社会内部的族群认同和文化传承都有着不可忽视的意义，是维系其族群传承的重要纽带。历史早期的那达慕是在祭敖包活动后举行的竞技、表演等狂欢活动，后逐步演化成为蒙古族的那达慕节庆。可以看出，在早期蒙古族社会的文化生活中，与那达慕节庆相比，祭祀敖包占据着主体地位。而传承演变至现代的祭敖包仪式则成为蒙古族那达慕节庆的开端部分，其宗教仪式的主体性已然被逐渐削弱。

陈巴尔虎旗那达慕节庆中的祭敖包仪式为适应观赏性和展演性的需要，在仪式的表现形式和内容上都做出了一定的改变。如蒙古族祭祀所用的敖包多为长年累月用碎石堆放而成，是蒙古族牧民对"腾格里"和逝去英雄祖先的精神寄托。陈巴尔虎旗那达慕节庆中的敖包则因节庆展演需要堆砌而成，在敖包的体积和造型上都更具规模和观赏性。形状整齐规则的敖包更符合现代社会的审美标准，也更易被那达慕节庆中的观赏者所接受和欣赏。但陈巴尔虎旗那达慕中祭祀用的敖包与历史堆积成的敖包相比，无疑在承载蒙古族个体精神和宗教寄托上远不如后者深刻。在祭祀敖包过程中，祭祀者身着崭新的蒙古族长袍随着伴奏表演蒙古族舞蹈，一改传统敖包祭祀的单调和深沉，给观赏者带来了欢愉的视觉和听觉体验。在敖包祭祀形式上的改动很好地吻合了观赏者节庆即是狂欢的主观判断，但也使陈巴尔虎旗那达慕中的祭敖包从娱神走向了娱人。

（二）节庆文化的展演性生产转型

"那达慕"为蒙古语，译为娱乐、游戏。在七百多年的传承中，蒙古族那达慕是草原游牧民族的狂欢盛宴。现代社会文娱活动的增多并未撼动那达慕在蒙古族社会文化生活中的娱乐价值。每个区域内一年一度的那达慕仍然是在附近草原放牧的蒙古族共同的狂欢，更在节庆举办期间吸引着鄂温克、达斡尔等其他草原民族的积极参与。传统的那达慕节庆通常由敖包祭祀、赛马、摔跤和射箭四部分组成。敖包祭祀是那达慕节庆的起源，即使随着蒙古族社会文化中神权意识的淡化，敖包祭祀在那达慕节庆演变中出现了精简，但其仍是那达慕节庆的起点。赛马、摔跤和射箭三个节庆活动内容则是蒙古族族群社会内部衡量"男子汉"的基本标准，在蒙古族的现代社会文化生活中仍然发挥着不可替代的作用。由蒙古族的生产生活习惯形成的游牧文化活动，虽与蒙古族的文化审美意识较为吻合，但无疑与以农耕文化为主体的汉文化存在着一定的审美差异性。这种差异性在那达慕节庆文化产品生产中则表现为旅游者对摔跤等节庆环节观赏兴趣的缺乏，促使近年来那达慕节庆为迎合旅游者出现了展演性元素逐渐增多的现象。

在具体的节庆内容设计上，那达慕节庆逐渐加入更多的现代展演元素。那达慕的开幕式先后引入礼炮齐鸣、和平鸽放飞和民族文化队伍游行等内容。礼炮齐鸣与和平鸽放飞活动是现代社会节庆活动的共有特征，带有着明显的现代文化特征。民族文化队伍游行参照现代体育竞技开幕式中的代表队伍展演形式，以蒙古族文化符号特征组成不同的游行队伍，包括蒙古族长袍服饰队伍、马队、勒勒车队等带有蒙古族典型文化特征的游行队伍，这一节庆产品的设计使那达慕节庆的展演性得到了显著的提升，成为最为外来旅游者所关注和欣赏的节庆环节。鲜明的蒙古族文化特征让节庆的观赏者眼前一亮，以服饰、骏马、勒勒车进行那达慕节庆中的符号化生产使蒙古族文化更为具象化，因而也更易为外来旅游者所接受。在那达慕节庆开幕式之后，节庆的组织者和产品设计者先后加入了蒙古族歌舞、传统技艺表演等展演环节。极具气势的千人蒙古族歌舞表演，在视觉和听觉上都给旅游者带来极大的震撼。对他者文化的猎奇心理是很多旅游者前往民族地区旅游的内在动机，也成为民族地区文化产品生产设计的基本导向。为迎合旅游者的文化猎奇心理，那达慕节庆在转型中将蒙古族社会深层的饮食、风俗等文化元素生产为展演性的产品。以不断增强节庆的展演性功能为途径，满足旅游者的文化消费体验需求。

（三）那达慕节庆的商品交易功能转变

现代社会商品经济活动的发展与生产技术条件的改善，是造成那达慕节庆商品交易功能发生转变的主要因素。现代生产技术经由社会交流传入蒙古族社会内部，极大地提高了蒙古族族群的物质生产能力，因此很多以前需要靠行脚商人、贸易马队运来的商品，在如今的蒙古族社会内部已然可以自行生产。进入近代以来民族国家意识的不断强化，使蒙古族虽仍以游牧的生产生活方式为主，但整个族群已从游离状态转入民族国家的管理体系中。随着部分蒙古族由游牧转为定居，能够提供商品贸易的定居点出现在呼伦贝尔草原。在这样的族群社会内部经济活动转变的背景下，那达慕节庆传统的商品交易功能便被逐渐削弱。

在那达慕节庆融入区域旅游经济场域后，随着那达慕节庆向节庆产品生产实践的深入，那达慕节庆的商品交易功能在内容和形式上都出现了新的转变，蒙古族原住民由商品消费者变成现代节庆商品的提供者。目前围绕着那达慕节庆展开的商品交易活动由两个层面构成，即旅游者对那达慕节庆产品本身的消费以及对那达慕节庆的周边附属产品的消费。对那达慕节庆产品本身的消费主要是指旅游者在前往参与那达慕节庆时，产生的包括门票支付在内的一系列消费行为。对那达慕节庆周边附属产品的消费则指旅游者在那达慕节庆停留期间的饮食、交通、纪念品购买等消费行为。旅游者的不断增多使很多蒙古族原住民看见了其中的经济利益，因此对他们而言那达慕节庆不再只是精神崇拜空间，同时也是经济利益实现的空间。在参与那达慕节庆的过程中，原住民以自己的蒙古包为基础向旅游者提供简单的餐饮服务并售卖旅游纪念品，从而构成了现代那达慕节庆新的商品交易功能。

二 那达慕节庆转化中的各参与主体互动模式分析

本文研究的那达慕节庆旅游场域是指在那达慕节庆旅游经济活动中各利益相关群体形成的关系结构，这种关系结构存在场域内的权力中心，并以此推动整个那达慕节庆旅游场域的发展。旅游者、蒙古族民众、旅游业服务者、政府机构以及旅游企业都是那达慕节庆旅游场域内的互动主体，其中政府机构凭借着自身的政治话语权成为那达慕节庆旅游场域的权力中心，引导整个那达慕节庆的转化发展。在节庆转化过程中，政府、蒙古族民众等行为主体既是那达慕节庆旅游活动的参与者，也是其旅游场域的资本持有者。皮埃尔·布迪厄认为，旅游经济活动的场域与资本是相互依存的，"资本除非是与场域相关，否则资本难以维持自身的存在。由资本生产的一种权力控制着场域，控制场域中用于生产或是再生产的物质工具，进而由生产与再生产构成了场域的基本结构，资本也借此实现了对场域内利润的控制"。[①] 那达慕节庆旅游所形成的经济场域，从本质上讲是政府、旅游业服务者、蒙古族民众以及旅游者围绕着那达慕节庆文化资源展开的资本争夺和再生产，各方凭借自身所占有的资本与他者进行资本的转换以及话语权的争夺（见图1），因而本文对那达慕节庆旅游场域中的参与主体及其参与行为的探讨将从节庆转化中资本转换和再生产的角度展开。

[①] 皮埃尔·布迪厄、华康德：《实践与反思：反思社会学导引》，中央编译出版社1998年版，第142页。

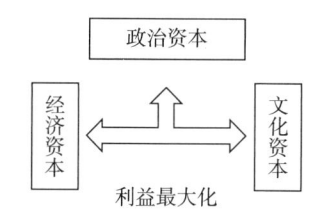

```
        政治资本
经济资本 ⟷ 文化资本
        利益最大化
```

图 1　旅游经济场域资本转化结构

（一）政府：政治资本再生产与话语权争夺

政府既是区域行政事务的管理者，也是区域经济发展的规划者。虽然在民族地区旅游经济发展中政府所扮演的规划者角色形象更为突出，但必须承认的是，不论区域市场是否健全，政府均凭借着自身的政治资本参与到旅游经济场域的资本生产和再生产的过程中。在呼伦贝尔那达慕节庆的旅游场域中，呼伦贝尔市政府和陈巴尔虎旗政府以自身的政治资本为媒介加入到那达慕节庆文化的生产和再生产过程中。凭借着政治资本优势，政府获取了那达慕节庆旅游场域的主导话语权，并在主导话语权争夺的过程中以经济资本的投入再生产了自身的政治资本价值。凭借着场域内的主导话语权，地方政府引导了那达慕节庆文化资本的再生产，在推动那达慕节庆文化变迁的同时，实现了区域经济利益的增长。

那达慕开幕式上蒙古族代表向政府官员敬献哈达和近几年新加入的优秀牧民代表表彰环节，无疑都以最为直观的方式彰显了地方政府在那达慕节庆旅游场域中的权力在场。通过这些节庆环节的设置，地方政府得以在节庆举办过程中实现政治资本的再生产，并进一步丰富和完善政治资本向经济资本和文化资本转化的路径。如地方政府将"呼伦贝尔那达慕节庆"与"国家非物质文化遗产"相连接，实现了呼伦贝尔那达慕节庆的国家符号文化资本的生产。前者是旅游经济场域内的文化资本，后者则是典型的国家政治资本，通过将两种资本组合再生产的方式形成新的符号性文化资本，进而通过资本的转化推动了那达慕节庆旅游的经济效益增长。

（二）蒙古族民众：文化特征彰显与经济资本转化缺失

聚居的生活方式使少数民族得以更好维系本民族的文化圈，因而进入旅游场域中的少数民族既是文化的持有者，也是旅游产品和服务的生产提供者。这一现象在中国云南省的民族文化旅游发展中得以较好的体现。如摩梭人聚居的泸沽湖等地旅游服务的主体仍多为本地摩梭人，当汉族等其他民族参与到泸沽湖旅游场域的资本生产中时，作为本地居民的摩梭人并不是都持有欢迎态度的。这其中既有民族界限意识的影响，也存在着文化资本和经济资本的利益争夺。

但在呼伦贝尔那达慕的旅游场域中，蒙古族虽是文化的持有者，但却并未真正融入文化资本的生产和再生产过程中。造成蒙古族难以真正融入文化资本生产中的原因主要有两个方面。一方面，绝大多数的蒙古族仍习惯于游牧的生产生活方式，与汉族社会接触较少，因而也不具备汉语的使用技能，语言不通成为限制蒙古族融入文化资本生产的障碍所在。另一方面，则是因为杂居的民族社会生活，使当地各民族不同程度地出现了文化涵化现象，削弱了蒙古族的那达慕节庆文化唯一持有者地位。长期的杂居生活使呼伦贝尔地区的蒙、汉、满等民族形成了互嵌式的生产生活方式，而各民族之间的文化边界也随着互嵌式的生产生活方式逐渐淡化。为了更好地融入以汉文化为核心的社会模式中，由游牧转为农耕的蒙、满等少数民族开始了"讲汉话、着汉服"的转化。这种文化涵化现象从某种意义上讲，引起了当地蒙古族族群内部的认同分化问题：定居于汉族村镇的蒙古族在言语、衣着和生活习惯上与汉族无异，而游牧的蒙古族则仍以蒙语为唯一语言、身着传统的蒙古族长袍，两者间的明显差异使前者成为后者眼中的"汉人"。

呼伦贝尔那达慕节庆对蒙古族民众而言，更多的是民族文化的彰显意义，而不是旅游场域内的文化资本生产和再生产。居住在呼伦贝尔草原上的蒙古族，不论是定居于汉族村镇还是在草原游牧，在参与那达慕节庆期间都具有统一的蒙古族身份识别。色彩鲜艳的蒙古族长袍和蒙古族语言文字都成为强化其本民族文化特征，形成与汉族等其他民族身份区分的重要凭借。那达慕节庆不仅强化了呼伦贝尔地区蒙古族的族群认同，也对其族群内部的分化现象有着一定的缓和作用。从那达慕旅游场域的资本转化角度来看，持有文化资本的蒙古族民众通过那达慕节庆进行文化资本向政治资本的转化，在资本的转化中增加自身作为区域居民的政治资本。以那达慕节庆为媒介，蒙古族构建了场域内文化资本与政治资本互为转化和生产的模式。但受主客观因素的限制，当前蒙古族在那达慕节庆旅游场域中并未真正实现由文化资本向经济资本的生产。

（三）旅游者：多种诉求满足与资本再生产参与

需要，是现代旅游活动产生的心理动机，旅游者将内在需要付诸现实经济活动构成了现代旅游经济活动。如瓦伦·L. 史密斯对旅游所做的界定，"神圣或世俗，或一种等同于休息的变化"。[①] 现代社会技术的快速发展虽然极大地满足了个体社会成员的物质生活需要，但模式化、量产化的社会物质生产也造成了个体社会成员精神生活的乏味性和单一性。正如麦坎内尔所说，"旅游是社会生活中的一种重要仪式，从本质上也是现代复杂社会的一种生活模式——于'他者'之中寻找真实性是旅游的核心驱动力"。[②] 旅游活动中旅游者与东道主之间所形成的是一种游离性的关系模式，这种关系模式带有着明显的短暂性和不稳定性。旅游者与蒙古族民众的我者与他者身份，在不同的旅游空间语境下相互转换。在民族地区旅游活动中，旅游者从居住地前往旅游目的地，旅游者与东道主之间以供求关系为基础建构了发达地区与欠发达地区的经济文化交流"语境"。具备欠发达地区名片的旅游目的地，往往被视作"未开发的""传统的"，而东道主所提供的旅游文化产品和体验也就成了旅游者心中的"原真的"。

参与呼伦贝尔那达慕节庆的旅游者多以对那达慕文化的猎奇心理为基本动机，并在文化猎奇的过程中寻求文化的本真。旅游者在文化体验的过程中结合旅游产品和服务的购买，融入那达慕旅游经济场域的由经济资本向文化资本转化过程。符号消费是旅游者在那达慕节庆旅游产品和服务消费时的重要特征，这类那达慕节庆旅游场域中的符号商品最能代表蒙古族的文化特征，也更易满足旅游者的文化体验需求，如对蒙古族衣饰、食物的购买或是在住宿时选择入住蒙古包。虽然这些符号商品的消费通常并未发生在那达慕节庆的会场所在地，如一队30人的旅行社队伍在参观体验那达慕节庆之前，便随团在海拉尔完成了旅游纪念品的购买，但那达慕节庆对区域旅游经济发展的推动意义由此也可见一斑。以消费文化符号商品为媒介，旅游者付出所持有的经济资本，完成了自身文化资本的累积。通过符号性消费，旅游者既在消费过程中强化了旅游者的身份，也获得了那达慕节庆参与经历的客观的实物佐证。

那达慕节庆旅游中的另一类旅游者则相对特殊，他们同样是那达慕节庆文化的持有者，也同样具有蒙古族的族群身份。但对呼伦贝尔当地的蒙古族群体而言，他们确是"同一民族名片下的他者"。

---

① 瓦伦·L. 史密斯：《东道主与旅游者——旅游人类学研究》，云南大学出版社2002年版，第26页。
② 麦坎内尔：《旅游者》，广西师范大学出版社2008年版，第34页。

他们来自黑龙江省、青海省、湖北省和云南省等地,是历史上蒙古族族群大范围迁移的结果。世代移居异地的蒙古族群体在与区域内其他民族文化的交融碰撞中,逐渐形成了独具特色的自身族群文化圈,以蒙古族文化为元文化特质(culture trait),吸收其他民族文化特质而形成了自身的文化丛(culture complex)。在其各自所处的区域内,这些蒙古族群是当地其他民族群体眼中的"蒙古族",但在呼伦贝尔地区的蒙古族眼中,这些移居异地的蒙古族族群分支在风俗习惯、饮食服饰等文化元素上存在着明显的差异性。因其在那达慕节庆旅游场域中同样存在着经济资本的转换过程,即这类参与者同样会消费那达慕节庆旅游场域中文化产品和服务,因而将其归类于那达慕节庆旅游场域中的旅游者。但与旅游文化消费体验相比,寻求本族群文化的根源并强化自身的"蒙古族"民族身份,则是这类旅游者在那达慕节庆中更为深层的参与目的。

呼伦贝尔草原是蒙古族历史的发祥地,至今陈巴尔虎旗的莫尔格勒河畔仍保留着"金帐汗"的地名。与呼和浩特的内蒙古自治区行政中心地位不同,呼伦贝尔在蒙古族族群文化中更具有起源和核心的价值。在参与呼伦贝尔那达慕节庆时,这些由异地而来的蒙古族同样会穿上各自群体的民族服饰,并完整地参与那达慕节庆祭敖包仪式的整个过程。不同于一般旅游者眼中祭敖包仪式的观赏价值,祭敖包仪式对异地域的蒙古族而言更多的是族群的认同和精神的归属意义。异地域蒙古族群体对呼伦贝尔那达慕节庆的参与,使其在统一空间场域下的不同语境中诞生了不同的功能意义。它既是迎合旅游者文化体验需求的展演性仪式空间,又是满足异地域蒙古族族源追溯和认同强化的精神性意义空间。

诚如涂尔干所描述的"宗教的初级形式其实就是上演仪式以赞美自身社会,从而带来日益巩固的社会团结"[①],身着蒙古族服饰的异地域蒙古族参与者,通过完成对祭敖包仪式的深度参与以及对整个那达慕节庆的观摩,从而强化了自身的民族身份和族群认同感。这种族群的认同感和归属感,由参与者带到其所属的异地蒙古族族群分支中,进而为整个分支族群的族源认同和内部团结注入了新的生命力。从族群意义层面来看,当前的呼伦贝尔那达慕节庆既是区域旅游经济发展中的一个场域空间,也是蒙古族族群社会身份传输的媒介。呼伦贝尔地区的蒙古族族群以那达慕节庆为媒介向各支系族群传递本民族的文化以期实现民族的内部团结,各支系族群借此强化自身与周边民族相处过程中蒙古族族群性,并借由族群影响的提高获取更大的社会生活权力。每一个仪式都是一种聚合,即受到力量和类型的深刻影响,仪式的功能在于不同力量和这些力量相互交错后发生的权力表达。[②] 在整个呼伦贝尔那达慕节庆旅游场域中,本土和异地的蒙古族族群完成了族群文化的传输以及族群认同的强化和再构。笔者在考察过程中访谈了来自湖北省三家台蒙古族村的蒙古族代表BXR,就呼伦贝尔那达慕节庆的参与过程、参与内容等问题进行了访谈。

> 20世纪80年代末期,我们开始了族谱续谱的工作。"部"是我们这个蒙古族村的主要姓氏,族谱上记载我们是元太祖的后裔,祖先在元朝的时候迁移到了湖北省的松滋,后来又迁移到了三家台村。1992年的时候村里的上一任族长和几个同村人一起来到了海拉尔,在地方政府工作人员的帮助下,我们最终找到了族源地。当时的内蒙古自治区政府的民族事务委员也认证了我们的蒙古族身份,不过那时候只是带回来了一些资料还有特产礼物,我们和呼伦贝尔这边的蒙古族同胞并没有进一步的交流和沟通。

---

① 涂尔干:《宗教生活的基本形式》,渠东、汲喆译,上海人民出版社1999年版,第167页。
② 彭兆荣:《人类学仪式的理论与实践》,民族出版社2007年版,第59页。

2002年的时候鹤峰县政府正式将我们三家台和周边的几个村小队统一划定成蒙古族村，从那以后我们就成为湖北省内唯一的一个蒙古族村子。蒙古族的学者还来我们村子考察过，因为长期我们都是和土家族共同居住在鹤峰县的山区里，所以我们的文化中有很多土家族的文化特征，我们的房屋主体大多与土家族的房屋相似。后来为了加强村里人尤其是年轻人对蒙古族文化的了解，我们先后几次前往海拉尔寻求蒙古文书籍、蒙古族服饰等方面的文化帮助。参加陈巴尔虎旗那达慕是近几年才开始的活动，2013年的时候，华中科技大学的专家给我们做旅游发展规划，但是发现我们当地的蒙古族文化特色不够明显。所以在政府的支持下，我们每年都会派几名代表来参加陈巴尔虎那达慕大会，今年已经是第三次来参加那达慕了。每年我们都会录下那达慕的视频，再顺便购买一些成吉思汗像等蒙古族的文化用品带回到村子里，现在我们最大的想法就是要在我们的村子里也举办蒙古族的那达慕大会。[①]

从BXR的话语中基本可以了解三家台蒙古族村参与陈巴尔虎旗那达慕节庆的整个来龙去脉。居于三家台村的蒙古族族群分支第一次与呼伦贝尔地区蒙古族族群的联系是在20世纪80年代末期，起因是为了完成对本族群分支族源的考证，在这次联系过程中被视为母系族群的呼伦贝尔蒙古族族群为三家台村蒙古族族群分支提供了族群身份的证明。在随后的十几年里，受交通等诸多条件因素的限制，双方的联系并未出现实质性的进展。直至2002年三家台成为湖北省内唯一的蒙古族村，在这之后当地试图以蒙古族文化的区域稀缺性寻求旅游经济发展。但蒙古族文化特色的缺乏成为当地发展旅游经济的掣肘因素，于是三家台蒙古族分支与呼伦贝尔地区蒙古族族群的联系开始逐渐密切，期望通过双方之间的联系强化本族群分支的蒙古族文化特征，并最后衍生出对陈巴尔虎旗那达慕节庆的固定参与。推动三家台蒙古族族群分支与呼伦贝尔蒙古族群众沟通的因素，由早期的族群认同因素转变为当前的经济发展需要，经济利益的驱动，使恢复并加强蒙古族文化特征成为三家台蒙古村村民的文化自觉行为，满足这种文化自觉行为的需要也成为如今三家台蒙古村参与到陈巴尔虎旗那达慕节庆旅游场域中的根本诉求。

（四）旅游服务者：参与边缘与资本注入障碍

前文的论述中曾提到那达慕节庆旅游在整个呼伦贝尔旅游经济场域中的边缘化位置，而在那达慕节庆旅游场域中处于边缘位置的则是旅游业服务者。这一宏观和微观层面上的边缘性现状，所衍射出的正是当前那达慕节庆向节庆文化产品转化的瓶颈所在。经济资本是旅游经济场域中的活化剂，经济资本的注入推动了旅游经济场域中文化资本的生产和再生产。那达慕节庆文化的产品化生产从本质上是文化资本化的过程，是为了最大限度地实现那达慕节庆文化的旅游文化产品价值和文化影响所做出的适应性改变。若按呼伦贝尔那达慕节庆的时间节点来划分，节庆开幕式阶段是那达慕节庆最具观赏性的部分，其节庆文化资本化转化的程度也相对较深。后续两天的竞技内容则仍是蒙古族族群社会内部的自我娱乐空间。受文化障碍、审美取向以及族群身份等因素的影响，他者很难真正融入其中，也就很难实现进一步的节庆文化产品生产。此外，那达慕节庆在时间和空间上的固定性，也影响了区域市场内旅游业服务者在资本进入方式和资本进入程度上的权衡。从具体的旅游服务者资本进入方式来看，主要可划分为内部参与和外部参与两部分。

---

① 访谈对象：三家台蒙古族代表BXR，访谈时间：2016年7月8日，访谈地点：那达慕会址。

在那达慕节庆的内部资本参与者中存在着一部分直接资本参与者，这类参与者多为区域内的大型企业或旅游服务机构，以投资、赞助等直接资本注入的方式挖掘那达慕节庆的文化影响价值。区域内的旅游服务机构是其中的大多数，通过将自身企业品牌与那达慕节庆文化结合的方式提升企业的市场影响力和品牌识别度。如2016年呼伦贝尔旅游集团成为那达慕节庆的独家冠名赞助企业，会场内的很多醒目位置都设有呼伦贝尔旅游集团的标识符号，该企业也围绕着那达慕节庆设计了为期三天的旅游产品线路。虽然在具体的产品线路中那达慕节庆的比重仅为开幕式所占的半天，但围绕着那达慕节庆这一文化资源影响力所做出的企业品牌营销无疑带给呼伦贝尔旅游集团不可估量的市场资本价值。

另一类那达慕节庆的内部资本参与者则是区域内的演艺公司，这些演艺公司参与了那达慕节庆中最为商品化的部分。值得肯定的是，演艺公司的进入极大地提高了那达慕节庆的观赏性，也进一步加深了那达慕节庆的文化产品生产程度。演艺公司调配专门的财力和人力参与到那达慕节庆的开幕式中，组织专业的舞者队伍从事蒙古族集体歌舞的表演，并将传统的蒙古族歌舞编排得更符合旅游者的观赏偏好。

演艺公司的进入不仅表现在经济资本参与上，也潜移默化地影响了蒙古族民众个体对那达慕向节庆文化产品转化的观念态度。演艺公司雇用的专业歌舞表演者多为当地的蒙古族群众，在那达慕节庆即将到来前，演艺公司将这些歌舞表演者从各自的社会生活中组织起来，为那达慕节庆的表演进行排练和准备。这些临时组织的人员在短期内具有了蒙古族歌舞表演者的职业身份，并在那达慕节庆举办期间获得较为可观的经济收入。他们大多并不反感对传统蒙古族歌舞的改变，很多人对那达慕节庆向节庆文化产品转化所带来的经济收益存在着一定的期待。如接受访谈的BYTL所讲述的，这位连续三年参加那达慕节庆歌舞表演的年轻蒙古族姑娘表达了她的个人想法。

> 我身边的每一个人都或多或少的会唱一些蒙古族歌曲，这对我们来说就是生活的一部分。三年前第一次来参加歌舞表演只是想着家里不是很忙就来试一试，结果那达慕结束后公司给我的工资让我很满意。想着既可以唱歌跳舞又可以赚钱是一件很不错的事情，所以我就连续地来了三年。我们大多亲朋好友结伴来参与，因为很多人都是这么想的。
>
> 你所说的反感问题我并没有，因为我觉得这样改也没什么的。至少现在的改动使更多的汉人乐意看我们的歌舞表演了，与以前相比我们很多人也都更乐意在平时生活里练习一下歌舞，因为它们可以带给我更多的零花钱。①

那达慕节庆场域中的外部资本参与者以旅行社为主，私人旅游服务者为辅。这类参与者以那达慕节庆为中心，向旅游者提供食、游、宿等服务，并完成经济资本的注入和再生产。围绕着那达慕节庆，很多旅行社设计出相应的产品服务结构，多将那达慕节庆的开幕式置入旅行路线中，并配以周边旅游产品和服务构成完整的旅行路线。旅行社依托经济资本优势提供旅游业的相关服务活动，并借助那达慕节庆的文化影响在短期内进一步盘活自身的经济资本优势。但部分旅行社服务人员对那达慕节庆的旅游经济带动作用却并不看好，旅行社服务人员以自身的实际工作情况提出了个人的看法。

> 那达慕对我们社里的旅游线路安排没有太大的影响，一般都是在那达慕开幕式这半天把其他

---

① 访谈对象：歌舞表演者BYTL，访谈时间：2016年7月8日，访谈地点：那达慕会址。

景点换成那达慕,看完开幕式之后我们就会把旅游者带到其他地方。六月初的时候如果有旅游者来咨询那达慕,我们就会提供相应的线路报名,一般每年我们社里大概能组两到三个 30 人团。像今年我和另一个导游带了两个团,早上吃完早餐从海拉尔出发到这里,一会儿开幕式结束后我们就会前往金帐汗的旅游点,那里可以提供蒙古包住宿和篝火晚宴,旅游者的参与兴趣也较大。现在咱们这边的那达慕产品线路,多是在这个档期借那达慕的名试着吸引一下旅游者,真正和那达慕有关的就是参加这个开幕式。后面的环节旅游者不愿意看,蒙古族也不愿意咱们参与。①

私人旅游服务者则多凭借日常生活的经济资本,短期参与到那达慕节庆旅游经济场域中,如以车辆、房屋为基础向旅游者提供食、宿、行的服务。借由短期内的经济资本参与,实现所持经济资本的再生产。与旅行社的服务人员不同,私人旅游服务者对那达慕节庆的经济收益持有较为乐观的态度。受访者 WXQ 是海拉尔的一位民宿老板,每年的那达慕节庆他都会驾车带住在自己民宿内的旅游者来参加那达慕。他认为那达慕对外来旅游者尤其是以文化体验为主的旅游者存在着较大的吸引力,很多"散客"既愿意也具备足够的时间用于那达慕节庆的观赏和参与。

前几年我把自己的一处房子改做成了青旅,每年夏天的几个月基本上都是满客状态,冬天就闲置一个冬天。虽然只有夏天的几个月,收入也还是挺满意的。来青旅投宿的旅游者多是年轻的散客,很有活力,对什么都很好奇。2011 年的时候,有住宿的旅游者请我开车带他们来看那达慕,后来就养成了每年都来的习惯。通常我会带着家人和旅游者一起来,白天在这里看那达慕,晚上返回,那达慕这三天我们都会来看。

这几年那达慕确实出现了很大的变化,就说开幕式,以前的要单调得很多。还记得第一次带旅游者来的时候,虽然也是看完了全过程,但是很多旅游者都表示没有什么意思。现在不同了,又是歌舞又是表演,很热闹,旅游者看的兴趣也很高。后面两天的那达慕就像咱们汉族的运动会,我觉得有一些看头,相信以后还是会吸引更多的旅游者来这里。②

三 结语

从精神仪式空间到节庆产品设计中的展演性舞台,少数民族传统节庆在民族地区旅游经济发展浪潮中开始产品化的转化过程。这其中既有传统民族节庆在现代社会文化环境中的自我调适,也存在着政府、企业、原住民及各相关利益群体围绕着经济资本、文化权力和生活空间的博弈。呼伦贝尔那达慕节庆是现代社会中较为典型的节庆文化生态空间,其中节庆功能演变和利益相关群体参与问题始终处于动态的演变过程之中,因此持续性的观察研究便显得尤为重要。

---

① 访谈对象:导游 LJ,访谈时间:2016 年 7 月 8 日,访谈地点:那达慕会址。
② 访谈对象:民宿老板 WXQ,访谈时间:2016 年 7 月 8 日,访谈地点:那达慕会址。

原生到再生：非遗保护语境下西北"花儿"的传承与创新

韦仁忠*

摘　要　西北"花儿"于2009年被联合国教科文组织评定为"人类非物质文化遗产代表作"，保护和传承它是一项光荣而艰巨的任务。现代化和城镇化使"花儿"的文化生态和传播主体发生了变迁，使其传承受到很大的冲击。是固守"花儿"的本真性还是灵活创新，成为各界的讨论焦点。文章认为"花儿"的保护并非还原其"原貌"，在尊重其本真性基础上活态的吸纳、创新和与时俱进是"花儿"能传承下去的不二选择。"花儿"保护与发展地方经济并不矛盾，可将"花儿"与市场有机融合，在创意产业中寻求更大的舞台。在数字化保护的基础上鼓励民间及学界对"花儿"进行高质量的改编和再创作。从原生到再生，即从遗产到资源创新才是更深刻、更持久、更重要的保护手段。

关键词　非遗保护；原生到再生；西北花儿；传承与创新

DOI：10.13835/b.eayn.25.16

21世纪以来，在人类非物质文化遗产保护的国际语境中，我国的非遗文化保护传承蔚然成风，西北"花儿"的保护传承也不例外。2006年，"花儿"（甘肃莲花山花儿会、松鸣岩花儿会、二郎山花儿会，青海老爷山花儿会、丹麻土族花儿会、七里寺花儿会、瞿昙寺花儿会，宁夏回族山花儿）入选首批中国非物质文化遗产保护名录。以此为契机，"花儿"艺术的保护与发展进入了新的历史阶段。2009年，在阿联酋举行的联合国教科文组织保护非物质文化遗产政府间委员会第四次会议上，由甘肃、青海、宁夏等省区联合申报的"花儿"，又被联合国教科文组织评定为"人类非物质文化遗产代表作"，成为我国为数不多的世界级非物质文化遗产保护项目之一。[①] 这既是"花儿"文化圈各族人民的荣耀，也意味着甘、青、宁省区的各级地方政府和文化部门、民间歌手以及专家学者，都要承担起保护和传承的责任。但是，具有如此巨大影响的"花儿"究竟如何保护传承？和国内众多非遗文化的保护传承一样，存在着诸多操作上的难题。有些学者由于受到"历史遗留物"等说法的影响，提倡用"原汁原味""原生态"等主张来保护"花儿"，他们认为，非遗不应该与经济发展相关联，这样会破坏其"原生态"，希望保留"原始的"非物质文化遗产。个别人士还用"本真性"来强调非遗的"原汁原味"，他们更关注非遗的"过去"而忽视"现在"。另一部分人的观点却完全相反，认为"非遗就是拿来用的""非遗应该完全市场化"等，他们更看重"当下"而忽略非遗的"历史"。2003年

---

* 韦仁忠，男，四川大学社会发展与西部开发研究院教授，博士，主要研究方向为民族社会学、非物质文化遗产研究。
① 康建东、康芮婷：《非物质文化遗产保护视野下的花儿会》，《中国音乐学》2012年第1期。

至今，关于非遗保护的研究与实践已有十余年，但到底如何去保护非遗，观点还没有达成一致。本文从非遗保护的视角，提出了保护、创新和传承西北"花儿"的思路。

一 文化熔炉：西北"花儿"的族际共融及多民族命运共同体的历史实践

"花儿"亦称少年，是广泛流传在大西北以情歌为主的一种山野民歌。它历史悠久，明代万历年间地方官员高洪在今天青海民和古鄯一带写下了《古鄯行吟》组诗："青柳垂丝夹野塘，农夫村女锄田忙；轻鞭一挥芳径去，漫闻花儿断续长。"诗中明确提到"花儿"一词，并且描写了农家男女边耕耘边歌唱的情景和"花儿"曲调断续悠长的音乐特色。① 这是迄今为止，确切记载"花儿"演唱的文献。据此推算，"花儿"距今至少已有600多年的传承历史。历史上的西北地区地广人稀、环境相对闭塞，"花儿"成为当地民众表达男女情感的独特载体："樱桃们好吃着树难栽，葡萄树要搭个架哩；心里头有话着口难开，花儿（啦）要搭个话哩。"前两句是起兴，后两句才是歌者所表达的意愿。在传统的观念里，"花儿"不准在家里演唱，也不准在有血缘关系或辈分不同的异性面前唱，山坡放牧、山林樵采、田地劳作、水上放筏、商贩旅途才是"花儿"的自由天空。但随着时代的变迁，"花儿"的演唱也从山林走向城市，从田间走向舞台，从业余走向专业，从自娱走向市场化。歌唱内容也融入了时代的元素："阳山的鹿羔儿阴山里来，阴山里吃一趟水来；尕汽车开上了跟前来，把你的连手（哈）看来。"

"花儿"自诞生起就深受当地民众喜爱，已深深融入他们的生命和生活里，这首"花儿"就是最真实的写照："千万年的黄河水不干，万万年不塌的青天，千刀万剐我情愿，不唱我花儿是万难。"把人性中最真最原始的欲望表达得淋漓尽致，成为民众的生命记忆。"花儿"是当地民众单调生活里不可或缺的精神支撑，在紧迫的农忙时节他们也不忘唱上一首"花儿"："油泼辣子油泼蒜，割麦天，辣辣地吃上顿搅团；龙口里夺食一整天，麦垛子，剁成山，高兴着唱上个少年"。"花儿"已成为他们生活的组成部分。每年"花儿会"期间，人们在草木幽静处相聚，放声歌唱"花儿"，尽情地宣泄情绪，更有一些有情男女在这里相互唱着爱慕的情歌，成就一段姻缘。"花儿"传唱地域辽阔，绵延流行在西北的青海、甘肃、宁夏、新疆四省区，以及西藏、陕西、内蒙古、四川等省区与上述流行省区接壤、相邻的部分地区。有汉、回、土、撒拉、东乡、保安、裕固和部分藏、蒙古等九个民族以汉语方言口头传唱、互动。② 其传唱民族之多，在中国乃至世界都是罕见的，具有民族共融性的价值，一般民歌只流行于两三个民族，而"花儿"在不同信仰、不同语言环境、不同生活习俗的九个民族中达到了涵化共融，是西北多民族文化熔炉中共有的文化植被。这对于中国民族文化关系史的研究具有重要意义，对于研究中国西北各少数民族民俗文化的多样性、共融性、统一性更有重要价值。长期以来，西北地区各民族间文化相互影响、相互渗透和吸收，这种文化互动促成了"花儿"多元开放体系的形成，成为多民族共融的典范。③ 它既充分体现了中国西北多民族文化交融与互补的特点，也证明了"多民族共创共享"的可行。这种突出的特点，也是它能够被列入联合国人类非物质文化遗产代表作名录并且必须认真加以保护的原因之一。

---

① 赵宗福：《西北花儿的文化形态与文化传承——以青海花儿为例》，《西北民族研究》2011年第1期。
② 王喜梅：《非物质文化遗产保护语境下的原生态"花儿"文献资源》，《攀登》2013年第5期。
③ 周亮：《河湟花儿的社会功能在多民族共融中的价值》，《兰州文理学院学报》2017年第3期。

"花儿"以表达男女情爱为主,但又不限于此。除了抒情"花儿",还有叙事"花儿"。叙事"花儿"是了解西北民族历史、文化等的"活化石"。"马步芳修下的乐家湾,拔走了心上的少年;哭下的眼泪和成面,给阿哥烙下的盘缠。把阿哥送到了黄河的沿,眼看着逼上了渡船;河里的浪花儿翻三番,活拔了尕妹的心肝。"这首"花儿"以马步芳强征暴敛、狂抓兵丁为背景,生动反映了当时被抓兵丁和妻子生死离别的情景。"花儿"也是西北历史演绎和社会变迁的时代见证,如"唐古拉山上的烟瘴大,山根里冻下的冰碴;现在的科学真发达,屋脊上铁路(哈)修下。"以艺术的形式呈现了青藏铁路开通之后民众的喜悦之情,既表达了情感,又陈述了事实。"花儿"传唱的历史还是一部人口迁移史,是一部跨文化传承史,迁徙对"花儿"的形成乃至演变发展做出了不同程度的贡献,丝绸之路的商业贸易促成了各路"花儿"的广泛传唱与演变。随着各民族间长期经济交往和不断迁徙,遍布各地的行商和一批批的移民们,把"花儿"带到了他们足迹所至的地方。"花儿"被许多地区、许多民族的人们所接受传唱,并融入吸收了当地音乐文化,演变成新的曲调,如流传至新疆的花儿:"逃难者新疆省安了家,天山下种了个庄稼;唱花儿想起了大河家,忘不了养我的老家。"① 在历史长河中,"花儿"伴随着该地区民众的生活发展而发展,是民族历史和民族基因的沉淀,它既是各族人民感情交流与思想沟通的重要媒介,也是西北多民族命运共同体的历史实践。

二 时代困境:新时期西北"花儿"的生存境遇

一种民间文化样式或者一种久远传承的文化活动有其无法剥离的环境、场所或某种特定的、定期的文化仪式及其参与的人为的行为和规程,这是文化产生并稳定留存所必需的文化生态。② "花儿"延续至今最基本的条件是封闭的乡土生活土壤和世代相传的传承人,封闭的乡土生活给了西北"花儿"灵感和灵魂,而传承人则是"花儿"传承下去的必然保证,此外,"花儿会"、赛马会等文化仪式也是"花儿"得以传承的肥沃土壤。中国目前正处于经济高速发展的阶段,"花儿"赖以生存的文化生态也发生了很大的变化,这种变化导致了"花儿"的生存困境,主要来自以下两个方面。

(一)传播主体的流失和网络媒介对"花儿"的冲击

在文化的传播与传承过程中,传播主体非常重要。随着经济发展和城镇化的推进,有很多年轻的农牧民离开乡土或到当地县城开饭馆、搞养殖等,或到外地的大城市打工,这就把其中的一部分"花儿"唱家和潜在的传播者吸纳走了。离开了农牧区,也就意味着离开了"花儿"产生的文化生态,因为"花儿"属于"触景生情"型的活态民歌,宽阔的草场、林地,所见的每一个景色或动植物都是花儿中的唱词。农业和牧业生产以及封闭的环境是"花儿"兴起的重要现实依据,没有了这种大环境,"花儿"必然失去其源头活水。

另外,来自外部文化的影响不可避免,如今是信息快速传播的时代,在大众媒体的强势传播下,很多"花儿"受众不可避免地被分散,导致爱"花儿"、唱"花儿"的人减少。各种自媒体、网络的发展,使越来越多的青年人有了更多的娱乐方式,面对多元文化、多元娱乐方式的冲击,"花儿"已

---

① 周亮:《河湟花儿的社会功能在多民族共融中的价值》,《兰州文理学院学报》2017年第3期。
② 王朝阳:《天祝"花儿"中的民族文化传播与呈现研究》,硕士学位论文,兰州大学,2015年。

经对许多青年人失去了吸引力。① "花儿"是口授心记而得以传承的民歌，虽然也有不少人是在"花儿"的熏陶中边体会边学唱而"自学成才"的，但往往是特别喜爱"花儿"的年轻人要拜一两个有名的唱家为师父，长期跟随学习，才容易成为优秀的新歌手。自学的氛围没有了，师徒或代际传承就成了不可回避的现实问题，年轻受众群体被分散，导致了中老年传播者与年轻传播者之间的传承断层，使传播主体不断萎缩。这种传承体制的断裂，如果不及时修补，时间长了会导致传承人想传寻不到弟子，年轻人想学找不到老师。届时，"花儿"的流传只能依靠冷冰冰的大众传媒，传下的只是"花儿"的空壳，没有民族文化内涵的解读，也没有声情并茂、声腔调式的美妙，没有写实与想象合作下的创新，也没有即兴演唱的欢愉，只剩下照猫画虎的模仿，"花儿"将失去灵魂。

（二）"花儿会"的变异挤压了"花儿"生存的空间

研究"花儿"的保护与发展，离不开对"花儿会"的探讨。"花儿会"是西北民众演唱"花儿"、交流情感的集会活动，是"花儿"赖以存在的主要文化空间。它历史悠久、规模宏大，被誉为"中国的狂欢节""西北的民间文化盛会"。② 历史上的"花儿会"具有娱神、娱人的双重功能，传统礼俗活动与"花儿会"相依共生，为唱"花儿"构建起必要的文化土壤。

20世纪中期以来，以祭神、祈福为代表的传统礼俗活动遭到禁革，致使传统"花儿会"中的娱神功能缺失，"花儿"所倚赖的文化空间就不能提供充分的精神养料。"花儿会"在娱神功能缺失的同时，娱人功能也渐趋弱化。随着非遗保护的热潮，"花儿会"逐渐让位于舞台化、程式化的表演，"花儿会"上唱"花儿"交流情感的作用逐渐淡化。由于媒体技术的进步，现在许多人，即使是"花儿"的部分忠实粉丝，也开始习惯于在家中欣赏"花儿"歌手演唱的录音与录像，而很少会赶上几十里的山路去逛"花儿会"，于是，"花儿会"现场的娱人功能也遭到削弱。当下的"花儿会"，商贸活动得到极大加强，商人们在会场内开展不同形式的销售活动，使得"花儿会"成为促进当地商业繁荣的重要载体。让人忧虑的是，人们赶"花儿会"主要目的不是为了"花儿"艺术，而是去参加各种商品交易会。于是，"花儿会"由传承与发展"花儿"艺术的文化平台，嬗变为以繁荣商业、满足人们物质需求为主要着眼点的经济平台。③

同时，"花儿会"因各种力量的介入使主题难以聚集。政府、商家、学者、游人汇集在一起，为了实现各自的目的，在"花儿会"上各取所需。"花儿会"的生态因大家的到来变得"异彩纷呈"。首先是"花儿"演唱场地的改变。以前，"花儿"的演唱是不固定的，由歌手自设歌坛，性情所至，随意而为，而且受到场上每一个参与人的情绪的影响，流动性较强；现在更多的是事先规划设计好的，搭台设点，场地固定。其次，"花儿"歌手和听众之间的关系发生了变化。以前二者之间互动性强，没有明显的界线；现在歌手都是事先邀请好的，演出时间和地点都是确定好的，歌手和听众之间有了明显的阻隔。另外，"花儿"演唱活动，是一种自发的行为，较少受到其他因素的控制和干扰。现在，景点和公园等这些原来演唱"花儿"的地方加收门票，想要置身其中的每一个人都要付费，"花儿"的欣赏和演唱变成一种有偿消费，这在提高了消费成本的同时，破坏了演唱"花儿"的积极性。④ 这些都在悄悄侵蚀着"花儿"生存的土壤。

---

① 康建东、康芮婷：《非物质文化遗产保护视野下的花儿会》，《中国音乐学》2012年第1期。
② 康建东、康芮婷：《非物质文化遗产保护视野下的花儿会》，《中国音乐学》2012年第1期。
③ 康建东、康芮婷：《非物质文化遗产保护视野下的花儿会》，《中国音乐学》2012年第1期。
④ 李言统：《"非遗"保护下花儿表演的实践调研——以第三届大通老爷山花儿会为例》，《西北民族研究》2013年第3期。

三 现代之路：再生产视角下西北"花儿"的传承和创新路径

文化传承实质上是一种文化的再生产，非物质文化遗产制度的建立为文化再生产提供了系统的支持。目前，学界对于非遗传承中的保护与发展进行着热烈的讨论，非物质文化遗产是应该秉承古例、维系不变，还是应该尊重规律，不断开放、创新，这些话题都成为争论的焦点。① 2015 年年底，联合国教科文组织保护非物质文化遗产政府间委员会（IGC）第十届常会审议并通过了《保护非物质文化遗产伦理原则》，公布了 12 项伦理原则，其中第八条指出："非物质文化遗产的动态性和活态性应始终受到尊重。本真性和排外性不应构成保护非物质文化遗产的问题和障碍。"第十一条强调："文化多样性及社区、群体和个人的认同应得到充分尊重。"我认为这切中了当前我国非遗保护传承中的一些误区、偏见。

本真性"Authenticity"一词的起源可追溯到中世纪的欧洲，有"原初""权威"的含义，彼时用于指代宗教著述及宗教遗物的真实性。本真性被正式引入遗产保护领域是在 20 世纪 60 年代，1964 年的《威尼斯宪章》奠定了本真性对国际现代遗产保护的意义，提出"将文化遗产真实地、完整地传下去是我们的责任。"② 尊重非遗的本真性是必须贯彻的理念，但如果过分强调本真性，会使非遗的保护走入无解的绝境。我们应该尊重非遗文化的自然发展，用动态性和活态性来看待非遗文化的发展，要尊重已经得到社区、群体乃至个人认同的文化现象，尊重文化发展的多样性，不能以固定不变的本真性和极端情绪的排他性来对待非遗文化，否则它将成为非遗保护传承中的问题和障碍。有学者担心，创新会改变非遗的文化形式，破坏本真性。实质上，这种创新是继承中的创新，若不创新传承形式，非遗项目的本真性将会在其他文化冲击下自然变异，甚至消失消亡。③ 在"花儿"的保护和创新传承中，理解上述两条非遗伦理原则必须客观公正、拿捏有度，决不能走到另一个极端：出于短视的实用主义而急功近利，要么政府参与过度，要么超负荷市场化，表面上呈现出政府、商家、学者联动共谋"花儿"的保护，实际却陷入"文化搭台、经济唱戏"的老套路，真正丧失了"花儿"的"本真性"。这样的"花儿"创新既不是文化的多样性，也得不到社区、群体和个人的认同；既有损"花儿"的文化生态环境，又使"花儿"沦为没有灵魂的"转基因"产品。这样舍本逐末式的保护坚决不能要。那么到底怎样保护"花儿"这一非物质文化遗产呢？笔者认为，在敬畏传统和保持本真的基础上灵活创新，在活态发展中保护传承"花儿"才是正确的选择。

第一，要摒弃标本式的孤立保护，不仅要保护"花儿"本体，更要精心维护"花儿"艺术生存所必需的文化空间。④ 非遗一旦脱离传承的语境，其相貌就会走形变样，所以要坚持"花儿"保护传承的语境，坚决反对去语境化后的行政主导以及缺少民众和"花儿"歌手参与的"创新"。正如学者所云："非物质文化遗产真正的传承主体，不是政府、商界、学界以及各类新闻媒体，而是那些深深根植于民间社会的文化遗产传承人，他们才是非物质文化遗产的真正主人。"⑤ 在近年来的非遗文化热中，"重申报、重立项、轻保护、轻传承"成为地方政府的通病。有的地方打着保护传承非遗文化、推动

---

① 邓燕珍：《非物质文化遗产的本真性传承与保护研究——以湘西苗族鼓舞为例》，硕士学位论文，华中农业大学，2015 年。
② 邓燕珍：《非物质文化遗产的本真性传承与保护研究——以湘西苗族鼓舞为例》，硕士学位论文，华中农业大学，2015 年。
③ 孔维刚、张平：《原真性视阈下的我国少数民族非物质文化遗产保护模式与博弈分析》，《兰州大学学报》2017 年第 4 期。
④ 康建东、康芮婷：《非物质文化遗产保护视野下的花儿会》，《中国音乐学》2012 年第 1 期。
⑤ 苑利：《非物质文化遗产传承人保护之忧》，《探索与争鸣》2007 年第 7 期。

旅游产业的旗号,过度行政干预,颠覆了传统的传承场域和基本的传承方式,"花儿会"大半是"挂羊头卖狗肉",其中流行歌曲占据半壁江山,有些甚至重金聘请歌星演唱和"花儿"完全不沾边的其他歌曲,而"花儿"演唱仅仅是点缀,"花儿"唱家完全被边缘化,更少了唱家与听众的互动,没有老百姓参与当然得不到他们的认可,这种"一厢情愿"式的保护违背了非遗保护伦理原则。这种本末倒置、传承场域和传承主体变异了的"创新",致使"花儿"的本真性被彻底篡改。如果失去了传承语境或者把"花儿"变成一场商业活动的"噱头",这种行为表面上貌似保护"花儿",实际上是在摧毁"花儿"。这是对非遗保护伦理原则"本真性和排外性不应构成保护非物质文化遗产的问题和障碍"的误读和曲解。

第二,要走出对"本真性"的理解误区,在与时俱进中动态创新和传承"花儿"。国际社会视非物质文化遗产为文化多样性的"熔炉"和文化创新发展的重要源泉,不仅要求非遗本身是不断发展创新的,更要求其能不断促进文化的整体性创新,使得文化多样性更加发展丰富。① 尊重本真性并非还原其"原貌",即保护非遗不是要保留它在传统社会的面貌,而是要接受它的变迁。一提到本真性,人们马上与"原汁原味"和"原生态"捆绑在一起,在非遗的保护中一定要跳出对本真性的僵化理解,决不能走极端。社会在变迁,事物都会发生演变,包括非遗。从变迁的视角看,非遗是可以利用和变革的,变革就是它的活力所在,保护非遗的本质就在于保持其"活性"。② 非遗的保护不能将其固化在某一个时间或空间,而要以更加开放的视角来看待,并且立足于传承者主体,赋予其在非遗框架内的能动性,对非遗进行创造性的保护。非物质文化遗产的核心就在于它是以人为载体的"活"的文化,深深扎根于一个文化空间,不断传承变迁。

"花儿"是典型的活态的非遗文化,是在人们的日常生活中不断地丰富发展着的。这个活态性既表现在历时的历史演变上,也表现在共时的多元演变上,还表现在不同层次的发展趋向上。③ 如果否认这一点,就陷入了对"花儿"本真性的偏狭理解。创新是"花儿"传承的根本,但这里的创新绝不是一味迎合市场潮流而丧失"花儿"本身的灵魂和风骨。我们在"花儿"的保护工作中,既要关注它"优质基因"(主要指它的形态构成要素、特定的实践方式等)的挖掘、提炼和传承,也要关注它本身的吸纳、创新和与时俱进。④ 任何艺术形式都无法摆脱时代的烙印,只有贴近生活、贴近现实、贴近百姓,"花儿"才能真正生根发芽。脱离了时代语境的"花儿"保护是"不接地气"的典型表现,没有了养分,不论保护意愿有多强,"花儿"必将是要"凋谢"的。与本真性这一概念对立的,应当是指那些只取一点"花儿"文化因由,胡乱编造,却又打着民间文化的旗号将其商品化以谋求经济利益,使其脱离当地民众生活,得不到当地民众认可的造假行为,而不是指"花儿"在原有基础上的发展、变革和创新。其实,包括"花儿"在内的民间文化都在随时代的变化而变化,所以"花儿"是可以"时尚"的。2010年,青海民族大学的3名学生将现代打击乐融入传统"花儿",创出别具一格的"摇滚花儿",歌曲一经上传便受到年轻人的追捧,他们用独特的形式引起了人们对新"花儿"的关注。没有一成不变的本真性,也没有唯我独真的唯一性,只要是区域民众或部分群体认可的"花儿",就应该受到尊重。正如刘魁立先生所言:文化事象在变化,不可能完全不变,不能以某一时间或空间

---

① 胡惠林:《国家文化安全研究导论》,上海人民出版社2013年版,第246页。
② 邓燕珍:《非物质文化遗产的本真性传承与保护研究——以湘西苗族鼓舞为例》,硕士学位论文,华中农业大学,2015年。
③ 赵宗福:《苏平的花儿演唱艺术与西北花儿的传承保护》,《西北民族研究》2017年第1期。
④ 柯杨:《人类非物质文化遗产代表作之一——花儿的保护、传承与创新》,《民间文化论坛》2012年第1期。

来看是否本真，非遗的本真要看它的基质本真性。① 因此，要在活态多元中不断探索创新"花儿"。由于"花儿"流布的多民族性和多地域性，其传承生态也是丰富多彩的，在坚持基质本真性的前提下，对"花儿"进行"打扮"和革新是可行的，应在动态与活态中保护传承，不断吸纳时代的新内容，融合现代元素，使其在非遗保护的沃土中成为历史性和现代性自然结合的"花魁"，在观众眼里常看常新，常开不败。

第三，推动"花儿"与市场有机融合，在创意产业中寻求更大的舞台。当农耕文化受到冲击时，创新是延续传统艺术生命力的有效方式。在时代发展的新形势下，"花儿"艺术所倚赖的文化空间必然发生变化，因此也不能搞封闭的博物馆式保护。"花儿"保护与发展地方经济之间并不矛盾，非物质文化遗产的核心是传承，而文化创意的核心是创新。② 所以"花儿"的传承必须在尊重其本真性、地域性和民众认可的基础上创新思路。我们应鼓励和支持"花儿"的适度产业化，将"花儿"与市场有机融合，但要提防超负荷利用和破坏性开发的错误倾向。这就需要政府及相关部门、传承人、理论研究人员共同努力，不断引导民间力量参与"花儿"保护和传承，努力探索一条市场化、适度产业化的发展之路，使"花儿"这一人类非物质文化遗产在保护和传承中既有社会效益也有经济效益。

整合社会资源、发挥群体效能、探索文企联姻的新路子，是"花儿"市场化的有效手段之一。事实证明，没有企业参与、媒体互动，"花儿"演唱会、艺术节以及相关的民俗产品推介活动就很难取得成功。近几年，许多企业都加盟支持"花儿"的发展，企业借"花儿"的魅力得到广泛宣传，"花儿"因企业的支持提升了社会效能。2006 年以来，青海举办了集"花儿"与民族服饰展演、"花儿"和唐卡作品展演等为一体的"青海民族民间文化北京行"系列活动，制作精美的民俗艺术品与灵动悠扬的"花儿"水乳交融，受到了首都人民的欢迎。2010 年，青海省文化馆精心编排的"花儿"演唱节目"天籁之音"因充分代表了青海高原多元的民族文化，还受邀参加了上海世博会展演活动。这都是"花儿"市场化取得的成效。

创意产业是时代的一个热点和命题，其核心是文化符号带来的巨大附加值。对于"花儿"的保护与发展，应适度与创意产业结合，可借助兴起的西部旅游热，让"花儿"和"花儿会"与旅游业紧密结合，使其成为重要的旅游品牌，借此扩大其名气和效应。不断推动"花儿"舞台剧等新艺术形式的成长，因为本真性与舞台化之间并非完全对立，也不必然导致文化失真。舞台化处理的文化遗产可以在一定程度上反映当地文化的真实性和完整性，如土家族跳丧舞、侗族大歌、蒙古长调等经过舞台化处理，社会影响力逐年提升，甚至走上了国际舞台。2009 年 4 月，大型花儿音乐诗剧《雪白的鸽子》在北京保利剧院上演，该剧以青海民间广为流传的经典"花儿"为题材，用传统、原真的表现形式，完整地向观众展示了青海农耕社会原貌，效果不错，在收获经济效益的同时扩大了"花儿"的社会影响，这对保护和传承"花儿"无疑是有推动作用的。

第四，科技与人工双管齐下，突破对"花儿"文本的保护局限，对其进行数字化保护与高质量的改编和再创造。社会的发展和技术的进步，为民族地方性知识的保护、抢救、收藏、整理以及开发利用提供了无限的空间和技术。在现代新技术环境下，将多媒体技术应用于"花儿"文献信息的获取和存储，将有助于我们更加全面、科学、有效、客观地传播和共享"花儿"资源，它可更直观生动地记录和反映"花儿"这一文化的原始风貌和历史变迁，突破对"花儿"文本的保护局限。我们应该对

---

① 赵宗福：《苏平的花儿演唱艺术与西北花儿的传承保护》，《西北民族研究》2017 年第 1 期。
② 孔维刚、张平：《原真性视阈下的我国少数民族非物质文化遗产保护模式与博弈分析》，《兰州大学学报》2017 年第 4 期。

"花儿"文献信息充分采用录音、摄像、计算机、网络等现代音、视频技术,进行收集、编译、标引、整理、储存以及数字化,可建图片、音像、实物"花儿"文献信息数据库,对其进行高效保护、传播和共享。①

另外,应主动凝聚那些喜欢"花儿"、具有探索精神的学者和艺人的智慧,要鼓励他们在原有"花儿"的基础上高质量地改编和再创作新"花儿",使"花儿"不脱离当下的生活场景而保持时代的脉搏,真正活态传承。保护"花儿"的原创性和音乐家们在"花儿"音乐基础上的再创作,虽然是目的截然不同的两件事,但却有着重要的内在联系。前者是活态保护非物质文化遗产的需要,后者是丰富群众文化生活和提高、普及和推广"花儿"的需要(亦即"合理利用"的一个方面)。那种把保护与创新完全割裂开来甚至对立起来的主张,是肤浅的、过时的。优秀的改编和再创作,必将大大有利于"花儿"的普及、推广与提高,使这种民歌走向全国、走向世界。

---

① 王喜梅:《非物质文化遗产保护语境下的原生态"花儿"文献资源》,《攀登》2013年第5期。

中缅跨境区域傣族乐器"光邦"的变迁与当代传承*

金 红 朱 杰**

摘 要 南传上座部佛教信仰文化形态中共享的寺院大鼓,在物缘、神缘、语缘跨境互动中,为适应云南省德宏州盈江县支那乡支那村的自然生态环境和生存空间变化,其原生样态发生适应性的变迁而衍生为乐器"光邦"。光邦简单易学的演奏技艺和跨境表演的激励作用成为其当代传承的重要因素。随着中缅边境个体互动和文化互动等节日互邀与往来的增多,光邦逐渐跨越国界线,成为掸傣民族共享的节日文化和同源族群情感的纽带。

关键词 中缅跨境;寺院大鼓;光邦;变迁;当代传承

DOI:10.13835/b.eayn.25.17

一 引言

学界认为,南传佛教音乐自东南亚传入中国云南境内后,在适应不同民族地域自然生态与文化生态背景的基础上,吸收并融合各民族本土文化从而构成中国南传佛教音乐的地方特色[①]。傣族乐器"光邦"(kuang bong)[②],就是南传佛教信仰文化形态中共享的寺院大鼓这一法器和乐器从境外传入云南德宏地区后,为适应盈江县支那乡支那村自然生态环境和民族杂居生存空间而发生适应性变迁的典型代表。

在中国和缅甸南传佛教寺院内作为一种威仪象征应用于佛事活动的寺院大鼓,在支那村衍生为光邦。光邦是小型的寺院大鼓,形制呈左小右大。在支那村各类风俗演奏中,人们用布带连接鼓的两端,把光邦置于腰腹部挂背于脖颈上,左手敲击靠身体左侧的小头鼓面,右手持木槌敲击靠身体右侧的大头鼓面。同时,还要配以铓、镲进行合奏,节奏丰富而铿锵有力。其因群体性强、参与性强的特点在支那村的宗教仪式和民俗活动中被广泛应用。

从寺院大鼓到光邦的变迁所形成的支那村相对独立的音乐文化事项,依附于中缅掸傣民族成员的族群认同。缅甸掸族和中国傣族作为同源民族所共享的物缘、神缘、语缘等文化基因,促进了掸傣民

---

* 本文为云南大学国家社会科学基金培育项目"中缅南段交界地掸傣族群音乐文化跨境互动与当代变迁"(17YNUGSP11)、国家社会科学基金艺术学重点项目"澜沧江—湄公河跨界民族音乐文化实录"(11AD002)的阶段性成果。

** 金红,云南大学艺术与设计学院讲师,云南民族大学民族研究所博士后,主要研究方向为艺术人类学、民族音乐学;朱杰,红河学院音乐舞蹈学院讲师,主要研究方向为音乐教育与民族音乐文化。

① 黄凌飞:《中国南传佛教音乐文化》(杨民康著),《中央音乐学院学报》2016年第2期。

② 此为国际音标注音。

族对光邦的文化认同和文化连接。这在某种程度上使中缅掸傣民族形成一种凝聚力和认同感,也使光邦成为连接中缅掸傣族群的情感纽带。

二 乐器"光邦"的跨境变迁

中国傣族和缅甸掸族是历史上形成的具有共同文化基因的同源民族,由于被一条晚近形成和确定的"政治边界"所分隔,从而在其原生文化层面上,生发出有形或无形的种种变迁性因素①。中缅南传佛教寺院共享的寺院大鼓随社会变迁开始了文化的传播、涵化和创新,从而在其原生文化层面上发生变迁,形成了支那村的乐器新样态"光邦"。

1. 物缘背景下衍生的乐器新样态

明代钱古训《百夷传》中记载:"乐有三等,琵琶、胡琴、箫、笛、响盏之类,效中原音,大百夷乐也;笙阮、排箫、箜篌、琵琶之类,人各拍手歌舞,作缅国之曲,缅乐也;铜铙、铜鼓、响板、大小长皮鼓,以手拊之,与僧道之乐颇等者,车里乐也。村甸间击大鼓,吹芦笙,舞干为宴。"②该段文字涉及了寺院大鼓等打击乐器。从后世数百年至今的情况看,寺院大鼓乃是傣仂、傣那两个南传佛教文化圈共享的器物,它能够作为音乐文化特质丛显示的重要核心元素③。从作为南传佛教音乐文化丛核心元素的寺院大鼓到支那村乐器光邦的变迁,可从两者的制作材料、外形、制作工艺、外部装饰、尺寸大小等物缘的同一性和变异性比较中得以证实。

(1) 物缘的同一性

图 1　寺院大鼓　　拍摄:金红　　　　图 2　光邦　　拍摄:金红

从以上两张图片来看,寺院大鼓和光邦的形制、外形和外部装饰完全相同。此外,两者的制作材料也相同,都使用树木、牛皮、藤条制作而成。制作时,挖空树木内部,双面蒙牛皮,用藤圈固定牛皮鼓面,再用牛皮条来回反复交织箍紧以固定鼓膜。从图1中可以看到,这种独特的固膜方法在寺院大鼓外部形成了绦绳型装饰,这是傣那南传佛教文化圈共有的制鼓工艺。由于支那村地处傣那南传佛教文化圈,光邦制作时也采用了该文化圈共有的制鼓工艺。因此,在图2中可以清晰地看到光邦外部形成的绦绳型装饰。绦绳型装饰这一外部特点的显现,反映出寺院大鼓和光邦同属傣那南传佛教文化圈,具有共有文化特质。文化圈理论认为,凡有可比性的文化要素呈现出类似形态时,它们在形态上

---

① 杨民康:《跨界族群音乐研究作为当代史及中国音乐文化史的释义性解读》,《中国音乐学》2015年第4期。
② (明)钱古训撰,江应梁校注:《百夷传校注》,云南人民出版社1980年版,第148页。
③ 杨民康:《云南与东南亚傣仂南传佛教文化圈寺院乐器的比较研究——以太阳鼓及鼓乐的传播与分布为例》,《中央音乐学院学报》2013年第2期。

的类似可证明它们在发生上的历史关联①。寺院大鼓与光邦在制作上所使用的相同材料、相同制作工艺和相同的鼓膜固定方式以及外部呈现出的绦绳型装饰是两者物缘同一性的表现。这些物缘表现是傣那南传佛教文化圈鼓乐文化发生上的关联性展示，也是寺院大鼓跨境传入支那村后，在物缘关联上的外部显现。

（2）物缘的差异性

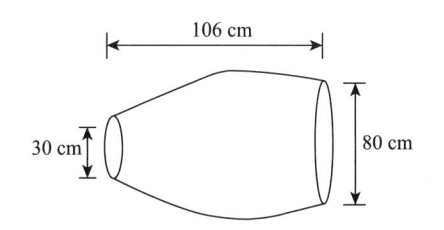

图3　寺院大鼓的外形及尺寸　　绘图：金红 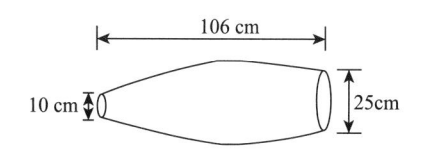　　　　图4　光邦的外形及尺寸　　绘图：金红

从图3、图4的比较中可以清晰地看到，寺院大鼓和光邦的形制完全一样，所不同的只是尺寸大小的差异，光邦是尺寸缩小的寺院大鼓。马林诺夫斯基文化功能论的两个核心概念是"需要"和"功能"，即任何一种文化现象，都因具有满足人们生活需求的功能而存在②。经笔者在田野点的亲自学习、观察和实际丈量发现，缩小后的光邦完全是按照乐器横挂于脖颈上，左右手能够自由而舒适演奏的尺寸来制作的。光邦的长度为100～110cm，这样的尺寸适合一个成年男性双手挥臂自由演奏。光邦横挂于脖颈上时，鼓面的位置呈左小右大，左边小头鼓面的直径为10cm，正好适合成年男性的手指长度，使手指能够灵活地敲击鼓面。右边大头鼓面的直径通常为25cm左右，易于鼓槌准确地敲击在鼓面上③。缩小后的光邦尺寸既按照演奏者的实际演奏需要来设计，又满足了支那村傣族先民敲奏光邦巡游村寨以确立族群生存空间的功能④。光邦形制的尺寸特点正好符合马林诺夫斯基文化功能论中"需要"和"功能"的两个核心概念。

文化发生学认为，事物演变中的同质就是事物从中演生的证明。通过文化同一性和差异性的比较，可以揭示不同文化间的亲缘关系⑤。该理论也同样适用于解释乐器新样态"光邦"这一物质现象。通过同一性和差异性的比较，可以揭示寺院大鼓与光邦两种不同文化间的亲缘关系，这种亲缘关系在此是以"物"的层面呈现，即物缘关系。寺院大鼓与光邦在制作材料、形制、外部装饰同一性的比较中所呈现出的"物"的同质，为寺院大鼓跨境传入后演变为光邦提供了物缘的有力实证。而两者外形、大小尺寸的差异性，是"寺院大鼓－光邦"在物缘基础上跨境后适应性变迁的外部显现，也是同源民族内部"族群－地域性"变迁的结果。

2. 神缘背景下乐器功能的演变

云南傣族地区和缅甸掸族地区，一直保持着"一村一寺，一寺一鼓"的传统习俗，神缘自然也成为中缅掸傣跨境民族在精神上维系文化认同的有力纽带。缅甸掸族和中国傣族，不仅共同信仰南传上座部佛教，而且还共享着许多与宗教相关的仪式活动，"寺院大鼓"就是这些共享仪式中的法器和乐

---

① 乌丙安：《非物质文化遗产保护中文化圈理论的应用》，《江西社会科学》2005年第1期。
② 〔英〕马林诺夫斯基：《文化论》费孝通译，华夏出版社2001年版，第61页。
③ 金红：《傣族乐器"光邦"与支那村社会建构》，《人民音乐》2015年第4期。
④ 金红：《傣族乐器"光邦"的社会建构功能》，《思想战线》2015年第2期。光邦演变动因已在该文中详细论证，故在此不做赘述。
⑤ 〔英〕马林诺夫斯基：《文化论》，费孝通译，中国民间文艺出版社1987年版，第64－68页。

器。在中缅掸傣地区的每个佛教寺院中都横挂或架放着"寺院大鼓",它作为一种威仪的象征,不可随便敲响。在泼水节、安居节以及佛教法会仪式、新修佛寺、新佛像进奘房①等活动时,中缅掸傣民族都会在寺院中有规律地敲击寺院大鼓,用以享祀神灵,向神灵诉求心中夙愿。凡各种仪程的间隙,信众也会击鼓娱乐、跳起大鼓舞。此外,在傣历每月的初七、初八夜,十四、十五月圆和月黑的夜里也会敲击寺院大鼓,用各种变化的鼓语音声向民众传递佛事信息并通报时节。这些都是寺院大鼓在中缅掸傣族群南传佛教信仰中呈现的原生形态,其核心主旨就是"赕佛"②。这是信众向佛祖布施的一种方式,也是一种自我救赎和解脱的途径,期盼通过对佛祖的供奉获得今生或来世的福报。"赕佛"这一核心主旨是境内外掸傣族群全民信佛的传统,它使得传承和发展以寺院大鼓为核心的传统音乐文化能够始终如一。

正是因为"赕佛"这一核心主旨对南传上座部佛教文化传承具有的重要作用,使远离傣族中心文化圈并深受汉文化影响的支那村,在中缅掸傣族群神缘背景下,仍然传承并发展着寺院大鼓在"赕佛"等一系列宗教仪式活动中的应用。光邦与传统的寺院大鼓一起承载着支那村傣族民众"赕佛"的职责,其在春节、泼水节、安居节、新建奘房、新佛像进奘房、竖标杆、祭"广姆"③等佛事活动中被广泛应用。但在这一系列佛事活动中,形制被缩小的新生乐器光邦,其功能已经不仅仅局限于单纯的"赕佛"、倾诉夙愿和祈求福报,而是通过赕佛这一建立在神缘基础上的信仰活动,构建起支那村春节拜年场景下的和谐社会秩序。

光邦对和谐社会秩序的构建,体现在支那村每年春节大年初一光邦走亲串寨拜年仪式活动中。每年春节大年初一的清晨,各村寨的男人们都要敲着光邦到其他15个傣族村寨拜年。在奘房内,人们通过光邦的敲击向佛祖倾诉纳福避祸的夙愿,搭建人神沟通的渠道。在奘房外,人们尽情演奏光邦向寨民们拜年。老人们会送上一元、两元钱,表示对光邦表演者的感谢;各村寨光邦队的到来都会受到寨民们的热烈欢迎;两寨光邦队相遇,光邦队员们会进行热烈的斗鼓比赛,但赛后,又会相互用鼓声表示敬意和谢意。光邦拜年、斗鼓、迎来送往以及在此过程中表现出来的良性互动关系所揭示的,实际上是一个群体的价值,即"相互敬重、和谐礼让"。依附光邦演奏所形成的拜年仪式活动,其功能已经不仅局限于传统意义上的"赕佛",它既是各村寨光邦的聚合,也是光邦背后各村寨成员及其神灵的聚合,更是增强民族凝聚力、促进村寨和谐、增进村寨间情感交流、消除或淡化人际矛盾的重要媒介和纽带。光邦作为春节时最好的礼物,成为当地南传佛教信仰中人与神、人与人沟通的重要工具,使一年来逐渐疏远的人际关系重新得以巩固,也联结和创造了良好和谐的社会秩序。这些都显现出寺院大鼓所承载的传统宗教意义,及其在跨境传播衍生为光邦之后所引发的新创造和涵化出的新功能。

3. 语缘背景下乐器名称的勘定

语言上的关联是不同国家同源民族的重要纽带和沟通的有效工具。多数跨境民族都各有支系,同支系的语言相通,而跨支系的语言会有差异,但也有不少相通的成分,这就是语缘。从中缅掸傣族群寺院大鼓在国内与缅甸不同地域的名称与发音,可以看出其语缘关系。在实际的田野调查中发现,缅甸东枝、科崀、腊戌的掸族称呼寺院大鼓为"光"(*kuang*)④,而缅甸南坎、木姐的掸族称呼寺院大鼓

---

① 奘房是南传上座部佛教的寺院。
② "赕"是巴利语的音译,汉译为布施、施舍、供奉。
③ 广姆是南传佛教文化圈的佛塔。
④ 此为国际音标注音。

为"光龙"（kuang nung）①；中国德宏地区的傣族称呼寺院大鼓为"光弄"（kuang nung）②。由于跨境民族的语言异同程度与地缘远近有一定的联系③。所以，距离中国德宏较近的缅甸南坎、木姐地区，对寺院大鼓的称呼除"nung"（龙、弄）的声调有别以外，其发音"kuang nung"完全一致。而缅甸东枝、科崀、腊戌较南坎、木姐而言，距离中缅国境线稍远，所以这些地区对于寺院大鼓的称呼有所差异，称为"光"（kuang）。本文所调查的这五个田野点都属于缅甸第二特区掸邦的城市和乡村，同源民族的语缘关系，使这五个地区对于寺院大鼓的名称都有一个相同的"光"（kuang）的发音。从文献解释来看，《中国民间艺术大辞典》中指出，"光"即"鼓"的意思④。从实地访谈来看，"我们傣话的'光'（kuang）就是你们汉话中'鼓'的意思"⑤。中缅掸傣民族不同地区对寺院大鼓名称"kuang"的相同发音，足以显现其语缘的亲密关系。这种语缘的亲密关系伴随着同源民族跨境族群的内在思维，形成了乐器名称勘定的差异性变迁。

支那村傣族先民在创造出寺院大鼓的新样态以后，为其定名为"光邦"（kuang bong）⑥。这样的名称勘定不仅源自掸傣民族的语缘，也蕴藏着当地人通过语言"棱镜"来折射、观察和解释世界的含义。在实际的调查和研究中发现，"光邦的'邦'（bong）不是傣语"，⑦"傣语中没有'邦'（bong）这个发音"⑧。那么，"邦"是什么意思？在跨境语缘背景下勘定名称的乐器"光邦"应如何解释？关于这个问题，我们可以从古代文献和现实场景中得到佐证。中国古代文献中记载，古代乐器"觱篥"是一种吹奏的管乐器。觱篥二字，是吹奏这种乐器的一个象声词。觱字是古象声词中的一个常用字，有点像噼啪之声。⑨再看云南傈僳族弦鸣乐器"呃吱"。"'呃'即'锯'或'拉'，'吱'是拉奏此类乐器发出的象声词"⑩。古代乐器"觱篥"和傈僳族乐器"呃吱"都使用了演奏此类乐器发出模仿声的象声词为之命名。而在支那村田野访谈中了解到，"'邦'（bong）在傣语中没有实际的意思，是模仿左手敲击光邦小头鼓面发出的'bang、bang、bang'⑪的声音。"⑫不同文化背景的受访者对"邦"（bong）发音的解释几乎完全相同，他们都认为："bong"的发音不是傣语，是模仿乐器所发出声响的象声词。

"光邦"（kuang bong）名称的勘定不仅源自掸傣族群的语缘，也是支那村傣族先民内在思维的体现，是他们通过语言来折射、观察和重新解释世界的方式。由于语缘关系，"光邦"名称的勘定沿用掸傣语缘中"光（kuang）"的发音来明确其属于膜鸣打击乐器的性质和类型，并将该乐器敲击时所发出模仿声的象声词"邦"（bong）与"光"合用，命名为"光邦"（kuang bong）。这样的名称勘定，在强调新生样态光邦与传统乐器寺院大鼓二者差异性的基础上，避开傣族核心文化圈，建构出一个完全属于支那村傣族的乐器和属于当地人自己的族群文化。同时，乐器光邦是"被发明的传统"，在很

---

① 此为国际音标注音。
② 此为国际音标注音。
③ 黄光成：《跨境民族文化的异同与互动》，《云南社会科学》1999年第2期。
④ 刘波：《中国民间艺术大辞典》，文化艺术出版社2006年版，第24页。
⑤ 2015年4月14日，笔者对支那村蛮海寨向大圣（男，66岁）的访谈。
⑥ 此为国际音标注音。
⑦ 2015年11月2日，笔者对支那村蛮朵寨朗其会（男，44岁）的访谈。
⑧ 2015年10月15日，笔者对刘某（女，47岁，傣族，云南盈江县人）的访谈。
⑨ 齐冲天、齐小乎：《汉语音义系统字典》（下册），中华书局2010年版，第1103页。
⑩ 殷海山、李耀宗、郭洁：《中国少数民族艺术词典》，民族出版社1991年版，第128页。
⑪ 此为汉语拼音标注的模仿声。
⑫ 2015年9月7日，笔者对支那乡赵某（男，45岁）的访谈。

大程度上是为了实现创造者对"民族 - 国家"的认同①。傣族先民通过乐器名称的差异性建构来彰显支那村傣族文化在族群内部与族群外部的差异，使杂居于傣族核心文化圈边缘地带的支那村能通过"发明传统"②来建构话语权。当社会接受这种发明并加以运用时，"光邦"这一乐器新名称的勘定更有效地重构了相关文化，进一步实现了支那村傣族民族身份的表达与认同。

三 乐器"光邦"在跨境互动中的当代传承

光邦能够作为中国和缅甸掸傣民族情感的纽带和媒介，是基于掸傣族群关系的诸多内在联系和一致性。作为跨境民族，他们有着天然的地缘联系、割不断的亲缘关系、神缘信仰上的同一性、物缘上共同的情感积淀、语言上的互通与文化的共享等，体现出跨境民族典型的特点③。这些特点的存在，促进了光邦在跨境互动中的传承。光邦的传承群体不仅局限于支那村的3000多名男性，其传承人也包含了目前居住在支那乡的缅甸籍男性。在众多少数民族艺术濒临消亡厄运的当下，光邦却在当地鲜活地传承和发展，这与光邦跨境互动有着密切的关系。

1. 个体互动与简单易学的光邦节奏

云南边境地区出现一边倒的境外妇女大量嫁入中国的情况，是现阶段不以人的意志为转移的客观存在。虽然，跨境民族婚姻交流给中国边境地区的管理和发展带来了一系列问题，但是它对民族文化的传播却起到了推波助澜的作用。支那村近年来由于外出上学、务工等情况，村寨中的年轻未婚女性越来越少，许多大龄男青年面临着找不到对象的尴尬困境。而中缅边境附近的缅甸地区，由于常年政治和经济原因，出现了性别比失衡的社会问题。因此，到紧挨国境线的缅甸掸族村寨去娶亲，已经成为支那村跨境婚姻的重要形式。随着跨境婚姻的不断增多，境外劳动力转移至中国的特殊形式也在支那村有所发展。支那村蛮海寨子的郝家大儿子就娶了缅甸媳妇小许，小许的两个弟弟培焕④和培强⑤入境到中国瑞丽和芒市打工。每年春节、泼水节和农忙时，小许的两位缅甸弟弟就要到支那村的姐姐家过年、过节、帮忙收割。由于同源民族在语缘、亲缘、血缘、业缘、神缘、物缘等方面的一致性，在支那村暂住生活的时间里，姐弟三人共同参与支那村傣族所有的风俗活动，光邦以及依附光邦所形成的一系列风俗活动也逐渐被他们所熟悉。笔者在支那村调查生活的一年中发现，每次节庆风俗使用光邦时，这姐弟三人都参加光邦演奏。弟弟敲光邦，姐姐敲铓、镲。"我们家乡没有这种乐器，我们的大鼓是在寺院里面敲的。光邦可以背在身上边敲边走，而且节奏丰富，很好听！我们很喜欢学习敲它，敲着过节很热闹呢！"⑥ 2015年泼水节时，缅甸南坎地区邀请支那村"光邦队"⑦前往欢度泼水节，并在开幕式上演奏光邦。小许和两位弟弟都跟随光邦队回到了自己的家乡南坎。当他们在开幕式的舞台上代表中国云南表演光邦时，台下的观众异常欢呼，因为台下的观众多是姐弟三人的老乡、朋友和家人。这样的跨境个体互动不仅传播着民族文化，使同源民族的民族情感得到充分表达，还促进了中缅掸傣族群的民心相通。

---

① 李晓斌：《浇花节的建构与德昂族跨境互动》，《节日研究》2013年第1期。
② 李晓斌：《浇花节的建构与德昂族跨境互动》，《节日研究》2013年第1期。
③ 李晓斌：《浇花节的建构与德昂族跨境互动》，《节日研究》2013年第1期。
④ 此人名为化名。
⑤ 此人名为化名。
⑥ 2015年8月21日，对缅甸木姐寨民培强（男，16岁，掸族）的访谈。
⑦ 支那村全村男性都会演奏光邦。每逢节庆受邀时，乡文化站就临时在16个村寨中选出20多人组成光邦队，前往邀请地表演。

像许氏三姐弟这样由于跨境婚姻和跨境务工而学习喜爱光邦,并借泼水节这一同源民族共同节日的契机回到缅甸家乡表演光邦的例子,在支那村还有很多。据统计,支那村全村6000多人中,中缅跨境婚姻就有40多对,跨境暂住的缅甸籍人口有200多人,这些人中的男性几乎都学会了敲击光邦。跨境居住在支那村的缅甸民众能在一段时间内学习并喜爱光邦,这与光邦在当地众多宗教仪式与民俗活动中的广泛应用而带给学习者耳闻目染的熏陶息息相关。与此同时,光邦良好的传承状况还与其简单易学的演奏技艺和节奏型有关。

作为打击乐器,光邦的节奏虽然复杂,但是总共只有八种节奏型。其实际应用是:开始节奏型和结束节奏型固定不变,只用于光邦展演的开始处和结束处;其他的节奏型可以任意组合、自由演奏、不断反复。"光邦"演奏时,身体与鼓点的协调配合需要学习者的悟性与熟练程度才能完美体现出光邦节奏的韵味。但是,可以根据演奏的场景和个人对节奏型掌握的熟练程度由演奏者自己临时即兴组合进行演奏。这样,就给所有喜爱光邦的寨民提供了人人都可以参与的机会。仅掌握一种节奏型的人们可不断重复这一种节奏型,掌握两种节奏型的人就两种节奏型不断交替,掌握三种节奏型的人就不断重复三种节奏型来演奏……以此类推,如能掌握全部的八种节奏型,并把这八种节奏型灵活地组合并不断重复,就能形成非常丰富而复杂的光邦节奏。

虽然光邦的训练需要付出相当的努力,但相比较而言,民族音乐中的歌调与器乐的学习却受到更多个人先天条件的限制。歌调的学习需要先天具有一副好的嗓音和音准,否则无法完整地、动听地演绎一首歌曲。器乐演奏的学习远比敲鼓的学习更为困难,技术性更强,演奏时需要的精确性更高。歌调和器乐的学习不但需要学习者具有一定的天赋,更需要表演时的完整性,不能在表演时学会一点就唱一点或者奏一点。而光邦作为鼓具,不受个人嗓音条件限制,也不需要超人的悟性和天赋。只要愿意参与,再加上长期耳闻目染的熏陶,就可以学会一种节奏敲击一种节奏,并可在多年的宗教及民俗活动中不断提升演奏者的水平。因此,仅从音乐层面来看,光邦节奏型的简单易学以及即兴组合性、群众性强、参与性强的特点促进了其在跨境个体互动中的传承。

2. 文化互动与跨境表演的激励作用

跨境文化互动是建立在共同的文化基础之上的国与国之间发生的社会互动现象,是由同源民族所承载的共同活动。这一活动通常以民族节日的形式来表现①。泼水节是中缅掸傣民族共同的节日,也是中缅跨境民族交流的最好时机。节日里,中缅双方跨境民族探亲访友、礼佛念经、歌舞欢聚、共度佳节。节日的互动,推动了中国德宏州与缅甸地区的旅游、边贸、文化及社会的繁荣进步。

南坎和木姐是缅甸掸邦地区与中国德宏傣族地区接壤的边境城镇。由于这两个地区是缅甸城镇距离中国德宏州最近的地区,所以支那村光邦的跨境文化互动多集中在这两个地区。随着云南与周边国家跨境民族文化交流互动的内容和规模日益扩大,地处中缅边境地区的德宏州采取"请进来"和"走出去"相结合的方式,每年都要邀请缅甸木姐、南坎、九谷、腊戌、八莫、曼德勒等地的大批官员和边民到瑞丽参加泼水节活动。同时,德宏州每年也要派出由政府官员组成的代表团或艺术团,到缅甸的首都或大中城市以及边境城市曼德勒、密支那、八莫、腊戌、木姐、南坎等地,参加缅甸的民族独立日、联邦节、民族节、抗日节和泼水节、点灯节、糯糊节等。在这种跨境文化互动交流的浪潮中,支那村的光邦队成为中缅掸傣同源民族的文化代表到芒市、瑞丽和缅甸南坎、木姐进行表演,在促进民族文化交流的同时,也向世人展示了支那村光邦的韵味与魅力。十多年前泼水节时,盈江县支那村

---

① 冯润:《中越跨境文化互动——以云南为例》,《黑河学刊》2013年第6期。

组队参加了缅甸南坎和木姐的泼水节表演,"光邦"这种民族民间音乐艺术在缅甸参会民众中产生了良好声誉。在这种良好声誉的驱动下,随后的十多年间,每年的中国傣族与缅甸掸族泼水节,支那乡光邦表演队都要到缅甸的南坎和木姐进行表演,表演人数由原来的8个人逐年递增到现在的20多人。

> 南坎和木姐的人们最喜欢看我们的光邦表演了,我们支那村光邦每年都被邀请去参加那边的泼水节。我敲得好,连续两年都挑选我去表演了。①
>
> 我想多敲敲光邦,把它练得好点,争取明年泼水节能挑选我去缅甸表演。②

光邦表演在缅甸南坎和木姐获得的良好赞誉,增强了支那村民众出国表演的期待,也形成了支那村青年男性学习并传承光邦的动力。光邦作为支那村傣族这一族群文化的重要象征,通过空间的传播,得以在一定的群体范围内传承。其所承载的社会功能在中缅掸傣族群形成的文化认同,不仅成为支那村民众普遍奉行的行为方式和价值准则③,更增强了中缅同源民族的文化交流,对推动民族文化的保护与传承起着重要的作用。因此,光邦作为同源民族所具有相同或相近的文化心理素质等内隐层面的东西,在跨境民族的频繁交往中,构造出符合民族利益的文化,不但促进了中缅文化的交流,也因为边民的生产生活带来新的生命力而在跨境表演的激励作用中兴盛地传承与发展④。

四 结语

生物通过自身的变异以适应自然界的变化,最终得以生存延续,即"适者生存"的原则⑤。这条生物进化理论同样也适用于人类社会的发展。支那村傣族先民把中缅掸傣族群共享的传统寺院大鼓演变为光邦,就是在物缘、神缘、语缘背景下发生的物种变异以适应生存环境的演绎。正是基于同源族群的这些亲缘关系,光邦才能在跨境互动中得到缅甸民众的认同,成为中缅掸傣族群情感交流的纽带和共享的节日文化。在"一带一路"倡议提出的当下,云南建设面向南亚、东南亚辐射中心的关键乃是"民心相通"。只有让文化先行,让跨境民族文化搭建起同源族群情感的纽带,才能把文化资源转化为边疆地区发展的有力优势。无疑,乐器光邦作为南传佛教寺院大鼓跨境传入衍生出的新样态,其在中缅掸傣族群承载的纽带作用以及在跨境交流中展现出的良好互动,必将促进中缅民族团结和边疆繁荣稳定。

---

① 2015年4月18日,笔者对支那村吨撒寨早三帅(男,29岁)的访谈。
② 2015年4月18日,笔者对支那村永项寨孟光军(男,21岁)的访谈。
③ 费孝通:《中华民族研究新探索》,中国社会科学出版社1991年版,第73页。
④ 冯润:《中越跨境文化互动——以云南为例》,《黑河学刊》2013年第6期。
⑤ 张航:《理解与启蒙:19世纪末20世纪初进化论在中国的传播》,《安庆师范学院学报》(社会科学版)2000年第2期。

物、仪式实践与权力生产

——大理白族火把节"抢升斗"的人类学解读*

杨跃雄**

摘　要　仪式之物的流动及其意义建构不仅使仪式的运作成为可能，也将社区生活的关系结构投射到仪式之中，并生产社区权力。升斗作为白族人祈求粮食丰收之象征物品和火把节仪式之核心构件，并非只是一个简单的可以被神圣化的仪式之物，它被理解为一个有一定让渡空间的象征符号。白族人借助"抢升斗"参与社区社会关系的建构，进而追求不同的象征目的，而火把社区内部各方力量围绕"抢升斗"也在生产着权力，在这种权力生产机制下，村庄政治得到展演和整合。

关键词　白族火把节；升斗；物；文化意义

DOI: 10.13835/b.eayn.25.18

一　研究概述及田野点简介

"物"研究历来是人类学一个重要的研究维度。涂尔干从图腾信仰的角度入手，分析图腾物何以在个体、社会和宗教之间发生联系，并促使人们通过集体仪式来寻求团结感。马林诺夫斯基在特罗布里恩德岛的研究，在参与观察的基础上发现，当地人库拉交易中看似毫无实用价值的项链和臂镯，实际上不仅维系了交易伙伴之间的长久关系，保证了低成本大规模交换的可能，甚至这些流动的物还在一定程度上建构了人们的历史记忆[1]。莫斯在前人的基础上为人类学物的研究奠定了本体论基础，他认为在古代社会或美拉尼西亚社会的礼物交换中"必须回礼"的原则，是不同文化互惠体系得以建立的根本，而人与人之间的礼物交换不仅止于物质层面，礼物交换也是主体之间灵魂和意义的交换[2]。阿尔君·阿帕杜莱（Arjun Appadurai）等人提出"物"拥有自己的社会生命，作为商品的物只是其社会生命中的一个阶段而已，一个物要经历"商品化""去商品化"甚至循环往复的过程才能成为一个经历丰富的物[3]。坦拜雅（Tambiah）则通过对泰国护身符的研究，详细而深刻地探讨了物的神圣化过程。森林圣僧把体内的超自然力量传导到护身符上面，使得护身符具有某种神秘力量，而护身符的流

---

* 本文为厦门大学2017年研究生田野调查基金项目（项目编号：2017GF001）的阶段性成果。
** 杨跃雄，厦门大学人类学系博士研究生。
[1] 参见〔英〕马林诺夫斯基：《西太平洋上的航海者》，梁永佳、李绍明译，华夏出版社2001年版，第88-92页。
[2] 参见〔法〕马塞尔·莫斯：《礼物——古代社会中交换的形式与理由》，汲喆译，商务印书馆2016年版，第22-29页。
[3] See Appadurai, Arjun. *The Social Life of Things: Commodities in Cultural Perspective.* Cambridge: Cambridge University Press, 1986.

动又会带动一系列宗教、经济和社会行为。① 对物的研究向我们揭示了作为嵌合于人们日常生活中的物，有着丰富的文化内涵和社会功能。本文的研究对象，大理白族火把节中的升斗，便是这样一个有趣的仪式之物。

升斗本是人们测量粮食用的度量器皿，定居于洱海流域的大理白族人几千年来都以稻作农业为生，有着深厚的稻作文化，因而白族将升斗视为富足美满的象征，并使升斗的形象出现在婚礼、栽秧节、火把节、新屋落成等重要场合。在火把节仪式中升斗更是被人们赋予了某种"神圣性"，白族人制作出精美的升斗装饰物来点缀火把，并且相信升斗能给他们带来丰收和好运，升斗因此成了火把节中白族村民争相抢夺的东西。

火把节经上千年历史，至今依然在西南诸多民族中传承不息。就白族火把节而言，相关的研究总结起来主要为两方面：一是来源论，一是功能论。其中讨论火把节来源者居多。来源论又可分为历史文献记载之传说故事、民间流传之传说、古时火把节与星回节是否为同一节日三部分。前人总结火把节的主流来源有"武侯征南、阿南自断、慈善殉难"②等几个版本。白族民间的传说有怒江地区勒墨人英雄纳雄智斗怒人的故事、兰坪和维西地区那马人祖先跋达播种五谷的故事、大理地区大黑天神牺牲自我勇救百姓的故事。又有争论古时火把节是否与星回节为同一节日的，明清时便有各方见解，其后方国瑜和游国恩等人都有各自认断，③但至今亦无定论。功能论则主要分为以下几类：原始社会火崇拜的遗留、祛秽祈福的宗教活动、祈求丰收的农业祭祀、男性垄断性资源和生殖崇拜，④以及村制权力和民间宗教仪式的关系等。⑤ 前人对白族火把节的研究大都拘泥于源流考和单一功能论，并未有人从火把节"仪式之物的流动"的角度去对其进行阐述，然而物作为文化建构的实体，它被赋予特定文化意义的同时，也在不同程度地与人产生关联，并深刻地影响着人的行为及人际关系系统。⑥ 因而对白族火把节的研究有必要从"物"的角度入手，而在白族火把节中最为关键的"物"就是人们争相抢夺的"升斗"。本文以大理新溪邑村火把节为例，尝试从人类学的角度对"抢升斗"的行为做解读，进而更好地理解白族火把节的社会文化意义。

新溪邑村是一个典型的白族村寨，隶属于云南省大理白族自治州大理市湾桥镇石岭村委会，南距大理古城15公里，北距喜洲镇4公里，行政上被划分为南北两个村民小组，村民习惯上称为南社和北社。截止到2013年，新溪邑村共有203户、595人，本地居民皆为白族（民家支系），日常交流使用白语。该村地处肥沃的海西坝区，与洱海接壤，稻作农业发达，全村总耕地649亩，人均耕地1.06亩，⑦主要物产是大米。居民主要由杨、何、张、赵4个姓氏，共8个本家构成，其中杨、何两姓人数最多，南北两社各有两个杨姓本家，两个何姓本家在南社，张姓本家和外来迁入的赵姓本家在北社。自20世纪90年代开始，新溪邑村一些村民陆续到云南省的其他少数民族聚居区从事电焊、铝合金制作、建材销售等生计，生活日渐富裕，更有甚者涉足建筑和珠宝行业，挣得千万家产。由此，普通居

---

① See Tambiah, Stanley J. *The Buddhist saints of the forest and the cult of amulets: A study in Charisma, Hagiography, Sectarianism and Millennial Buddhism*, Cambridge: Cambridge University Press, 1984.
② 游国恩：《火把节考》，《旅行杂志》1942年第11期。
③ 方国瑜：《云南史料丛刊第五卷》，云南大学出版社1998年版，第172页。
④ 梁永佳：《大理白族火把节的生育象征》，《民族文学研究》2006年第2期。
⑤ 朱炳祥：《村治权力与仪式变迁——以周城白族火把节为例对国家与社会关系的微观考察》，载《人类学与当代中国社会——人类学高级论坛2002卷》，黑龙江人民出版社2003年版，第221-233页。
⑥ 〔法〕尚·布西亚：《物体系》，林志明译，上海人民出版社2001年版，第2页。
⑦ 数据为2012年统计数据，由大理市湾桥镇石岭村委会提供。

民与少数几个殷实人家之间的贫富差距较为明显，这也日渐导致了他们在村庄社会关系中地位的差异。

二 白族火把节的展演过程

火把节是大理地区除春节以外最为隆重的节日，白族火把节在每年农历的六月二十五日举行，届时每个自然村都会竖火把，人们依据传统的地缘关系形成一个个"火把社区"，一个社区竖一个火把，社区围绕火把节会形成一个火把节仪式圈，其规模大致和村民小组重合。新溪邑村火把节的仪式场地是本主庙前面的广场，由于村寨规模不大，因而全村共立一个火把，南北两社组成一个火把社区。[①]火把节的参与者可按职责差异分为执事会、升斗提供者和普通村民三类。其中，执事会是火把节具体的组织和操办者，由上次火把节以来家中有婚事的家户成员组成，[②]因此是一个临时性组织，每年不同。火把节前几周，执事会成员要相聚开动员会，凑集举行火把节的经费，[③]并安排好各户各人所要负责之事。执事会的职责主要是制作大火把，开展祭祀活动，并保证节日仪轨正常运行。去年火把节中夺得升斗旌头的人，出于自愿、自觉和无偿的原则为今年的火把节提供升斗。其他社区成员则有义务尽力配合执事会举办好火把节。

火把节当天，全体村民放下活计休息一天。一大早拜过本主以后，执事会中各家男人就开始在场地上忙着扎制大火把，年轻的新婚丈夫要在一旁打下手，边帮忙边学习。火把以棕树或桉树作脊，以细竹作骨，在细竹之间填塞大量的稻麦秆，并用泡了水的篾条将细竹竿和稻麦秆包围着主干捆扎紧，平年扎12道，闰年扎13道，每道代表一个月。制作完成的大火把高约三四丈，重达好几吨。与此同时，执事会中的青年人推着手推车在仪式圈内挨家挨户用火把梨、炒蚕豆和细竹竿换取稻麦秆。新溪邑村绝大多数家庭都养有牲畜，这些稻麦秆原本用来喂养牲畜和铺设圈舍，现在成了大火把主体的构成材料。而从大火把制作材料中分离出来的细竹竿是各家制作小火把的必需材料。提供升斗的人要尽早将定制的升斗抬回村中，插于广场一角，以供围观的村民欣赏点评，升斗的规格和精美程度关系到他的荣誉。老年妇女在庙里念经，中年女人们则忙着祭拜本主和各路神仙，并准备饭食和晚上要用的牺牲供品。这一天，执事会家庭要在本主庙里搭伙做饭，和本主一起用餐。

太阳落山之前大火把必须要制作完成，待草草吃过晚饭，执事会成员便敲锣打鼓，走街串巷地提醒人们仪式即将开始，赶紧出门参加。傍晚时分，广场上已经聚集了不少人，一阵鞭炮声后，一些执事会成员爬上横躺着的大火把向村民抛撒火把梨和小彩旗，这些东西是今年操办火把节的家庭为感谢村民出席仪式而准备的礼物，供大家分享。另一些执事会的成员则向男性村民递烟敬茶，邀请他们一起竖火把——要将一个重达几吨的庞然大物树立起来绝非易事，非几十名男性齐心协力不可。大火把

---

① 笔者自2013年起断续在大理洱海流域做了超过18个月的田野调查，新溪邑村是笔者重要的田野点之一，笔者参加了新溪邑村2013年、2015年、2016年和2017年的火把节，由于新溪邑村并未进行旅游开发，几乎没有游客来观看火把节，因而村寨中的火把节没有商业表演的性质。与此相对，2014年7月21日笔者参加了旅游经济较发达的喜洲周城村的火把节，发现参加仪式的人群中有很多慕名而来的游客，火把节过程中还刻意加入了对歌、围着火堆跳舞等情节。
② 有些村寨也以喜添新丁为入会标准，依各村情况而定。
③ 火把节经费在节后视开支情况，多退少补。2013年新溪邑村火把节在公历8月1日举行，由7户家庭承办该年的火把节，其中北社2家，南社5家。由于北社的杨D（依据人类学惯例，文中名字皆为拼音首字母，下同）、杨YG、杨T、何X 4家都是村中的富室大户，所以节前每户都拿出了1000元的经费，并交由在村委会做会计的杨T负责支配。购买大火把主干、细竹、竹篾、火把梨、蚕豆、食用油、烟、茶叶、鞭炮、酒等物品共花费4450元，剩余每户还分得364元。2015年新溪邑村火把节在公历8月9日举行，由7户人家组成执事会，其中北社4家，南社3家。该年由于雨水较多，加大了山民入山采竹的难度，因而占开支大头的细竹价格有所上涨，整个仪式总共花费5120元，平均每户出资730多元。

被竖起以后，人们先将升斗带入本主庙中祭拜本主，待村中德高望重的长老念过祭文，升斗便会被插至大火把的中腰处。随后，一个已订婚的小伙子引来本主神像前的"长明火"点燃大火把，此时孩子们才开始纷纷燃起自己的小火把追逐玩耍，并相互在火焰上撒松香粉，以示祝福。待火烧旺，妇女们便打着伞背着小孩，赶忙绕着火把转圈，白族人认为环绕大火把三圈便可保小孩今年无病无灾。

人们的热情随着火势一起高涨，当大火把的熊熊烈火快要烧到升斗时，村里几乎所有的青年男子都已围聚在火把下面，他们抬头盯着升斗，相互推搡起哄，一刻都不放松。升斗尚未烧落，有些人便开始按捺不住，找来长竹竿和柳枝，试图打落升斗，先抢为快。人们又蹦又跳，大声叫唤，你推我撞，都想占据抢升斗的最佳位置，即便大雨倾盆，全身湿透也全然不顾，早已达到涂尔干所谓的"仪式欢腾"的状态①。一旦升斗掉落，众人如离弦之箭，蜂拥而上，奋力抢夺升斗上的物件。短短几秒钟升斗便会被人们撕扯抢夺一空，就连骨架都会被抢走。抢毕升斗，花落各家，抢到东西的人开始到处炫耀，年轻人邀约着要去夺魁者家中喝酒，大人们忙着捡拾大火把上烧落下来的细竹竿，用这些竹竿赶牲口，据说可以保证农家六畜兴旺。执事会成员则手执柳枝守在一旁，随时准备扑灭掉落下来的稻草火球，以防引发火灾。等到大火把烧过一半，家庭主妇便会从玩乐的孩子手中哄出剩余的小火把，赶紧回家在自家的房前屋后、树间井旁熏燎，以达到祛秽清洁的目的。过了午夜，大火把只剩下最后一点残杆尚未燃尽，此时村民大都已回家休息，火把节场地上只留几个执事会的大人在守着尾火。至此，当年整个火把节的活动才算落下帷幕。

三 仪式实践与升斗文化意义的塑造

"抢升斗"是新溪邑村火把节仪式的高潮，也是最独特的部分，升斗是整个火把节活动的核心构件。洱海周围的白族村寨所使用的升斗高约两丈，主要由一根长竹竿串三个用竹条彩纸扎制的单个升斗构成，三个升斗上下相叠分为三级，所以这样的升斗样式也叫"连升三级"。每一级升斗上宽下窄高为两尺，升斗每一面都是一个倒放的梯形，第一级升斗上边长两尺、下边长一尺，第二级升斗上边长一尺五、下边长七寸五，第三级升斗上边长一尺、下边长五寸，各级之间相隔一尺。在第一级升斗的下方还有一个莲台作为底座，莲台上面停着一只白鹤，这一景被称为"白鹤采莲"。每一个升斗都是上下相通的不规则盒体，四周用各种剪纸贴画装饰，并写上五谷丰登、人寿年丰、国泰民安等寓意吉祥的字。各级升斗上方的四个角各插有一面绸质牙边的三角形彩旗，第三级升斗上面斜插有一面长方形的大红旗，红旗上方有一红色正方体纸盒，一只可爱的黄色小猴子抱挂在盒子上，这一景被称为"猴子挂印"，与最下方的"白鹤采莲"形成呼应。整个升斗的最上方是戟状的旌头，旌头最不起眼，却是最贵重之物。

新溪邑村居民认为，旌头代表了个人的勇气和本主的眷顾，它给家庭带来荣耀和好运。每年抢到旌头的人都将成为村寨里的关注中心，大家敲锣打鼓像对待英雄一样护送他回家，其家人闻讯则喜出望外，赶紧出门购置烟酒果食，以款待来客。来贺喜的客人张口尽是溢美之词，相互议论着该家庭在村里的种种善行，夺魁家庭一时风光无限。而夺魁者则有义务于来年新购置一个升斗归还给火把节②，

---

① 火把节白语称"付往勿"，既有六月末的意思，也有"六月疯"的意思。
② 升斗的价格在 800~1500 元左右，加上款待村民烟酒果食的花销，夺魁者大概需要支付 1500 元的费用，这相当于普通家庭半月的收入。

且升斗要尽量比自己抢夺的更加精美漂亮。在大理地区，海西几镇都很重视升斗的样式外形和仪式功能，其中又以湾桥镇为最。

（一）升斗作为仪式之物的神圣化过程

在礼物交换中，莫斯（Marcel Mauss）描述的豪（hau）使得人们在自主性的交换表面下，有了强制回礼的约束。人们将灵魂融于事物，亦将事物融于灵魂。在此期间本来已经混同的人和物又走出各自的圈子再相互融合，① 物因此有了灵性，在莫斯看来"物灵"的主要功能是维护礼物的交换体系。而作为宗教活动或仪式中的"圣物"，其神圣性并非来源于外显的物质形态，而是人们赋予它的文化内涵。回归到韦伯对"卡里斯玛"（charisma）一词的创作原意，如果我们不再把卡里斯玛的概念局限在某个先天的魅力型人物上，那么卡里斯玛同样可以指后天人为创造出来的非凡之物，而这种"物的卡里斯玛"② 大体可以等同于人类学中"玛纳"（mana）的概念。我们在此分析白族火把节升斗的时候，同样可以借用"物灵"的称呼以方便描述，但是此处的"物灵"概念又与"豪"和"玛纳"有所不同，③ 它是指物质外衣，又可以在一定条件下，脱离于自己物质外衣而得以不断流动和传承的某种神圣性。

关于此点，苏桑尼·曲喜乐（Susanne Kuchler）对玛兰干的研究极具启发意义。玛兰干（Malangan）是巴布亚新几内亚的新爱尔兰岛居民丧礼交换体系中的一种木制雕像，一个家庭中如果有人去世就会收到他人送来的玛兰干雕像，在该岛居民看来玛兰干既是作为雕像的物（thing）又是附着于物之上的意象（imagery），而他们真正想要得到的却是对意象再生产的权力。因此作为物的玛兰干，必须要在丧礼结束以后当着众人的面，仪式性地销毁，唯有如此才能释放出作为意象的玛兰干，使其能再次附着于新的雕像，从而维系本地区丧礼仪式的交换体系。所以说，每一个新的玛兰干都因为承载了新的历史记忆而成为"更古老的"玛兰干。④ 升斗的神圣性亦处于这样一个流动的过程，它被人们争夺和传递，从一个物质的躯体转移到另一个物质的躯体，在此过程中，个体（夺魁者）就会成为仪式实践的维护者，并被编织到集体记忆里，成为社区历史中的一部分。

火把节当天，大火把被众人协力竖起来以后，便由升斗提供者将升斗抬至本主庙斜放在本主神像前，此时进入庙里的人们先是向本主磕头，随后执事会请来村里德高望重的张 P 老人主持火把节的祭祀活动，老人先用竹签扎破一只公鸡的鸡冠，再用毛笔蘸上鸡血在升斗的旌头上点三下，点的时候口中还念念有词："新溪邑村本主在上，火把佳节，特意带来升斗和公鸡在您面前敬拜。一点鸡血，请保佑我方人畜兴旺；二点鸡血，请保佑我方五谷丰登；三点鸡血，请保佑我方国泰民安"。老人每说一句祷文，周围都有人大声应和道好，而整个过程中莲池会⑤的老年妇女都端坐在两旁边敲木鱼边念经，营造出一种神圣庄严的气氛。仪式完毕，升斗被众人簇拥着抬回大火把旁边。燃放鞭炮之后，张 P 老人又向在场的村民祷念几句感谢天地、祈求富庶安康的祭词，执事会成员才把升斗插到大火把上。一个升斗只有经历了这个仪式后才具有了神圣性，由一个普通的纸扎饰品变成人们眼中的圣物。升斗的

---

① 〔法〕马塞尔·莫斯：《礼物——古代社会中交换的形式与理由》，汲喆译，商务印书馆 2016 年版，第 18 – 20 页。
② 〔德〕马克斯·韦伯：《宗教社会学》，康乐、简惠美译，广西师范大学出版社 2005 年版，第 2、3 页。
③ 莫斯曾注解到："'hau'这个词和拉丁文的'spiritus'一样，兼指风和灵魂，更确切地说，至少在某些情况下，它指的是非生物和植物中的灵魂和力量。同时，曼纳（mana）一词专用于人和精灵，与美拉尼西亚语相比，曼纳在波利尼西亚语中往往不用于事物。"——〔法〕马塞尔·莫斯：《礼物——古代社会中交换的形式与理由》，汲喆译，商务印书馆 2016 年版，第 17 页。
④ Susanne Kuchler. "Malangan: Objects, Sacrifice and the Production of Memory". *American Ethnologist*, 1988 (4): 625 – 632.
⑤ 莲池会是白族社区中专门从事服侍本主、打理佛事等宗教活动的老年妇女组织。

"物灵"由本主创造，于每年的火把节当天又会回到本主处，于是人们抬着升斗去本主庙，请求其再次将"物灵"赐予他们的火把社区，以保证火把节正常举行（见图1）。人们循环传递的并不是作为物的升斗，而是附着于升斗之上的"物灵"，升斗"物灵"以一年为一个周期在火把社区内部流动，在火把节当天通过抢夺的方式进行随机的再分配①。正是这种流动、回归和再分配赋予了升斗神圣性，而点有鸡血的旌头正是这种神圣性的物质化凭证。

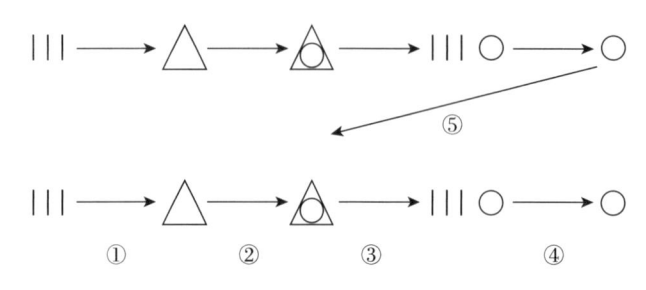

图1　升斗流变示意

注："|||"表示升斗的组成构建；"△"表示由艺人制作完成的作为商品的升斗；
"○"表示"升斗物灵"；"▲"表示已经被神圣化的升斗。
①是升斗的制作过程；
②+⑤是升斗神圣化的过程；
③是升斗被抢夺，"升斗物灵"被释放的过程；
④是"升斗物灵"被其拥有者带回家并对其佑护的过程；
⑤是"升斗物灵"回归到升斗的神圣化过程中。

升斗抢夺完毕，那些声称抢到旌头的人要在村里长老和村干部的见证下，到本主塑像前凭借着灯火验明真伪。旌头本为纸制物，容易被撕烂，因而在有些年份便会出现两三个人各执一片旌头彼此相争的情况。2015年的火把节，北社村民杨SX和南社村民何W都声称自己抢到了旌头，最后因为杨SX抢到的纸片上有两滴鸡血，而何W的只有一滴，经在场的老人们判决后，才认定杨SX为最终夺魁者。待确定夺魁者之后，他要跪拜本主，磕头谢恩，随后燃放一挂鞭炮，张P老人对着整个村寨的人大声宣布："某某抢到了今年的升斗！"此人才算是真正的胜利者。如此，才完成了升斗今年的再分配。

（二）升斗的流动与象征的让渡

洱海区域的升斗造型复杂，装饰精美，只能由一些专门制作纸扎的手艺人完成，艺人制作的升斗各有特色，但是都不能脱离之前提到的基本范式。升斗要提前数月预订，艺人照单生产，每个村寨固定向某个艺人预订升斗，新溪邑村一般都会向同镇南庄村的升斗艺人预订。"商品属性"因而成为升斗的第一种属性。如果我们承认"人类学的中心原理是：生产者、产品及其社会和经济环境构成了社会存在"②，那么借以阿尔君·阿帕杜莱（Arjun Appadurai）的视角进一步去看待升斗，或许我们可以视物如人，为其立传，进而更好地研究物的商品性和流动，并从"物的社会生命"③的角度去理解物在不同时空之间的流动，及其阶段性扮演的不同的社会角色。作为仪式之物的升斗要历经制作、出售、等待神圣化、神圣化、销毁等过程，在这个过程中，上一年的夺魁者从升斗艺人处购得升斗交给村寨共同体，完成了升斗的"物理流动"，今年的夺魁者夺得点有鸡血的旌头，并将其接回家中，完成了

---

① 所谓随机，既是升斗烧落时间和方式的随机，也是人们抢夺时情况混乱，抢到者随机。
② 陈庆德等：《经济人类学》，人民出版社2012年版，第44页。
③ 舒瑜：《物的社会生命——读〈物的社会生命：文化视野中的商品〉》，《社会学研究》2007年第6期。

升斗的"意象流动",实际上从点上鸡血"被神圣化"到被抢夺撕毁,升斗作为"物灵"寄于其上的圣物的时间甚至只有短短几分钟。夺魁者及其家庭将得到升斗"物灵"为期一年的佑护和帮助,作为交换条件,他将于来年火把节前为升斗"物灵"购置新的可以寄居的"身体",从而使其能再次回归到神圣性分配的时空中,以保证不会有谁对这种神圣性进行长期地垄断,毕竟"仪式不仅表现的是对神圣物的尊重,也建构了跟神圣物一样的对象,而且如果仪式不及时举行,那么其神圣性将会消失。"①

在白族火把节中,本主是升斗神圣性的来源,洱海区域的白族居民普遍都有本主信仰,每一个自然村供奉一个本主,各村本主不尽相同,本主只佑护村寨内部的常住居民,因此每一个村寨同时又是一个相对封闭的宗教信仰圈,而规模较大的村寨则在本主信仰圈内部又形成多个火把节仪式圈,各仪式圈内部成员之间围绕火把节发生合作关系,圈外成员不能干预。不同的火把社区在各自的仪式场地举行火把节,构成大火把主要燃料的稻麦秆都收集自同一个仪式圈内的家庭。而就升斗而言,只有同一个火把社区内部的居民才有权参与抢夺,嫁到外村的女儿要回娘家过火把节,即便该社区中的某户居民搬到了其他社区,在很长一段时间内这个家庭也要跨区参与原来社区中的火把节活动。

此外,结婚或生育意味着一个人社会身份的成年,在村寨生活中,对每一个刚组建家庭的白族男子而言,以执事会成员的角色主持该火把社区的火把节,是共同体对其社会身份必要的仪式化认定,这是每一个男子步入成人世界的"通过仪式",在其一生中不可或缺。历史上,大理地区的火把节曾出现过断裂,自人民公社化运动兴起(1958年)至改革开放以后(约1980年)这二十多年间,新溪邑村未举行过任何形式的火把节,后来才在村民强烈地要求下得以复兴。村民杨CS说:"我出生那年,也就是食堂下放的时候就不让立火把了,到我结婚那一年才又开始兴,结果一下子积压了二十多年,重新立火把那一年竟有六七十家一起出来主持火把节,甚至好多家是父亲和儿子一起立的,就像父子俩同年结婚一样,真是大笑话!立火把是人生大事,不管多晚,你不出来立,就不算是独立成家。"② 火把社区内部的各家户之间有着密切的关系,每一个共同体成员都因参与火把节而直接与他人产生交集。

新溪邑村的本主为段忠义,封号"清平景帝",据说是中央本主"五百神王"段忠榜的兄弟。在火把节中,升斗象征了本主的权威和神力,而火把的崇拜空间有特定的边界,边界以内的人群在现实世界有地缘、亲缘、业缘等相互的权利和义务关系,边界之外的人来抢夺升斗会破坏这种空间和关系的平衡,危及火把社区的稳定。这种跨区的抢夺被视为挑衅,是对该火把社区本主及居民的大不敬,因此,升斗在火把社区之间具有不可让渡性。这种不可让渡性,是共同体成员围绕火把节而产生的宗教团结的最好体现。极端的案例发生在2012年,该年的火把节,上湾桥村的几个社会青年来新溪邑村挑衅,他们骑着轰隆的摩托车在村里招摇过市,并扬言要抢毁新溪邑村的升斗,结果到了晚上当他们真要靠近升斗的时候便引起了村民的集体反抗,愤怒的人群将他们的摩托车丢进河里,并痛打了其中两个没有来得及逃跑的青年,直到派出所的巡逻车赶到才将他们解救出村。③

大贯惠美子在研究稻米作为交换的媒介货币时,将"相互依赖的交易者之间不可让渡物品(礼物)的交换"分类为礼物交换,而"自主交易者之间可让渡物品(商品)的交换"分类为商品交换。

---

① 〔美〕柯林斯:《互动仪式链》,林聚任等译,商务印书馆2011年版,第52页。
② 被访谈人:杨CS,男,1958年生,新溪邑村人;访谈人:杨跃雄;访谈时间:2015年8月11日;访谈地点:杨CS家。
③ 多位村民跟笔者说起过这件事,都觉得"小孩子"玩闹要有度,抢夺别村的升斗无异于找打,不可原谅。

二者在功能上有一个最大的区别,即是否有利于社会纽带的创造或社会关系的维护。① 但是在实践中礼物交换和商品交换的界线却不易分清,升斗的流动和交换便体现了这种"礼物性"和"商品性"的模糊和重叠。

升斗的不可让渡性增加了自身的神圣性,但是所谓的"不可让渡"却也并非绝对——在火把节仪式圈内部,升斗的神圣性是可以让渡的! 这里的让渡是指当个人在抢得旌头之后有权将其转让给他人,这种转让可以是事先的约定,也可以是事后紧急协商达成,但都务必隐蔽,尽量不留痕迹。那些权贵之家和急需改变运气的人——比如那些常年不孕不育的家庭②,就会专门请人帮助其抢夺升斗,事成之后再给予出让者金钱或其他回报。因此,在特定的时刻,升斗成了人们之间最珍贵的礼物。安里特·韦纳(Annette Weiner)认为正是因为物品身上所拥有的神圣性或象征意义,才使得物品在交换过程中存在着"既保留又赠予"的特性,③ 对比新溪邑村白族火把节中升斗的转让,这种矛盾的体现与其说是物品具有"不可让渡性"(inalienability),不如说是物品有一个特定的可让渡空间。而一定的可让渡性,使得"人为因素"在某种程度上干预了升斗的流动,也在随机分配升斗神圣性的基础上为人们留出了"再分配"的可操作空间。

(三) 升斗抢夺机制下的社区权力生产

升斗的结构彰显了其不同构件的象征等级,其中以旌头最为高贵,红旗次之,彩旗再次,剩余部分则大都会被抢烂。人们抢到升斗物件后,会把这些东西恭敬地摆放在堂屋一角的祖龛前,既要给祖先看,也要给外面来客看,一放多年,直到褪色。在新溪邑村,笔者每到一户人家,一旦问及这些从火把节抢来的升斗装饰物时,主人家总是很乐于一一介绍不同"战利品"的来历,并详细地描述当时抢夺的激烈程度,家里的年轻男性也因抢到东西为家庭增了光而洋洋得意。放置在家中的升斗构件使得村民分享了本主的部分"神力",然而抢夺升斗行为本身远没有"唤起宗教思想并使它达到了某种强度"④ 那么简单。在火把节的舞台上,抢升斗放大了人们之间的日常关系和荣誉感,不同的社区成员、家庭及家族围绕升斗的抢夺摩拳擦掌、拉帮结伙,都想在与各种力量的博弈中取胜,许烺光于1941~1943年在大理喜洲做田野调查,在随后完成的著作《祖荫下》中便有过如下描写:

> 每支火把顶端都有一个纸做的斗(状如盒子,用来衡量粮食的一种量器)。黄昏时分,男女老少成群结队地聚集在每支火把周围。一个成年男人借助梯子爬到火把中央将火把点燃。顿时,人们热闹起来。待火把烧到顶端,茎折斗落。这时,众人一拥而上,争相抢斗……一些有钱人家甚至花钱雇人抢斗。有些时候,抢斗甚至引起斗殴……⑤

时光流变,如今在新溪邑村,每年依然会有大户人家事先组织一众青年帮助其抢夺升斗,众人或在升斗掉落时连成人墙阻挡外人进入,或抢得旌头之后悄悄递给雇主"让渡"象征,如同西方的橄榄球比赛,甚至要在之前做好人员位置的部署和应对策略。那些有高官在任或富甲一方的大家族会组织

---

① 〔美〕大贯惠美子:《作为自我的稻米——日本人穿越时间的身份认同》,石峰译,浙江大学出版社2015年版,第83页。
② 升斗白语称"登",有"得子"之意。
③ Annette Weiner B. *Inalieabla Possessions: The Paradox of Keeping—while—Giving*. California: University of California press, 1992: 40-46.
④ 〔法〕爱弥尔·涂尔干:《宗教生活的基本形式》,渠东、汲喆译,上海人民出版社2006年版,第402页。
⑤ 〔美〕许烺光:《祖荫下——中国乡村的亲属、人格与社会流动》,王芃、徐德隆译,天南书局2001年版,第67页。

起各自的依附力量相互竞争，而一些政治和经济上新崛起的家族，则会努力打破传统大家族构建起来的村庄政治关系，营造利于自己的社区氛围。世俗地位的提高并未消减他们对宗教仪式的参与热情，反而"在当代日益高涨的世俗化潮流中，宗教几乎仍是文化的普遍属性。"①

新溪邑村南社的何 TM 家境富裕，早已不再务农，每年火把节何家都要宴请亲戚朋友，一为显示自己广阔的人际关系，二则希望在抢升斗的时候其他人不要和他争夺。2016 年何 TM 长子新婚，他家便是该年火把节执事会的成员，何 TM 更是对升斗志在必得。新溪邑村南社杨 W 早年在外做矿产生意，家中也十分富裕。杨 W 家平时不在新溪邑村生活，只留年迈的父母在家守护宅院，然而 2016 年杨 W 有一弟弟不幸患疾早逝，为了给家中"冲喜转运"，杨 W 便也邀约了许多亲朋好友立志要抢夺升斗。因此，何杨两家便在火把节当晚依靠各自的影响力展开了对升斗的争夺。当时笔者为方便观察，就爬到了大火把附近一居民家的屋顶。如笔者所见，杨 W 的侄子先是叫来一些朋友占据了升斗掉落的最佳抢夺位置，见升斗迟迟未能烧落，便要借助木梯爬上大火把欲将升斗取下，此时他们就遭到了以何家为首的执事会成员的反对，执事会以安全为由抬走了梯子。为此，双方的人还差点发生肢体冲突。最后，升斗烧落的时候，却并未垂直掉下，而是刚好偏向了何家人多的一边，结果一个南社的青年迅速摘下了旗头，并顺手就递给了离他不远的何家长子，于是何 TM 的长子自然就抢到了该年的升斗。对此，杨家人虽然愤愤不平，但也无能为力。

囿于单位个体有限的生命力量和不得不被裹挟进社会关系中的矛盾，我们需要借助外在的物件和仪式来与周边的世界和人产生联系，进而在一系列的社会活动中编织自己的"意义之网"。在人们依据自身的需求和想象创造仪式物品的同时，作为主体的人也在吸收着作为客体的物的特性构成人自身，物品因而反映着人在任何历史阶段的能力。② 在新溪邑村，火把节构建了村寨力量相互博弈的展演舞台，而抢升斗则是火把节剧目的最高潮，整个抢夺过程虽然十分短暂，但它恰如其分地呈现着社区生活关系的现实状况——或是朋友，聚为一团，或为仇敌，彼此竞争。积怨已久的各方，其矛盾会在"抢升斗"的过程中被放大，而两个平日里要好的家庭一般也不会互为对手。抢夺升斗的行为还给予了某些边缘个体冲击社区政治结构，着墨社区集体记忆的机会，一些在日常生活中不被关注的年轻人，都希望通过夺得升斗在村寨中扬名留史。而升斗的内部可让渡性实际上培养了一个象征的交易市场，人们在此确认和重塑彼此之间的社会关系，参与这个象征市场的"买卖角色"差异，正也体现了各自的社会等级。

布迪厄（Pierre Bourdieu）将客观限定的位置间客观关系的一个网络或一种形构称之为一个场域，场域内部充满了生机和各种力量之间的竞争，进而"布迪厄以资本为理论工具将对场域的分析扩大到整个社会。"③ 布氏将资本划分为四种主要形式：经济资本、社会资本、文化资本和象征资本，并认为这几种资本之间可以相互转化。由此，我们也可以将新溪邑村看成是这样一个竞争激烈的"场域"，世俗生活中的权贵人家总是试图借以经济资本和社会资本集结起依附者，从而实现对象征资本的占有。象征资本赋予权贵家族以声望，他们则因自己平时的"慷慨"使得一些人对其有了拱卫的义务，一旦这样的家族遇到困难时，他们会因为在群体中的声望而召集来更多的帮助者，其花费在"符号市场"上的成本终会以获得权力或重新获得物质财富的形式得到回报。"一个宗族的威望和势力取决于它与官

---

① 〔美〕罗伯特·墨菲：《文化与社会人类学引论》，王卓君等译，商务印书馆 1991 年版，第 205 页。
② Daniel Miller. *Material Cultures: Why Some things Matter*. London: UCL press, 1999: 25.
③ 林克雷、李全生：《广义资本和社会分层——布迪厄的资本理论解读》，《烟台大学学报》（哲学社会科学版）2007 年第 4 期。

界的关系和宗族的财力。一般来说，一个宗族若有较广的关系，宗族的财力总是非常雄厚，若宗族财力雄厚，宗族总是要建立关系，组织成员的多少是次要的因素。"① 而实际上抢夺升斗的行为，本身也在生产着权力，被阿谀奉承和组织众人抢夺升斗的过程，恰恰就是这些"上层人家"体现和重申自己在世俗世界影响力的过程，他们对宗教力量的争夺和控制只是对现实利益争夺和控制的一种影射，他们通过对物和象征的野心，在共同体内部的结构中建构这样一个立体的等级秩序——如同葛兰西所说，让其他人在历史的过程中必然地"认识你自己"，通过塑造权力的对立一方，而实现自己的权力。②

仪式的社会强制性使得仪式具有社会控制的性质和能力，"仪式一经形成并得以流传，往往与社会机构相辅相成，构成了社会机制的一部分。一方面，它成为社会控制的有效力量；另一方面，仪式的形式本身也转化成为一种权力"。③ 在新溪邑村的现实政治中，抢夺升斗成为生产并占有村寨权力的一种重要手段。在村寨里越是有影响力的家庭，其所能获得的利益也将越多。

在许烺光看来，竞争是大理白族群体性格里面的一个关键要素，竞争的资本来源于祖先，竞争的成败也关系到祖先的荣耀。在洱海地区，越是经济发达规模庞大的村庄和集镇，人们之间的竞争和对抗就越多样化和激烈，而这种博弈往往对大户人家更具吸引力。火把节仪式，是如今大理白族地区唯一能吸纳全体社区成员参与，并搅动起社区各方力量的集体活动。共同体内部的不同个体和群体天生具有对有限影响力实现占有的需求，而象征的内部让渡性强化了人们组织力量相互抗衡的欲望，平时隐晦的村庄政治披着抢升斗的外衣，明目张胆地摆露出它的本来面目，日常生活里的各种矛盾、冲突和不服气，统统围绕升斗的争夺在一定的时空中得以释放。如果"对物的象征化控制是为了垄断权力之政治化"，④ 那么此时物的能力就会被延展，它使得象征资本在共同体内部有了张力，并在时间维度上延长了自己控制和转化权力的保质期，从而给予了火把社区内部不同力量间实现彼此参照的准备时间，进而能在"他人力量"的对岸接收自己的回音。因此，正如布迪厄在研究了阿尔及利亚卡比尔人的名誉感后理解的那样，"一个强大的家族又必须要发起侮辱和战争，因为只有有了敌人才能显示出自己的荣耀……与合适的敌人交战会给双方带来荣耀，构成另一种隐性的礼物交换。"⑤ 升斗成为火把社区成员送给彼此的"礼物"，夺魁者及其家庭成为人们长久议论的焦点，社区成员的影响力在抢夺升斗的过程中被重新塑造。当然，对社区内部的大家族而言，不论最终夺得升斗与否，一旦其利用实力集结起一众依附者，他们就已经占据了社区社会管理中的关键位置，他们在抢升斗的游戏中完成了宗教象征和世俗势力之间的有效兑换。

四 结语

在大理白族火把节中，人们要抢夺和交换的并不是那个转瞬即逝的物，而是参与编写集体记忆的权力，是自我在现实关系序列中的有利位置。升斗的抢夺过程正是日常生活中的一种合理化"失范"现象，欢腾的集体生活既是人类所特有的"真正的"生活，同时，这种生活又必须被固定在某一个长

---

① 〔美〕许烺光：《祖荫下——中国乡村的亲属、人格与社会流动》，王芃、徐德隆译，天南书局2001年版，第108页。
② 〔意〕安东尼奥·葛兰西：《狱中札记》，曹雷雨等译，中国社会科学出版社2000年版，第234页。
③ 彭兆荣：《人类学仪式的理论与实践》，民族出版社2007年版，第73页。
④ 黄应贵：《物与物质文化》，中研院民族学研究所2004年版，第4页。
⑤ P. Bourdieu. *Algeria 1960*. Cambridge: Cambridge University Press, 1979: 121.

周期的仪式循环中。① 白族人通过对升斗的抢夺，为升斗的流动和交换创造了条件，而流动过程本身不仅建构和巩固了社区成员之间多样性的互惠关系，也在整合和重构着围绕升斗展开的村庄权力再生产体系。火把节以及抢升斗的仪式实践调和了人们历时性和共时性的生活状态，让参与者在有限的仪式空间中增加了生命的韧性。社区成员在日常的生活中不断赋予升斗以新的意义，从象征粮食丰收到代表神灵佑护，从神圣性的让渡到生产社区权力，"物并不是只在于它过去是如何被塑造的，而是它不断被加上许多新要素变成了纠结物（entangled objects）"，② 升斗因此成为仪式的中心，并在不断地充盈着仪式的象征功能，而使仪式分离于日常生活，并极力夸大其重要性的做法，"在于它对把人类区分为固定的等级序列并围绕这一区分组织起共同生活的主体提供了一个超越社会的解说"。③

---

① 渠敬东：《缺席与断裂：有关失范的社会学研究》，上海人民出版社1999年版，第29页。
② 黄应贵：《物与物质文化》，中研院民族学研究所2004年版，第8页。
③ 〔美〕克利福德·格尔茨：《文化的解释》，韩莉译，译林出版社2014年版，第528页。

刍议涂尔干"神圣"与"凡俗"的二元性

——以中国南传上座部佛教为个案

林建宇 王贞力[*]

摘 要 在《宗教生活的基本形式》中涂尔干提出了"神圣世界与凡俗世界"的二元的划分,自此"神圣与凡俗"成为宗教社会学的一对经典范畴。涂尔干指出,神圣与凡俗截然不同,是绝对隔绝的存在。在笔者看来,涂尔干的"神圣与凡俗"二元理论在当代的中国的宗教研究中具有重要的指导作用,但是并不完全适用于中国本土的宗教研究。本文通过对中国南传上座部佛教的僧人、圣物、神圣场所、仪式庆典和宗教教育等方面的分析,认为南传上座部佛教在以上几个方面都显现了神圣与凡俗的互相影响、相互融合。因此笔者认为"神圣与凡俗"并不是截然对立、完全隔离、二元性的,而是可以相互交织融合,形成一种"神俗互嵌"或说"互嵌而一"的和谐结构。

关键词 神圣 凡俗 南传上座部佛教 互嵌

DOI: 10.13835/b.eayn.25.19

一 导言

爱弥儿·涂尔干(Emile Durkheim)是法国著名社会学家,被誉为社会学的学科奠基人之一,也是宗教学发展史上具有重要影响的思想家。宗教与社会整合的关系是涂尔干学术生涯后期的研究重心,《宗教生活的基本形式》一书的出现,表明涂尔干已经深刻地认识到:宗教对于社会秩序的形成,仪式对于群体的团结,具有极大的作用力。在《宗教生活的基本形式》一书中,涂尔干强调:"宗教明显是社会性的。宗教是表达集体实在的集体表现;仪式是在集合群体之中产生的行为方式,它们必定要激发、维持或重塑群体中的某些心理状态。"[①] 因此,涂尔干对宗教及其相关内容进行分析研究,并最终将视角放在最原始、最简单[②]的宗教身上——澳洲原始部落宗教,因为他相信这些最初的宗教形态更加便于理解人的宗教本性。

在对原始宗教进行研究伊始,涂尔干对于宗教是什么进行了定义。首先,涂尔干认为宗教一定是

---

[*] 林建宇(1989—),男,汉族,海南儋州人,云南大学发展研究院硕士研究生,专业:社会学;王贞力(1992—),女,汉族,山东威海人,云南大学发展研究院博士研究生,专业:经济学。

[①] 〔法〕涂尔干:《宗教生活的基本形式》,渠东、汲喆译,商务印书馆2015年版,第11页。

[②] 涂尔干解释道,"最原始、最简单"指的是一种状态:1. 它应该处于组织形式最简单的社会背景中;2. 不必参考过去的任何宗教体系就能够对它做出解释。参见罗伯托·西普里阿尼《宗教社会学史》,劳拉·费拉罗迪英译,高师宁译,何光沪校,中国人民大学出版社2005年版,第73页。

神圣的，但又不仅包含神圣因素，而是神圣的信仰体系集合体。涂尔干最后指出："宗教是一种与既与众不同，又不可冒犯的神圣事物有关的信仰与仪轨所组成的统一体系，这些信仰与仪轨将所有信奉它们的人结合在一个被称为'教会'的道德共同体之内。"① 涂尔干认为对宗教进行定义时，一定要充分考虑到这个事物所展现的外在现象活动，否则在定义时便无法涵盖这一"社会事实"的全部内涵。在分析宗教的诸多现象时，涂尔干也遵循之前的预设分类法，他将宗教现象分为"信仰"和"仪式"两个范畴，并将前者看成是思想层面的，而后者是行为层面的，两者的关系是相互依赖的，是同一实在的两个不同方面。宗教不可能只是一种观念或意识，它肯定要诉诸表现或实践，只有通过宗教仪式，宗教才会从纯粹的观念形态转化为现实的直接力量。② 在论及宗教信仰时，他进一步把整个世界的所有事物划分为两大领域，一个领域包括所有神圣的事物，另一个领域包括所有凡俗的事物。他认为，宗教思想的显著特征就在于这种一分为二的划分法则。"宗教信仰就是各种表现，它们不仅表达了神圣事物的性质，也表达了神圣事物之间的关系以及神圣事物与凡俗事物之间的关系。"③ 涂尔干又继续补充道，神圣事物与凡俗事物之间是具有很大差别的，两者之间存在绝对的异质性，甚至是两个相互对立的门类、两个迥然不同的世界。凡俗与神圣的二分犹如个人与社会的差异一样，因为凡俗总是落脚于个体的利益与事物之上，而神圣总是与集体相关联。只有彻底离开了这个世界，才能完全属于另一个世界，因此信众要进入神圣的领域之中，就必然要彻底摆脱凡俗世界。"在人类思想的所有历史中，事物的两种范畴还从来没有出现过如此截然不同、如此势不两立的局面。"④ 自此，涂尔干就在宗教世界中严格划分了神圣与凡俗这两个相互独立又对立的世界，人们的宗教生活有了神圣与凡俗之分，"神圣"与"凡俗"随即成为宗教学领域中的一对经典范畴。

二 "神圣"与"凡俗"的二元理论与中国宗教实践

（一）"神圣"与"凡俗"二元结构

在涂尔干看来，宗教是由各个既界限分明，又相对独立的部分所组成的整体。人们的宗教生活是一种二元式的划分，可以分为"神圣的世界"和"凡俗的世界"。涂尔干的"神圣与凡俗"的二元结构理论表明，"神圣的"与"凡俗的"是差异性极大的两大领域，并且相互之间具有绝对的隔绝。"这种异质性极其彻底，继而往往会形成一种名副其实的对立。这两个世界不仅仅被人们看成是相互分离的，而且也被看成是相互敌视和嫉恨的对手。"⑤ 这种绝对的隔绝主要表现在几个方面：1. 神圣事物与凡俗事物的分离；2. 神圣活动与凡俗活动的隔离。

在对神圣事物和凡俗事物的解释上，涂尔干提到：神圣事物是具有社会性的事物。它包括所有集体状态、共同的传统和情感、与人们普遍感兴趣的对象有关的感情等；而世俗事物则相反，它是我们每个人根据自身经验建构出来的事物，是带有个体特征的。⑥ 再者，神圣事物在尊严、力量和声誉等方面都要高于凡俗事物。涂尔干进一步指出，神圣事物之所以具有神圣性，是因为神圣事物与凡俗事

---

① 〔法〕涂尔干：《宗教生活的基本形式》，渠东、汲喆译，商务印书馆2015年版，第58页。
② 王萌：《宗教"神圣"论——以涂尔干的宗教学理论为中心》，《宗教学研究》2016年第4期。
③ 〔法〕涂尔干：《宗教生活的基本形式》，渠东、汲喆译，商务印书馆2015年版，第50页。
④ 〔法〕涂尔干：《宗教生活的基本形式》，渠东、汲喆译，商务印书馆2015年版，第48页。
⑤ 〔法〕涂尔干：《宗教生活的基本形式》，渠东、汲喆译，商务印书馆2015年版，第49页。
⑥ 〔美〕包尔丹：《宗教的七种理论》，陶飞亚、刘义、钮圣妮译，上海古籍出版社2005年版，第122页。

物之间有条不可逾越的鸿沟,并且人们还通过各种仪式、禁忌①和消极膜拜等方式来实现、强化这种分离:神圣事物总是具有某种超凡脱俗的因素,凡俗事物被禁止与之接触,以免破坏其神圣性。因此凡俗事物是实施这些禁忌的对象,它们必须对神圣事物敬而远之。例如:未经成人礼的人不能接触储灵珈或牛吼器,因为未经成人礼仪式的人没有神圣性,仍是凡俗之人;一些原始部落禁止食用某种神圣动物或神圣植物,因为食用这类动植物的行为是严重亵渎神圣的行为。不仅如此,禁止具有神圣性的人食用某些食物,因为这些食物是凡俗的;甚至有些部落还禁止凡俗人对着神圣之物说话,凡俗人不能注视神圣之物,不能听到神圣之物发出的声音或某种神圣物的名字和咒语等。②这种严格的禁忌分离使得神圣之物的神圣观念和人们对其的尊崇之情永远存在下去。在集体仪式和禁忌的不断作用下,神圣事物不仅受到了禁忌的保护,同时也被禁忌隔离开来,进而在人们的思想中形成了神圣观念注定是与凡俗观念相分离的观念,人们已经在两者之间形成了一条清晰明了的界限,所以在内心深处会断然拒绝将这两种相互对立的事物混为一谈,甚至不允许在这两者之间建立联系。这是因为,倘若两者之间的相互混同或直接接触,会对人们内心中关于这两种概念的截然分离思想造成极大的冲击。

宗教活动和凡俗活动的隔离是较为易见的,当举办宗教活动时,任何凡俗活动都必须让退。按涂尔干的二元划分,人们的日常生活可以划分为两种:日常的生产活动,即凡俗生活;和举行宗教活动、进行膜拜的神圣生活。日常的生活使人们形成相对独立的个体,彼此为了生存而进行谋食活动,而神圣生活使人们集中在特定的地点进行集合庆祝、欢腾,感受到部落的集体性,个体被纳入集体之中。然而这两种活动是相互排斥、互不相容的。在宗教活动和凡俗活动的隔离分析上,可以从活动时间、活动过程、活动结束等内容进行剖析。在时间上,神圣时间与凡俗时间需要有区隔,在举行重大宗教活动的过程中,所有日常活动都必须中止。涂尔干指出,人们必须为宗教活动提供确定的日期或时段,并且必须在这一时段内,放弃凡俗的时间观念。例如,在宗教节日人们一般都停止工作,中止日常俗世活动,一些宗教的休息日就是遵循这些规定。在他们看来,这些日常生产工作是凡俗活动的内容,仅能提供生活所需,也只能与凡俗事物建立联系,不具有宗教目的;所以在举办宗教活动的时段内应该停止日常工作,放弃日常时间概念。"这两种生存形式之间的对比非常强烈,使两者根本无法贴近。一些宗教都会设有仪式休息日,仪式的休息日是普遍意义上的禁忌的一种特殊情况,它也将神圣事物与凡俗事物隔离起来,使之互不相容。"③

从活动过程方面看,人们参与宗教活动时,全程都必须保持绝对的神圣特征,他们要做的就是将凡俗的印记从自己身上完全抹去。一般来说,宗教生活一旦开始,任何带有日常生活特征的行为都要被禁止。例如,涂尔干指出,吃饭(不包括一些宗教的圣餐)这一再日常不过的行为,主要是为了满足个体身体上的需要,它本身就是凡俗的,因此在一些宗教的节期里,实行禁食;在参加宗教庆典之前,一些宗教还要求参与者把自己彻底沐浴干净,使自己洗掉凡俗的痕迹,然后才能佩配戴神圣物品,这样可以确保神圣活动的纯洁性。这些基本的"初入仪式"是必不可少的环节,因为一个人倘若还带有凡俗生活的印迹,他便不能与他的神建立亲密的联系,他们必须借"出入仪式"将自身逐步引入神圣的世界。在活动场所上,宗教活动必须被安排在一个特定的地方,凡俗生活不能介入其中。这样,庙堂和圣殿就被建造起来了。庙堂和圣殿是受到人们敬奉的场所,是开展宗教活动的神圣场所,即使

---

① 涂尔干提出禁忌的作用就是宣称某些事物是不相容的,必须采取措施将这些事物隔离开来。详见《宗教生活的基本形式》第三卷第一章。
② 〔法〕涂尔干:《宗教生活的基本形式》,渠东、汲喆译,商务印书馆2015年版,第416–420页。
③ 〔法〕涂尔干:《宗教生活的基本形式》,渠东、汲喆译,商务印书馆2015年版,第421页。

是最低级的宗教也不能缺少它们。圣殿也是神圣事物的一种，未经过神圣洗礼的人是不可靠近的，在圣殿里也不可以进行任何凡俗活动。在参加仪式的过程中，与凡俗生活有直接或间接关系的任何事物都不能够进入宗教仪式的场合中。如果他必须打扮自己，那么装饰的物品必须是专为仪式而做的，服装必须是庆典特制的礼服。人们在神圣的活动中会受到感染，而神圣性就会慢慢地传染到自身，就像涂尔干所说，当人们在集体活动中到达近乎沸腾之时，由于宗教参与者脱离了凡俗世界，他们在宗教仪典之中得以进入了另一个神圣的世界；在欢腾庆典结束后，这些饰物就要被烧掉或储放在某一特定场所，因为这些物品是神圣的，所以禁止在凡俗生活中再使用它们。而且，在仪式中获得了神圣性的人，也不能马上回到他的日常事务中去。涂尔干指出，库林加尔人通常在仪式结束时要进行仪式性的清洗。① 因为他们身上带有某种神圣特性，坚决不能与凡俗事物直接接触，他们要做的就是等到自身的神圣性褪去后才能回归到凡俗生活。涂尔干以库林加尔人的例子说明如何从神圣仪式中"脱圣入俗"，所以当宗教庆典结束时，通常都会安排一定特有的时段，在这个"真空时段"中人们逐渐从宗教的神圣回归到日常的凡俗生活之中。

通过涂尔干对"神圣"与"凡俗"的绝对隔绝描述，我们可以看出在他的理解中，神圣世界和凡俗世界的隔绝是绝对的和必然的。正是因为存在着神圣事物与凡俗事物分离开来的绝对界限，一个人倘若不去掉自身所有的凡俗的东西，便不能同神圣事物建立起关系。也就是说，人们要想过上宗教生活，他需要从凡俗生活中摆脱出来，而从凡俗进入神圣，必须通过一定仪式的作用。当处于宗教仪式之中，人们会感受到自身处在一种完全不同于日常生活的状态，一切日常生活的准则都被抛开。人在这种迷狂的状态之中往往感到自己受到一种别的力量的支配，感到自己置身于另一个世界，或者感到自己已不再是自己。② 总之，透过以上分析，我们可以看出涂尔干的清晰立场：世界总是分为神圣与凡俗这两部分，任何折中的解决办法都必须抛弃。

涂尔干虽然一味地强调神圣与凡俗两个世界的截然不同，但我们能从涂尔干的表述中找到一条从凡俗到神圣，再从神圣回到凡俗的路径。虽然带有一定的界限，但是存在着这一条相互转变路径也就意味着，神圣与凡俗隔绝并非那么绝对。"当然，宗教生活想要密不透风地把自己完全集中在属于自己的时间和地点之内，这几乎是不可能的事情。"③ 涂尔干到后来也认识到神圣与凡俗相互对立的事实虽然普遍，但并不等于说，它们之间永远无法相互转换。罗伯托·希普里阿尼（Roberto Cipriani）对此说道："尽管涂尔干经常强调神圣与凡俗的分离，但是有时他又会否认这种分离，至少是部分地否认。"④

（二）中国社会宗教的"神圣与凡俗"

涂尔干的神圣与凡俗的二分对立让人们认识到了只有通过对凡俗的隔绝，神圣才能存在。但是人们也同样意识到，神圣无法自己生产自己，只有通过凡俗，神圣才能生存，才能延续。"倘若凡俗世界与神圣世界全无联系，那么神圣世界也就毫无益处了。"⑤ 神圣与凡俗从一开始就是相互依存的两个范

---

① 〔法〕涂尔干：《宗教生活的基本形式》，渠东、汲喆译，商务印书馆2015年版，第434页。
② 刘艳：《神圣世界的消解与生活世界的开启——宗教批判视阈中现代性的生成》，《社会科学辑刊》2009年第2期。
③ 〔法〕涂尔干：《宗教生活的基本形式》，渠东、汲喆译，商务印书馆2015年版，第422页。
④ 〔意〕罗伯托·西普里阿尼：《宗教社会学史》，劳拉·费拉罗迪英、高师宁译，何光沪校，中国人民大学出版社2005年版，第77页。
⑤ 〔法〕涂尔干：《宗教生活的基本形式》，渠东、汲喆译，商务印书馆2015年版，第50页。

畴，他们虽然有异质性，但是它们也存在着相互转变的路径，正是有这样路径的存在，它们之间的相互交织才成为可能。宗教经过了几个世纪的不断发展，特别是经历了诸多次宗教改革，神圣与凡俗的对立与隔绝并不完全像涂尔干先前描绘的那样——必须抛弃一种关系才能拥有另一种的关系。然而，在笔者看来，"神圣"与"凡俗"的二元范畴在当今中国宗教的许多场域里面，是一种互嵌互融、相互交织的关系。虽然诸多的禁忌和仪式被人为地建构并将凡俗从神圣领域中剥离开来，但是这些禁令和惩罚也做不到让这两个世界全然不能沟通。如果世俗之物无法与神圣之物发生关系，那么神圣也就难以存在，因为神圣无法自我生产，必须依靠凡俗而体现出来。这样一来，神圣社会与凡俗社会便不可避免地相互"接触"。在进行相互接触的同时，这两个不同的世界不可能既相互接触，又保持自身，因此它们之间必然会发生一些渗透或改变。长久以往，宗教与凡俗社会总有重叠的方面，它们不可分割地交织在一起。

涂尔干的"神圣与凡俗"二元理论的提出是在欧洲宗教语境下通过分析澳洲原始宗教建构出来的一种西方宗教理论。这样一种西方宗教理论对中国社会的宗教研究具有重要的指导作用，但是却不一定完全适用于中国宗教的研究。中国社会的宗教与西方社会的宗教具有较大的差异性，杨庆堃先生指出，在中国社会中，宗教不那么明显，甚至是难以观察到的。中国文化不像欧洲、美洲或阿拉伯这类文化，在这类文化传统中宗教是作为一种独立的制度而存在的。作为一个独立的体系，宗教的角色在中国社会的这种不显著性，或许可以用弥漫性宗教的主导型与制度性宗教的相对弱势来解释。[①] 在欧洲中世纪时期，出现过基督教支配王权、王权服从神权支配的时期。凡是不符合基督教的一律被排斥，宗教禁忌特别严格；而在中国封建时期，神权通常是依附于王权而得以生存，王权通过神权建立其统治的权威性和合法性，所以封建君主总体上对各种宗教都采取了宽容的政策，使多种宗教得以发展，佛教就曾采取"不依国主，法事难立"[②]的发展策略。基于较为宽松的宗教环境，中国封建时期难以出现一教独大的现象，使得中国的宗教都具有相互融合的内在特征。从中可以看出，中国社会的宗教并不像西方宗教那样在社会上那么显著，即使是信徒众多的三大宗教在中国也无法形成一种诸如西方社会那样的独立体系制度。因此必须以批判的眼光去看待涂尔干基于西方文化背景和特点概括出来的宗教理论，使之更好地运用于中国宗教研究。笔者试图以当代中国南传上座部佛教为例，探讨"神圣"与"凡俗"的相互渗透关系，建构一种"圣俗互嵌"的结构。

三 中国南传上座部佛教神圣与凡俗的相嵌

（一）中国南传上座部佛教概况

南传上座部佛教是外来的宗教，在开始进入傣族地区时，想要打破该地区原有传统，则必然会与傣族先民所信仰的原始宗教产生冲突。在与原始宗教进行斗争的过程中，南传上座部佛教渐渐明白，与当地信仰的对立和冲突根本不能使佛教更好地在新地区生根和传播，取而代之的是与当地的风俗社会相融合。因此，为了很好地传播佛教，南传上座部佛教进行了一系列的适应性调整，而这种深刻的自我改造使得南传上座部佛教很好地处理了与原始宗教和当地风俗的关系，并成为傣族人民信仰的主要的宗教。而在笔者看来，这种适应性的调整正是南传上座部佛教"神圣"与"凡俗"互嵌形成的源

---

① 杨庆堃：《中国社会的宗教》，范丽珠译，四川人民出版社2016年版，第228页。
② 楼宇烈：《宗教研究方法讲记》，北京大学出版社2013年版，第63页。

头，正是这种适应性的变化，才使得神圣与凡俗的隔绝并非那么绝对，甚至彼此可以相互嵌入各自的领域。由于南传上座部佛教对原始宗教采取宽容、尊重的态度，吸纳、接受、融合了一些原始宗教的相关内容，使得南传上座部佛教在傣族地区得以顺利扎根。如果说与原始宗教的相互融合使得南传上座部顺利进入傣族地区，那么南传上座部佛教的神圣权力与世俗权力的相互接受、互相影响，才使得南传上座部佛教在云南傣族地区得以兴旺发展。早期的南传佛教徒，在深山建草棚而居，无寺院可住。由于南传上座部佛教的一些观念、教理与统治者的观念、法规相一致，因此受到了傣族封建领主的欢迎。而在封建领主的支持和庇护下，佛教在当地的活动和发展才得以改观，迅速成为傣族的普遍信仰。南传上座部佛教也积极促成佛法与王法的一致，即让宗教教义符合统治者的政治需求，赋予统治者统治的权威性、合法性和神圣性。例如，在西双版纳地区，召片领（当地最高封建统治者）被称为"至尊佛主"，被视为转轮王。另外，统治者掌管着当地高级僧侣的任免权，在宗教节日中宣布重要的举措。通过神圣权力与凡俗权力的相互支持、相互影响，南传上座部佛教在统治阶级中站稳了脚跟，又借助统治阶级在全民中推广开来，从而使南传上座部佛教逐渐成为在该地区占绝对优势的宗教。

通过对南传上座部佛教在傣族地区的传入与发展历程的分析，可以发现南传上座部佛教在中国大地上进行了一系列适应性变革，这种适应性变化使得宗教界限具有弹性，禁忌变得较为宽松，神圣与凡俗的区隔变得不那么绝对。一方面，如果南传上座部佛教像基督教、道教等恪守"神圣"与"凡俗"的绝对对立的宗教，那么便与傣族地区"人神同在"的观念有所冲突，不利于该教的进入与传播；另一方面，如果南传上座部佛教一味地对凡俗世界进行排挤，那么将不会得到统治者的大力扶持。只有神圣与凡俗，神权与王权不断相互渗透、相互利用，南传上座部佛教才能得以发展壮大。

（二）神圣与凡俗的相嵌结构

在当代中国，南传上座部佛教不仅仍然是傣族、布朗族、德昂族等少数民族同胞宗教信仰的重要组成部分，更是当地人民社会生活、精神生活、传统文化的重要组成部分。随着社会的不断进步发展，中国南传上座部佛教也不断地改进以适应现代社会。中国南传上座部佛教的"神圣"与"凡俗"的相互交融的现象越发频繁和明显，神圣与凡俗的互嵌式结构逐渐形成。笔者主要从以下几个方面来分析中国南传上座部佛教"神圣－凡俗"的互嵌性结构：1. 僧侣的神圣与世俗的转换；2. 神圣事物的多元相容；3. 神圣场所与世俗场所的混合；4. 仪式庆典的圣俗共欢；5. 佛教教育与凡俗教育的统一。

1. 僧侣的神圣与世俗的转换

在佛教中，"佛、法、僧"被称作三宝，僧人是佛教教理教义的重要承载体，也是践行佛法的主体。中国南传佛教的僧人与汉地佛教和藏传佛教僧人有所不同，他们从进入佛门伊始就与凡俗社会保持着紧密的关系，神圣与凡俗的界限在僧侣身上保持着一种较为模糊的状态。

南传佛教僧侣制度中的僧侣凡俗化和僧侣还俗制，具有显著的地方特色，也是区别于佛教其他派系的主要特征之一。在云南傣族地区，当地传统观念认为，男子一生中要有一段出家为僧的经历，这样才能称得上是受过教化，才有权利及能力组建家庭、履行义务，才能受到社会尊重。因此男子在幼年时期，就须由父母及亲属举行隆重仪式，把他送到寺院剃度为僧一段时间。待满一年之后，懂得了教规、教义和经书后，才举行"升和尚"仪式。这时须由小和尚俗世家长拜请一位男性亲友当孩子的教父，为其布施袈裟和生活用品。通常来说，当地有声望的老者均充当一个或几个年轻沙弥的教父或教母，每年都要给他们布施日常生活用品，在举行升座仪式时，他们更要负担起这些仪式的开支。当自己去世或是无力供养时也需要指定另一位施主继续供养僧人，直到僧人还俗或圆寂。另外，由于南传上座部佛教寺院宗教开支及僧侣生活主要来源于民间供养,在当代社会生活中,对寺院布施和负担僧侣的吃、穿、住需求仍然是傣族群众的传统习惯,在重大宗教节日时还要向佛寺赕佛,捐献包括谷物、蔬菜、布帛、经书等各种物品。僧侣日常饭食一般由村民各家轮流负责,值日人家往往尽其财力备好饭菜。在笔者调研的地区中,都有各村寨群众负担村寨佛寺的消费及僧侣生活费用的传统习俗,这实际上已成为一种传统的宗教义务或说是宗教习惯法。从以上例子可以看出僧侣的一生都与凡俗社会保持着紧密关系,他们的日常生活、每一次"升座"仪式都必须靠凡俗社会的百姓的供养和布施。他们无法完全遁入神圣空间而隔绝于凡俗空间,他们总会与凡俗世界有着千丝万缕的联系。

中国南传上座部佛教的另一特殊性就是僧侣的还俗制。一般而言,中国南传上座部佛教的大多数僧侣皆可还俗,但各级僧侣的还俗情况有所不同。沙弥级别的僧侣年龄大约在20岁,入寺为僧时间一般在3~4年。假若这类的僧侣有意还俗,只要本人愿意,父母同意并向寺院说明情况便可还俗。如果升到了都比(杜比)①,一般要经过枯巴(库玛)②同意方能还俗。如果升到枯巴级别一般就要终生为僧,因此有些僧侣在升到枯巴之前便还俗。当都比级别僧侣还俗后,他们被当地人称为"康朗"。由于他们是民族中的优秀知识分子,再加上他们熟悉佛教典籍和仪轨,一般都被群众选作宗教管理人员。"康朗"是凡俗身份,其职责是凡俗与神圣宗教之间的媒介,沟通双方信息,协助佛寺住持协理和主持各种宗教仪式及僧侣晋升仪式,监督执行僧俗双方应遵守的戒律和义务。南传上座部的还俗制使得神圣僧侣与凡俗百姓有着一条相互转换的路径,成为僧侣,也可以与凡俗保持诸多联系;即使还俗后,也能够经常参与神圣事务。

虽然南传上座部佛教与凡俗社会的隔离没有那么绝对,但是南传上座部佛教一直都是保持原始佛教教理、教义较多的宗派之一,它们对僧侣的戒律也非常严格。通常来说,南传佛教遵循着早期佛教的教义,上座部僧人只能接受修行必需品的供养(如袈裟、食物、药品、日用品等),不能接受和拥有任何形式的金钱(如钞票、红包、支票、信用卡、金银珠宝等),僧侣接受金钱属于犯戒的行为。除了必备的物品之外,僧人其他都要靠施主供养布施。但随着时代的不断向前发展,南传佛教也进行适应性调整,原有的一些规矩也逐步被打破,一些新现象也开始出现。一些戒律环境较为宽松的南传上座部佛教教派,僧侣们的生活开始丰富多彩,特别是处于经济比较发达地区的寺院僧侣,对某些传统教规戒律自主地做出了程度不同的改进。例如,德宏多列派寺院瑞丽喊撒寺,率先改革过去南传上座部佛教僧侣不作凡俗劳动的规矩,僧侣们不仅自己动手轮流劈柴做饭、种菜养鱼、磨豆腐,改善生活条件,而且积极栽花植树、除草铺路、美化寺院及周围环境,形成了农禅并重的新局面。③随着社会经济高速发展,经济观念已逐渐在南传上座部佛教僧侣中产生,僧侣的价值取向产生了一些变化。一些僧侣的短内衣上缝有钱袋,便于积蓄,一些沙弥等年轻僧侣大多有自己的积蓄,可以网上购买喜爱的物品。僧侣们日常生活中可以拥有手机、收录机、电视机、照相机等现代设备,当外出时也有属于自己的自行车、电动车等代步工具,甚至一些寺院的高级别僧人还购买了轿车。

僧侣们不仅在日常生活上经常涉入凡俗,甚至在身份和行为上也带有许多凡俗的印记。在南传上座部佛教地区,每逢遇到当地比较重大的事情,都有僧侣的参与。如新生儿降生,父母将其抱到寺院,请长老念经并赐名;年轻人举行婚礼、新房落成迁居、操办丧礼等,均迎请僧侣至家中诵经念佛;现

---

① 僧阶的一种,比沙弥高一阶,年龄在18岁之上,有3~5年的出家经历。
② 僧阶的一种,比都比高,一般来说须出家为僧即戒腊20年左右,并经过一系列考核者方能获此僧阶。
③ 杨学政主编《云南宗教史》,云南人民出版社1999年版,第227页。

代化的商店开张、企业开业，甚至新轿车、新卡车的使用等喜庆场面，都能看到僧侣们念经作法事的身影。不仅如此，僧侣有时还参与一些民间信仰活动，如替人们占卜禳灾、为死者亡灵引路、超度，为村民驱鬼，还在一些节日上帮助村民祭祀寨神、勐神、社神等。在笔者的调研观察中，当地人买了新车后，须把车开到寺院请僧侣长老们作法事，通常有4～5位僧侣参与该仪式，保佑新买的车能够安全使用，人车出入平安。在新房迁居后，要请长老来念经，称为"赕新房"①。赕新房虽然是佛事活动，但同时也要祭寨神、勐神和家神。在仪式结束后，主人要宴请宾客，请歌手唱起祝福歌，跳起欢快的舞蹈，整个活动在庄严肃穆中洋溢着浓郁的凡俗生活气息。从中我们可以看出，一方面僧侣作为神圣的象征，传扬着南传佛教的教规和仪礼；另一方面又将一些世俗的观念带入到了这一神圣的过程中，使这些宗教行为本身既具有神圣性又带有明显的世俗性，神圣与世俗的交织在僧侣身上体现无疑。

当然，僧侣的最主要职责仍是弘扬佛法，将佛的教理教义在社会上传播开来。一些僧侣长老顺应了现代社会的变化，运用诸多现代通信方法使佛法通过网络快速传播。例如很多僧侣个人纷纷开设博客讨论宗教问题，甚至有些僧侣已拥有自己的公众号，运用软件将佛教经典故事编辑成美文，在微博、微信、博客、QQ等网络平台中传播开来。有些大一点的寺院还建立了自己的网站，不定期发布佛教相关资讯和编辑佛教教义，以供社会人士、佛教信众浏览，耿马总佛寺的细米国旺长老就经常利用相关软件编辑一些关于南传上座部佛教教理、教义以及宣传耿马总佛寺的文章，通过这些方式让更多的人了解南传上座部佛教和耿马总佛寺。佛教僧侣们正依靠这些凡俗行为，将佛法在社会上弘扬开来，使越来越多的凡俗百姓认可、接受南传上座部佛教。

僧侣的神圣身份经常与凡俗身份进行交叉转换。当代社会中，我国实行宗教信仰自由、民主开放的政策，努力使新时期下的宗教发展适应社会主义现代化发展。一些声望高、僧阶高的僧侣都身兼许多社会职务，例如政协委员、佛教协会委员、宗教事务管理工作者等职务。在笔者调查中，这些身兼数职的僧侣时常带着凡俗身份去实现自己的俗世职责，比如说，以政协身份开展对低保户慰问与扶持工作，以政协委员、宗教事务管理者的身份参与相关宗教法规的制定，以佛协会委员身份审批相关文件，参与表决僧侣晋升僧职的决议等。在当代，大量南传上座部佛教僧侣秉着积极"出世"的态度，参与各项社会公共事务。例如，进行禁毒防艾宣传，参与相关演出，对艾滋病患者、孤寡老人进行临终关怀等，并且在很大程度上积极协助有关部门进行中国社会主义核心价值观的宣传教育活动。僧侣通过这样一种"圣俗结合"的身份进入凡俗世界，即是践行凡俗事务，同时也是践行佛法，将凡俗事务赋予神圣性，使得当地民众对政府开展的工作更加认同，发挥了宗教的稳定社会功能。

2. 神圣事物的多元相容

涂尔干提到，神圣事物必然与凡俗事物区隔开来，不然神圣事物的神圣性将会被破坏，给人们带来灾难。即使是不同类的神圣事物也不能相互混淆，因为另一类别的神圣事物也会影响该类别的神圣事物。涂尔干举例道，在瓦克尔不拉人部落里，搭建陈放尸体的停尸架所用的木材必须是所属于该族群的木料，制造打猎器材的材料绝不能是被捕获的动物所属的那个社会群体的材料。② 因此，无论哪一种宗教，它们对本宗教的圣物总是看得特别重要，并设立种种禁地、禁忌来保护神圣事物不受其他事物的污染。而在中国南传上座部佛教中，对于佛教圣物也是设有诸多禁忌，必须对佛像、佛珠、法器等物品带有尊崇之情，不得亵渎。在大殿内仅塑释迦牟尼像，不参拜其他宗教教派的圣像。近年来，

---

① 杨学政主编《云南宗教史》，云南人民出版社1999年版，第24页。
② 〔法〕涂尔干：《宗教生活的基本形式》，渠东、汲喆译，商务印书馆2015年版，第416页。

随着经济的发展，一些地区对神圣事物的禁忌开始变得不那么严格。例如在德宏地区，由于该地区汉族人口相对较多，交通较为便利，商品经济较为发达，这里的南传上座部佛教也出现了显著的汉地风格。例如，德宏一些地区的南传上座部佛教接纳了大乘佛教的观音菩萨，在佛寺内塑有观音像，并有观音神龛。除观音菩萨外，还有弥勒佛等大乘佛教神祇。在临沧耿马地区，当地百姓会把自己无法继续供奉的神像寄放在寺院内，由寺院继续供养。这些神像多半是财神、关公、送子观音、弥勒佛等神像，与南传佛教供奉的佛像完全不符；但是为了满足当地百姓的需求，佛寺一般也只能接受，安放在释迦牟尼佛像后面继续供奉。甚至在一些地区中，寺庙的大部分财产来自世俗社会，寺庙是由住在这个村庄的村民建立的，其资金有时由人们捐献，有时来自村庄的基金，偶尔由有钱人个人捐赠。寺庙建成之后，寺庙就供奉那些庇护百姓、满足人们需要的神。因此，在庄严肃穆的佛寺附近，常建有祭奉原始宗教神祇的神龛或是供奉人们所尊敬的人物①，以满足当地民众信仰需求。这样能够使得当地百姓对佛寺更加具有认同感和亲切感。从中可以看出，南传上座部佛教原有的关于神圣事物的禁忌慢慢在发生改变，神圣事物之间的相互关系也不再是彼此禁止接触，而是彼此相容，表现出南传上座部佛教极大的宽容性和包容性。

3. 神圣场所与世俗场所的混合

神圣场所是每一个宗教的主体建筑，也是举行宗教仪式庆典的主要活动场所。一般来说，寺院都建在山林里或静谧的地方，这样有利于禅修和远离凡俗社会。早先南传上座部佛教刚传入傣族地区时，也是在山林里建寺修行。后来南传上座部佛教在傣族地区站稳脚跟后就逐渐从山林里走出来，与凡俗社会紧密相连。现在的南传上座部佛教寺院大多都建立在该地区的交通要道上，其位置往往为村寨中地势显要、环境佳丽的地方。此外，佛寺前还留有宽敞的空地以形成村寨中唯一的公共活动场所，住屋则以佛寺为中心散布在周围。这样佛寺在体量上的优势使其很容易在一片低矮的竹楼民居中脱颖而出，自然地成为人们精神崇拜的中心和具有凝聚力的公共活动中心。② 总之，佛寺在傣族村寨始终占有重要地位，这是傣族村寨的突出特点：佛寺装点村寨，村寨烘托佛寺，形成村村有寺、寨寨有寺的局面。例如在西双版纳地区，佛寺大都建造在村寨中形势显要、环境佳丽的地方。它们或矗立于高岗、山腰、林间，或地处村头、要衢、路口。当地的景洪总佛寺，就是位于西双版纳自治州州府所在地景洪镇的曼听公园附近，靠近景洪客运南站。

中国南传上座部佛教的独特寺院经济制度是信众供养模式，即寺院的建筑、宗教活动及僧侣的生活费用等主要来源于世俗信众的布施和捐赠；因此佛寺不能与凡俗社会距离太远，否则会影响僧人托钵修行和信众日常的赕佛活动。再者，佛寺也是当地的宗教文化中心，尤其是各种宗教节日或民间节庆活动都是以佛寺为中心开展的，各家各户大大小小的各种赕佛活动也都在佛寺举行。③ 综上所述，佛寺在村寨中扮演了极其重要的角色，也就在一定程度要求佛寺要"走近"村寨，日益融入傣族人民的日常生活，而不能与村寨生活"脱嵌"。从中可以看出南传上座部佛教的神圣场所并不完全与凡俗保持着绝对的隔绝，相反它们一直保持着互通互动的关系。有些神圣场所甚至位于繁华的闹市中，吸引了许多慕名而来的信众或游客。有些著名的寺院还会向观光客收取门票等费用，如德宏芒市勐焕大金塔和瑞丽姐勒佛塔。

---

① 杨学政主编《云南宗教史》，云南人民出版社1999年版，第252页。
② 卢山：《云南傣族小乘佛教建筑比较研究》，《华中建筑》2002年第4期。
③ 田玉玲：《南传上座部佛教艺术概说》，载黄泽主编《非物质文化遗产视野下的民俗艺术与宗教艺术》，海南出版社2008年版，301－303页。

(三) 仪式庆典中的"圣俗共欢"

受南传上座部佛教影响，在云南境内信仰南传上座部佛教的少数民族都过泼水节、开门节、关门节等南传上座部佛教文化圈内特有的节日。现今，泼水节已经从原有的宗教节日发展成为一项宗教的、民族的、大众的欢庆节日。泼水节一般要举行 2~3 天，通常第一天人们上山采花，准备第二日仪式所需的物品。第二天清晨，人们盛装打扮，在佛寺举行念经、拜佛等宗教仪式，每户人家都要用沙子堆成沙塔，插上鲜花和彩纸并点上蜡烛，在沙塔旁诵经，然后围着沙塔跳舞，最后是举行浴佛礼。从中午开始便是泼水欢庆，当地各族群众、社会各界人士、国家人员等相聚在一起，相互泼水、彼此祝福。伴随泼水节活动还有民族集体舞蹈、文艺演出等文娱活动。从泼水节庆典我们可以划分出两个时段，一个是神圣时段，一个是凡俗时段。这两个时段共同组成了现代泼水节仪式，两者缺一不可。在神圣阶段中，参与的人仅限于信众和僧侣，活动进行的场所也是神圣场所。而当神圣时段结束后，凡俗时段也随之开始，在这个阶段中参与的人群扩大到社会各界人士以及各民族群众，活动内容也包含各式各样的凡俗活动，让整个泼水节更加欢腾和盛大。近年来，不少人认为，泼水节的宗教特性正在日趋消失，凡俗的东西越来越多地进入这场活动当中，但笔者认为它们在宗教民族方面仍有十分重要的意义，它们作为神圣的存在维系着傣族人们的精神信仰，再加上凡俗因素的进入，使得泼水节演变成为全民族的庆典，吸引了中外朋友的参与，使得泼水节这节日被更多人熟知，更加强化了泼水节的神圣仪式感。

南传上座部佛教还有一个较为重要的佛教仪式，那就是"赕佛"活动，德宏地区叫"做摆"。"赕"其意为祭祀、奉献、布施、供养。南传上座部佛教认为通过赕的行为，积个人的善缘修来世，人们只有通过"布施、行善、修来世"才能灭苦果，断苦因，只有不断地做摆，才能救赎自己，最终达到涅槃。因此除了日常供养外，每逢有佛事活动，各家各户都给佛寺赕大米等食物。每到宗教节日时，信教群众都向寺院布施布匹，供僧侣缝制袈裟和为佛像披霞。赕佛既是当地民众宗教生活的主要内容，也是人们日常生活的一种责任，并形成了一整套与宗教节日相匹配的赕佛消费体系和运作机制。在西双版纳地区，不仅在佛教节日要赕佛，逢年过节也要赕，平时也是三日一小赕，七日一大赕。① 在较大的赕佛仪式中，人们要带上食物、佛经、佛像、生活用具等供品聚集在寺院礼佛念经，在寺院里诵经祈福。到了晚上，人们则放烟花，大摆宴席，有时还进行佛教故事演出，人们载歌载舞欢庆到深夜，以象征人佛共欢，降福天下。近年来在德宏一些地区，做摆活动依旧热热闹闹，人们的娱乐活动内容更加丰富了，笙箫阵阵、钟鼓齐鸣，还夹杂着流行歌曲和舞曲。可见，现代生活方式使得原本神圣的宗教仪式融入了许多凡俗的东西，神圣与凡俗之间的关系更加靠近了。换句话说，在赕佛这个仪式中，神圣时间和凡俗时间是互通互动、相得益彰的，失去了神圣时间的象征符号，就使得整个赕佛活动失去了它的意义和存在的价值；而没有凡俗时间的加入，也就丢失了这一仪式最吸引人的热闹和欢融。② 神圣与世俗二元结构在南传上座部佛教仪式中既有不同又相互交融。

(四) 佛教教育与凡俗教育的统一

在人类的早期社会，先民的思想和观念与宗教的思想和观念是同一的。因此，在先民社会中，宗

---

① 张公瑾、王锋：《傣族宗教与文化》，中央民族大学出版社 2002 年版，第 40 页。
② 龚锐：《神圣与世俗的交融——西双版纳傣族赕佛消费体系的象征人类学考察》，《思想战线》2003 年第 6 期。

教和教育是同一的。在氏族部落中,祭师就是知识分子,他们在掌管着宗教事务的同时,还承担着继承、传播本部落的传统文化的重要任务。进入文明社会后,在一些全民信教的宗教民族中,民族教育依附于宗教,宗教是教育的主要内容。从世界各民族的普遍情况看,大凡信仰宗教的民族,都有着较为完备的宗教教育体系。在南传上座部佛教传入之后,傣族成为一个主要信仰佛教的民族。在此后很长时期,傣族的民族教育依附于南传上座部佛教,并以南传上座部佛教的教义、教理为主要教学内容,形成了较为完备的佛教教育体制。在 20 世纪初期,入寺当和尚在当时教育不普及的情况下,是男子接受文化教育的唯一途径。如果一个傣族男子没有到佛寺当过和尚,没有接受过佛教教育,就会被认为是很丢脸的事。所以寺院教育对于傣族人民习得文化知识是非常重要的途径,傣族民众都力争将适龄男孩送去寺院为僧学习。在寺院教育体系下,佛寺是学校,佛爷是教师,小和尚是学生,经书是课本。

现今政府不断深入地推行九年义务教育,边疆少数民族地区文化教育事业的不断发展,越来越多的傣族子女纷纷入学接受国民教育体系的正规教育,这些学校成为他们学习文化科学知识、接受正规教育的主要场所。由于寺院教育一直是傣族男孩接受教育的传统,在部分地区,少年儿童即使接受国家宪法规定的九年义务教育,也要接受南传上座部佛教寺院的关于佛教的和民族传统习俗的知识,因此仍有一些儿童入寺为僧学习的传统留存。因此"神圣教育"与"凡俗教育"的矛盾时有存在。经过了多次的碰撞和互通之后,在一些地方已经开始探寻这种"圣俗结合"的教育模式。在西双版纳,小学教师可以到寺院给小沙弥上文化课,小沙弥到小学接受义务教育跟班上课也很常见。进入 21 世纪后,西双版纳规定学龄儿童须接受完成小学教育后,方可入寺为僧。这已被大多数信教群众及宗教界人士所接受。

近年来,南传上座部佛教教育也在积极寻求转变,以更好地适应现代社会的发展。在勐景来佛寺中,旨在传承傣族文化、保护珍贵文物、弘扬佛法的贝叶书院创立,标志着富有民族性和时代特色的教育模式的形成。① 贝叶书院是当地民众学习傣族传统文化和南传上座部佛教文化的重要场所,也是传播本土文化、普及科学知识的平台。在较发达的地区,在政府宗教事务部门和社会各界人士的扶持协助下,宗教教育积极与现代社会紧密联系,学习现代教育模式和办学模式。在西双版纳,已经成立了云南佛学院西双版纳分院;在昆明,已建成与云南民族大学等高校合作办学的云南佛学院;在大理,建立了云南佛学院尼众部。这些佛教高等院校招收学员,规范化地向僧众传授南传上座部佛教经典教义,甚至还开设汉语文及科技基础知识课程。② 在僧人毕业后,佛学院为他们颁发成人教育大专毕业文凭和佛学院毕业证。通过这样的与凡俗结合的办学路径去扩大佛教教育的受众和影响力,不仅使得南传上座部佛教的人才培养得到很大的提升,为佛教教育与凡俗教育的结合找到了统一的路径,也为宗教教育与凡俗教育的冲突与融合提供了办学模式的经验。

四 结论

通过分析南传上座部佛教的诸多方面,我们看到了南传上座部佛教无论是在宗教承载者(僧人)、客观实在(神圣事物与场所)还是在外在表现(宗教庆典与教育)方面都呈现出了神圣与凡俗并行不

---

① 郑筱筠、梁晓芬:《中国南传佛教团体发展五十年》,《中国佛学》2015 年第 1 期。
② 西双版纳分院开设除佛教课程外,还包括语文、数学、英语、社会科学常识、写作、计算机等课程;云南佛学院除佛教课程外,还开设了大专语文、英语、古典文献学、计算机应用、书法等课程;云南佛学院尼众部除佛教课程外还开设了古汉语、现代汉语、英文、时政、书法、计算机等课程。

悖、互通互融的局面，神圣与凡俗的互嵌结构也随之形成。具体如图1所示：

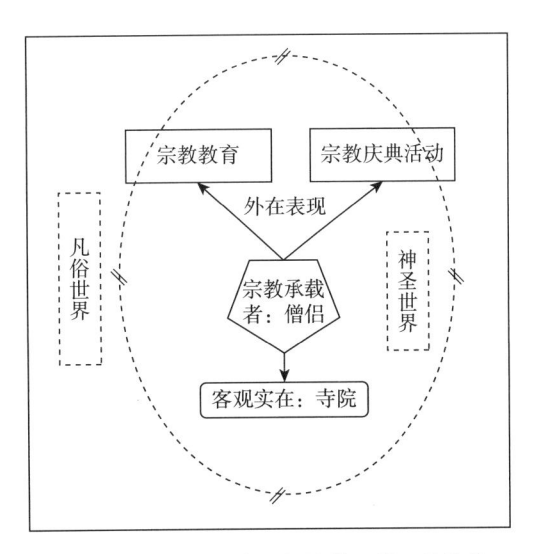

图1 凡俗世界与神圣世界的互嵌互融结构

根据图1所展现的内容来看，神圣与凡俗的边界线并不是像之前涂尔干所描述的那样是有明显区隔的，它们之间的边界线是具有模糊性和互通性的，因此神圣与凡俗之间能够获得对方领域的信息，根据获取的信息进行自身的适应性调整。作为宗教承载者的僧侣在这一结构中处于中心的地位。一方面僧侣根据凡俗与神圣的联系来管理客观实在的寺院，虽然僧人和寺院仍处于神圣世界之中，但是由于神圣世界的"开环"存在，他们不免都带有许多凡俗化的变化。另一方面僧侣不断在践行、弘扬佛法，开展各项教育及庆典活动。这些活动也不可避免地渗透了凡俗世界的许多内容，有些甚至在活动环节、参与人员等方面都有凡俗特征。

神圣与凡俗互嵌结构的形成并没有使得南传上座部佛教出现宗教的式微，相反神圣与凡俗在主体承载者、客观实在和外在表现的相互交织使得南传上座部佛教更能吸纳、团结当地傣族、佤族等少数民族人民，促进了南传上座部佛教的发展。南传上座部佛教的自我改善，不断汲取凡俗社会有利的因素，让南传上座部佛教成为当地的精神生活、宗教信仰的中心，更好地整合、团结各族人民，使他们紧紧围绕在信仰且认同的信仰共同体之内，促成了多民族和谐统一发展。另外，南传上座部佛教根据环境的主动适应性改变，在一定程度上弱化了宗教禁忌和冲淡了宗教间界限和隔阂，使得南传上座部佛教具有较大的包容性，进而推动了多元宗教形成的局面。这一种包容宽大的宗教环境，与中国南传上座部佛教的温和、包容精神是分不开的。

当然，中国南传上座部佛教是中国佛教的分支，它进入中国大地，并与当地文化相互交融，天然地带有中国宗教的某些特征。中国的宗教都具有融合的精神，无论佛教、道教还是儒教，它们都是分合交替，虽然内外部也有斗争也有分裂，总体上讲更注重相互的融合，相互的补充，互相的吸引。但南传上座部佛教也有自身的宗教特性，它的这种神圣与凡俗相融互嵌的变化并不能说明当今我国宗教发展的趋势，它具有较明显的地域特殊性和宗教特殊性。本文主要是说明涂尔干的"神圣"与"凡俗"二元结构理论在我国的宗教研究实践中所呈现出来的理论不完全适用性，通过分析我国南传上座部佛教近年来呈现出来的表现，没有呈现出神圣与凡俗的二元截然不同与隔绝。而是呈现了神圣与凡俗相统一、相交织的局面，并最终形成了南传上座部佛教神圣与凡俗的互嵌结构。因此我们应该辩证地看待涂尔干的神圣与凡俗的二元划分，以便更好地指导我们进行中国宗教研究。

佛教认同空间与建筑构形的互证关联

——以大理白族佛寺、塔、民居为例

刘 朦[*]

摘 要 本文以大理白族建筑——佛寺、塔、民居为例，意在还原早已隐没的佛教认同空间形态，并论证佛教认同空间与建筑构形的互证关联。互证指的是互为证明，互为依据。对佛教，尤其是对密教的认同，反映在建筑构形之上，而建筑构形的特征，也处处体现了佛教认同空间的存在历史。

关键词 佛教认同空间 建筑构形 互证 大理白族

DOI：10.13835/b.eayn.25.20

认同空间指的是，认同某一种文化及与之相对应的空间观念、模式、价值取向和审美偏好，并在建筑构形之中反映出特有的空间形态与造型形式。本文以大理白族建筑为例，试图解决的问题有：（1）对佛教，尤其是密教的认同，如何影响了空间观念及模式，最终形塑了什么样的空间形态；（2）佛教认同空间与建筑构形如何形成互相印证的关系。佛教认同空间在大理虽已退居二线，成为一种隐没的空间形态。然而，即便是隐没，它也在通过丝丝痕迹力证曾经辉煌过的历史。从而对"大理白族文化是'汉化的结果'"学说进行矫正。

一 妙香佛国认同下的佛寺空间营建

（一）从礼仪之都到妙香佛国：佛寺的空间分布

南诏自公元 8 世纪中叶统一六诏后，就在不断兴建或扩建一些城镇。南诏建都城始于皮罗阁，皮罗阁统一六诏后，把都城迁到大理，在清平官郑回的规划下，于苍山神祠以北，阳睑苍山中和峰下，建立了气势恢宏的仿唐新都城——羊苴咩城。异牟寻即位后迁居至此，羊苴咩城仿效长安，分为内、中、外三城。

新城方圆十五里，位于今三月街以西到苍山脚下这一区域。城内建筑主要是宫室和官吏的住宅。有一条南北向的通衢大道横贯城中。门楼后有一道照壁，再走一百步就到达大厅。宫城外有南内城门和北内城门，两城门相对。南门以外，是著名的五华楼和广场。北门以外为史城行宫。南诏后期，经历多年转乱，城池建筑大部分已损毁，到大理国时期，方得以逐渐修复，但大理国采取了休生养息政

---

[*] 刘朦（1981—），女，汉族，云南大学讲师，主要从事建筑艺术人类学研究。

策，并没有大量地修建工程。从城市整体格局来看，南诏城为了凸显其权力中心地位，表现政权的正统性与合法性，且为了证明归顺臣服中央王朝的意愿，最初的建筑设计是以儒家的礼制思想来建造的，所以体现出了较高的仿唐性。随着南诏后期政权更迭频繁、战乱不断的局势出现，南诏与唐王朝的关系也发生了改变，儒家礼制意识形态难以维系现有的政治局面，加之从印度经吐蕃传来的佛教迅速在上层及民间蔓延开来，开始显示出整合政权及统一社会的非凡作用。新的政治格局、新的意识形态势必呼唤新的空间形态产生。

佛教的兴盛一方面与统治者的大力推崇分不开。南诏自异牟寻之子寻阁劝信佛，其子劝龙盛继承及发展了信佛之事项，其幼子劝丰祐更是以身作则一心向佛，遂使佛教大盛国中。也就是从此时起，开始建设大量寺庙。叶榆是大理的旧称，对于大理这么一个弹丸之地，有这么多的寺院，不能不说是非常密集和壮观的了。大理城东西座向，呈南北轴线延展，由四座城墙及三城围合组成。南北城外各有几大佛寺林立，南有弘圣寺、玉局寺等，北有崇圣寺、无为寺等，形成环绕之势。

空间格局与民间百姓的顶礼膜拜关系也很密切。李京《云南志略·诸夷风俗》中记载："民俗，家无贫富皆有佛堂，旦夕击鼓参礼，少长手不释珠。一岁之中斋戒几半。"① 可见，吃斋念佛已成为百姓日常生活的重要组成部分。值得注意的是，这时期民间的鬼神崇拜及本主信仰受到佛教的巨大冲击，不仅没有走向消亡，反而促进了宗教改革，如积极吸收佛教教义、祭祀方法以及神祇等，这些最终一并融入本主文化中，形成一种新的信仰格局。这种信仰格局即为：佛教居庙堂之上、本主信仰处村野之间的宗教教育和祭祀格局。国家的正统祭祀为佛教仪典，村落则供奉各村之主。

由上可以看到，南诏初期城市设计依据儒家礼制思想，自南诏末年到大理国时期后期，佛教建筑逐渐占据了大理城内最为广阔的空间，从而打破了原有的礼制空间格局，形成了一个特殊的佛教认同空间。所谓妙香佛国不仅仅指的是佛寺遍布的空间格局，更是指在这个空间中因人们对于佛教的信仰与推崇产生的宗教氛围。

（二）神圣与世俗空间的交融：寺院建筑构形的汉式倾向

南诏寺庙的建设主要分布于政治、经济的中心地区——洱海与滇池周围，形成城中有寺、寺中有城的格局，其带来的一个直接效果便是：神圣中心与世俗中心的联结与交融。佛寺除了承担祭祀功能以外，还有迎接邻国使者以及本国贵宾的作用，成为对外宣示其高贵等级的国宾馆。在民间，寺庙是进行教育的重要场所。当时有一个重要的社会阶层称为师僧，师僧通过佛寺场所进行佛教教义的宣讲，宣讲与伦理道德相结合，对民间产生了深远的影响。例如，宣讲观音的慈悲，密宗大黑天神的正义与勇敢。这些神佛人物最终化为道德典范，为世人所效仿和敬拜。再加上，大理国实行开科取士，选拔对象为僧人，标准为"通释习儒"，更是大大提高了人们学习佛教的兴趣和动力，被提拔的人形成了大理国特有的释儒阶层。通过寺庙教育、家庭佛教教育及节日礼佛的社会教育，大理地区出现全民修佛法的盛况。民风得以改善，人民变得友好顺良、知书达理，从而对统治阶级更加顺服。

除了由国家建立的一批寺院外，王宫贵族和地方富豪捐舍财物建造的佛教寺院也不在少数，后者因出入寺院者出身、阶层、性别都极为不同，因此创造出了一个更加凡俗化的佛教空间，推进了佛教的世俗化。以此世俗化为基石，统治阶层的思想逐渐渗透到各个阶层。例如，大理国时期的高氏家族

---

① （元）郭松年撰：《大理行记校注》，出自（元）李京撰、王叔武校注《云南志略辑校》，昆明：云南民族出版社1986年版，第87页。

为权倾一时的名门望族，高家笃信佛教，积极开展佛教活动。其中之一便是出资广建佛寺：鹤庆的高家寺、庆洞村的圣元寺的修复都是高家所为。其他的还有紫顶寺、广严寺与妙山寺等。除了建寺以外，高家还在多地建幢、修塔、塑佛像等。高家的这些行为表明了大理国贵族阶层对于王室崇佛活动的大力支持，同时也暗含了想通过此种方式合理分配资源、提高声望及建立权威的意图。这样的意图可从寺院功德碑上的留名和事迹记载中看到。当然，还有一个最为重要的原因：当时的大理王室实行两套管理系统，段氏作为君主仅具有虚位，高氏则掌管行政大权，然而段氏因为具有"君权神授"的宗教性正统地位，总是在高氏之上。因此，不难想象，高氏广建佛寺等佛教建筑，目的在于补充自己宗教身份上的不足。高氏在地方上推广佛教建筑，对其宗教身份的提高产生了明显效果。另外，也间接对地方百姓产生了教化之用。史书记载本属蛮荒之地的地方因佛寺建立、佛教的传入，变为"贼散去不知几千里"的人杰地灵之地，可见影响非同一般。

如上所述，统治阶级积极建立佛寺的目的不唯正史所言是出于崇佛之举，更深层次的原因还在于"佛陀（观音）建国"、"佛王传统"理念的根植。对此台湾学者古正美有过精彩而独到的论述，她认为在南诏、大理国期间，一直存在使用观音佛王传统治世的情形。这是因为金刚顶密教认为，任何修习莲花部观音法门者，都能体验"神、我同一"的经验。因此，如果帝王修持此法，其便能有金刚密教所言的"佛顶轮王"的佛王体验。这种情形在当时统治阶层普遍采用观音的名字称呼自己这一现象中得以体现。广建佛寺、塔和石窟等佛教建筑也可以理解为使用佛教意识形态治国的方略之一。佛寺既是神圣空间又是世俗之地，因此在建造形态上也必然是二者的结合。笔者认为，南诏、大理国时期佛寺的神圣性主要体现在塔的建造以及供奉的佛像之上，世俗性则体现在寺院空间设置与建筑造型之上。

我们知道，自汉以来，许多佛寺其实就是民居的变形，中国人习惯改宅为寺或舍宅为寺。寺院前面必建塔，形成围绕塔为中心的宗教组群建筑。塔为纯粹的供奉、崇拜的宗教对象，而寺则兼具朝拜、举行佛礼及供人休憩的功能。若按塔、寺发展的顺序来看，是先有塔，再有寺。这个问题后文要加以详解。汉地自魏晋以来佛教走向世俗化后，塔的中心地位式微，殿的位置上升。隋唐以来，佛寺的平面布局以佛殿作为中心，院落沿南北轴线展开，并以廊子形式连接院落，塔则偏于一侧。宋以后，更是发展了"伽蓝七制"，与四合院布局基本一致。

西南地区的汉式寺庙的建筑格局也大多承继中原制式。大理地区沿袭汉式佛寺建筑的原因有几点。一、儒学在南诏时期大量传入，礼制思想深入人心，体现在建筑规制方面则为王公贵族的寝宫居室皆为礼制式建筑。民间虽未大规模形成，但也受其影响。二、大理地区多属平坝、气候温润，中原汉式建筑能较好地适应地方环境，这一点在第二节中多有阐释。因此，比之印度密教之建筑形式（曼荼罗，中心图示）来说，汉传佛教建筑形式更适应于此地的生态环境。三、佛寺在大理地区的多功能性决定了它不仅仅是礼佛、拜佛，也是传教、授业、待客、交往的空间，因此，倾向于居室形态的汉式佛教建筑更易于满足这样的需求。基于以上几点，南诏、大理国时期白族虽然主要受密教影响，但在佛寺的建设上却选择了汉传佛寺的构型形式，说明了其在宗教文化接受上的变通性与兼容性，对宗教的认同并非呈单一的取向，也包含了对不同源头宗教的分类取之。另外，从佛寺与塔之关系来看，大理地区保持着重塔的惯例，也从侧面表明了塔为主体，而佛寺为辅的空间安置原则，仍然从含蓄层面上象征了密宗的宗教意象。

以崇圣寺为例，历史上的崇圣寺虽然已毁，但按照复原后的寺院形制来看，与汉地佛寺基本相同。整座寺庙按主次三轴线展开，共分为八台、九进，建筑群方圆七里，房屋800多间，佛像11400尊，是当时东南亚、中国西南地区最大的建筑群。即便按今天的眼光来看，如此规模宏大的寺院也是极为罕见的。主体建筑造型呈中轴线对称风格，从山门入口至藏经楼，各个庙宇自下而上，随苍山节节升高，宏伟对称，风格典雅。向上可仰望苍山雪景，向下可远眺洱海风光。崇圣寺是皇家寺庙园林，增加了园林元素，使寺院成为皇家贵族修身养性的地方。同时期的感通寺形制也类似，山门坐北朝南，左右有"法轮常转"、"眉毛增辉"门联和怒目威严的两尊护法神。其后上台阶进围院，院内南北轴线上坐落在高台上的是正殿大云堂，现也称大雄宝殿。

与内地佛寺不同的是，崇圣寺三塔位于寺的中心位置，供奉的主佛为观音像，其中以雨铜观音最为著名，体现了佛教密宗－滇密的特点。从崇圣寺寺名进行分析，"圣"指的便是观音，"只拜观音不拜佛"，观音具有极高地位。另外，在佛寺建筑构形上也体现出很多与汉地佛寺的区别，例如"生起处理的运用相当广泛，幅度相当明显，顶面凹曲特别突出，故而尤其富有曲线美。不仅如此，在鸱尾的处理方面，也颇为大胆，脊短翘高，形式多样"。① 这些都表现了与汉地佛寺的背离，而与密宗及本地文化的关联。

寺庙损毁且材料不多，因此无法详细描述佛寺特点，以下以剑川兴教寺为例具体分析密教佛寺的特点来进行补充说明。兴教寺的建殿时间据《新纂云南通志》记载大概在明代，建寺时间也许更早，笔者认为说不定建于南诏时期。《西南寺庙文化》中列有隋唐时期在剑川建有一寺，② 兴许指的便是兴教寺。兴教寺属于典型的阿吒力密宗佛寺，可在佛寺构形上帮助我们认识南诏、大理国时期的寺庙形制。

兴教寺的建筑群布局为坐西向东，纵向上由三进院落组成，横向轴线上，由两侧的厢房、耳房环绕而成"H"型，与汉地佛寺空间布局并无二致。山门外有四方街组成的一个宽敞空间与兴教寺属于同一纵轴线之上，兴教寺位于四方街的中心，强调了轴线居中而尊的思想。轴线的末端为一个魁阁带戏台，高四层，此戏台作为兴教寺的延伸，应为寺庙功能世俗化后的产物。

与汉地佛寺不同的是，兴教寺中殿的造型，室内布满金柱，柱子非常密集，光线也不太好，突出了神秘幽暗的氛围，仿佛一个虚幻的空间，符合密宗教派所要求的秘而不宣的宗教教义。大殿内无柱，空间高敞明亮，是一个比较汉化的礼仪空间。另外，兴教寺里残存十余幅阿吒力密宗壁画，显示了密宗无处不在的有力信息。

总的来说，兴教寺空间布局承继了汉地佛寺的规格，采取中轴线对称、主殿居中、厢房围绕的院落构成方式。大殿采用抬梁式构形，形成礼佛的仪式空间。中殿为穿斗式多柱构形，特意营造幽暗而神秘的密宗氛围。山门外与四方街、戏台连接，形成一个娱神娱人的世俗空间，这应该是密宗佛寺在民间世俗化后的一个表现形态。借助兴教寺的构形，我们可以对大理南诏时期的密教佛寺有个大致的了解。

二 佛教密宗认同空间与密檐式塔形的互证

笔者以千寻塔为例，试分析塔、寺之关系，并以塔的造型来说明统治阶级及民间社会对佛教密宗的认同是如何投射于塔形成的空间之上。

（一）塔、寺之关系

关于三塔与崇圣寺之关系，很多学者都认为，塔为寺之附属，并且属于仿唐塔。例如："云南大理

---

① 段玉明：《西南寺庙文化》，云南教育出版社2000年版，第142页。
② 段玉明：《西南寺庙文化》，云南教育出版社2000年版，第51页。

崇圣寺千寻塔原为崇圣寺附属建筑——是唐塔的做法",① "为唐代密檐塔中的精品"。② 这里有两点，笔者提出质疑：一、塔是寺之附属？二、千寻塔属于仿唐塔？第二点将在稍后解答。笔者认为，塔不仅不是寺之附属，而恰恰是寺之中心。理由有三点。

第一，从三塔的位置来看，"崇圣寺在点苍山下，有三塔峙立寺前"。③ 从复原图也可看出，塔处于寺的中轴线之位置，位于寺前。《记古滇说》中云："唐遣大匠恭韬徽义至蒙国，于开元元年，造三塔于点苍山下，建崇圣寺于塔上。"④ 从"建崇圣寺于塔上"可否推测，先有塔后有寺？

第二，在时间上是先建塔，然后在塔的基础上再建寺。为什么说先有塔，后有寺？就塔的来源来看，塔来自古印度的窣堵波，用于呈放佛陀或国王的尸骨，是佛陀的象征，具有纪念碑性。佛教徒的参拜对象，首先是佛塔。汉代佛教传入之时，修建的寺院皆以塔为中心，殿为附属。因此，从塔最早的来源来看，先有塔，后有寺，塔是寺的中心。寺院是塔之象征意义走向式微，佛像成为偶像崇拜物，是后兴起的参拜对象。随着寺院地位的提高，塔逐渐被移出中心，甚至于不再建塔。然就大理崇圣寺千寻塔而言，因与密教有关，在密教中，佛塔仍保持着相当程度的纪念象征意义，因而没有如其他汉化佛塔一样沦为附属。

第三，三塔历经千年不倒，中间经历几次强级地震仍然安然无恙，一方面说明建塔技术高超，另一方面也验证了当时统治者及建造者对塔的重视程度，因为只有极其重要的事物才会举全国之力，耗时耗力，并采用最好的技术。三塔的重要性可见一斑。

从以上列举的三个理由可以推测：在大理崇圣寺当中，首先，千寻塔建造时间可能早于寺院；其次，不论是地理位置还是宗教地位，千寻塔都位于崇圣寺的中心，是一个重要的密教象征物。

(二) 密宗认同空间与密檐式塔形分析

佛教密宗的空间形式特点可概述为：曼荼罗图形平面及象征须弥山的高耸集中式空间构图。对密宗空间的认同反映于密檐式塔的构形中，主要体现于：空筒和密檐的形态之上。

千寻塔是密檐式塔的典型代表，结构分为塔座、塔身与塔刹三个部分。

塔座是塔的基础部分，作法变化不大，一般分为：简单样式、须弥座、锯齿形高基座等几种。塔座样式不影响塔的构形，但它本身是佛塔造型的一个重要组成部分。千寻塔体量较大，因此塔基较为宽阔高大，造型比较简易，基础厚实与否才是关键。整座塔由砖砌而成，砖上刻有梵文，多为咒语，谓有震塔之功能。大理地区多地震，崇圣寺三塔、宏圣寺千年不倒，应是与塔基宽阔厚实有一定关系。

塔身的形式是进行塔分类的一个重要依据，一般而言，塔身分为"覆钟形"和"叠置式"两类。"覆钟形"指塔身由一个如同倒置的钟形体覆盖而成，常见于东南亚、云南西南部地区小乘佛教区域。"叠置式"指塔身由多个形状相似、大小不等的形体层层重叠而成。千寻塔即属"叠置式"塔身，由16层密接的塔檐构成，底面为正方形，边长9.85米，塔身高度为59.6米，方向为南北或东西交叉。塔身中段部分较宽，往上开始收分。因此，整个塔身轮廓呈饱满的抛物线，表现出一种飘逸的美感，弧线型与中原内地直线型塔身形式大不相同。对于南诏佛塔高大的形体来说，这样的形式不仅没有造成压抑感，反而成就了一种上扬的动态。塔身中空，不可攀爬。这也与中原阁楼式的塔相区分。

---

① 段玉明：《西南寺庙文化》，云南教育出版社2000年版，第151页。
② 罗哲文：《中国古塔》，中国青年出版社1985年版，第278页。
③ (明) 陈文修：《景泰云南图经志书校注》，李春龙、刘景毛校注，云南民族出版社2002年版，第266页。
④ 徐嘉瑞：《大理古代文化史》，云南人民出版社2005年版，第336页。

塔刹顶端为铜铸葫芦形宝瓶，盖下为钢骨相轮，最下面为覆体。塔顶有金鹏鸟，为镇水之用。

对于千寻塔的形制由来，历来较为常见的说法为，其是中原唐塔的一个类型，"与楼阁式佛塔相似，显然是从楼阁式的基础上演变而来的。"[①] "崇圣寺塔与陕西小雁塔造型、结构相仿，由唐匠建造，也证明崇圣寺是汉传佛教寺院。"[②] 另外，三塔由唐匠所造，因此仿造的是中原佛塔形制。近期有研究者提出异议，认为千寻塔并非模仿小雁塔，而是来源于登封嵩岳寺塔。"登封嵩岳寺塔建于北魏，是已知的第一座密檐塔，在结构形制上受到中亚或印度宗教建筑的影响。"[③] 综合来看，笔者认为，仿唐塔说法确实有待商榷。首先，崇圣寺塔虽与小雁塔有相似之处，但仍存有很多差别，且密檐塔造型的最早源头来自于西域宗教建筑；其次，由唐匠建造，并不能说明就是汉传佛寺之延续，因为匠人只是施工者，建造意图最终是由统治者来决定。

具体而言，汉传佛教中的楼阁式塔与密檐式塔在构形上的区别主要有以下几点。

第一，空筒：塔的空间构形。从塔的形制来看，楼阁式塔已接近于汉地木构建筑——木楼阁。而密檐式塔更接近于印度塔的原型意象，塔身中空，"空筒"结构是其典型特征之一，取消了可登临性作为纯粹供奉的对象，是佛法"空"、"色"观念的具体象征。

中国佛塔来源于印度的"窣堵坡"，窣堵坡是一种没有内部空间的建筑类型。在古代印度，是半球形的实心土丘，埋藏着圣骸。因此，窣堵坡也是用来供奉佛陀舍利及埋葬国王尸体的坟墓。还有一种起源说则认为，半球体现了古印度人的宇宙观，因为印度人相信宇宙是圆的。而佛邸顶上一圆盘串联起来的相轮轴，便是宇宙的中轴。相轮四周围着的一圈方形的栏杆，是围绕宇宙中心的四周方位。窣堵坡进入中国后，经过中国本土化的融合和改造，发展为楼阁式，可以登临远眺。这是佛教传入中国与道教"仙人好居楼"传说结合而来的塔楼形态，也就是说，中土的木楼阁式是在印度窣堵坡基础上进行的本土化转型。

由此，在佛教教义的象征层面上也发生了几重转变：（1）佛塔本为佛陀的象征物，佛教发展到一定阶段，由对佛陀的崇拜转为供奉佛陀之物的塔崇拜，是佛教义理上由虚向实的一个转变。而汉传佛教中的楼阁式塔，又使塔由佛陀的象征转变为供佛像之器物，佛像的偶像地位提升，佛塔地位下降。佛塔在寺院中的中心地位日趋弱化，成为供人登临游览的景观胜地。发生了佛教义理由圣转俗的第二重转变。密檐式塔内部空间的"空筒"形式，是佛法"空"、"色"观念的表现。且摈弃了凡夫俗子登临的功能，简化为"通天"的象征，暗示着佛教义理中层层递进的修行途径。另外，在空间类型上接近于曼荼罗空间图示，天空被视为有圆洞的巨大穹窿形帐篷，中心的祭坛是上天与下界的通道，通过这里人的灵魂可以通达天界。空筒结构与塔顶可视为通天的通道。（2）楼阁式塔通过水平线上的发展来削弱垂直方向的空间感。窣堵坡是对天穹的隐喻，象征佛的无所不在和无形存在，是整个宇宙及精神世界本质的体现，旨在建立人对于垂直方向上空天界的敬仰，对佛陀世界产生无比的敬畏与崇尚，也对彼岸世界充满神圣的向往。向水平方向的延伸，使得通天的含义减弱，向世俗更为靠拢。而密檐式塔的塔身几乎是与地面成垂直关系，其越高越显著的梭柱式收分显然是受到外来文化的影响。

从以上两种塔的空间形制比较可以看到，即便是同一种宗教，也因为其接受者的文化特质与认同倾向，而产生出不同的形态流变。汉地统治者深受儒、道思想影响，佛教也就朝着礼制化、升仙化方

---

① 华瑞－索南才让：《中国佛塔》，青海人民出版社2002年版，第224页。
② 杨学政：《云南宗教史》云南人民出版社1999年版，第44页。
③ 徐永利：《外来密檐塔形态转译及其本土化研究》，同济大学出版社2012年版，34~72页。

向发展。空间上倾向于水平方向延伸，建筑单体注重横向，而抑制向高处发展。密檐式塔则强调垂直方向的高度。这一方面是与南诏、大理国时期接受密教有关，另一方面也与白族崇柱传统有关。在张胜温《南诏图传·祭柱图》中，可以看到南诏统治者对于祭柱的重视，关于张蒙禅让所举行祭柱仪式中的这根铁柱来源，历来有几种说法，一种认为是当年诸葛亮南征时七擒孟获后所立；另一种是南诏第十一代君主世隆在白崖（弥渡县太花乡铁柱庙村铁柱庙内）所立。本文采纳第二种说法。南诏王立柱的动机可以推测一二。其一，顺应民意。柱与白族民间流行的社祭有关，柱之所在即社之所在，这在云南很多少数民族那里都有所体现。其二，柱是佛教的重要法物，是宇宙树衍化而来的世界中心的象征物。南诏时期君主继位都要依靠佛陀的"君权神授"，因此，在《南诏图卷》表现的白子国国王张乐进求逊位给细奴逻的祭祀场景中，铁柱成为佛法权威建立的象征。为了能继续这种由佛法授予的神圣权力意象，立柱便是理所当然的了。其三，还有一种推测为："世隆在白国故地上树立天尊柱，并非是要效法汉臣立柱，以示慕化，而是为了重现早在南诏建立之初就广为流传的王权嬗递神话，以期唤起对蒙氏有德、张氏逊位的历史记忆，并借助复原'南诏前史'来宣示南诏之于唐朝的政治独立性。"① 然不论出于哪一种动机，对柱的崇拜都显示出白族本土信仰与佛教密宗的兼容，而对柱的崇拜自然伸发出以柱为中心的空间意象，继而转附到以塔为中心的佛教象征仪轨之上。因此可以说，密檐式塔的形制契合了大理民众的深层信仰空间模式，那就是绕柱而转的祭祀空间在佛教仪式中的延续。

第二，密檐与天阶。与楼阁式楼层相较，密檐的层级没有实用性，应是佛教中"通天台阶的一种象征"。楼阁与"天宫"、"地宫"共同构成了汉地佛教徒修行的一个心理图示。密檐塔的层级虽然和楼阁代表了同样的意思，也暗示着"通天"意象，但却因为弃绝了凡夫俗子登临的可能，而使"'天宫'真正成为遥不可及的东西，中间象征层层楼阁的密檐则暗示着层层递进的修行途径"。② 因此而言，密檐形制虽然表面上强化了天阶、天宫与地宫的空间模式，但因剥离了登临的功能，意味着佛教的传播不再需要借助于其他宗教的帮助，而能够自成一派，坚持自我独立发展。此外，千寻塔十六层密檐，与内地塔层为奇数有很大差别，这应与阿吒力教派阴性崇拜相关。

第三，千寻塔无地宫，佛像、文物均放置塔顶基座内。这跟中原地区佛塔宝物多放在地宫的做法不同。地宫是中国化的产物，也许与"入土为安"观念相关。千寻塔没有地宫，大量文物藏于塔顶塔刹基座部位，这与早期印度佛塔放置舍利的位置相吻合，体现了印度佛塔的特点。大理的崇圣寺塔、弘圣寺塔、佛图寺塔等都是将文物置于塔顶塔刹的基座，藏密高僧灵塔中的舍利也都放在上层。

第四，从千寻塔中藏有的佛像造型来看，与中原内地的佛像迥然相异。例如，其中一幅最为著名的金质立像的观音像，观音梳高发髻，戴化天佛天冠，多股发束自然下垂，面容清丽慈祥，作女相，足下有二方形榫。此雕像与阿磋耶观音像极为相似，与大理的其他观音像也颇为相似，被认为是源于"印度东北帕拉王朝"。

综上，尽管千寻塔造型受到汉地密檐式佛塔影响颇深，但从更远的来源来看，实则是对印度佛塔的一种承继和延续。且在空间构形与外部形态所反映出的诸项特征中，显示出了与汉地主流佛塔——楼阁式塔迥然相异的一面。汉地自唐后，密檐式塔逐渐衰落乃至绝迹，却在云南，特别是大理地区得到了千百年来的薪火相传，反过来远胜于中土。这不能不说是密宗认同空间的效力所至。

---

① 安琪：《从〈南诏图传·祭柱图〉看"南方佛国"的神话历史》，《云南社会科学》2015年第1期。
② 徐永利：《外来密檐塔形态转译及其本土化研究》，同济大学出版社2012年版，第135页。

三 建筑中的佛教认同空间意素

(一) 佛教建筑构形中的密教空间特征

1. 佛寺

由于大理密教没有伽蓝制度，因此密教僧徒一般都在家修行，极少在寺内。从大理密教无伽蓝之制可推之，寺院格局虽受汉地佛寺影响，但规模远不如汉传佛教或藏传佛教寺院那么宏伟巨大，一般都比较纤小，几乎只是一殿一塔，殿开三楹。又基于保持密宗的特点，注重秘而不宣的气氛及不公开讲经的传教方式，讲经堂、藏经阁、僧舍等建筑空间的设置便都省略掉了。更由于后期密宗的不断世俗化，寺前戏台的建设成为娱神娱人的重要场所，也成为密教寺庙的一个重要标识。

2. 曼陀罗坛场

密教的修行方式在于述而不作，教义并不通过口耳相传或讲经授业，而是通过父子传承和念诵真言。密僧认为只有阿吒力才懂得仪轨，要成为阿吒力必须经过大师灌顶和坚持不懈地修习。灌顶仪式必须在曼陀罗坛场举行，经千寻塔出土的《中胎藏曼陀罗图像》来看，唐代大理密教曼陀罗坛场的结构为：坛场"呈正方形，中间为五方神，大日如来神居中。四周分为三层，从内而外，为护法神及诸鬼神。"①

3. 塔

对塔造型的影响前文已详述过，在此自作简略总结。大理佛塔的造型主要受密宗的影响，呈现密教特点，与内地佛塔相较，特点体现为以下几点。第一，内地佛塔的位置偏于寺的一隅，多为寺的附属。而大理佛塔以崇圣寺三塔为代表，塔居于寺的中心位置，并且建造时间可能先于寺。第二，汉地佛塔塔身一般为实心，大理佛塔塔身为空心。第三，汉地佛塔以楼阁式塔形为主，有台阶可登临。大理佛塔为密檐式，无台阶不可登临。密檐的通天象征功能取代了楼阁的登临功能，显示出密教的独特的教义与独立发展的趋势。第四，汉地佛塔多有地宫，佛像、文物均放置于地宫内。大理佛塔与之相反，没有地宫。第五，汉地的佛塔形状多为锥形，下大上小，而大理的佛塔则呈中间微凸，曲线优美。第六，汉地佛塔层数多为奇数，表现了对奇数的崇尚。而大理佛塔多为偶数，是阿吒力教派阴性崇拜的反映。第七，大理的千寻塔塔刹上有四个金鸡，传说为镇龙压邪之物，实为巫教与密教的结合物。

4. 幢

幢是密教中制服魔众的法器。大理的幢有两种形式：一种是墓幢，保持了密教幢的特点；另一种是塔幢，是大理工匠独创之物。以昆明地藏寺古幢为例，幢为方锥形塔状，七级八角，共有雕像300尊，雕像依幢的级数由下而上依次减小。最下层的力士雕像为最大，级别也最低，突出了幢的主要功能在于伏法降魔。佛位于最高处保持了至高无上的地位，雕像尺寸最小。于1925年千寻塔上震落的一个塔模来看，同样体现了与塔幢形式相似的特征。综上推之，大理的塔、塔幢与曼陀罗坛场在造型上有着相似的结构——都是以降妖伏魔为首要，因此，除魔的神像总是安排在最外一层，造型也最为显著。

综上，对佛教建筑的影响主要表现在单体建筑造型、空间格局以及建筑物上雕像的形式等之上。

---

① 舒家骅、何永福：《大理密教文化》，《大理学院学报》1993年第1期。

（二）民居建筑中的佛教意素

首先，强化了建筑物向垂直方向发展的趋势及单体建筑的营造。这一点前面有所详述，不再重复。其次，民居内佛堂的建设。百姓礼佛风尚蔚然成风，形成家家户户，无论贫富皆有佛堂。"居山寺者曰净戒，居家者为阿吒力"①，大理密僧几乎都在家修行，出世但不出家。大理密教的修行方式促进了家屋中佛堂的兴盛，家家户户都有佛堂。在今天，我们仍然可以看到，在每户人家的正房二楼明间、后墙、正中，设有装饰繁复精美的佛龛，佛龛为牌楼形式三开间。中间设佛像，左边设"天地君亲师"牌位，右边设已故祖先牌位和家谱，呈现出多神林立的格局。在有的村落，居民在照壁一侧单独镶设一佛龛，或利用照壁两侧门之一建佛龛，摆放"天地君亲师"牌位。另外，在装饰方面，也多采用佛教的图案或物件，既用于驱魔辟邪，又用于祈福求吉。从这些都可以看到佛教认同空间依然存在的痕迹。

（三）本主庙的佛教意素

密教对本主庙形制的影响主要体现在：供神格局之上，形成多中心并列的尊神局面。这与密教在发展过程中与多种宗教信仰相互吸收、相互结合的特点分不开。

综上，佛教认同空间虽然只在南诏、大理国时期呈现出最强态势，但它的影响力却一直存在，只不过渐渐由显性向隐性发展。在佛教建筑上表现得最为明显，民居建筑和其他建筑形式上表现较弱较隐讳。

---

① （明）陈文修：《景泰云南图经志书校注》，李春龙，刘景毛校注，云南民族出版社，2002年第3期。

"二元一体"宗教信仰影响下的德宏傣族特色村寨景观解析*

谢荣幸　包　蓉**

摘　要　宗教信仰影响下的傣族村寨及其景观具有鲜明而浓郁的宗教特色。本文以德宏地区的傣族特色村寨为研究对象，分别从整体村寨布局和结构、村寨公共建筑、具体景观要素、景观装饰艺术四个方面对"二元一体"宗教信仰影响下的傣族村寨景观进行解析。并得出以下结论：第一，万物有灵、自然崇拜的原始宗教影响着傣族整体村寨布局和结构；第二，作为南传上座部佛教的直接产物，佛寺和佛塔是村寨中最重要的景观点；第三，寨心、寨门、垄林、佛寺、佛塔、大青树、菩提树等宗教影响下的景观要素是傣族村寨最为明显的标志物；第四，独具特色的景观装饰艺术是傣族图腾崇拜和佛教文化的集中外在体现，它们丰富了傣族村寨景观的美感。总之，本文通过研究宗教信仰内涵掌握傣族村寨景观的本质和缘由，对于科学、合理地保护和传承傣族特色村寨景观风貌具有重要的借鉴和参考意义。

关键词　傣族　原始宗教　南传上座部佛教　景观

DOI：10.13835/b.eayn.25.21

傣族历史悠久，是一个跨境民族。德宏傣族景颇族自治州位于云南省西部边陲，与缅甸毗邻，是司马迁笔下的"滇越乘象国"，是贝叶经记载的"勐果占璧"王国，也是《马可·波罗游记》中的"金齿国"。德宏不仅是古代"南方丝绸之路"的要塞，也是我国西南对外开放和交往的前沿，是连接亚洲大陆腹地与南亚次大陆及中南半岛重要的战略桥头堡，是大西南通向东南亚、南亚的重要陆路通道。①

德宏是我国傣族人口最多的地区，同时也是著名的孔雀之乡。这里河流纵横、坝子连片、土地肥沃、资源丰富，位于此地的傣族村寨数量众多、历史悠久、类型丰富、民族风情浓郁，是研究傣族文化和村寨景观的典型性区域。②

德宏傣族村寨景观有着很强的"可识别性"，它们是在特定的自然地理环境以及人文历史发展的

---

* 国家社会科学基金项目"城镇化进程中西南少数民族特色村寨景观的生态保护与可持续发展研究"（项目编号：15XMZ089）。
** 谢荣幸（1984—），女，籍贯湖南，苗族，西南林业大学讲师，主要研究方向为民族景观生态研究、村镇景观研究；包蓉（1981—），女，籍贯云南，汉族，西南林业大学副教授，主要研究方向为民族村镇景观研究、少数民族景观研究。
① 闫永春：《绿色经济发展与德宏区位分析》，《德宏师范高等专科学校学报》2007年第16卷第1期，第18~22页。
② 德宏与傣族的另一大聚居区西双版纳相比，两者虽同属傣族，但由于区位和文化的影响，两者也有很多不同之处。以往人们对西双版纳傣族的关注和研究相对较多，而忽视了傣族人口最多的德宏地区。所以本文将研究区域和对象锁定在了同样具有很高研究价值和意义的德宏傣族及其村寨。

影响之下逐渐形成的。不论是以前还是现在，宗教信仰一直都是傣族历史文化的核心。宗教信仰不仅对傣族历史文化产生了深远的影响，而且对傣族村寨及其景观的内涵和外在形态也产生了的很大的影响。在宗教信仰的影响下，傣族村寨及其景观具有鲜明而浓郁的宗教特色。村寨是文化的物质载体，景观要素是文化的具体体现，宗教信仰作为傣族文化的重要组成部分，经过千百年的发展已经渗透到傣族村寨景观的方方面面。

一 傣族宗教信仰的源起

傣族的宗教信仰具有二元一体的特点。一方面，傣族信仰原始宗教，他们崇拜多神，相信万物有灵；另一方面，傣族信仰南传上座部佛教，佛教对傣族的生产、生活、文化等都产生了深远的影响，是现在傣族主要的精神支柱。

（一）原始宗教信仰

南传上座部佛教传入之前，德宏傣族有自己的原始宗教信仰。傣族先民在长期生活、生产的过程中，由于对大自然的认识不够，对其规律的掌握不足，导致社会生产力水平低下。因此，傣族先民认为自然界万物与人类是同源一体的，而且认为自然万物都是有灵性的，它们主宰着人们生活的顺逆、生产的丰歉及人生的祸福，于是产生了一种对自然万物的敬畏和崇拜之情。他们认为必须保证与大自然以及神灵和谐共处，才能在神灵的庇佑下获得更好、更有利的生存与发展空间，如若对自然施加破坏，就将触犯神灵，并受到惩罚。①

傣族原始宗教信仰的核心思想是万物有灵、自然崇拜。天、地、山林、水、稻谷、村寨等与人的生存密切相关的要素都是傣族先民崇拜和敬仰的对象，由此出现了天神、地神、山神、水神、谷神、寨神等。此后慢慢发展，出现了各种祭神仪式和习俗，傣族先民希望通过祭祀活动，对神灵表达崇拜和敬畏之情，希望与他们沟通，以祈求风调雨顺、五谷丰登、寨兴勐兴、安居乐业。

原始宗教信仰是傣族先民最初的世界观、价值观、道德伦理的集中表现，在经历世世代代传承之后保留至今并渗透到傣族文化和社会生活的方方面面，同时也渗透和反映在村寨景观的物质形态上。德宏傣族村寨至今仍然保留并延续着很多原始宗教影响下的独特景观要素。

（二）南传上座部佛教

南传上座部佛教又称南传佛教，源于印度原始佛教，经在斯里兰卡、泰国、缅甸等地的传播和发展，来到云南傣族地区。南传上座部佛教在传入之初是不被接受的，经过与原始宗教的"斗争"之后慢慢渗透和融合，并逐渐取代其地位，成为傣族信仰的宗教和主要精神支柱。

根据史料记载，云南傣族地区的南传上座部佛教大约是在7世纪中期由缅甸传入中国云南傣族地区。在11世纪前后，因战事波及，人员逃散，佛教也随之消失。战事平息后，佛教由勐润（今泰国清边一带）经缅甸景栋传入西双版纳，并随之传入泰润文书写的佛经。这就是现在傣族地区的润派佛教。此外，另有缅甸摆庄派佛教传入德宏州等地。到南宋景炎二年（1277）傣文创制后始有刻写的贝叶经。明隆庆三年（1569），缅甸金莲公主嫁与第十九代宣慰使刀应勐时，缅甸国王派僧团携三藏典籍

---

① 刘垚：《宗教对傣族生态环境思想的影响》，《文山学院学报》2011年第24卷第2期，第30~32页。

及佛像随来传教。最初在景洪地区兴建大批塔寺，不剃度缅僧双将佛教传至德宏、耿马、孟连等地，随后，上座部佛教就在这些地区盛行。① 南传上座部佛教以释迦牟尼为尊，宣扬忍耐、调和、轮回等思想，主张通过"赕"② 和"善"修来世进入极乐世界，最终达到涅槃的境界。③

南传上座部佛教传入以后使傣族文化焕然一新，赋予了傣族文化鲜明的佛教色彩，其影响渗透到社会生活、经济、政治、物质形态等方方面面。南传上座部佛教带来了不同的造型美学、建造技艺和独特的佛教符号、元素，对德宏傣族村寨形态也产生了重要的影响，从而形成了现在我们看到的独具佛教文化特色的傣族村寨环境和景观。

二 "二元一体"的宗教信仰影响下的傣族村寨景观

（一）寨神崇拜影响下的整体村寨布局和结构

在早期傣族社会中，寨神崇拜是最重要的原始宗教信仰之一，渗透到傣族生产、生活的各个方面，影响着村寨景观的形成。傣族认为村寨和人一样是有灵性的生命体，因此有"寨神"的存在，并将其视为保护神。

根据傣族创世史诗《巴塔麻嘎捧尚罗》的记载，傣族寨神的确立是在傣族建寨之时，在房子盖成后宣布建寨的那一天，叭桑木底宣布了他的"盖房建寨，定居种瓜"的主张。首先将红石头放在寨子中央，周围插上十根木柱，立为"寨心"，表示人的"定心柱"。并且每个寨子都要设四道寨门，所有的人都要从这四道寨门出入。接着在寨子旁边，选了一片茂密的树林，在中央的大树下，搭起长方形的木架子，用奇形怪状的石头和树根支在上面，分别称它们为"白勒"（风火神）、"批派"（女鬼）、"巴夏等"（地基鬼）和"麻哈夏栽"（管林、水、地的鬼官）。之后，就宣告万物都"有魂有鬼"。一切鬼、魂服从于"寨神"的统管，否则都会遭到无情的雷打死、水淹死、火烧死、跌跤死、掉树死。死后统统变成"批烘"（野外鬼），受不到"寨神"的保护。并把设立"寨神"的森林命名为"竜曼"，即"寨神林地"，规定每年到建寨的这一天，全寨祭"寨神"一次，一年祭一次"寨心"。从此分散游猎的祖先，就在"寨神"的附近平地处先后盖起房子，建立起村寨。各寨又设立自己的猎王和寨神，统一在叭桑木底寨神保护下生存。接着叭桑木底就划地盘、分山水，开始了男的打猎、女的种瓜和饲养。祖先从此定居，村寨就这样形成。④ 从这一叙述中可见，在原始宗教信仰影响下傣族村寨的布局和结构基本形成。第一，叭桑木底提出建寨必须先定寨心，之后围绕寨心建房；第二，立寨门，并以此为界；第三，寨子旁边要有一片山林即垄林，这是寨神居住的地方。

由此可见，寨神崇拜促使傣族村寨规划思想的最初形成，这些思想成为后来傣族村寨建立和发展恪守的原则，并反映在村寨的布局和结构中，而且延续至今。因此，我们可以看到寨神崇拜影响下的德宏傣族村寨无论规模大小、地形差异，都有着类似的空间布局，这也成为傣族村寨最显著的景观特

---

① 吴立民：《新编汉文〈大藏经〉·编辑南传〈大藏经〉之我见》，《佛学研究》1996 年第 5 期，第 4 页。转引自吴之清《贝叶上的傣族文明——云南德宏小乘佛教社会考察研究》，四川大学博士论文 2006 年，第 4 页。
② "赕"是南传上座部佛教的专用词，泛指敬佛活动，拜佛、听佛经、念佛经、祭拜仪式等都属于敬佛活动。
③ 罗平、和少英：《旅游开发进程中民族文化的保护与传承——以西双版纳傣族园为例》，《云南民族大学学报》（哲学社会科学版）2006 年第 23 卷第 1 期，第 70～76 页。
④ 祜巴勐：《论傣族诗歌》，中国民间文学出版社 1981 年，第 109～110 页；转引自李立、闫莉《傣族村寨布局的生态智慧——基于"竜林"文化的考虑》，《中国农史》2014 年第 6 期，第 120～127 页；并稍做整理。

点之一。

(二) 南传上座部佛教直接影响下的村寨公共建筑

佛寺和佛塔是南传上座部佛教的直接产物，宗教色彩浓郁的佛寺和佛塔成为傣族村寨独具特色的靓丽风景。傣族几乎每个村寨都有佛寺和佛塔，德宏地区的傣族村寨的佛塔除了少数独立建塔、与佛寺分开的情况外，大多都是寺内建塔、塔随寺建，佛塔和佛寺一同出现。

一方面，佛寺和佛塔对村寨布局起到一定的规范和控制作用，它们一般位于村寨中较显眼的村口或寨尾的位置。另一方面，傣寨中的佛寺和佛塔历史悠久、造型多样、外观独特、装饰精美、气势宏伟，是傣族村寨景观中宗教信仰最显著的外在表现。

佛塔起源于印度，是用来供奉和安置舍利、经文和各种法物的建筑，被视为佛的化身。佛塔是佛教的重要标志，是佛教建筑重要的组成部分，也是傣族村寨中最重要的景观标志。德宏地区傣族村寨中佛塔大多数都是实心的，以单塔居多，以白色或金色为主色调，形式较为简单，一般由塔基、塔座、塔身、塔刹四部分组成，造型独特。

佛寺不仅是进行各种赕佛活动和学习佛文化的地方，还是村寨的公共活动中心，每逢佛节，全寨人在此欢聚一堂。佛寺是傣族村寨的精神中心、文化中心、景观视觉中心。傣族村寨的佛寺一般一寨一座，以基层佛寺居多，常见的形式是集前廊、佛殿、经堂、僧舍于一体的单体建筑，内有释迦牟尼像。佛寺一般坐西向东，建于场地中央，有台基。佛寺的建筑样式风格独特、金碧辉煌，屋顶造型层层重叠，屋檐和屋脊的装饰细节精美华丽。

另外，佛寺建筑外有较大面积空地，空地四周一般立佛幡，并种上了各种跟佛教文化有关的植物，从而形成了独具特色的傣族佛寺庭院。一般来说，佛寺周围必须栽种几十种与佛教有关的植物，最具代表的当属佛教的"五树六花"。五树分别是菩提树、贝叶棕、大青树、铁力木、槟榔树；六花分别是睡莲、文殊兰、地涌金莲、黄姜花、鸡蛋花、黄缅桂花。这其中菩提树是重中之重，相传佛祖释迦牟尼就是菩提树下顿悟成佛的，因此也有人直接将其称之为"佛树"。作为佛祖们的"成道"树，菩提树是大彻大悟的象征，并被视为觉悟之树、大智大德之树、神圣之树。菩提树和其他的佛教植物因为被赋予了浓郁的宗教色彩和内涵而备受傣族人的尊敬和爱戴。它们一起形成了浓厚的南传佛寺风格，也成为傣族村寨的特色景观标志。

(三) 原始宗教影响下的具体景观物质载体

1. 寨心

寨心傣语叫"宰曼"或"刚宰曼"，是傣族村寨建立的标志，一般设在村寨的中心位置。在傣族人心目中，寨心是村寨的灵魂，保佑着村寨的平安、兴旺。因此，傣族民间流传着"寨心不烂，寨子不散"的说法。

傣族祖先把一块大石头围在寨子中央，周围插上十根木桩，即为寨心，村寨的房屋和街道围绕寨心布置展开。直到现在，德宏傣族在建寨时依然有"建寨先立寨心"的习俗，但经过了这么多年的传承和发展，寨心的形态有所变化，大树、石头、土台都可以是寨心，但最多的还是沿用最早的形态，即人们将村寨中心地区埋入从上山或水里挑选来的大石头，周围插上木桩、竹竿或者围一圈小石头，据说指这些木桩或竹竿，具有通晓天意之能。

通过建立寨心使傣族村寨形成井然有序的布局和结构，即以寨心为中心，各要素呈同心圆式向外发展和扩张。寨心是傣族村寨的灵魂和生命，是傣族人精神的凝聚点，是傣族原始宗教信仰的集中反映。

2. 寨门

寨门傣语称"木都曼"，早在叭桑木底宣布建寨时就规定每个寨子都要设置四个寨门，并且所有的人都要从这四个寨门出入。

德宏傣族村寨中一般都有寨门，寨门的形式大都是在两根木柱之间架一横梁。然而，随着社会的发展，现在的傣族村寨寨门形式更加多样化，有造型华丽的，有造型自然简洁的，也有没有明显形式的寨门。如在德宏地区，有的傣族村寨的寨门是在村寨周边茂密的竹林或树林处开辟出的几个出入口；有的村寨则把寨内通往外面的结合处视为寨门。但无论形式怎么变，寨门是傣族村寨的地域边界，无论是视觉上还是心理上都限定了傣族村寨的范围。

除此之外，寨门不仅仅是村寨的出入口，更重要的是傣族赋予了寨门原始的宗教意味。他们认为寨门是傣族精神世界中人与鬼魂地域的分界线，有寨门代表着可以阻止外来鬼怪入侵①，而住在寨内的人则可以得到神的庇护和帮助。

3. 垄林

森林是傣族人赖以生存和发展的物质基础，是万物生灵的栖息地，在自然崇拜的观念下傣族人认为"大地是母亲，森林是父亲"，因此，傣族人将森林作为其最重要的崇拜对象。

垄林，又称为"龙山""龙山林""神林"等，是位于傣族村寨附近的一小片山林。德宏地区几乎每一个傣族村寨周边的丘陵或山地上都保留有一片这样的山林，面积通常约为 $10\sim100hm^2$。垄林是傣族原始宗教信仰的产物，一般在一开始建寨的时候，傣族首要选择一片长势较好的原始森林给神居住。在傣族眼中，垄林是寨神居住的地方，因此这里的树木、花草、动物也都成了"神物"，这片山林也便成了"神林"。垄林在傣族人心中是极为神圣的地方，因此，有着严格的禁忌：垄林中的植物、动物、土地、水源等神圣不可侵犯，任何人不得进入其中砍伐、采集、狩猎，即使是枯了的树枝也不能拣。在傣族传统著作《土司警言》里面就有提到："禁止在龙山之上建造房屋，禁止砍伐龙山林木，否则将会触怒神灵，受到惩罚。"②

此外，傣族人民尊重、崇拜垄林还表现在延续了上千年的每年定期举行的祭拜仪式和祭祀神林活动，有的村寨还会在垄林中建一间小屋以供奉和祭拜寨神，他们以这些方式祈求神灵保佑他们幸福安康。

在这种原始宗教信仰的影响下，傣族村寨的森林资源和景观得以保留下来并得到了很好的保护。由此可见，垄林不仅是傣族原始宗教信仰的产物，是自然崇拜、神灵崇拜的物质体现，而且也是傣族千百年来根植于心底的生态观的具体表现。

4. 大青树

德宏是大青树③的故乡，大青树是傣族村寨的标志。德宏傣族村寨中普遍种植大青树，村寨出入口最为常见。大青树树冠巨大、枝繁叶茂、气势雄伟，具有"独树成林"的效果，由此形成了傣族村寨一道独特而又美丽的风景。不仅如此，受到原始宗教的影响，大青树的高大体态和旺盛的生命力让

---

① 傣族村寨的寨门上经常悬挂着篾片、木刀等咒物，以此来驱鬼除邪。
② 秦家华、周娅：《贝叶文化论集》，云南大学出版社 2004 年，第 331 页。
③ 大青树又名高山榕、大叶榕、高榕；榕树又名细叶榕、榕须树。大青树与我们平时所说的榕树同是桑科榕属乔木，是不同的品种，但在德宏地区以及云南傣族地区，人们叫大青树也叫榕树，两个名称经常混用。

人产生敬畏之情，因此傣族人将其视为神树，有的村寨直接把大青树及其所在的位置作为"寨心"，他们认为神树可以庇护和保佑傣族村寨。

大青树是傣族人精神的寄托，神圣不可侵犯，傣族老人在教育子孙后代的时候会这样说："不能砍伐大青树，也不要乱撕树上的咒符。"而且在傣族社会里也流传着这样的一句话："砍倒一棵大青树，等于杀死一个小和尚。"① 逢年过节傣族人都要在大青树下祭祀，有的在大青树下搭建祭祀台或小房子，以供奉和祭拜神灵，并祈求人树安康、五谷丰登、人丁兴旺。

5. 小结

综上所述，本节对原始宗教信仰影响下的村寨景观要素进行了总结（表1）。

表 1　景观物质载体的原始宗教信仰内涵和作用总结

具体景观物质载体	在村寨景观中的作用	原始宗教信仰内涵	信仰的方式	精神寄托的内容
寨心	决定村寨布局和结构	寨神崇拜、神灵崇拜		
寨门	确定村寨地域边界	鬼魂说		
垄林	构成村寨周边的森林资源和绿化景观	森林崇拜、神灵崇拜	祭祀、祈祷、供奉、保护、禁忌等	平安、健康、昌盛、兴旺、幸福等
大青树	成为村寨标志物	树崇拜		

（四）"二元"宗教信仰影响下的景观装饰艺术

傣族村寨景观中的装饰艺术纷繁复杂、精美华丽、造型多样，它们在起到装饰和美化作用的同时也是傣族人图腾崇拜的集中外在体现。这些图腾与傣族生活密切相关，影响着傣族人的精神生活并渗透到村寨的景观物质载体当中。图腾装饰物是景观中不可或缺的一部分，是傣族文化的重要物质载体，它们丰富了傣族村寨景观的美感，赋予了景观独特的文化内涵。

傣族的图腾崇拜有很多种，以动植物为主，通过建筑、文学、舞蹈、服饰、绘画、工艺品等得到外化体现，尤其是在景观装饰艺术中表现最为突出。在傣族村寨景观的各个角落都有宗教信仰影响下的装饰艺术呈现。常见的装饰图腾有大象、孔雀、龙、蛇、马、鱼、莲花等，它们有的装饰在建筑的窗户上，有的安置在水井的塔盖上，有的出现在屋檐、屋脊上，有的雕刻在佛塔的四周或塔座、塔身上，有的被画在佛教装饰壁画上。此外，聪明的傣族人通过运用对称、均衡、渐变、重复、连续等形式美法则对这些装饰元素进行排列、组合，并赋予它们代表圣洁的白色或代表高贵、财富的金色，由此形成了精致美观、独具特色的景观装饰艺术。

孔雀和大象元素在傣族村寨景观装饰艺术中出现频率最高且最具特色和代表。一方面，德宏傣族地区素有"孔雀之乡"的美誉。在傣族的原始宗教信仰中就有对孔雀的崇拜。传说有一种人首鸟身的孔雀，在与人婚配后生下无数后代②，傣族先民认为孔雀与本民族有血缘关系，因此，对于孔雀有种崇拜和敬畏之感。此外，南传上座部佛教进一步推崇孔雀的神灵地位，孔雀在佛经中被视为吉祥鸟，是佛的化身。傣族有很多关于孔雀与佛文化的传说，比如佛经上说，佛在550次修炼轮回的经历中，曾轮回为孔雀身。又如佛经故事《孔雀王》记载：孔雀是神鸟，他喝过的水都念过咒语，人们喝了

---

① 王渝光：《汉傣语言文化论》，云南教育出版社1997年，第173页。
② 马静：《非物质文化遗产傣锦中的孔雀文化》，《大众文艺》2011年第18期，第177页。

"孔雀水"或沐浴后,就能有病治病,无病增寿。① 直到今天,孔雀已经完全融入了傣族人的生活,孔雀文化已经成为傣族文化的重要组成部分。孔雀是傣族人崇拜的神圣之鸟、吉祥之鸟,是美丽、幸福、吉祥的象征。傣族的门窗雕刻主要是孔雀图案,佛塔、佛寺等公共建筑装饰中孔雀造型的运用也非常普遍。另一方面,大象与傣族的图腾崇拜和佛教文化也有着密不可分的关系。傣族自古崇拜大象,傣族神话中就有关于用象镇天地的传说②,因此大象被神话,傣族人将其作为开天辟地的神予以崇拜,由此大象成为傣族人的图腾崇拜对象之一。此外,大象在远古的傣族社会,不仅是傣族古代农耕的工具,而且是傣族先民的战争利器,由此大象成为力量、财富、平安的象征。随着后来南传上座部佛教的传入和兴起,大象又被赋予了佛教文化内涵。大象曾是普贤菩萨的坐骑和守护神,是吉祥、友善、忠厚的象征。傣族村寨的佛寺、佛塔的四周、佛塔边的佛龛中,佛教装饰壁画中都有大象元素,它们大小、动态各异,形式多样。

三 结语

综上所述,傣族既信仰原始宗教也信仰南传上座部佛教,具有"二元一体"的宗教信仰特点。一方面,在万物有灵、自然崇拜的原始宗教影响下,傣族整体村寨布局和结构以寨心为中心,各要素呈同心圆式向外发展和扩张,并以寨门为地域边界。另一方面,作为南传上座部佛教的直接产物,佛寺和佛塔位于村寨中较显眼的村口或寨尾的位置,是村寨中最重要的景观节点。总之,"二元一体"宗教信仰影响下的傣族村寨及其景观具有鲜明而浓郁的宗教特色。寨心、寨门、垄林、佛寺、佛塔、大青树、菩提树等景观要素是傣族村寨最为明显的标志物,它们不仅具有独特的功能,而且还具有丰富的宗教信仰内涵。

---

① 汪洋:《边境地区少数民族非物质文化遗产的传承发展与国家软实力提升研究——以傣族孔雀舞为例》,云南大学硕士论文2015年,第14~15页。
② 据傣族创世史诗记载,开天辟地之时,英叭神用自己的污垢造出了天和地,但天和地都不稳固,于是英叭神又用自己的污垢造了一头大象,并将大象放在天地之间,头顶天、脚顶地,从此天和地都牢固了。因此大象就成为可以镇天定地的象神了。周静帆:《滇西德宏地区傣族传统村寨景观研究》,华中农业大学硕士论文2010年。

起源与回归：纳西族神话与仪式中的死亡与灵魂

Charles F. Mckhann（孟彻里）

李继群　红　灿译

摘　要　纳西族的创世神话《崇搬图》讲述了人类的起源繁衍，而保留在云南北部和四川西部的传统丧葬仪式则强调了死者的灵魂回归祖先故居地的过程。其中，将"起源"的神话叙事与"回归"的仪式活动连接起来的，是有特殊空间意义的"祖先之路"观念。起源与回归、神话与仪式、死亡与灵魂展现的不仅是纳西族关于神与人、天与地的宇宙观，也构建了祖先与活着的人、妻方与夫方等一系列隐喻性社会关系。

关键词　纳西族　神话　仪式

DOI：10.13835/b.eayn.25.22

纳西族有着一对兄弟从祖先故居地（明确表明是北方）迁徙而来的人类起源传说，这与中国西南其他藏缅语族的民族是一样的。这对兄弟被命名为氏族（clans）的祖先，他们的子孙后来在中国西南的地域上繁衍。有着类似传说的群体（groups）都会通过葬礼的仪式，让死者的灵魂沿着迁徙的"道路"回到最初的"祖先居住地"。在这篇文章里，笔者将集中讨论起源和分散的象征意义，一方面是祖先回归和社会重新统一的过程，另一方面是纳西传统宗教内部的东西。另外，纳西族葬礼的象征性也说明来自藏族的佛教思想已经融入了纳西族宇宙观。在此过程中，笔者观察了彝族（主要是诺苏）传统与此的相似和不同，以显示区域差异的范围以及可能与社会组织相关联的内容。

一　人类起源神话《崇搬图》

纳西族的东巴典籍《崇搬图》讲述了人类起源的传说。"东巴"是纳西族传统的仪式专家，他们与周边彝族（诺苏）的"毕摩"是比较相似的。他们都会在仪式中吟诵自己书写的文本——一种是象形文字（纳西族东巴），一种是音节文字（彝族毕摩），但信仰的人是分散的，没有等级上（如阶层）或建筑上（如寺院和修道院）将信仰者联系起来的教会和体制结构。这与该地区的汉、普米、纳西、纳/摩梭以及藏族的佛教社区有所不同，如整个康巴藏区都信仰佛教，鸡足山和峨眉山有典型的寺庙

---

*　原文收录于 Toni Huber and Stuart Blackburn, 2012, *Origins and Migrations in the Extended Eastern Himalayas*, Leiden, Boston. pp. 275 – 298.

**　李继群，女，纳西族，云南大学民族学与社会学学院，讲师。中央民族大学民族学与社会学学院民族学专业2016级博士研究生；和红灿，男，纳西族，云南省社会科学院民族学研究所，副研究员。

群。东巴应该与纳/摩梭、普米的达巴（daba）或安吉（anji，中文叫韩规）更像，只是后者没有自己的文字。① 《崇班图》神话式地叙述了人间出生的男性祖先崇仁利恩和他的妻子天神之女衬红褒白的起源和迁徙。他们作为故事的两部分结合在一起。

《崇搬图》②

卢神和沈神还没有引领万物之时，到处是混沌的世界。后来，真和实出现，不真和不实也出现。

第一代始祖时，男神九兄弟和女神七姐妹没有能够开天辟地。③ 第二代始祖时，男神九兄弟学习了开天的技艺，女神七姐妹学习了辟地的手艺。接下来，他们在居那若罗山的东南西北中五方树立了擎天柱，居那若罗山的头顶住了天、脚踩实了地。④

万事万物出现以前，声音和气的融合产生出了一股蒸汽和三滴露珠，三滴露珠变成了三个湖。从这些湖里出现了第一个男人——赫史赫忍，他的第八代子孙就是崇仁利恩。崇仁利恩有四兄弟和六姐妹，这些兄弟姐妹互相成婚了。这种行为污染了天地万物。卢神就说：三天之内，山峰将崩塌，山谷将填满，马上就会有大洪水。崇仁利恩和他的（乱伦的）兄弟们都祈求卢神能够帮助他们。卢神让崇仁利恩制造了一个结实的鼓（船）并放上所有能用得上的东西，最后只有崇仁利恩在洪水中活了下来。

崇仁利恩在一个山顶上着陆了，他渴望能有一个妻子。崇仁利恩没有听从卢神的建议，娶了竖眼睛的漂亮女人，生下松树与橡树、熊与野猪、猴子和雉、蛙和蛇等，又按照卢神的指点，这些人类同父异母的半胞兄弟被送到了树林、草地、小溪和湖泊等荒野。崇仁利恩又回去娶了天神的另一个女儿，她就是衬红褒白。崇仁利恩完成了一系列几乎是不可能的任务，衬红褒白的父亲同意了他们的婚姻并送他们回到人间去，还给了很多嫁妆：牛和羊、骑马和驮马、祭司和萨满，以及所有家畜和作物。

---

① 有两个有趣的例子，一个是云南宁蒗县的普米，他们韩规的经书是用普米语读，但是使用了藏文的书写；一个是在云南维西县北部傈僳族的仪式主持者，他们在20世纪早期有意识地发明了一种文字，傈僳的这种文字是音节文字，与彝族毕摩的文字以及纳西东巴较少使用的音节文字哥巴文是很相像的。一般来说，在这一地区，自己拥有了关于仪式的经书就会显得比较权威。由于傈僳族在不到一百年前发明了文字，周边其他的群体通过传说他们的文字遗失了，显示出一种关于文字的"嫉妒"（script envy），纳/摩梭的达巴就说他们使用过文字，这种文字是书写在兽皮上的，但是他们在遇到饥荒的时候不得以吃掉了写有文字的兽皮。

② 关于《崇搬图》的简化版是参考了以下文献：①He Yuncai, 1986: *La Leeq Coq Bber Co Zzoq* [The Migration of Coq, from the Wind Ceremony Texts]. YSSMGZCGB 1986: 151-279. ②和志武, 1983, 《纳西经选译》, 云南省社会科学院东巴文化研究室, 云南省丽江东巴文艺研究室. ③Rock, J. F. 1935. The Story of the Flood in the Literature of the Mo-so (Na-khi) Tribe. *West China Border Research Society Journal* 7: 64-80. ④ Rock, J. F. 1948. The Muan Bpo Ceremony. *Monumenta Serica*, vol. 13. ⑤ Rock, J. F. 1952. *The Na-khi Naga Cult and Related Ceremonies* (2 parts). Roma: Istituto Italiano per il Medio ed Estremo Oriente (Serie Orientale Roma, 4: 1-2). 另一个有解释性说明的更完整版本可参见 McKhann. C. 1992. *Fleshing Out the Bones: Kinship and Cosmology in Naqxi Religion*. Ph. D. dissertation, University of Chicago. 由于篇幅的原因，译者进一步简化了内容。——译者注

③ 神的九兄弟和神女七姐妹只有一个集体的名称，Pv'laq Ggvl Beiffv（男神+九+兄弟）和 Lamil Sher Meiheiq（女神+七+姐妹）相对应。联系到宇宙的建立，他们的功劳就与"开天"和"辟地"相对应。这些神与汉族的造物主也有相对应的存在，伏羲和女娲，男性和女性的神被认为创造了宇宙，他们被描绘成手持木匠的"规"和"矩"。纳西族里有另一个故事解释了山的形成，是说有七个姐妹努力造的土地比九个偷懒的兄弟造出来的天要大，天和地缝合在一起时，土地就隆起变成了山。

④ 居那若罗山是宇宙中心、天地桥梁的说法不是一种纳西族特有的宇宙观。这座山以不同的名称出现在印度教、佛教和苯教的信仰体系中，如须弥山、冈底斯山。由此可以看出纳西族的宇宙观受到了来自印度、中国西藏，以及更直接是受到了苯教文化传播的历史影响，如苯教中的顿巴辛饶和东巴教的丁巴什罗。但是，正如我们将要看到的，在纳西文化语境中，居那若罗山是具有独特意义的。

他们通过居那若罗山到达了人间，崇仁利恩搭建帐篷，衬红褒白焚香，他们饲养牲畜、种植庄稼，开始了人间的生活。然而，他们很长时间都没有能够怀孕生子，几经周折，才从衬红褒白父母的口中知道要祭祀天和地。他们及时地举行了仪式。

九个月之后，衬红褒白生下了三个儿子，三个孩子长到三岁也不会说话。崇仁利恩和衬红褒白又派了蝙蝠和狗上到天界，这回天父天母指导他们要完成最后一个仪式——就是对衬红褒白母亲的兄弟蒙则卡罗的祭祀。① 这个最后的仪式完成了。三个儿子开始说话，他们分别使用了纳西语、藏语和白语。最年长的是藏族，他住在上方（拉萨附近），遵循了藏族的信仰。最小的是白族，他住在下方（洱海附近），他遵循了白族的信仰。中间的儿子是纳西族，他就住在中间，他信仰了东巴。

这个纳西族的儿子是恩恒诺，他的儿子是诺本普，诺本普的儿子是普本俄，接着是俄高勒，往下是高勒趣。高勒趣和他的妻子有四个儿子，他们后来成为树、叶、梅、禾四个纳西父系氏族的祖先。树和叶留在了一起，后来迁徙到了丽江周边的寒冷高地，梅和禾也没有分开，他们定居在了金沙江沿岸的低地。"父亲走的时候，是跟着儿子走，母亲走的时候，是跟着女儿走。习俗里女人是不能爬上屋顶的。愿崇仁利恩的子孙后代能够长寿和繁荣。"

类似的神话在纳西族周边藏缅语族的民族中是常见的。葛维汉（David Graham）② 记录了两个诺苏（彝）的洪水故事，都提到了好兄弟和坏兄弟、好船和坏船等。第一个相似点是，那个活下来的好兄弟和他的姐妹都听从了神的旨意和决定：兄妹婚配了。这或许可以理解为彝族诺苏等级内婚的规则。第二点与纳西族神话相似的地方是：人间的男人（最小的儿子）与天女成婚了，他们回到人间以后生养了三个不会说话的儿子，一个报信的麻雀飞到了天上，麻雀听到了天女的父母描述要怎样烧绿竹的竹节，他们照着做了，竹节的大爆炸声吓到了他们的孩子们，孩子们大喊出"这个很烫！"——一个说的是西番语（普米），一个说的是诺苏语（彝），一个说的是汉语。另外，藏族关于人类起源的传说中也包括了一些相同的主题：从天界下来时有梯子连接到了高山，从那里又来到了居住地；从一个原生的蛋中出生；半胞兄弟共存于一个世界（一只猴子和一个恶魔的后代）；以及一对兄弟繁衍了后代。

崇仁利恩和衬红褒白的传说可以有不同的理解——天和地的分割以及万物的生成是宇宙观；物种、人类及一切相关事物的起源是自然观；相邻人群的起源是民族观；仪式规则的制定，特别是强调对天的祭祀与宗教有关；纳西父系氏族的起源，以及父系交错表婚观念的形成等与社会性有关；今天在永宁摩梭中还可以看到的女性权利是性别观念的表达。

象征意义上纳西族《崇搬图》的结构与其他的神话一样，它只是重复了一个在连续事件中有些许变化的独特过程——首先是宇宙，然后是自然，最后是社会。正如列维·斯特劳斯（1963）著名的"诞生于一个，出生于两个"（born-from one; born from two）③ 的难题，其所隐含的分歧是永远无法破解的。通过使用中介符号，这个结构自我向后重叠，这样，联合体（unity）和回归就构成了终极的

---

① 对纳西族来说，母亲的兄弟被认为有优先要求姐妹的女儿嫁给他的儿子的权利——这是一个延迟性的交换系统（父系交表）。在神话中，这种权利也是优先的，而且可以要求赔偿。
② Graham, D. C. 1961. "Folk Religion in Southwest China." *Smithsonian Misc. Coll.*, vol. 142, no. 2, Washington, D. C. pp. 84–88.
③ Levi-Strauss, C. 1963. "The Structural Study of Myth." In *Structural Anthropology*. New York: Basic Books, pp. 206–231. 通过与笔者的沟通，笔者对此的解释是：列维·斯特劳斯所表达的意思是这样的，世界上许多神话中都说人是"天生的"，作为祖先他是男的或女的，但是实际上人类必须依靠父亲和母亲才能出生。——译者注

过程。

我们也可以从地理特征上来理解这个神话。居那若罗山，约瑟夫·洛克（Joseph Rock）和其他学者将其定义为须弥山或冈底斯山，这是一个世界的中心，在这里人类遇见了天神，天神的女儿成为纳西人祖先的妻子。纳西人祖先的故居地是在高山底部，从这里四个父系氏族往南迁徙到了金沙江边。源头在高处和北方的说法是与这个区域的实际地理相符合的。所有的大江都是从北往南流的，在东巴象形文字中的"北"和"南"就与江河的"头"和"尾"相对应。《崇搬图》的神话定位了空间轴和时间轴：高处和北方指的是神、祖先和过去，而低处和南方是与鬼、人类和现在相关联。从逻辑上讲，过去往下和往南的迁徙迫使现在转回往上和往北，这也正是传统的纳西族葬礼所要做的：死者的灵魂要沿着祖先的迁徙路线回到故居地，也就是崇仁利恩搭建了帐篷和衬红褒白为天神焚香的地方。在东巴典籍中，这个地方称为"余兹不禄卡"，字面上的意思是祖先居住和放牧牦牛的地方。①

在早期的一篇文章中，②笔者探讨了纳西族祖先迁徙和祖先迁徙路线的观念——是作为民族的历史和神圣的地域出现的——同时对照了纳西族族称得以确定后的官方和半官方历史，笔者认为迁徙的观念使得民族和国家的对话成为可能，前者是用亲属关系的方式来表述，后者认为不同的族群群体是有一个主要的来源——古羌人（古羌族）——它一直在"自然"统一和基本上永恒的民族国家内部。当然，也有一些超越国家的讨论反对以上的说法。

二 祖先之路

地理空间在大多数东巴教仪式中都是重要的构成。高山和河流、峭壁和峡谷、草地和森林、岩石和泉水都有神灵，所以整个景观被认为是由一系列积极和消极的超自然力量所孕育的。每个村子都有山神，每年都要对它进行献祭，主要在水源所在地（主要在春天）对署（shvq）的献祭（那伽 nagas，藏族的 klu，普米的 lwejabu）。③

与祖先有关的空间概念与一般意义的地理空间是不一样的，它是线性的：从祖先故居地到现在每个家庭的居住地之间有明确的点——这些几十个甚至几百个或者更多的子孙曾经的定居点。这些点就构成了祖先之路。这种说法普遍存在于其他藏缅语族的群体中，如彝、普米和傈僳。④ 纳西族祖先之路最明显的物质代表就是在葬礼中使用的神路图（纳西语音译"恒日皮"）。纳西族葬礼的结构和内容依据死者的身份有所不同——年龄、性别、财富、阶层和死亡方式等的不同，仪式会有差异——但是都用神路图来标示死者的灵魂离开的路径。多数的神路图是绘制在麻布卷轴上的，大约有 0.3 米宽，10

---

① Rock, J. F. 1963. *A Na-khi—English Encyclopedic Dictionary*. Roma: Instituto Italiano per il Medio ed Estremo Oriente (Serie Orientale Roma, 28). pp. 494.
② McKhann, C. 2003. Sacred Trails: Genealogical Mapping and Creation of Historical Space Among the Naxi of Southwest China. *Histoire et Anthropologie Asies* 2: 29–47.
③ Wellens, K. 2006. *Consecrating the Premi House: Ritual, Community And The State in the Borderlands of East Tibet*. Ph. D. dissertation, University of Oslo. pp. 165–170.
④ 彝族的神话中假定了一个起源的点在滇川黔边界上，三对兄弟朝不同方向迁徙形成了彝族的不同群体。可参见：Wu Jingzhong, 2001. "Nzymo as Seen in Some Yi Classical Books." In S. Harrell (ed.), *Perspectives on the Yi of Southwest China*. Berkeley: University of California Press, pp. 35–48。云南西部的尼苏彝的祖先之路指向的北方到达了昆明以及更远的地方。可参见 Li Yongxiang. 2001. "The Cold Funeral of the Nisu Yi." In S. Harrell (ed.), *Perspectives on the Yi of Southwest China*. Berkeley: University of California Press, pp. 135–143。一些彝的群体认为有三条路，但只有中间的一条可以通往祖先的故居地。笔者也曾听说彝族诺苏社会里的三条祖先之路是与不同的"等级"相关的。

~12 米长，描绘了地狱、人间和天堂的各种阶段。

纳西族《神路图》与藏族的"六道轮回"有着相近的含义，只是神路图是线性的结构，而且它也缺少了阎摩（死亡之神）周边的人物。在佛教的观念里，恶魔、恶鬼、畜生、人类、半神和神是六种主要的生命形式，纳西族《神路图》也包括了这六个分类的代表，但他们被描绘成是连续性的"领域"（realms），而不是某种"状态"（modes）。这也反映出纳西族轻视和缺少轮回的观念：一个人去世后，他或她的灵魂去往了祖先的故居地，并且原则上是待在了那儿。①

在一些地方，东巴使用一根白麻布来代替《神路图》，他们会说卷轴的佛教插画是后面才加进入的。② 下一部分将详细讲述这些仪式的细节。

在纳西族传统的葬礼上，神路图是用杆子固定在棺材顶上的，而神柱则是远离棺材从死者灵魂必须通过的祖先之路的方向上伸出的。也就是说，死者马上从地狱"升到"了天堂，也从当下"回到"了过去。正如上面所提到的，对大多数纳西人来说这意味着"北"向的旅行，而这在东巴的仪式和宇宙观中，是一个神和恶魔、祖先与现世的人、北方与南方的普遍对立。

在整个纳西族地区，祖先之路的观念是基本一致的。大家都相信祖先从一定的故居地迁徙而来，迁徙路线上的一系列地名都被记录下来了，有的是百余个地名甚至更多。③ 东巴/达巴在送走死者灵魂的时候，会特别交代要仔细听他们念诵的各个地名，并且睁着眼睛，这样就不会迷失方向了。还要指示死者不要留恋这些地方，也不用在行程中感到害怕。当然，他们也要保证死者能够得到他所需要的一切，如衣物、食物、马匹等。一切准备就绪，东巴/达巴就会念诵清单。清单上的地名经常是对当地地理特征的描述，比如河流、山峰、特别颜色悬崖，这些特征能够唤起清晰的视觉和听觉图像。④

洛克⑤在葬礼典籍的翻译中指出：灵魂穿越回祖先故居地时，也将再次经历人在活着时的地方和事件。在典籍中，这些经历以程序化的形式出现：

> 当你 12 或 13 岁的时候，你与其他男孩子（不同的文本是用于女人的）吵架，玩野生动物，或者放狗去追捕野生动物，你玩白黑的鹅卵石，骑上用竹子做的小马驹。当你 25 岁的时候，你在山谷中砍绿竹，用竹子取水；在夏天雨季来临前建盖房屋，砍伐木头，劈开木头做木瓦和甲板；设置捕猎野生动物的套子；在高山牧场上放羊。你犁耕土地，并且与你的妻子在竹席上做爱，你们就像马和它的鬃、牦牛和它的角、羊和它的毛、野猪和它的尖牙一样亲密地生活在一起。当你 45 岁的时候，你和你的朋友吃美味的食物、喝甘醇的酒，当你饿了就能用筷子吃东西，你将捣碎

---

① 除了死者留在祖先故居地的理解外，还会有每年的仪式来"召回"祖先，让祖先接受他们后代供奉的祭品，还会有死者的灵魂不满意的几个原因——通常是没有收到足够的祭祀品，或者是他们的死亡是一个不吉利的死亡（比如自杀，死在家外面）——于是泄怨于活人。前者是与汉族的祖先崇拜，包括祖先的牌位和坟墓的位置（灶台和院子是纳西族祖先祭祀的场所）等相呼应，后者与汉族（和佛教）的观点——认为不洁净的精灵将变成"饿死鬼"相对应。有一些则不一样，如纳西族传统上是火葬，所以对于尸体缺乏关注，只有在过去的两百年间才有了汉族的"风水"的观念——而且祖先接受供奉是通过一种特殊的"途径"来实现的。
② 17 世纪五世达赖喇嘛的格鲁派取得主导之前，纳西族地区受到佛教传播和影响是非常弱的。
③ 东巴把地理阶段看作不同的祖辈迁徙的代表，但是实际上每一个地名都是非常接近的，不太可能是每一代的代表。靠近现在的居住地就是特别真实的地方，比如，迁徙路线上最开始的地名。
④ 1996 年，笔者与一个 74 岁的老东巴一起经历了一个月的旅程，去到了纳西族分布区的北部（这里是所有祖先之路最终会合的地方），老东巴几次说他记住我们经过的地方是非常重要的，因为不久之后他将再次回到这些地方。
⑤ Rock, J. F. 1955. The Zhi ma Funeral Ceremony of the Na-khi of Southwest China. *Studia Instituti Anthropos*, vol. 9. pp. 198.

的核桃、盐巴和酥油放进你的茶里。只要是你踏足过的地方，你将再次去往。①

所有的纳西族都认同"祖先故居的土地"上有雄伟的山，这座山位于北方。在东巴的传统中，这座高山被称为"居那若罗山"（什罗山），永宁达巴称之为"司布阿拉瓦"（Sibu'alawa）。② 两位纳西宗教研究奠基人的西方学者——约瑟夫·洛克和安东尼·杰克逊——都认为这座山是著名的藏族神山，即位于西藏西南部的冈底斯山（印度教的须弥山）。③ 当地的纳西和汉族学者则说这个地方更接近于贡嘎雪山（7556米），贡嘎雪山是在成都西南250公里外的西部四川省甘孜藏族自治州。④ 两者都可能是对的。洛克和杰克逊有说服力的证据在于东巴信仰和仪式系统都来源于藏传佛教和前佛教（苯教）传统。当然，居那若罗山的名字支持了以下的说法："什罗"是东巴教创始人的名字——丁巴什罗。洛克论证说"什罗"也是"苯"教的建立者，来自西藏西南部冈底斯山周边某个地方的"敦巴（尊者）辛饶米沃"。⑤ 另外，也有大量的证据显示纳西东巴和摩梭达巴将贡嘎山隐喻为（如果不是完全等同于）冈底斯山。作为祖先之路"最近"结点的地名能与已知的地方相对应，而更远、更多的地名就变得模糊了，最终他们汇聚在了四川省西南部的水洛河山谷。

第三个候选是笔者在到达亚丁山（6032米）后浮现出来的。亚丁山位于木里县和稻城县的边界，也被当成是贡嘎山的一部分，前去朝圣这座山的人很多。亚丁山最接近于纳西/摩梭祖先之路上已知的点。对当地纳西和藏（Prmi）人的调查得知，整个水洛河下游和东依河河谷的人都认同这座山的三个主要山峰代表了三个兄弟族群——藏、纳西和汉——与上面所讲的纳西创世纪神话有些相似。

永宁的摩梭或纳西关于人类起源的传说稍微有所不同。多数摩梭人强调的是母系血统，他们认同六个原始的母系氏族（尔）——西、胡、牙、峨、布、搓——最后面的两个据说已经消失。⑥ 摩梭人认为他们的祖先故居地是北方的"司布阿拉瓦"，但是在如何迁徙和什么时候迁徙到现在居住的永宁附近等问题上有分歧：一种观点⑦认为六个氏族是依序到达永宁的；另一种观点⑧认为六个氏族是分成了三对——西和胡、牙和峨、布和搓（有些像纳西的故事），他们在不同时间、走了不同的道路到达永宁。流传至今的两对氏族的送魂过程证明了这一点。

纳西和摩梭社会对原始的"氏族"（clans）是有争议的。如今氏族的群体仅仅是一个名称。东巴、达巴和很多年长的人都认为，氏族是特殊世系的认同，但是这种认同已经没有能够贡献任何功能性的价值，比如在婚姻、财产权等方面。氏族的认同主要与正式的家谱、特定世系的祖先之路以及神话般的过去之间建立了连接。从这层意义上讲，亲属观念和地理（以道路的形式）都是类似的比喻，其主

---

① 笔者归类整理的材料，可参见 Rock, J. F. 1955. The Zhi ma Funeral Ceremony of the Southwest China. *Studia Instituti Anthropos*, vol. 9. pp. 195 – 196。
② 可参见：Guo Dalie and He Zhiwu, 1994. *Nazizu Shi*. Chengdu：Sichuan Nationalities Press. p. 54；Zhan Chenxu, C. Q. Wang, J. C. Liu. 1980. *Yongning Nazizu de Azhu Hunyin he Muxi Jiating*. Shanghai People's Press. p. 32；Yan Ruxian and Z. L. Song. 1983. *Yongning Naxizu de Muxi Zhi*. Kumming：Yunnan People's Press. p. 32.
③ 可参见：Rock, J. F. 1963. *A Na – khi—English Encyclopedic Dictionary*. Roma：Instituto Italiano per il Medio ed Estremo Oriente (Serie Orientale Roma, 28). p. 342；Jackson, A. 1979. *Na – khi Religion*. The Hague：Mouton. p. 95。
④ 可参见：Li Lin – tsan. 1970. Mosuozu de Gushi. *Asian Folklore and Social Life Monography*. Vol. 3. Taipei：Dongfang wenhua gong ying she. pp. 187；Guo Dalie and He Zhiwu, 1994. *Naxizu Shi*. Chengdu：Sichuan Nationalities Press. pp. 52 – 56。
⑤ Rock, J. F. 1972. *A Na – khi—English Encyclopedic Dictionary*, Part 2，Roma：Instituto Ilaliano per il Medio ed Estremo Oriente (Serie Orientale Roma, 28：2). p. 202.
⑥ Shih Chuan – kang. 1992. *The Yongning Moso*. Ph. D. dissertation, Stanford University. p. 103.
⑦ Zhan Chenxu, C. Q. Wang, J. C. Liu. 1980. *Yongning Nazizu de Azhu Hunyin he Muxi Jiating*. Shanghai People-s Press. pp. 30 – 31.
⑧ Yan Ruxian and Z. L. Song. 1983. *Yongning Naxizu de Muxi Zhi*. Kumming：Yunnan People-s Press. pp. 31 – 32.

要功能是解释目前群体的多样性,是从以前的完整统一中发展来的。

这些比喻之间的联系也明确了氏族都有特定的丧葬场所。按照达巴的传统,永宁地区摩梭人的四个主要母系氏族,每一个都有自己社区性的丧葬场所,火葬后死者的骨灰会得到安置,其四个安置点位于当地四座山的侧翼。这种火葬后将死者遗骸清理到位于祖先之路方向上特定山洞的做法,是与纳西人相一致的。①

三 纳西传统葬礼

大部分的纳西族居住在云南西北部的区域,这个区域受汉文化的影响很深。纳西文化中有很多汉文化的标志,比如人死后埋葬在家庭的墓地里,墓地的位置也讲究风水,服丧的人穿着白色,葬礼中为死者奏乐等——这些已经延续了几百年。但是,还有一些地方,包括四川省木里县西部的遥远山谷,都还保留有相对"传统"的葬礼。笔者于1996年、2006年和2009年前往那里开展田野调查,并于2006年参加了鹰背村(Eagleback Village)② 的葬礼。

鹰背是"送到祖先故居地"原则外的一个例子。村落是在明(1368 - 1644)末时形成的,这里是丽江纳西首领(土司)木增(1587 - 1646)的管辖地,木增为了保卫丽江北部边境派驻军队到此。所以,这里最早的村民都来自丽江盆地(150公里南),他们保留的语言比周边北部纳西方言更接近丽江地区方言。③ 由于这种迁徙的历史,鹰背的村民首先要把他们死者灵魂送往西部的丽江,然后再"转回来"向北送。④

2006年3月,一名57岁的男性在村落附近高山上砍柴回家途中从悬崖上跌落下来。凶死是一种凶兆,更加不幸的是他们家很穷,而他是家庭里唯一的成年男性劳动力。通常,笔者被告知一个男人的葬礼在五天里有五个仪式,但是这个葬礼从一开始就多了一个仪式。由于他是凶死,他被视为是一个麻烦(troubled),可能惊扰了一些精灵(spirit),然而,他的家庭经济不能承担所有的处理方式,东巴还是将两个仪式合并了一下。尽管如此,葬礼还是进行了四天,大米、自制的黄酒和白酒、四头奶牛和十几头山羊都是牺牲,这些东西最后被前来参加仪式的哀悼者们吃掉了。三个资深的东巴主持了仪式,还有几个年轻人在帮忙。他们的回报是肉、酒、香烟和手织的麻布。整个过程是一笔大花费。

六个仪式如下:第一天,为凶死者(Derq Zee);第二天,为勇敢者(DdaiqNgv);第三天,求长寿(ZeesherqNgvl),分享死者的财富(NeineiqSher);第四天,开路经(ReeGvBei),献祭家神(SeelKv)。

人们找到死者尸体的第二天早晨,东巴去往找到尸体的地方,并主持仪式送死者痛苦的灵魂回到村落里。尸体拉回来后,人们清洗尸体,搽上酥油,捆绑成卷曲的姿势,并缝进麻布袋子里。盖上死者生前最好的袍子、装钱的腰带和帽子。尸体被放置在靠近火塘的休息平台上——这是命名仪式时母

---

① 可参见:Zhan Chenxu, C. Q. Wang, J. C. Liu. 1980. *Yongning Nazizu de Azhu Hunyin he Muxi Jiating*. Shanghai People's Press. pp. 32;McKhann. C. 1992. *Fleshing Out the Bones: Kinship and Cosmology in Naqxi Religion*. Ph. D. dissertation, University of Chicago. pp. 283 - 288。
② 鹰背村是化名。
③ 当然,他们可能也不是这里最初的居民,这里可能有西番(普米)或者康巴藏族。
④ 尽管我参加的葬礼与今天丽江盆地内可以看到的相比还是"传统的",但已经有了一些明显的佛教的元素,这可能是鹰背纳西与周边的西番/普米和康巴藏族接触交流的结果。在1949年以前的最后300年,鹰背是在木里土司的管辖下,木里土司是在西藏佛教政治下的西番/普米。其西部和北部是康巴藏人的政权,也是类似的管理方式。

亲和她的新生儿躺着的地方。① 旁边还有死者的其他私人物品——烟筒、枪和拐杖——桌子上还放着肉、酒、动物油、酥油、酥油灯和香，桌子腿上还绑着一簇编织的绳子。每一次有动物献祭，就再绑上一条绳子，所以在四天以后，这个桌子腿上已经有了20多条绳子。从尸体上延伸出来的是一个素的麻布，这是《神路图》的简单版，麻布将延伸到椽子，穿过烟囱一直到屋顶，屋顶上还有一个象征着居那若罗山的祭祀场，从那里将一直到达天堂和想象中的佛国。

凶死鬼（Derq）是没有头的鬼，葬礼的第一个仪式就是先把这些鬼赶走。东巴用柳条编了一个凶死鬼和马的象征物立在院子里。供奉给它血和炒过的谷物后，每一个家户的成员都将一个柳条编成的箍拿去碰一下鬼的象征物，并把箍放在它身上，这种行为象征着已经将凶死鬼带来的不干净除去。其中一个东巴还用瓢舀水洗洗头和手。这个仪式结束后，两个年轻人扮演了士兵的角色将"凶死鬼"拽出丢到村子外。凶死鬼的象征物被丢弃到村尾的河边时，一头小猪成为替代物，人们刺死小猪并用石头砸。

第二天是"为勇敢者"的仪式。房子的屋顶上建造了更多祖先之路的详细模型。如制作了牛头的"冷臭鬼"（leiqchel）面偶。它会用链子将死者的灵魂捆住并锁在铁笼里。东巴要把死者的灵魂安全释放出来，然后在吟诵中引领灵魂穿过地狱的不同阶段。每一个阶段都有不同的"冷臭鬼"监管——母牛、山羊、公牛、老虎、麝香鹿、青蛙、鹤和其他一些。灵魂接着会通过五方神统治的人的领域，最后到达圣境，那里有"居那若罗山"和"哈依巴达则"（Hayi bada zzer）。

第三天是"求长寿"和"分享死者财富"的仪式。死者的财富是用白麻布、麻的衣服、彩色编织绑腿以及另外一些属于死者的衣物类物品来象征的。东巴要为死者的所有后代祈福，然后用取自"哈依巴达则"的水来保佑他们。这天下午，在院子外树立了一根高高的杆子，在这段时间以及接下来的几个星期，死者的灵魂会在人间和神域之间来回移动，意味着它不愿离开生活的世界。杆子顶上的旗子是在白天、油灯是在晚上帮助灵魂在来来回回间找到他们的路。

最后一天，尸体被置于四方的棺材里，摆放在院子，旁边有一些贡品，祖先之路的模型又一次被搭建起来，只是这次死者将踏上更远的旅途。摆上更多的贡品后，东巴吟诵的是《开路经》，经文里就包括了祖先之路的各个地名。

最后，棺材被抬到了火化场，死者的女儿们和其他一些较为亲近的后代在后面哀号，他们没有进入火化场，在入口处就转回去了。由于凶死被认为是不吉利的，所以简化了很多过程。在火化场里，人们将尸体从棺材中拿出了，放置在柴火堆上，倒上油，然后点燃。在火葬场的边上有一棵很多叉的老树，这是人界和天界之间的许愿树"哈依巴达则"，挂着破旧的衣服、毛毯和其他一些从这条路上离去的死者的个人用品。

最后一个仪式，笔者没有参加，这是在晚上回到家屋里才举行的仪式——祭献家神。这个仪式是经常进行的，特别是家屋里有人加入或离开时，如出生、结婚和死亡。当这个仪式结合到葬礼中时，它的主要目的就是保护家庭的其他成员。家人们对死者的牵挂会将他们自己的灵魂置于危险境地。也就是说，死者的灵魂离开并去往了祖先的故居地时，死者家属的灵魂有可能会被吸引，家屋神就会出来阻止，保护他们。

---

① 这个休息的平台被称为"格古鲁"（ggeqgvlle），从一个角落竖起天柱（meeldv），它支撑着中央屋顶的梁。一个核心的天柱就是居那若罗山。天柱在纳西家屋仪式中为供奉大量的祭祀品。象征性地，这个地方也被看成是新生儿从天堂下来的地方，人死后就要从这里爬上去。

四 结论

总之,纳西族的创世纪神话与葬礼假定了一个起源与回归的过程,它其实是关于神与人、天与地、祖先与活着的人、妻方和夫方的隐喻性关系连接。云南北部和四川西部纳西族的葬礼完整记录了这一切。在祖先之路的概念里,时间是在空间的隐喻中表达的,死亡并不是进入未知,而是回到了熟悉的地方的旅程。这条路漫长而危险,每一次的努力都是为了给逝者提供安全和舒适。然而,这一过程也是对活着的人的严重威胁,需要小心地处理整个过程,才能确保死者的灵魂最终回到祖先的故居地。

论宗教仪式中艺术的心理治疗功能
——以彝族为例

李世武**

摘　要　从心理学的角度看，宗教是人类在应对心理危机的过程中形成的一种文化体系。宗教的存在，是因其具有心理治疗的功能。在宗教仪式中，灵媒常将音乐、图像、舞蹈和口头传统融为一体，在戏剧化的治疗仪式中治疗身心疾患。通常情况下，音乐、图像、舞蹈和口头传统形成一体化的象征符号，导引信众向戏剧化的敬神礼拜仪式或驱邪战斗仪式移情体验。在此期间，宣泄、升华、安慰剂效应等经验被制造出来。在深度的治疗经验中，将出现迷狂、出神、幻觉等体验。不同的艺术门类刺激信众的不同感官：音乐刺激听觉；图像刺激视觉；舞蹈刺激动觉；口头传统，则以言语艺术的形式，刺激大脑意象的形成。

关键词　心理学　艺术治疗学　象征疗法　宗教艺术

DOI：10.13835/b.eayn.25.23

从心理学的角度看，宗教是人类在应对心理危机的过程中形成的一种文化体系。宗教的存在，是因其具有心理治疗的功能。我们不必将"疾病"狭义地理解为现代生物医药学定义的"身体疾病"，也不必将"治疗"狭隘地理解为临床治疗。我们采用医学人类学的界定："疾病乃是一种自我不想要的状况，或某种会导致出现这种状况的实质性威胁。"[①] 对于宗教信众而言，疾病不但是自我不想要的状况，还是集体不想要的状况或实质性威胁。天灾人祸，在宗教范畴内，是神灵的惩罚或邪灵入侵的结果。所以，人类学意义上的疾病，应该指一切身心不适的状况和可能引发此种状况的实质性威胁，它具有个体和集体的双重意义。

人们有时以国家、民族、城邦、村落的集体单元举行仪式，有时则针对个体的疾病采取治疗仪式。有时是周期性地举行仪式，如节日祭仪；有时是为突发事件举行仪式，如某人患病或逝世；有时是为自然灾害，如干旱、洪涝、泥石流、地震、疾病；人为祸端，如有意或无意的犯罪等。这些因素引发的身心不适以及威胁本身，都属于疾病的范畴。而治疗活动，在宗教中，体现为仪式，是一种应对身心不适状况及其实质性威胁的适应性行为。在许多宗教仪式中，灵媒将音乐、图像、舞蹈和口头传统融为一体，在戏剧化的治疗仪式中治疗身心疾患。

---

*　本文受云南大学青年英才计划资助。
**　李世武，民族学博士，云南大学艺术与设计学院副教授。
①　〔美〕汉：《疾病与治疗：人类学怎么看》，禾木译，东方出版中心2010年版，第16页。

前人对宗教艺术的研究，主要形成了艺术考古学的视角、艺术哲学的视角、图像学的视角、艺术人类学和审美人类学的视角。在西方学界，特别是艺术治疗学界，对萨满教音乐、戏剧等艺术形式具有的心理治疗功能开展了理论研究与临床实践。① 此领域在中国亟待深入研究。彝族的宗教传统，既有古老的萨满教渊源，又有佛教、道教的渗透。本文以彝族田野个案为例，讨论宗教仪式中音乐、图像、舞蹈和口头传统的心理治疗功能。个中得失，亟待方家指正。

一 彝族宗教艺术治疗的田野镜像

2016年农历五月初五上午，楚雄州姚安县左门乡梅子村的男子，集中在后山巅峰举行一年一度的祭天仪式。传说，曾经有一位贩卖牛群的生意人，在赶牛过山的过程中，牛群罹患恶性传染病，已经奄奄一息。生意人无奈之下，将牛群留在梅子村后山巅峰一棵古老、巨大的树下，就离开了。不久之后，生意人再次回到古树下，却惊讶地发现牛群已经痊愈。梅子村村民知道此事后，认为古树之下是受天公庇护的圣地，于是每年五月初五集中在此地，宰杀公羊，由祭司焚香、烧纸，用神枝搭建神坛，随后唱诵祷辞，祭祀天公，祈求天公护佑当年风调雨顺、五谷丰登、六畜兴旺。神枝长者九棵，象征史诗中造天的九位儿子；短者七棵，象征史诗中造地的七位姑娘。象征人格化造天神灵的神枝，用黑、红两色颜料，绘制出彩衣；神枝的上端，砍出缺口，象征神耳。除此之外，晒颇砍出最长的一棵神枝，绘以彩衣，依靠在古树旁，象征龙神。神枝的制作，以往年留下的旧神枝为记忆模型，年年如此。祭祀正式开始，晒颇摇动神铃，吹响羊角号，唱诵祭天古歌。羊角号声音平缓、悠远；铃声清脆，叮当作响。在唱诵期间，晒颇的弟子间歇性地朝向五方吹响羊角号，向五方神灵传递出虔诚膜拜的信号。一段古歌唱诵完毕，晒颇摇动着手中的师刀，继续唱诵。师刀手柄呈刀状，下端连接铁环，铁环上穿过数个小铁环，摇动时，沙沙作响。祭天古歌唱诵完毕，村民们开始野炊。之后平分剩余的羊肉。祭天只是梅子村农历五月初五的第一项祭仪。众人回到梅子村左上方树林中的土主庙前，由晒颇和他的助手在一棵较小的神树面前，重复在古树前的祭祀仪式，神枝的制作，法器的使用，古歌的唱诵，皆如前述。此地是梅子村先人最早祭天的圣地，牛群病愈的神迹之后，古树下成为新的祭场；但原先的圣地，仍要行祭仪。

第三项祭仪是祭祀土主庙诸神。在五平方米左右的土主庙内，悬挂着由梅子村画师绘制的土主庙诸神像。诸神以土主神为主神，配享神有送子娘娘、牛王、龙王、雷公、电母、生肖神、双刀天子、七星姑娘、太上老君、白牛土主、官差、六畜神，都是史诗中唱诵的神灵。晒颇击打羊皮鼓，在土主庙前，朝五方诸神行跪拜礼。晒颇边击打羊皮鼓，边唱诵祷辞；随后，边摇动神铃，边唱诵祷辞。响器和祷辞的唱诵相辅相成。晒颇祭毕，四名男子并排赤足而立，一人持师刀，一人持神铃，一人持羊皮鼓，一人持师刀。四人或摇动师刀，或摇动神铃，或击打羊皮鼓，先朝向五方，跪地叩拜五方诸神，随后面向土主庙诸神，法器响起，身体舞动，行集体祭神仪式。四位晒颇的舞蹈动作，左右脚偏内侧交替踢出。咚咚作响的鼓声，哐哐作响的师刀声和叮当作响的铃神，交织为一体；晒颇的舞步，随鼓点轻缓而动，体态舒展，悠然自得。四人祭祀完毕，众男子相互邀请对方表演神灵附体后击鼓而舞的仪式。为首的老晒颇首先开始接受神灵附体。只见他越来越快地击打着羊皮鼓，最后歇斯底里、神情恍惚、气力衰竭，瘫坐在地上。参加仪式的七位男子中，只有两位出现了神灵附体现象。第一位40多

---

① 参见李世武《萨满教"艺术治疗"的艺术治疗学研究述评》，《世界民族》2016年第1期。

岁的男子，持续击打羊皮鼓后，口中发出歌唱般的叫喊，身体不由自主地忽左忽右摆动，脚步细碎而迅捷，最后进入迷狂状态，昏厥于地，被旁人扶住，逐渐清醒过来。另一位 50 多岁的男子，继续击打羊皮鼓后，疯狂地向前跳跃，直至气力耗尽，虚脱倒地。几分钟后，这位晒颇也恢复过来。其余男子受邀接受神灵附体，却无法超越日常意识状态，几次尝试皆失败后，只能放下羊皮鼓作罢。梅子村只有老晒颇真正具备晒颇资格，其余进入迷狂状态中的男子，是具有从事晒颇职业潜质的"准晒颇"。神灵附体后的灵媒，有各自不同的出神经验。老晒颇的出神经验是：随着鼓声的密集化传达，眼前神灵图像中的神灵的坐骑越变越大；步态细碎的灵媒，则感觉精神左右飘忽，难以安定；疯狂跳跃的灵媒，则感觉腰部有无形的手在推动，感觉身体飘忽，灵魂出窍，妙不可言。这种出神经验，属于典型的古萨满教经验。

晚餐之后，众人开始行第三项仪式：驱鬼傩仪。两名青年戴上纸板绘制而成的鬼面具，身穿羊皮，胸前挎马铃铛，手持木剑扮成傩神；一男子持弩，另一男子持羊皮鼓，为驱鬼师。老晒颇率领驱鬼队，牵着背负纸制邪鬼的替罪羊，挨家挨户，驱逐邪鬼。驱鬼队冲入用户家中，傩神敲打各个角落，手持弓弩者则朝院中射箭。整个驱鬼过程混合着铃铛声、击鼓声和击打墙壁的声音。老晒颇在农户灶君前祈祷该户一年之中诸事顺利。村民见驱鬼队来，纷纷在大门口点燃火盆，以助驱鬼。挨家挨户驱鬼完毕，驱鬼队牵着替罪羊，走出村庄，向对面的高山上攀爬。驱鬼队走入树林，走过险峻的陡坡，在荒山边界的悬崖边，刺杀了替罪羊，鲜血哗哗地流淌在悬崖边。村民认为，邪鬼吸食山羊的鲜血，一年之内不会再来侵犯村庄；村庄内人、粮食、禽畜患病和死亡，都是邪鬼作怪所致。至此，梅子村一年一度的农历五月初五周期性宗教仪式结束。

云南各地的彝族祭司呗玛或阿呗，在葬礼中演述《呗玛经》时，少不了三件法器：阴铃、阴锣和"呗罗兜"。呗玛在演述《呗玛经》时，只要开始唱诵，必摇动阴铃，以铃声伴奏；呗玛的助手，服侍在呗玛一侧，间歇性地击打阴锣；在一段《呗玛经》结束之际，呗玛急速地摇动缀满老鹰爪、貂鼠爪、鹿尾、铃铛的"呗罗兜"。呗玛在演述经典的过程中摇动或击打法器，是因为他们相信法器发出的声音可以穿越时空，召唤神灵。信众甚至相信，阴锣在祭祀过程中发出哭腔，那么村中还将有人逝世；呗玛唱诵经典不准确，不完整，阴铃的声音就沉闷或不能发声。有的呗玛在祭祀仪式中还敲击佛教法器——木鱼。在云南彝族的神话中，呗玛取经时，路过大河，河水暴涨，一担经书损失一半，担子不平衡，遂以木鱼来维持平衡。呗玛敲打木鱼，就是在"唱诵"取经渡河时遗失的一半经书。彝族宗教受到佛教的影响，但却将取经人改编为呗玛，所取经书改编为《呗玛经》。

已故楚雄州楚雄市吕合镇新庄村祭司普文正认为，敲击羊皮鼓等同于雷公打雷。雷公在彝族神话中是最正义的神，是非善恶，由雷公断。所以，朵觋行法时，击打羊皮鼓，可请雷神下凡断案。在送干鼓羊神、蛊神的仪式中，必须击鼓请神。朵觋请神时，边击鼓边向五方神灵行跪拜礼，跳请神舞蹈。舞蹈动作为依次向五方跪拜，两个方位交替之间向后方跳转。

2011 年，笔者在大理州巍山县紫金乡洱海村调查时，就丧葬仪式中的器乐访问过彝族乐师。彝族乐师认为，自从盘古分天地，人就有生、老、病、死、苦、生，唢呐有八个眼，也就是八个音，吹奏唢呐，要让生字起生字落，循环反复，生生不息。唢呐匠的祖师在棋盘山上，参与红事、白事的匠人在棋盘山上都有不同的祖师。乐师还认为，吹奏海螺，是为了打开天门，请神仙下凡，令亡灵升天。唢呐、海螺还是乐师辟邪的法器。法器的演奏常常是在祭司唱诵经文的段落间歇间展开的。

二 作为象征疗法的音乐、图像、舞蹈和口头传统

在上述祭仪中，我们可以发现音乐、舞蹈、图像和口头传统常常以独立姿态或联袂出演的形式发挥功能。因乐器的形制除了有轮廓上的造型感之外，有的乐器，如神铃还常常雕刻有神灵的图像，因此尽管音乐主要专注于声音，乐器却也从视觉符号的角度建构意义。单一的艺术形式建构单一的意义，音乐、舞蹈、口头传统和图像的联合使用，则建构出系统化的多层意义体系。

羊皮鼓，是彝族巫师的标志性法器。巫师在降神会中敲击羊皮鼓以改变意识状态，实现与神灵沟通的目的，是彝族宗教信仰发源于远古萨满教的直接证据。彝族先民为甘青高原的游牧民族；南迁之后，将萨满教传统带到西南地区。17 世纪 50 年代初，遭俄罗斯东正教教主流放到西伯利亚的异教徒阿瓦库姆（Avvakum），见证了当地操鄂温克语的族群中的萨满教文化。此后，150 多年内，西方旅行者在西伯利亚游历的过程中，奇异的头饰、缀满附身符而叮当作响的短上衣、动物的皮毛和羽毛、金属图像、面具和面纱、大大小小的雕像为人们所知，最为重要的是萨满之鼓。[①] 亚伦·沃森（Aaron Watson）在英国新石器时代巨石结构中的声波实验，证实了手鼓发出的声音模式在引导意识状态的改变乃至进入出神（trance）中的作用。[②] 萨满教考古对岩画艺术的关注，证实了历史上萨满使用手鼓的广泛性。岩石艺术中，有身穿流苏外套，持鼓表演的萨满；[③] 奥乐客玛河流域的岩画艺术，生动地描绘了萨满教持鼓和鼓槌在星星和其他天体之间飞翔的图像。[④] 在西伯利亚的萨满教信仰系统中，鼓是萨满教的本质特征之一，是帮助萨满改变意识状态的工具，是其访问另一时空的工具，是防护装置，是宇宙本身的一种模型，甚至象征着世代相传的萨满身份。[⑤] 萨满在降神会上召唤其精灵助手。[⑥] 这些精灵助手通常是以鸟、马、熊、兔、蛇等形式，精灵助手导引萨满走向战斗并和各领域中的精灵进行调解。[⑦] 一面鼓是萨满召唤精灵附体时的不可或缺的工具。[⑧] 概言之，"鼓的主要功能，是诱导萨满的出神状态，既为了旅行，也为了出神的具体化。从萨满的角度来看，鼓是用来召唤他或她帮助其精神进入和支持精神世界。鼓声也作为一个锚，或生命线，当恍惚工作完成时，萨满回归到他或她的身体和/或离开恍惚状态。"[⑨]

萨满击鼓引发意识状态的实效性，不但由考古学和民族学的经验资料所证实，研究击鼓节奏和脑电波之间关系的学者也从自然科学的角度提供了有力的证据：

> 有节奏的鼓声可以作为听觉器官的驱动机制，以每秒 4 到 7 次的节拍击鼓，将脑电波转换成每秒 4 到 7 个周期的 θ 波频率。研究人员证实，θ 脑电波的频率和想象力、狂喜状态、创造性和突然的启示有关，能帮助人类进入意识的改变状态。

---

① *The Archaeology of Shamanism*, Neil Price, eds, London: Routledge, 2001, p. 3.
② Ibid., p. 9.
③ Ibid., p. 44.
④ Ibid., p. 45.
⑤ Ibid., pp. 47 - 49.
⑥ Ibid., p. 91.
⑦ Ibid., p. 92.
⑧ Ibid., p. 106.
⑨ Christina Pratt. *An Encyclopedia of Shamanism*. New York: The Rosen Publishing Group, Inc., 2007, p. 151.

此外，研究表明，任何节奏模式的移动，光，或声音，只要采用 4 至 4.5 赫兹就可以有效地诱导 θ 脑波的活动。例如，一项关于萨利希族在仪式舞蹈中击鼓以诱发状态改变的研究发现，有节奏地击鼓的主要频率为 4 至 7 赫兹。进一步的研究表明，即使从文化仪式、典礼或意图中抽取出来，有节奏的鼓声也能作为进入意识改变状态的工具。而且往往引起具有礼仪或仪式性内容的自发意象。

这一研究证实了这一理论，即萨满在他们的仪式中击鼓，能够引出特定的神经生理学效应。这些临时改变的脑电波活动能促进意象和进入意识改变的状态中。①

彝族宗教仪式中使用的羊皮鼓，具有导引意识状态改变的功能，这种转变的高级阶段，就是神灵附体之后的出神状态。左门乡晒颇利用敲击羊皮鼓所制造的仪式音乐，召唤神灵并接受神灵附体，进入一种幻觉经验中。我们发现，鼓的意义，确实是由文化决定的。不同的文化有不同的节奏模式。②在彝族内部，不同区域、不同支系中的宗教知识，对鼓所具有的意义的理解既有共性，又有差异性。如新庄村的朵觋，即认为羊皮鼓是雷神的象征。鼓声与雷神的象征关系，具有跨文化意义。奥加拉苏族老人黑麋鹿敲打的雷鸣般的鼓声，是唤醒宇宙力量的声音，能传递给宇宙之神，能使人类意识到万物的神奇和力量。③

作为一种以音乐形式改变意识状态，激发宗教经验的法器，鼓是彝族萨满教传统中极具代表性的物质文化。但是，彝族社会中还有其他能够制造通灵圣音的法器。这些的法器的具体象征意义，在不同文化传统中有不同的解释。左门祭天仪式中的神铃和羊角号，发出的祈祷之声，在于向五方神灵和天神表达人类虔诚的敬意；祭土主神仪式中，羊皮鼓则与神铃、师刀一起，发出召唤神灵降临，并附体的召唤之音；驱鬼傩仪中的铃铛声和击鼓声，目的在于驱逐邪灵，发出的是战斗的信号，是具有驱邪功能的战斗之音；呗玛或阿呗演述《呗玛经》过程中使用的阴铃和阴锣，是召唤神灵的召唤之音；新庄普朵觋击打羊皮鼓，则含有鼓声即雷神之音的象征意义，他的鼓声，具有召唤雷神降临，秉公执法的功能，同时也有召唤、祈祷五方神降临的作用；洱海村彝族乐师的唢呐之音，则具有佛教"人生八苦"观念影响的痕迹，音符与"苦"的含义形成象征关系，而"生"作为起始之音，也作为终止与再循环之音。洱海村的唢呐之音，是佛教轮回观念的法音。海螺的使用，则受道教神仙信仰的影响；海螺声，是开天门、祈祷之音，是通天之乐。因此，从古老的萨满教信仰中的宗教法乐，再到受佛教、道教影响，表现佛教、道教信仰观念的宗教圣音，都具有和灵界交往沟通的功能。此类作为法器的乐器，无一例外地成为其主人——巫师或祭司的护身神器。这些功能可概括为：①表达人类对神灵的虔诚敬意的祈祷之音；②召唤神灵降临乃至附体的召唤之音；③在驱魔仪式上驱逐邪灵的战斗之音；④象征宗教观念的意义之音。

法器发出的音乐象征符号，是整个宗教仪式象征符号体系的一部分。从仪式的意义关联域上看，这些音乐象征符号往往是和图像、舞蹈以及口头传统一起发挥作用的。在萨满教仪式中，往往充满了视觉图像。例如：奇异的头饰、缀满附身符而叮当作响的短上衣、动物的皮毛和羽毛，金属图像，面具和面纱，大大小小的雕像。④ 有偶像崇拜的宗教，在仪式中，都离不开神灵图像的表现。彝族祭司

---

① *Ibid.*，p. 152.
② *Ibid.*，p. 151.
③ 孟慧英、吴凤玲：《人类学视野中的萨满医疗研究》，社会科学文献出版社 2015 年版，第 212 页。
④ Neil Price，eds，*The Archaeology of Shamanism*，London：Routledge，2001，p. 3.

在行法时，身披法衣，头戴法冠，形成了独特的视觉艺术符号。楚雄州姚安县境内的彝族祭司呗玛的法冠——五福冠上的神像，代表五位神。第一位是杨士将军，凡开坛，此神第一个来护佑法坛；第二位是普安，是呗玛祖师；第三位是本境土主；第四位是太白星君，即太阳，保佑呗玛，在何处祭祀，都照亮、指引着呗玛，带来光明；第五位是双刀天子，是一位天神，类似于观音菩萨，保佑人间平安。五位神，都是保佑祭祀场合的阳间神。有五位神灵在，邪鬼不敢来干扰；酒醉鬼闹事的事情也很少发生。火龙太子，是举行过犁头仪式时的护佑神。只有举行过犁头仪式，祭司行法事，才有真本事。呗玛认为，行法事时戴上此冠，一方面护佑平安，另一方面帮助呗玛顺利祭祀。头顶插着的竹鸡羽毛，则是呗玛祖师的象征。史诗所讲述的起源神话中，认为最早有孝心，行孝礼的是飞物和动物。竹鸡是飞物时代的第一代呗玛，张礼张孝是飞物时代的第一位孝子。麂子为后人，是动物时代的第一位孝子。呗玛将竹鸡毛插在法冠上，表达了对飞物、动物时代的孝子和呗玛的尊敬，同时请神灵来帮助呗玛。象征着神灵和呗玛祖师的图像，在祭祀仪式中强化了"神灵降临""神灵庇护"的神圣信仰，激发了信众信仰神灵的信心。

舞蹈经验是宗教经验中常见的经验。在廷巴克图社会中，跳出神舞是治疗仪式的重要手段。① 左门和新庄彝族灵媒在祭仪中表演的舞蹈，是以身体语言表达对五方神灵的崇敬之情。鞠躬、屈膝、磕头、谦卑的舞蹈语汇，表达出虔诚地祈求神灵降临并护佑的内在要求。此种祭祀性舞蹈还有《灯弦舞》《禳木比》《铜鼓舞》《花鼓舞》《火把舞》《笆笼娘娘》《耍水龙》《板凳龙》《叼猪脚狮舞》《闹丧舞》《嘎叟跳丧》等。② 除了虔诚祭神的舞蹈之外，驱鬼逐疫的傩舞则充满了战斗性。楚雄州双柏县境内的虎傩、豹傩和大傩笙，都属于驱邪傩舞，而且具有傩戏的原始特性。左门乡的驱鬼傩仪，有奔跑、跳跃的舞蹈语汇，蕴含的是驱除灾异、祈求庆吉平安的目的。遗存在禄丰县高峰乡的彝族大刀舞，模拟古代军队战斗的场景，应该是军傩的遗存。《中华舞蹈志·云南卷》收录的彝族宗教舞蹈中，具有驱邪性质的，有《左脚舞》《鲁鲁则》《扁鼓舞》《禄劝刀舞》《跳哑巴》《易门巫舞》等。③ 彝族民众通过舞蹈，表达对神灵的敬畏和对邪灵的驱逐。在某些祭祀性舞蹈中，对善神和恶灵的驱逐，往往兼而有之。在彝族宗教舞蹈中，我们明显可以看到音乐和舞蹈的交融。如《铜鼓舞》《花鼓舞》《扁鼓舞》中的"鼓"，即是鼓乐与舞蹈的一体化案例。在其他舞蹈中，往往伴随着弦、铃、锣、鼓等器乐的表演。灵媒舞蹈和随之舞动的舞者，是处于迷狂、出神状态中的身体，是沟通神灵的表演者和体验者，他们在舞动中经验神圣的宗教经验。

彝族宗教中的口头传统，即祷辞或咒语，几乎离不开宗教音乐的伴奏。一方面，祷辞或咒语和音乐的关系，直接表现为灵媒以歌唱或唱诵结合的方式演述；另一方面，在演述过程中，往往有鼓、锣、铃等法器制造的神圣音乐产生节奏，加以伴奏。"萨满单独使用有节奏感的鼓声，或与舞蹈、歌唱结合，在通往超精神王国的旅途中以及和因为社区的需要而与精神存在建立联系的过程中，作为实现意识状态改变的方法。世界各地的口头传统都承认，一般性的打击乐和节奏性的鼓声，在特别有助于和精神世界的交流。"④ 左门乡晒颇的祭天祷辞、祭土主庙诸神的祷辞，是在牛角号、羊皮鼓、师刀和神铃的配合下唱诵出来的。丧葬仪式中呗玛唱诵《呗玛经》，全程都有阴锣和阴铃伴奏；特别是阴锣，呗玛不停地摇动着它，然后，浩如烟海的《呗玛经》从他的口中唱诵而出。阴锣和阴铃，一方面是为

---

① Rochbacher, Michael J. *The Ethnomusicology of Music Therapy*. PH. D. diss. , University of Maryland Baltimore Country, 1993, pp. 2 – 3.
② 《中华舞蹈志》编辑委员会：《中华舞蹈志·云南卷》，学林出版社2007年版，第190－308页。
③ 《中华舞蹈志》编辑委员会：《中华舞蹈志·云南卷》，学林出版社2007年版。
④ Christina Pratt. *An Encyclopedia of Shamanism*. New York: The Rosen Publishing Group, Inc. , 2007, p. 150.

了召唤神灵；另一方面作为唤醒记忆和形成节奏感的手段，促进了口头传统的流畅演述。据笔者的田野调查，楚雄州吕合镇著名彝族巫医 A 朵觋，利用咒诗这种古老的言语象征艺术来治疗疾病。① 咒诗的演唱离不开神铃的伴奏。

三 结论

我们在自然宗教和人为宗教中，都能发现大量的仪式实践，而且往往伴随着艺术实践。祭祀中有艺术，艺术中有祭祀；指向的是心理治疗。我们之所以认为宗教具有心理治疗的功能，是因为宗教从表象上处理的是人与外部世界的直接关系，实质上是对外部刺激引发的心理危机的积极回应。例如，在祭神仪式上祈求众神护佑；在驱鬼傩仪上借助神的力量驱逐邪鬼；在治病仪式中祈求神灵，驱逐致病之鬼；在丧葬仪式中，召唤神灵，指引亡灵到达彼岸世界……表面上应对的是天灾人祸招致的生存危机，实际上，鬼神——正义之神和邪灵，都是自然力量在人类心理世界中的投射。按照投射形成的象征思维，人类建立起一个和鬼神——实质上是内心世界的象征性交流体系。当这一体系以艺术的形式得以呈现时，我们发现，宗教艺术直接起到了心理治疗的作用。在宗教仪式中，艺术在大多案例中，以多种门类交融的形态发挥作用。通常情况下，音乐、图像、舞蹈和口头传统形成一体化的象征符号，导引信众向戏剧化的敬神礼拜仪式或驱邪战斗仪式中移情体验，在此期间，宣泄、升华、安慰剂效应等经验被制造出来。在深度的治疗经验中，将出现迷狂、出神、幻觉等体验。不同的艺术门类刺激信众的不同感官：音乐刺激听觉；图像刺激视觉；舞蹈刺激动觉；口头传统，则以言语艺术的形式，刺激大脑意象的形成。在多种艺术联袂出演的情况下，在多重感官受到积极刺激的情况下，信众的心理世界建立起积极的能量。在宗教仪式之后，焦虑得到缓解。信众相信，神灵被感动，邪灵被驱逐，众神将护佑族群风调雨顺、五谷丰登、人畜平安、亡灵归阴。因干旱、疾病、死亡等导致的心理危机经宗教艺术象征体系得到解释、表达和缓解。

研究宗教艺术治疗的路径有二：一是通过考古材料、文字文献和田野实证获得的经验加以研究，二是通过心理学、脑科学等学科加以论证。其实不但艺术治疗学需要自然科学的支撑，美学的研究亦是如此。艾伦·迪萨纳亚克的生物进化论美学研究，就极力向自然科学寻求证据。所以，认为艺术治疗学的研究是空中楼阁，不过是一种偏见而已。如同"美"的研究的哲学路径那样，艺术治疗学的文献、田野与心理学的研究，自有其存在价值。在一个生物医学成为主流医疗模式，而心理学在治疗民众心理疾病时又表现出无力感的时代，我们研究宗教艺术治疗的种种经验，并概括出内在规律，既是对人类传统治疗经验的文化学研究，又是对人类健康事业，特别是心理健康事业的积极探索。现代医学、艺术治疗学可以从中概括出某种可以跨文化、跨区域、跨时代和跨族群应用的科学规律，从而促进人类的身心健康。

---

① 李世武：《焦虑与咒诗治疗——以一位彝族巫医的〈治送甲马神咒〉为例》，《民族文学研究》2015 年第 4 期。

新中国成立初期西南地区卫生防疫中的去污名化与权力扩张

——以黔南疟疾防治为例*

李飞龙**

摘　要　自古以来，因自然环境和公共卫生的影响，西南地区的疟疾疫情十分严重，使得西南地区形成了"瘴疠之地"之说。不过，西南地区并非没有医药防治，苗医和苗药即是一种少数民族独特的疾病防疫，只是因具有"巫医一家"的特性，致使其在反封建迷信的斗争中被逐渐边缘化。新中国成立初期，疟疾疫情仍十分严重。为此，新政权通过组织建设、宣传教育、训练卫生员、普及服药、卫生扫除、消灭蚊子等多方面防治措施，努力控制疫情。但是，由于药物效果、防治方式和经济实力等因素的制约，疟疾并未被根除。实际上，新中国成立初期西南地区的卫生防疫不仅有疟疾防治之功，还有去除"瘴疠之地"污名和建立政治认同之效。

关键词　去污名化　权力扩张　黔南　疟疾

DOI：10.13835/b.eayn.25.24

1949 年 12 月底，随着西南战役的结束，政府即开始了规模宏大的卫生防疫工作，他们派遣土改卫生工作队，进行各类传染病防治，改善公共和个人卫生，推广妇幼保健事业，有效地改善了西南地区，尤其是少数民族地区的卫生条件，为保障民众的生命和健康提供了良好的卫生环境。学界对此方面的讨论，也多集中于此。[①] 不过，在西南地区的卫生防疫中，还存在去污名化和权力扩张层面的考虑，甚至说去污名化本身也是一种国家权力的扩张。其中，疟疾又是西南地区被视为"瘴疠之地"的主要诱因，虽然瘴气和瘴病并非完全等同于恶性疟疾，而是多种疾病的统称，[②] 但在疟疾病原虫被发现之前，东西方均视疟疾为瘴气所致，故称"沼泽热"或"瘴气病"。所以中国古代社会中对疟疾的研究，多以环境史和社会史视角下的瘴气、瘴疾、瘴病为名出现。[③] 目前，对卫生防疫中去污名化和

---

* 基金项目：陕西省博士后科研项目（项目编号：2016BSHEDZZ65）；中国博士后科学基金面上资助（项目编号：2016M592738）；中国博士后科学基金特别资助（项目编号：2017T100721）。

** 李飞龙，男，法学博士，贵州财经大学经济史研究所教授，主要研究中华人民共和国乡村史。

① 例如，李洪河的《新中国的疫病流行与社会应对（1949-1959）》（中共党史出版社 2007 年版），艾智科的《新中国成立初期的城市清洁卫生运动研究》（《中共党史研究》2012 年第 9 期），肖爱树的《1949—1959 年爱国卫生运动述论》（《当代中国史研究》2003 年第 1 期），胡克夫的《新中国社会主义卫生事业和防疫体系的创立与发展》（《当代中国史研究》2003 年第 5 期）等成果。

② 张文：《地域偏见和族群歧视：中国古代瘴气与瘴病的文化学解读》，《民族研究》2005 年第 3 期。

③ 该方面的成果较多，如，左鹏《宋元时期的瘴疾与文化变迁》，《中国社会科学》2004 年第 1 期；王子今《汉晋时代的"瘴气之害"》，《中国历史地理论丛》2006 年第 3 期；周琼《云南瘴气与生态变迁研究》，中国社会科学出版社 2007 年版；等等。

权力扩张的讨论,主要集中于麻风病人方面,① 而专门以疟疾为对象的研究,则以日治时期中国台湾的疟疾防治为主,但未涉及污名和权力。② 有鉴于此,本文将以新中国成立初期黔南地区③的疟疾防治为例,重点讨论西南地区卫生防疫中去除"瘴疠之地"污名和国家权力扩张的实践,以及两者之间的关系。

一 频发的疟疾疫情与原因

黔南地区的疟疾疫情十分严重,该区域从古代一直到改革开放前夕,疟疾在各种急性传染病中都居首位。1504年(明弘治十七年),都匀大疫,死者不计其数。1920年平越县(今福泉市)大疫,城内及东南二乡染病近万人,甚至有全寨、全家死绝或仅存一二者。1941年,除平越、长顺外,10县卫生院疫情报告称,全年9种7139例传染病中,疟疾有5956例,占83.4%。平越县黄丝乡乐邦村农民郑旭东,1944年从外地迁来,8年中,家人先后死于疟疾者5人。当地368户1312人,几年中人人皆患疟疾。④ 黔南地区疟疾的病发率和死亡率都居高不下。

新中国成立以后,疟疾仍十分普遍地存在,即便是1954年到1956年,国家已经普遍建立了各级卫生组织机构,疟疾发病率和死亡率仍很高。黔南地区的疟疾一年四季均有发生,但病发季节有所区别,多是7月份起逐步上升,到10月达到顶峰,11月开始下降。1954年7月,平塘县发生了疟疾为主的疫情后,迅速蔓延。新联、新化、京舟、三新、新龙、者密、西凉、新塘、翁台、文化、甲桐等15个乡最为严重,如京舟乡东凸寨有58户84人,患者达到73人,约占总人口的87%;新联乡下蒲上下寨不及百户,9月、10月两月即死亡29人;者密乡莫村寨22户,8月、9月两月就死亡15人,刘风清1户即死亡3人。到10月底,平塘县仍有疟疾患者4000多人,死亡人数达860余人。⑤ 1955年,黔南各地再次爆发大规模疟疾疫情,麻江下司区疟疾患者达4027人,苦季井总人口为122人,全部得病;荔波县甲良区甲站乡塘人寨共有43人,患病者达41人;黎平县公平乡疟疾患者占全乡总人口的54.57%,个别村寨疟疾发病率达100%;榕江县洋饶寨发病人数占全寨总人口的90%;丹寨县新华乡陇乃寨总人口为71人,10天之内疟疾的感染者就达到57人。据不完全统计,1955年6月到11月底,全区疟疾患者共有156686人,死亡909人。⑥ 仅在1955年10月中旬,黔南地区疟疾患者即达

---

① 疾病中污名和权力的讨论多以麻风病为主,如美国学者谢尔登·沃茨(Watts)将流行病的污名化归咎于西方文明的构建和帝国主义的扩张,并以伊斯兰社会中的麻风病人为例进行说明。具体参见郭金华《污名研究:概念、理论和模型的演进》,《学海》2015年第2期。

② 比如,丁文惠:《台湾日治时期疟疾防治之推广》,《人文研究学报》42卷第2期,2008年第10月,第75~89页;范燕秋:《医学与殖民扩张:以日治时期台湾疟疾研究为例》,《新史学》7卷3期,1996年9月,第133~173页;顾雅文:《日治时期台湾疟疾防遏研究政策:"对人法"?"对蚊法"》,《台湾史研究》11卷2期,2004年12月,第185~222页;林宜平:《对蚊子宣战:二次战后台湾根除疟疾的科技与社会研究》,《台湾社会研究季刊》81期,2011年3月,第187~235页。

③ 新中国成立初期黔南地区行政区划变动频繁,1949年11月15日都匀城解放,辖原国民党时期第二行政督察区的12个县,至1956年8月8日黔南布依族苗族自治州成立时,所辖14个县。其间几经变化,但行政区划仍相当于目前的黔南布依族苗族自治州,以及安顺市、黔西南布依族苗族自治州的一部分。

④ 黔南布依族苗族自治州史志编纂委员会编:《黔南布依族苗族自治州志(第7卷)·卫生志》,贵州人民出版社1994年版,第1~2、81页。

⑤ 贵州省人民政府都匀区专员公署:《关于我区平塘县发生疟疾流行情况的通报》,1954年11月8日,黔南州档案馆:51-3-471。

⑥ 都匀专员公署:《都匀专区1955年防疫工作情况和1956年防疫工作意见》,1956年4月2日,黔南州档案馆:80-1-3。

到 28911 人，其中死亡 86 人。① 1956 年黔南 14 个县疟疾患者达到 33948 人，死亡 90 人。② 很多村寨居民深受疟疾危害，以致田园荒芜，亦有"八月谷子黄，摆子鬼上床，十有九人病，无人送药汤"之说。③

究其原因，既有自然条件的影响，也有社会环境的制约。

就地理环境而言，黔南地区属亚热带的东亚季风区，此环境宜于蚊子的生长和繁殖。该区域多数地区冬无严寒，夏无酷暑，热量丰富，无霜期长。与广西接壤的红水河边无霜期达 340 天，有"天然温室"之称；多阴雨、少日照；雨量丰沛，雨热同季，常年降水量为 1100～1400 毫米。④ 在炎热和空气潮湿的双重作用下，长满杂草的沟渠、池塘、河湾以及水稻田，都成为蚊子生长发育的最好场所。在炎热的气候条件下，人们穿着一般较少，身体的大部分裸露在外，从而增加了被蚊子叮咬的可能性。紫云县的清泉乡，由于河中水藻植物较多，早晚温差在 10 度以上，因此十分适合昆虫等病媒的生长和繁殖，地方病以疟疾、腹泻最为严重。尅混乡地形低洼，四山环抱，状如锅底，河水年年为患，气压低、温差大，早晚寒侵入骨，中午火热如蒸，且群众生活艰苦，住房条件很差，可谓是"热天怕蚊，冷天怕风"。革井乡大部分为大岩山，农民多居住在山脚，因溪水缓流，植被茂盛，容易滋生蚊蝇。⑤ 可以说，黔南地区的亚热带气候，以及行政区域内的河流、山地形态都是疟疾产生的温床。

同时，黔南民族地区的卫生状况极差。1950 年，在全国防疫工作会议上，中央人民政府卫生部部长李德全曾指出，"过去大量的疫病所以在中国长期存在并危害中国人民，主要是由于反动统治所造成的贫困、愚昧和环境卫生不好，卫生常识及个人卫生习惯很低造成的。"⑥ 姑且不论这种贫困、愚昧和环境卫生的形成原因，仅就卫生环境、卫生常识和个人卫生习惯而言，确是疫病产生的重要原因之一。黔南地区的公共卫生环境和个人卫生习惯显然非常糟糕，据 1916 年 1 月 11 日的《贵州公报》记载：长寨县一向无公私厕所，无论男女均在街巷阴暗处便溺。1942 年，贵州省联合视察组在瓮安县的视察报告中亦记载：县城垃圾满道、沟渠污塞，每年春夏雨季各街道泥泞不堪。由于历史上不良卫生习惯的影响，黔南州部分农村是人无厕、畜无厩，很多地方楼上住人，楼下关畜，楼板开孔就作厕所。⑦ 新中国成立以后，这种卫生状况仍未得到根本改变。1951 年，土改卫生工作队发现，丹寨县杨武乡和金钟乡 90% 以上的少数民族村寨是人畜杂居；村寨里污水塘堆积垃圾，长达数年之久；水井多半不合卫生条件；厕所过少或者没有，仅有的厕所也距离厨房太近；少数民族长年喝生水；妇女头发用猪油擦而不洗。⑧ 吃生冷食物一直是西南少数民族的饮食习惯，从江县少数民族就习惯吃生鱼、生卤肉、生菜、生水等，由此导致疟疾、痢疾等传染病的传播。1955 年，紫云县确定的 7 个疟疾防治重点乡大多马牛粪满街、蚊蝇成群、民众卫生习惯较差。⑨ 可以肯定的是，高发疟疾与极差的公共卫生环境和个人卫生习惯有直接关联。

---

① 都匀专属卫生科：《目前疟痢疾上升情况》，1955 年 10 月 25 日，黔南州档案馆：51-3-414。
② 黔南自治州卫生防疫站：《1956 年工作总结报告》，1957 年 1 月 1 日，黔南州档案馆：80-1-4。
③ 王贵藩：《贵州省几年来疟疾防治工作的体会》，卫生部血吸虫病防治局编《疟疾》，人民卫生出版社 1959 年版，第 1 页。
④ 黔南布依族苗族自治州史志编纂委员会编《黔南布依族苗族自治州志（第 9 卷）·气象志》，贵州人民出版社 1994 年版，第 2 页。
⑤ 紫云县防疫站：《1956 年工作总结报告》，1956 年 12 月，黔南州档案馆：80-1-31。
⑥ 李德全：《1950 年全国防疫工作的成就》，《东北卫生》，1951 年第 2 期。
⑦ 黔南布依族苗族自治州史志编纂委员会编《黔南布依族苗族自治州志》（下），贵州人民出版社 2007 年版，第 829、831 页。
⑧ 贵州省土改卫生工作第五队六分队：《丹寨县土改卫生工作总结报告》，1951 年 10 月 5 日，黔南州档案馆：51-2-98。
⑨ 紫云县防疫站：《1956 年工作总结报告》，1956 年 12 月，黔南州档案馆：80-1-31。

二 文化概念下的"瘴疠之地"与少数民族医药

(一)"瘴疠之地"

如此严重的疟疾，不仅危害了民众的健康，还形成了"瘴疠之地"的说法。瘴是由于天气暑热、雨水多、地表潮湿而产生的一种有害于人体的气体，古人称之为"瘴毒"。中瘴者，严重的会导致生命危险。包括黔南在内的西南地区气候暖热潮湿，山高水深，交通不便，少数民族文化传统与中原存在较大差别，北方人难以适应，因而长期以来被中原文人描述成"瘴疠之乡"、"不毛之地"、"化外之境"，视为畏途。历代封建王朝也把西南作为流配罪犯、贬谪官员的主要地区，仅明一代，在李兴盛所著《中国流人史》中，就有伍建（洪武初进士，以言事谪贵阳，有《木庵诗集》）、孔文（孔子后裔，洪武初以知府谪贵阳，卒谪所）、许堪（谪贵州安顺府普定马场铺，后起用至镇远卒）、高魏（因事谪贵州安顺府关岭，后还朝，建文出亡，殉难死）等 50 人左右被流配或贬谪贵州。①

不过，严重的疟疾到底能否形成"瘴疠之地"，或要持一种怀疑和谨慎的态度。自秦汉以来，瘴气和瘴病之说虽不断变动，但宋元以后主要集中于西南地区，② 特别是少数民族的聚居之地，也就是说，"瘴疠之地"的认识始终与汉文化的推进，以及少数民族的迁徙有关。今日所形成的"蛮云瘴雨"、"蛮瘴之地"等词，不仅多为贬义，还直接将西南地区与瘴气和瘴病联系起来。有学者在梳理瘴气和瘴病概念的发展演变后，亦认为瘴气的概念总体上在被泛化，瘴区的范围总体上呈扩大趋势。因而，他认为瘴气和瘴病更多的是一种文化概念。③ 所以，仅仅是以疟疾为代表的各种疾病很难形成"瘴疠之地"的认识，瘴气和瘴病更多的是一种文化概念，是建立在中原民族正统思想与概念基础上，逐渐形成的对边远民族的偏见与歧视。尤其是西南地区毒蛇盘踞、树林蒸郁，更容易滋生疾病，且始终未被中原文化所同化，这种基于部分事实的、建立在地域偏见与族群歧视基础上的"瘴疠之地"的认识就自然产生了。也就是说，以恶性疟疾为主的瘴气和瘴病是客观存在的，不过说西南地区是"瘴疠之地"，则有所夸大，这种瘴气和瘴病更多是基于部分事实的、建立在地域偏见与族群歧视基础上的文化概念。

(二)"巫医一家"

与"瘴疠之地"认识类似的是西南少数民族医药。面对如此严重的疟疾，西南地区的民众并非手足无措，相反，他们拥有一套独特的医药体系，只是此种医药一直与鬼神迷信相连，功效不为世人所重视，苗医苗药即是如此。清朝乾隆之前，黔南地区都未入"官籍"，被称为"苗族生界"，大部分地区都沿袭清初的土司制度，有"蛮不入境，汉不入洞"的禁令。此时，中医药还没有传入该地区（中医药在改土归流之后才逐渐传入），西医也未得到推广（西医的传入在清末民国以后），苗民多靠苗医苗药来医治疾病。在农村社会，许多寨子平均都有 2~3 名苗医，他们了解和熟悉本民族的健康状况，看病不分贵贱，收钱很少。苗医历来是医护一体，在历史上无专门医疗机构，医生均个人设诊。有些

---

① 李兴盛：《中国流人史》，黑龙江人民出版社 1996 年版，第 618~621 页。
② 龚胜生：《2000 年来中国瘴病分布变迁的初步研究》，《地理学报》1993 年第 4 期。
③ 张文：《地域偏见和族群歧视：中国古代瘴气与瘴病的文化学解读》，《民族研究》2005 年第 3 期。

地方苗医人数众多，关岭县五岗乡有一苗寨，500多人中有300人能看病，被誉为"苗医之乡"。① 实际上，在改土归流之前，苗医和苗药已有记载，道光《凤凰厅志·丧葬篇》言："苗地多产药饵，其药名诡异，非方书所载，或吞或敷，奏效甚捷。"16世纪左右，贵州关岭、镇宁一带的苗族医师既能认识几百种药草，又能治疗许多疾病，还有若干特效偏方，并擅长针灸技术。有的药师还在农闲季节远足行医，贵阳、成都、重庆、广州、上海、武汉等地都有苗医的身影。② 可见，传统社会的苗医与苗药是黔南民族地区疾病治疗的主要手段，即便是近代西方传教士的介入和现代医疗因素的发展，仍改变不了苗族、布依族、侗族、水族等利用苗医苗药的医疗习惯，甚至在解放以后，随着国家卫生机构的大规模建立和覆盖，少数民族的各类疾病仍以苗医苗药治疗为主。

但为什么新中国成立初期苗医和苗药不为新政权所重视呢，这或许与"巫医一家"的特性以及新政权反对封建迷信有关。在历史上，由于受楚国巫文化的影响，黔地笃信鬼神。《宋史·蛮夷列传》有载："诸蛮族类不一，畏鬼神，喜淫祀。"又载："西南诸夷，汉牂牁地，疾病无医药，但击铜鼓、铜沙锣以祀神。"③ 该记载表明西南各民族铸造铜鼓祭神驱鬼一事历史悠久，并形成了特有的铜鼓文化，其中以苗族最为代表。人生病时，巫师对病人施行巫术，被称为"过阴术"或"望鬼术"。传言人生病只有一种鬼作祟，但鬼怪确有七八十种之多，对待不同的鬼怪需要不同的祭品和驱除方法，所以巫师作法前必须通过"过阴"或"望鬼"以确定何鬼作祟。巫师在驱鬼的同时，也兼用草药和其他外治法治病，这些用药经验和治病方法逐渐成为苗医的常用方法，草药成为苗药的组成部分。也就是说，巫师作为苗族社会中早期的职业分工，他们掌握了一些医疗技术，因而肩负医生的职能。后随着巫师地位的衰落，他们中的一部分人分化为职业苗医，但该群体仍不可摆脱鬼神思想，行医中也有程度不同的巫术内容和形式。简言之，就是巫师在产生之初就已包含用药治病的内容，此时两者的关系为"驱鬼为主，用药为辅"；苗医职业独立后仍旧使用驱鬼辅助，两者的关系演变为"用药为主，驱鬼为辅"，正所谓是"巫医一家，神药两解"。

新中国成立以后，苗医苗药亦被当作封建迷信而加以反对，如丹寨县的土改卫生工作队即认为苗族患病的民众普遍相信鬼师，一般用鸡鸭狗猪牛等祭祀，有着多年的历史，并演变为一种风俗习惯。④ 当时文件亦称：少数民族"生了病至多吃点草药，一般的依靠祭鬼念经来解决。山头、彝族、傈僳等族，生了病先杀鸡祭鬼；不好，再杀羊，杀牛，常常把家产耗尽，牲畜杀绝。"⑤ 显然，包括"巫医一家"在内的民俗习惯都被视为封建迷信，在西南地区传统医药已被边缘化的情况下，要处理疟疾疫情，急需现代卫生治理，新政权也深信只有现代医药才能解决民众的疾病困境。

三　社会动员下的疟疾防治

新政权通过卫生组织建设，改造了西南地区原有的卫生网络；通过卫生宣传教育，消除了西南民众对新政权的敌视；通过训练卫生员，增加了少数民族中的社会主义新人；通过普及型服药、卫生清洁和灭蚊，进行了广泛持续的群众动员。这些举措都成为国家权力扩张的重要表现形式。

---

① 谭学林：《苗族医学发展概要》，《中华医史杂志》1988年第1期。
② 龙致光：《苗族的理工农医技术成就》，见龙致光主编《存稿聚览：黔南文史资料选辑》（第18辑），2002年8月，第109页。
③ 《宋史》（卷495、496），中华书局1977年版，第14225、14175页。
④ 贵州省土改卫生工作第五队六分队：《丹寨县土改卫生工作总结报告》，1951年10月5日，黔南州档案馆：51-2-98。
⑤ 《解放前西南少数民族的卫生状况》，《西南卫生》1951年第1期。

(一) 加大抗疟宣传教育，建立抗疟的组织网络

为了达到防治疟疾之目的，黔南各级政权都普遍加大了抗疟的宣传教育。1955年和1956年，在疟疾高发期间，各地采用了多种形式的宣传教育。紫云县利用留声机、家庭访问及各种不同形式的会议进行卫生宣传教育，向民众宣讲中国共产党和人民政府对基层农民的关心和照顾。① 册亨县以卫生干部为骨干，依靠基层组织，利用各种会议，广泛开展抗疟的宣传。在重点乡进行图片展览，幻灯巡回放映。1956年，册亨县共计举行图片展览9次，受众900人，幻灯放映22次，受众1300人，甚至有几十岁的老太太也来观看。② 广泛的宣传动员一定程度上消解了西南地区民众对新政权的敌视，有着发动群众、增加民众认同的作用。

同时，黔南地区成立了常设的防疫组织和抗疟组织。1952年7月，贵州省卫生厅组织首批医务人员到罗甸县城关设立了疟疾防治所，拨款4亿元（旧币），建房800平方米，从事疟疾研究与防治，并发放大量的药品、器材。1954年6月，疟疾防治所划归罗甸县管辖，改称县疟疾防治站。③ 1956年7月，都匀专属以专区卫训班学员为主，组成10多个疟疾防治组，下到各县协助开展疟防工作。④ 为了加强疟疾治疗和疫情控制，各地还成立了大量的临时组织。据不完全统计，1955年，在疟疾高发期间，黔南地区除原有200人的卫生干部外，还动员了300多人的社会力量。各县普遍建立了相应的防治机构，如平塘县建立了防疫指导组；丹寨县建立了防疫卫生委员会，各区建立了防疫指导组；都匀、三都县建立了防疫办公室。这些防治组织由县党委直接领导，督促各区防疫工作，如麻江县下司区由该县委组织部长亲自领导防疫工作。⑤

这种防治组织一直延伸至社会的最底层。1956年，册亨县为了抗击疟疾，在基层采取四级制的组织架构，乡设抗疟组，社设保健室，生产大队或自然寨设卫生大组长，5至10户为一服药组，设一小组长。该县先后成立抗疟防痢委员会1个，各区社抗疟防痢组4个，共有服药员293人、保健员416人。⑥ 紫云县则将卫生工作人员全部下派到疟疾高发区，1955年，防疫站经过1月、2月的准备后，3月份开始将防治人员派至疟疾重点乡，共分为5个小组：纳荣乡为第一组（共2人）；革井乡为第二组（共3人）；新纳乡为第三组（共3人），2人住在新的重点村，1人住在原重点村做巩固工作，该组还负责晒林乡的治疗；清泉乡为第四组，分配3人，2人住清泉重点村，1人住原重点村做巩固工作；化验组为第五组。⑦ 黎平县专门成立了服药小组，他们以合作社、生产队、互助组等生产组织为基础，将就近的单户编入，以服药对象10~20人（四五户）为一组，每组设服药组长，具体贯彻服药工作。组长是在群众中有一定威信、热心的卫生工作者，大部分由党员、团员、卫生员、保健员、接生员来担任。⑧ 防疫组织和抗疟组织保障了疟疾防治工作的正常推进，通过自上而下的卫生组织网络，家家户户都被纳入卫生组织网络之中，乡村卫生网络由此形成。

---

① 紫云县防疫站：《1956年工作总结报告》，1956年12月，黔南州档案馆：80-1-31。
② 册亨县人委卫生科：《1956年卫生工作总结》，1956年12月31日，黔南州档案馆：80-1-4。
③ 罗甸县史志编纂委员会编《罗甸县志·民族志》，贵州民族出版社1989年版，第141页。
④ 黔南布依族苗族自治州史志编纂委员会编《黔南布依族苗族自治州志（第7卷）·卫生志》，贵州人民出版社1994年版，第28页。
⑤ 都匀专属卫生科：《目前疟痢疾上升情况》，1955年10月25日，黔南州档案馆：51-3-414。
⑥ 册亨县人委卫生科：《1956年卫生工作总结》，1956年12月31日，黔南州档案馆：80-1-4。
⑦ 紫云县防疫站：《1956年工作总结报告》，1956年12月，黔南州档案馆：80-1-31。
⑧ 黎平县人民委员会：《关于1956年度疟疾防治方案（黎卫行字第22号）》，1956年5月9日，黔南州档案馆：80-1-31。

(二) 进行广泛的普及型服药，治疗疟疾患者

新中国成立初期，由于医疗条件的限制，多使用"百乐君"、"阿的平"、奎宁等抗疟药物。各种药物的使用都有严格的规定，比如奎宁注射剂决不能做皮下注射，亦不可做肌肉注射，因肌肉吸收并不比口服快，并易至硬结，日久不消，甚至引起局部组织坏死，亦有形成脓肿者。如遇严重而不能口服药物的患者，可把"阿的平"注射 0.4 克溶于 10 毫升蒸馏水中做肌肉注射，其吸收较口服者快，必要时第二天再注射一次，至能口服时即停止注射，改为口服。① 黔南地区最为常用的药物为奎宁、"百乐君"、"阿的平"，必要时还给予"硫酸规宇"，一般采取 5~7 日疗法。经过治疗，一般良性间日疟及三日疟均能收到良好的疗效。服药后复发的比例一般较低，丹寨县的 106 名间日疟患者，服药后有 8 人复发；87 名三日疟患者中，复发者有 5 人；其他复发者 20 人。复发者多系不及时服药、中途停药或送药者因事耽误造成。② 在普查时，被查出的疟原虫患者被要求继续服药，紫云县有一名 50 岁的女性患者，为 1954 年以来的老患者，经常复发，曾用过"奎宁"、"阿的平"等药品进行正规治疗，均无效。1956 年 5 月再次复发，经检查为间日疟原虫，改用阿扑合剂 15 片进行治疗，之后 3 次检查，均未发现原虫，亦未复发。③ 由于疟疾虫具有抗药性，需要调换不同的药物。

普及服药一般都是整区整片推进，即便是未感染疟疾者，也被要求服药预防。1954 年秋末冬初，平塘县在疟疾疫情中，组织了 11000 余人服药，治愈了 4000 余人。④ 1956 年，紫云县服药人数达到 9058 人，其中防疫站工作组服药 6866 人，全县各小学服药人数 776 人，各卫生所服药人数 1416 人。具体方法有两种。第一种是以生产队为单位，由保健员及生产队长为送药员，事先烧好开水，集中监服。如因事漏服或年老者由保健员补服，卫生员进行检查，达到"人人过关"。第二种是由卫生人员及保健员烧好开水，亲自监服。⑤ 1956 年上半年，册亨县预防服药采用七日疗程之法，3 月中旬展开一次服药，人数为 7809 人，6 月上旬又进行一次服药，人数为 1343 人，两次总计 9152 人。⑥ 黎平县对疟疾严重的区域采取两次服药的方法：第一次服药对象为三年内（1954~1956 年）有疟史者，有脾肿者，有疟原虫者；第二次则是普遍服药。⑦ 普及型的服药涉及每个农民，不仅使民众与国家产生了直接联系，也起到了动员群众的作用。

(三) 启动群众性的卫生清洁与灭蚊工作，从预防源头做起

现代医学认为疟疾是由蚊子叮咬而感染疟原虫引起的传染性疾病。因此，卫生清洁与消灭蚊子也是防疫疟疾的主要途径，由于卫生清洁与灭蚊工作需要动员大量的人力，自然就与中华人民共和国的社会动员契合起来。在卫生清洁方面，主要是利用爱国卫生运动，围绕清除垃圾、新建和改良水井、铲除杂草、新建和改建厕所等工作展开。1952 年，黔南地区共清扫垃圾 1244268 担，道路扫除 80572 丈，水井改良 621 眼，污水池填平 602 个，厕所改良 3386 个。⑧ 1953 年，福泉县共清除垃圾 1954650

---

① 人民卫生出版社编辑《问题解答选辑》（第 2 辑），人民卫生出版社 1958 年版，第 62 页。
② 丹寨县人民政府卫生院：《丹寨县 1953 年卫生工作总结报告》，1953 年，黔南州档案馆：51-3-87。
③ 紫云县防疫站：《1956 年工作总结报告》，1956 年 12 月，黔南州档案馆：80-1-31。
④ 都匀专区卫生科：《都匀专区 1954 年卫生工作报告》，1955 年 3 月 8 日，黔南州档案馆：51-3-414。
⑤ 紫云县防疫站：《1956 年工作总结报告》，1956 年 12 月，黔南州档案馆：80-1-31。
⑥ 册亨县人委卫生科：《1956 年卫生工作总结》，1956 年 12 月 31 日，黔南州档案馆：80-1-4。
⑦ 黎平县人民委员会：《关于 1956 年度疟疾防治方案（黎卫行字第 22 号）》，1956 年 5 月 9 日，黔南州档案馆：80-1-31。
⑧ 都匀专区卫生科：《都匀专区卫生科 1952 年工作总结》，黔南州档案馆：51-2-285。

斤，疏通阴阳沟 15615 市尺，运出污泥 38000 市斤，修建阴阳沟 249 市尺，填平污水坑 301 个，清理和消毒厕所 958 个，清除积粪 1320 挑，厕所加盖 81 个，取缔不适当厕所 7 个，新建厕所 5 个，洗刷板壁家具 303 户，清扫马厩畜圈 410 个。① 在 1956 年抗击疟疾高潮中，这种卫生清洁规模更是庞大，仅 1956 年的紫云县就发动民众疏通水沟 704 条，改建新建厕所 557 个，改建新建牲圈 57 个，铲除杂草 5073 吨，施肥 21547 斤，打麻雀 2234 只，清除垃圾 14167 挑，修补路 75 条，消灭老鼠 2316 只，其他害鸟 1501 只。② 三都县在 1956 年 4～11 月间，共动员农民 13265 户清除垃圾 671017 斤，动员农民 98968 户铲除杂草 319830 斤，疏通井渠 3505 条 51849 米，填平凹地 166 块。③ 清洁卫生工作的开展，有效地减少了蚊子滋生环境。在疟疾的高发期，三都县各乡还建立了开水站，广大农民初步养成了喝开水的习惯，有 20 个农业社达到 80% 以上农民喝开水的标准。④ 公共卫生环境和个人卫生的改善，代表着现代文明的发展。

在消灭蚊子方面，更是要求人海战术。每年农历三月底，蚊子开始出现，五六七月最为旺盛，八月开始下降，十月份以后逐渐消失。紫云县根据当地的气候特点，选择五六七月集中灭蚊。在灭蚊运动中，防疫组和抗疟组共组织 3337 户家庭参加灭蚊，在 775466 平方米范围内喷洒 666 粉等药物，受益人群达到 14203 人。⑤ 黎平县的药物灭蚊则分两次，第一次是 6 月上旬，第二次是 8 月中旬。药物灭蚊只在疟疾严重的六、七、九区进行免费喷洒，其他地区则由群众自购，卫生干部给以技术指导。⑥ 三都县二、三、四区各社药物消灭蚊蝇 371466 平方米，受益人数达到 9316 人，参加干部 44 人、社会力量 115 人。⑦ 1956 年，黔南地区进行药物灭蚊的面积达到 2353423 平方米。⑧ 大规模的灭蚊工作不仅一定程度上减轻了蚊子的侵害，而且形成了广泛参与的群众运动。

四 防治西北乡村地区宗教组织绩效：生理健康与心理认同

新中国成立以后，黔南民族地区的疟疾防治在各级政府的重视之下，借助于组织建设、宣传教育、训练卫生员、普及服药、卫生扫除、消灭蚊子等多方面防治措施，基本控制了疫情。1956 年，黔南地区进行抗复发治疗 53628 人，高峰前治疗 28765 人，病社点治疗 37 人，现症病治疗 10225 人，冬休治疗 29 人，其他服药 81732 人，合计治疗疟疾人数达到 174416 人。疟疾的发病人数由 1953～1955 年的年均 367.45 万人，减少到 1956～1959 年的年均 106.33 万人。⑨ 控制疟疾发病率的成效显著。1956 年，贞丰县疟疾发病患者为 4564 人，比 1955 年下降了 29.41%。⑩ 紫云县新纳乡 1106 人，1955 年患疟疾者 358 人，占有人口总数的 32.37%，1956 年患有疟疾者只有 56 人，仅占总人数的 5.87%。重点村落

---

① 《福泉县 1953 年卫生工作总结》，1953 年 11 月 10 日，黔南州档案馆：51-3-63。
② 紫云县防疫站：《1956 年工作总结报告》，1956 年 12 月，黔南州档案馆：80-1-31。
③ 贵州省防疫大队：《1956 年抗疟防痢工作总结报告》，1956 年 12 月 10 日，黔南州档案馆：80-1-31。
④ 三都县人民委员会卫生科：《1956 年防疫工作总结报告》，1956 年 12 月 9 日，黔南州档案馆：80-1-31。
⑤ 紫云县防疫站：《1956 年工作总结报告》，1956 年 12 月，黔南州档案馆：80-1-31。
⑥ 黎平县人民委员会：《关于 1956 年度疟疾防治方案（黎卫行字第 22 号）》，1956 年 5 月 9 日，黔南州档案馆：80-1-31。
⑦ 贵州省防疫大队：《1956 年抗疟防痢工作总结报告》，1956 年 12 月 10 日，黔南州档案馆：80-1-31。
⑧ 黔南布依族苗族自治州史志编纂委员会《黔南布依族苗族自治州志（第 7 卷）·卫生志》，贵州人民出版社 1994 年版，第 86 页。
⑨ 黔南布依族苗族自治州史志编纂委员会《黔南布依族苗族自治州志（第 7 卷）·卫生志》，贵州人民出版社 1994 年版，第 86 页。
⑩ 贞丰县人民委员会卫生科：《贞丰县 1956 年卫生工作总结》，1957 年 1 月 5 日，黔南州 80-1-4。

的疟疾发生率下降幅度更大，1955 年疟疾的发生率为 48%，1956 年降低为 1.6%，这些患者都是外出修路感染的。义副点村十组，1955 年疟疾发生率为 63%，1956 年下降到只有 4.7%。纳荣乡共有 2038 人，1955 年疟疾患者达到 1464 人，占有总人数的 76.34%，1956 年经过防治以后，疟疾患者下降到 118 人，仅占总人口的 5.9%。革井乡共有 2209 人，1955 年疟疾患者有 436 人，占有总人口的 15.6%，到 1956 年，疟疾患者下降到 49 人，只占人口总数的 2.2%。① 由于疟疾疫情得到有效的控制和治疗，农民身体素质也得以提升（以往的疟疾疫情致使农村损失了大量的劳动力），从而保证了农业生产的正常进行。1955 年，紫云县新纳乡收获稻谷和玉米 280800 斤，1956 年增加到 349582 斤，增产 68782 斤，增幅为 24.49%。红山社三队 1955 年收获水稻和苞谷 106000 斤，1956 年增加到 135700 斤，增加 29700 斤，增幅 28.02%。②"瘴疠之地"之说逐渐淡去，并成为历史。

不仅如此，疟疾的有效防治还增强了少数民族对国家的认同，激发了民众的爱国主义情感。相比较老解放区而言，因黔南地区的疾病防治属于新解放的民族地区，因而更具有政治意义。中国共产党属于外来势力，当中国人民解放军以磅礴之势解放大西南时，西南地区民众对其认同和接受程度还是一个未知数。但在疾病防治中，却激发了西南民众的爱国热情，使得新生政权获得了更为广泛的政治基础，证明了政权的制度安排符合社会和民众的需要，这种政治认同也是构建中国共产党和人民政府合法性的关键。册亨县妇女杨翠仙对疟疾防治人员说："不是毛主席来领导我们，你们是不会这样的，挨了骂，尚关心我们。"③ 紫云县民众也认为："共产党毛泽东对劳动人民的关心是多方面的。"纳荣乡一位 70 岁的布依族老人梁老三说："毛主席共产党真是好恩人，他不仅分了田地给我们，让我们自己当家，并且派了卫生同志送药到门上给我们吃，又给我们消灭蚊子，往年一到五黄六月，我家人都几乎要病倒床，今年卫生同志来给我们吃药灭蚊，不但不生病，身体逐渐健康了，吃饭要香一些，生产也有保障了。"④ 此类的言语大量出现在各种文献中。实际上，这种软性的国家治理方式在争取民众认同上有着重要的实践价值。

不过，从新中国成立初期黔南民族地区疟疾的绩效看，还存在诸多制约因素，比如药物效果、防治方式和经济实力等。

从药物疗效看，新中国成立初期防疟药物仍有很大缺陷，它不能像防治天花一样实行种痘，疟疾虫具有较强的抗药性，久治不愈药物就不能再用，而且奎宁、"阿的平"、白乐君等药物的副作用非常大，这才有了后来中国科学家从青蒿中提取青蒿素。

从防治方式看，全国均以消除传染源为主要措施，少数高发或大流行地区辅以药物灭蚊阻断传播媒介。新中国成立以后，伴随着对国民党政府卫生防疫机构的接收和改造，中国共产党的新型卫生防疫机构得以逐渐建立。不过，黔南地区卫生防疫组织建设的速度远落后于疫情的需要。1951 年，黔南地区主要依靠土改卫生工作队这种临时组织治疗疟疾。1952 年，疟疾治疗的主要机构还是各级卫生院。直到 1952 年 7 月，贵州省卫生厅才在罗甸县这一疟疾高发区建立了疟疾防治所，当年治疗县内疟疾患者 20391 人。1953 年 5 月，贵州省卫生厅在罗甸县举办了抗疟训练班，培养防治专业人员，并布置各县卫生院将疟疾防治列为重点疾病开展防治。也就是说，直到 1952 年下半年，黔南地区的疟疾才

---

① 紫云县防疫站：《1956 年工作总结报告》，1956 年 12 月，黔南州档案馆：80 - 1 - 31。
② 紫云县防疫站：《1956 年工作总结报告》，1956 年 12 月，黔南州档案馆：80 - 1 - 31。
③ 册亨县人委卫生科：《册亨县 1956 年卫生工作总结》，1956 年 12 月 31 日，黔南州档案馆：80 - 1 - 4。
④ 紫云县防疫站：《1956 年工作总结报告》，1956 年 12 月，黔南州档案馆：80 - 1 - 31。

得到充分的重视。1953 年,黔南地区才在罗甸县和惠水县的部分乡推行预防服药和药物灭蚊。① 随着疟疾疫情的大规模爆发,1954 年到 1956 年,各地的防疫机构得到加强,尤其是建立了专门抗击疟疾的防疟组,更表明了这一时期黔南对疟疾防治的重视。但黔南地区的疟疾防治往往受到外界各种因素的干扰,以致防治效果打了折扣。比如在 1956 年的疟疾防治中,贞丰县 6 月底才开始调查,8 月调查工作才结束。② 此时,疟疾疫情已经大规模存在。有的县份服药不够及时,服药时间拖长,质量不高,如三都县原新社定时定量服药只达标 56%,全县平均只达标 88%。③ 这些都成为疟疾防治成效上的制约因素。

从药物的费用看,黔南民众,尤其是少数民族对抗疟药物的收费还很难接受。1953 年,黔南地区开始实行疟疾的免费治疗,当年分配的任务是罗甸防疫所 4 万人,惠水 1.8 万人,三都 5 千人,平塘、福泉、荔波各 4 千人,独山、龙里、长顺各 2 千人,贵定 0.5 千人。主要采用奎宁或"阿的平"配合"扑疟母星" 7 日疗法,对现症病人进行治疗。④ 不过,免费数量的不足决定了优惠人群有限。1956 年,在黎平的服药计划中,规定一切服药费用均以收费为主,尽量压缩减免幅度。在预防服药的 5 万人中,黎平县决定只减免 5000 人的药费。减免的原则是劳动力缺乏,因出药费而影响一年生活的贫困农民,并只可减免部分。在此条件下,仍要求药物收费要完成目标,减免费不能超支,服药人数也要达标。⑤ 因此,很多民众对服药持有排斥态度。贞丰县民众怕服药收费,得了疟疾也谎称没有得病。⑥ 三都县虽然在贵州省防疫三队的帮助下解决了药费分摊的问题,但在实践中却很难操作,合作社干部觉得交了钱,生活就会困难,群众亦有顾虑,有了病也不去看。⑦ 三都县群众反映,"收费老火,还要走路钱(门诊费)",收费工作困难。由于三都县属于高寒的少数民族地区,经济基础薄弱,而抗击疟疾的服药任务太重。不得已,三都县卫生科请求将农村的门诊费取消。⑧ 其实,此问题根本还是经济,是当时的财政水平无法支持药物的免费发放。

五 结语

受自然环境和公共卫生的影响,解放前西南地区疟疾疫情十分严重,加之中原华夏文明对南方及其族群的话语歧视,使得对西南地区形成"瘴疠之地"的认识。为此,邓小平在进军西南的准备工作中,曾特别强调预防和治疗疟疾和痢疾的重要性。二野的不少干部和战士也认为西南偏僻、山多、路远、地瘠民贫,太苦,怕回不了家,甚至发生了逃跑事件。⑨ 不过,此时西南地区并非没有医药防治,苗医即是一种少数民族独特的疾病防疫,只是因苗医具有"巫医一家"的特性,致使其在反封建迷信的斗争中被逐渐边缘化。新中国成立初期,疟疾疫情仍十分严重。为此,新政权通过组织建设、宣传

---

① 黔南布依族苗族自治州史志编纂委员会编《黔南布依族苗族自治州志(第 7 卷)·卫生志》,贵州人民出版社 1994 年版,第 82 页。
② 贞丰县防疫站:《1956 年抗疟工作总结》,1956 年,黔南州档案馆:80 - 1 - 31。
③ 省防三队:《疟疾:第一次防治再发服药工作总结》,1956 年 6 月,黔南州档案馆:80 - 1 - 31。
④ 黔南布依族苗族自治州史志编纂委员会编《黔南布依族苗族自治州志(第 7 卷)·卫生志》,贵州人民出版社 1994 年版,第 82 页。
⑤ 黎平县人民委员会:《关于 1956 年度疟痢防治方案》,1956 年 5 月 9 日,黔南州档案馆:80 - 1 - 31。
⑥ 贞丰县防疫站:《1956 年抗疟工作总结》,1956 年,黔南州档案馆:80 - 1 - 31。
⑦ 省防三队:《疟疾:第一次防治再发服药工作总结》,1956 年 6 月,黔南州档案馆:80 - 1 - 31。
⑧ 三都县人民委员会卫生科:《1956 年防疫工作总结报告》,1956 年 12 月 9 日,黔南州档案馆:80 - 1 - 31。
⑨ 邓小平:《进军西南的思想准备工作》(1949 年 9 月 13 日),《邓小平西南工作文集》,重庆出版社 2006 年版,第 1 页。

教育、训练卫生员、普及服药、卫生扫除、消灭蚊子等多方面防治措施，疫情得到基本控制。但是，由于存在药物效果、防治方式和经济实力等因素的制约，疟疾并未被根除。所以，因苗医和苗药的存在，解放前的疟疾防治并不该被低估，"瘴疠之地"亦有夸大疟疾之嫌；同时，新中国成立初期的疟疾防治虽然成效显著，但疟疾仍旧存在，甚至有进一步扩大之势。

那么新中国成立初期西南地区的卫生防疫到底起到了什么作用，或许去除"瘴疠之地"的污名和国家权力扩张才是卫生防疫的真正成效。在卫生防疫中，西南地区不再是"瘴疠之地"，各地开始逐渐认识和了解西南，"瘴疠之地"逐渐成为历史记忆。2010 年的《汕头日报》曾报告："从上世纪 50 年代开始，经过开展全民普查和采用特效药物防治，又施用新式杀来按蚊的喷杀药物消灭疟蚊，'瘴疠之地'早已成历史名词。"① 新政权还通过卫生组织建设，改造了西南地区原有的卫生网络；通过卫生宣传教育，消除了西南民众对新政权的敌视；通过训练卫生员，培养了少数民族中的社会主义新人；通过普及型服药、卫生清洁和灭蚊，进行了广泛持续的群众动员。这些都成为国家权力扩张的重要途径，甚至去污名化本身也是一种国家权力的扩张。

最后，需要说明的是，自 19 世纪生物医学成为全球医学的主流后，许多病菌与病毒都被发现，尤其不可胜数的疫苗，给人类社会一个极为乐观的愿景：人类有能力将传染病全部消灭。天花被宣传消灭后，更增强了人们这方面的信心。黔南地区的天花就是在 1954 年全面种痘后被彻底消灭的。因此，在一般人的印象中，疟疾对于现代文明而言，已经没有太大关联。但是，这个印象与事实相距甚远。新的更加严重的传染病在颠覆人们的认识，比如 ADIS、SARS、禽流感等。这些都让后现代的人们不得不承认人类命运注定与新旧传染病共同生存。② 目前，全球每年还有 1.7 亿余人感染疟疾，即便是疟疾防治已经取得了突破性进展的中国，疟疾患者仍大规模存在。据世界卫生组织 2010 年的报告，2008 年中国疟疾的发病人数高达 13 万余人。③ 疟疾伴随着人类的产生一直到现在，可以预见，未来这个疾病仍不会轻易消失。疟疾与天花的最大区别在于疟疾虫至今仍无法在人体之外加以培植，因此不能完全发展疫苗以预防疾病的发生。就是说疟疾只能治疗，不能预防。好在人类已经发现了奎宁、青蒿素，使得疟疾可以得到一定程度控制和治疗。

---

① 彭锦：《"瘴疠之地"已成历史名词》，《汕头日报》2010 年 4 月 11 日。
② 梁其姿：《面对疾病：传统中国社会的医疗观念与组织》，中国人民大学出版社 2012 年版，第 310 页。
③ 世界卫生组织：《2010 年世界卫生统计》中文版，第 74、82 页。

纳木依人的灾害叙事与文化记忆

吴 薇 王晓葵

摘 要 隶属于藏族的纳木依人主要生活在藏彝走廊上的重要枢纽——冕宁县雅砻江峡谷大拐弯地区。受地形和气候因素影响，该地多风雨雷电、冰雹、地震、干旱、泥石流等灾害，但由于其社会地位的边缘化以及生存地域的封闭性，甚少有人关注其受灾历史和禳灾情况。本文以作者的田野调查为基础，通过质化研究、叙事分析、结构－功能理论等方法，阐释自然灾害发生后，没有文字只有语言系统的纳木依人如何进行灾害叙事、灾害认知、灾害禳解，从而形成其族群共同的灾害记忆，并通过分析纳木依灾害叙事、灾害认知、灾害禳解和灾害记忆建构过程中体现的人、神、自然三者之间的互动关系，探究其在城镇化和科学话语介入下文化记忆的演进过程，力图为西南地区灾害多发的山地边缘族群形成防灾减灾的灾害文化记忆提炼出有共享意义的逻辑图式。

关键词 纳木依；文化记忆；灾害叙事；神话

DOI：10.13835/b.eayn.25.25

纳木依是四川省西南部一个隶属于藏族的边缘族群。目前，纳木依藏族总共 7000 余人，主要生活在冕宁县联合乡、和爱乡（庙顶村）等地。其中，位于藏彝走廊重要地带的冕宁县联合乡是纳木依最主要的聚居区，也是其族群文化的发源地。纳木依没有自己的文字，但有独特的一套语言系统——纳木依语，他们使用纳木依语和象形图案进行交流和文化传承，有不同于藏族的文化源流和民俗信仰。1800 年前，冕宁县纳木依的祖先，随着吐蕃东征，从藏西、藏南喜马拉雅区域东迁到现今雅砻江、大渡河流域，从此生活在崇山峻岭之中，与天、地、山、水、树、石等产生了紧密的联系，形成了以"天人合一"为核心的自然崇拜、以万物有灵为基础的民间信仰。纳木依人从事农耕与高山草甸游牧业，畜养牦牛，形成了农耕文明与游牧文明并行不悖且有机结合的独特民族传统文化，蕴涵深厚的多民族交流、融合的历史根源。

"边缘族群"一是指纳木依社会关注和地位的边缘化，二是指其生存环境的边缘化。纳木依人主要的聚居地联合乡位于雅砻江大拐弯地区，西面是横断山区的锦屏山，东面是山高坡陡的牦牛山，峡谷两岸悬崖峻峭，夹流对峙，地处高山深谷之中，偏僻且交通不便，与外界交流甚少。受此地形和环境等自然因素影响，纳木依自古以来便深受风雨雷电、冰雹、地震、干旱、泥石流、害虫瘟疫等灾害

---

* 本文系 2014 年度国家社会科学基金重点项目"灾害记忆传承的跨文化比较研究"（14ASH5）系列成果之一。
** 吴薇（1993 - ），女，汉族，四川西昌人，华东师范大学社会发展学院硕士研究生，研究方向：文化记忆、少数民族民俗等；王晓葵（1964 - ），汉族，河北文安人，华东师范大学社会发展学院教授、博士生导师，研究方向：灾难民俗学，文化人类学等。

的侵袭。这些灾害以纳木依人的自身体验为基础，经过经验的累积和世代的口传内化为个人记忆，外化为灾害叙事，通过集体记忆的方式建构了共同的灾害认知，从而形成了纳木依的道德伦理和生态伦理，最终固化了整个族群的灾害叙事方式和文化记忆模式。

本文以作者的田野调查为基础，通过质化研究、叙事分析、结构－功能理论等方法，阐释自然灾害发生后，纳木依人在灾害的叙事、认知、禳解和记忆建构过程中体现的人、神、自然三者之间的互动关系，探究其在城镇化和科学话语介入下文化记忆的演进过程，力图为西南地区灾害多发的边缘族群形成防灾减灾的灾害文化记忆提炼出有共享意义的逻辑图式。

一 灾害叙事——灾因解释逻辑与灾害记忆建构

纳木依是一个只有语言而没有文字的族群。神话传说等语言叙事与灾害有着紧密的联系。神话研究者彭兆荣认为，神话研究有七种代表性学派，[①]其中历史学派（认为神话就是历史）、心理缘动学派（认为神话是人类心理积郁的投影）、道德喻教学派（认为神话是社会喻教的示范）、仪式互疏学派（认为神话和仪式相互印证，缺一不可）等都看到了神话与灾害之间的各种联系。[②]"一个群体的神话乃是这个群体共同的信仰体系。它永久保存的传统记忆把社会用以表现人类的世界的方式表达了出来；它是一个道德体系，一种宇宙论，一部历史！"[③]

建立在相似律与接触律的思想原则之上，遵循"前逻辑思维"方式的巫术，在人们认识能力与技术能力不断增强的历史背景下，渐渐变得无法理解，但其行为方式却被人们习以为常地保留了下来，在漫长的历史中地方化为习俗，并采用历史传说或神异故事来填补其原因。[④]此外，神话传说等口传文学可以凭借叙事内容、叙事结构和叙事方式的选择体现出叙事者的个人心性及其背后的集体族群信仰，实现神话传说对灾害记忆的共时性传播和历时性传承，最终建构起具有族群共享意义的防灾减灾的文化记忆。

（一）口头叙事——灾害记忆的形成与传播

受生存地域环境影响，纳木依人自古有"万物有灵"的自然观念，在这种观念的影响下，纳木依赋予一切自然物以神秘莫测的力量，创造出了各种各样的自然神，并将其纳入灾因的解释逻辑中。民俗学上的灾因论把自然灾害作为社会现象或文化现象来思考。灾害被解释为神意的表现、天的警告。樱井龙彦把这种天给予人类社会的信号分成天的惩罚、恶灵作怪、妖怪作祟这三点来考察。[⑤]纳木依的灾因观是这三者的结合，例如干旱和山洪与水神有关、地震与地神有关、火灾与火神有关……其中，雷神与其他灵神不同，它有公母之分。公的称"米衣"，母的称"始"。关于雷神，纳木依流传着一个传说。在上古时期，人们遭受天灾，地上哪里有炊烟，雷神便会往那里打雷，导致人们没有办法生火做饭取暖，难以维持生命。正在大家走投无路之时，一个叫杨咪牙特苏扎日的和尚从天而降，并告诉

[①] 彭兆荣：《神话叙事的"历史真实"——人类学神话理论述评》，《民族研究》2003年第5期。
[②] 李永祥：《灾害场景的解释逻辑——神话与文化记忆》，《青海民族研究》2016年第3期。
[③] 〔法〕爱弥尔·涂尔干：《宗教生活的基本形式》，渠东、汲喆等译，上海人民出版社2006年版，第358页。
[④] 陈赟：《灾难禳解故事中的习俗流传》，《广西右江民族师专学报》2003年第4期。
[⑤] 樱井龙彦：《灾害的民俗表象——从"记忆"到"记录"再到"表现"》，虞萍、赵彦民译，王晓葵校，《文化遗产》2008年第3期。

大家:"你们放心大胆地烧火做饭吧,我会保护你们。"说罢,他便扎了一个稻草人,把稻草人放在人们烧火的地方,稻草人前面放置了一个铜盒子,当雷神打雷时,雷就被关在了铜盒里。这个和尚把雷神从铜盒里拿出来,审问他关于治愈各种疾病的办法,除了麻风病之外,雷神都给出了治疗的方法。从此以后,纳木依就获得了战胜诸多天灾和病痛的方法,唯独不会治麻风病。① 联合乡山高坡陡,树林多,雷雨天气多,雷电击死人的情况经常发生,因此直到现在,人们还延续着对雷神的祭拜。据李志清老人回忆:"在1960年的时候当地遭受了雷电灾害,一晚上打死了三个人,都死在屋里,被雷击死的。死了人之后要送雷神,现在不送了。要一些布条,五种颜色,缠在主人家头上。两只鸡一头猪,扎稻草人,九个脑袋。请和尚念经,杀鸡和羊。苦荞锅里爆花。"

按照上文提到的樱井龙彦提出的灾因分类,在这个灾害故事中,灾难出现的原因可归为"恶灵作怪",与其他神灵崇拜中奉神为全善全知全能的观点不同,这里的雷神是随着灾害的禳解而从恶变善的神。故事中,禳解灾难的契机是名叫杨咪牙特苏扎日的和尚的出现。和尚即纳木依的巫师阿什。他带来了灾难禳解的具体方式——扎稻草人。这是模拟巫术中相似律的体现:利用稻草人与人类的形似,来代替人类被雷神击打,在交感过程中完成雷电灾害的禳解。有意思的是,故事并没有因为雷神被关进铜盒而结束,通过逼问,雷神告诉了纳木依人治疗各种疾病的办法,有一种"将功折罪"的反转意味,也借此完成了雷神由恶鬼向善神的性质转变。故事还提到,雷神并不知道"麻风病"的治疗方法,这与纳木依生存的历史现实有关。由于有限的生活条件和落后的医疗水平,麻风病曾在当地十分盛行,且无药可医,有大量的百姓因此丧命。可见该故事的叙事建构结合了历史事实,更易被受众接纳和传诵,从而使禳解方法被保留下来。

当今天的科学话语介入这样的传说故事,传说的有效性和真实性即刻被瓦解。但它的存在仍有其特定功能。一方面,它说明了在人们无法解释也无力战胜灾害的时代,纳木依人把自然灾害投射到超自然的力量上,认为灾害是人与神之间关系失衡的结果。这印证了纳木依敬畏自然、"万物有灵"的神灵信仰观念。另一方面,由于文字的缺位,纳木依人依靠建构和传播类似的传说来消解对雷电灾害的恐惧,形成并延续关于雷电灾害的叙事记忆,树立起对雷电灾害的预防警示意识。

(二)地方性知识与应对路径

笔者在田野中发现,纳木依流传最广的神话故事是洪水朝天——一个关于灾害、族群起源、多民族关系的民间叙事。陈雪英认为,西南少数民族的洪水神话、禳灾仪式及日常践行构成的灾难认知叙事外化、仪式内化,并向生态伦理转化的过程,在人与神性自然"失序—有序"的动态平衡中,诠释了灾难的发生,消解其自然和人为双重属性。② 各民族几乎都有洪水母题的神话,但其亚型有所不同,表现在形象设定、结构情节等方面,反映出该民族内隐心性和外显信仰文化的差异。

纳木依的洪水神话有两个主要的异文。其一与西南地区少数民族传统洪水母题神话相似,结合兄妹婚亚型,形成了"洪水灾因—毁灭人类—兄妹出逃—兄妹占卜成婚—繁衍后代"的叙事结构。兄妹婚情节在纳木依叙事中表现为:在洪水灾难中幸存的兄妹受白胡子老头指点要结婚,由于哥哥拒绝,老头提出用滚石磨看其是否重叠的占卜方式占卜,结果显示让二人结婚。白胡子老头的出现是灾难禳解的契机。提出的禳解方式为:利用占卜方式引导兄妹成婚。其中,占卜的介入赋予兄妹婚发生的正

---

① 冕宁县文化影视新闻出版和旅游局、冕宁县史志办编印《冕宁藏族调查资料汇编》,1982,内部资料,第168-169页。
② 陈雪英:《西南少数民族灾难认知图示、叙事及传统应对》,《西南民族大学学报》(人文社会科学版)2013年第7期。

当性,说明这是天命神定的意旨。石磨重叠是性与生殖的隐喻符号,该神话利用兄妹婚型叙事结构体现了纳木依的生殖崇拜观念。在洪水神话中嵌入兄妹婚符合列维-斯特劳斯认为神话是"为克服矛盾而提供一种逻辑的模式",即在氏族外婚制普遍建立的情况下,为血缘婚的发生提供正当的存在理由。[①] 在这个类型异文的最后,兄妹生了三个儿子,分别是藏族、汉族、彝族的祖先。纳木依人因此说:"汉藏彝自古就是一家,不能相互剥削压迫,要好好在一起休养生息。"这样的叙述显然是受纳木依生存地域的多民族语境影响而形成的。纳木依人聚集的联合乡是藏、汉、彝的杂居地带,这样的故事结构有利于纳木依维系与彝族和汉族的关系,同时将自己的祖先叙事成其他民族祖先的兄弟,彼此平等和睦。这又体现了纳木依人"性朴寡争"[②]的尚好以及包容、开阔的胸怀,正如其民歌里唱到的:"东南西北五彩云,有福欢聚在蓝天。汉族彝族和藏族,有福相居金河边。"

另一种异文则打破了这一叙事结构,一定程度上更贴近纳木依的历史真实。在第二类异文中,兄妹婚亚型故事结构被瓦解,取而代之的是仙女型人神婚故事。兄妹在洪水中存活后分道而行,妹妹嫁给了别人,哥哥"措次沃"与仙女"美亮葛米"相爱。仙女父母各种阻挠,用"下雪蛋子"(即冰雹)的惩罚方式降下灾害,燕老鼠(蝙蝠)偷听到仙女阿爸阿妈说的话:"庄稼被水淹,只有犁沟把水放走才行。沟要后高前低,水才能自流,庄稼可以得救。另外,要养活小孩,他们就得在家后墙内烧香,请人念经,并要拿牲畜等来祭供,使他们常常想到我们,这样可以驱邪保佑小孩平安。"通过燕老鼠的帮助,二人按照阿妈说的话去做,最终在泛滥的洪水中活了下来,在荒凉的土地上繁衍了子孙后代。

笔者认为,该神话从洪水母题中的兄妹婚亚型演变为人神婚的原因有三点。其一,随着社会发展,受乱伦禁忌的影响,纳木依逐渐接受了近亲不能成婚这一科学要求,原来的神话故事失去了其功能(为兄妹婚寻求正当性)。纳木依巧妙利用这一情节变异,使得该故事在失去原有功能的情况下又汲取新的生命力——传播灾害知识,形成应对路径。其二,人神通婚,后代具有神性更能够加深族群的认同感和自豪感,其三,人神婚和兄妹婚相比,象征了一种族外婚恋观的转变,标志着不同氏族的融合。这也是受多民族语境影响下的典型化叙事结构,是纳木依在汉、藏、彝杂居地区生存的直观体现。据说从那时候起,纳木依人就有了自己的巫师——帕子,并且衍生出了以念经、杀牲祭祀为主的一系列禳灾仪式。在该神话异文中将惩罚方式设定为"下雪蛋子",是受高原山地气候影响而形成的地方性知识的体现,也是符合纳木依历史真实的。神话叙事之所以能够使某些"无意义"的符号变得"有意义",根本原因就在于神话有着自己的逻辑和结构。利奇认为:"神话逻辑的陈述与一般实在经验逻辑法则相冲突,但是,只要说话者和听话者或者表演者和观众具有同样的有关超自然的时空和超自然存在属性的传统观念,他们就可在'大脑中'表现意义。这些属性在整个人类社会具有一种普遍的一致性。"[③] 因此,神话传说通过一定的内在逻辑和结构,为纳木依族群搭建起统一的对超自然时空的认识,从而形成了一致的灾害认知、灾害记忆和灾害应对方法。

总而言之,通过口头民间叙事,纳木依赋予"叙事"以"话语"的功能性,使其神话传说具有三个方面的功能。其一,雷神、洪水朝天等类似的神话故事反映了纳木依人的认知水平及其与未知世界交流沟通的方式,形成了后代对人与自然、人与神灵之间关系的认识,使人们对神灵与自然保持敬畏

---

① 章立明:《兄妹婚型洪水神话的误读与再解读》,《中南民族大学学报》(人文社会科学版)2004年第2期。
② 光绪辛卯季冬十一月增刻续纂《冕宁县志》,凉山州文化影视新闻出版局2011年版,第75页。
③ [英]埃德蒙·利奇:《文化与交流》,郭凡等译,上海人民出版社2000年版,第73页。

感。其二，通过神话故事中对灾因的解释和禳灾方法的叙述，面对未知的灾害感到恐惧和无所适从的纳木依人能从中获得慰藉和补偿，一定程度上有利于消解人们的恐惧心理，维系族群稳定。其三，它对纳木依人有教化的功能，能引导人们找到各种灾害的应对路径。

二 民间信仰介入下的灾害认知——伦理价值的建构

通过神话故事等口头叙事，将灾害放入人、自然和超自然力量的三维框架中进行理解和诠释，增强了人们对超自然的神灵的敬畏与信仰，引导、强调甚至创造了纳木依日常生活世界中的道德伦理、生态伦理等价值取向，影响了纳木依对人与人、人与自然、人与神灵关系的实际处理方式。结合其民间信仰，这些简单的灾害记忆内化成整个族群的价值文化认同，主要体现在道德伦理和生态伦理两个方面。

上文提到过，纳木依民间叙事中要避免灾害就要烧香念经，并要拿牲畜等来祭供祖先，如仙女阿妈所说，"常常想念我们"才能"驱邪保佑小孩"。这样一种祭祖以护幼的方式体现了纳木依对孝的尊崇和要求，而纳木依人因此坚信，"不孝"必将招致"灾祸"。"孝"在这里通过口头叙事方式被传播和传递着，并且被话语赋予一种隐性的强制力。传播者因为希望自己的后辈孝顺自己而乐于重复叙事，并积极主动地建构一些有利于自己意愿达成的话语；接受者因为希望自己免受灾害而对此保持警惕并虔诚地去执行，"孝"的概念从朴实的普世性要求变成了与自身福祸相关的必然选择，实现了民俗叙事的道德教化功能。

在笔者与纳木依信仰传承人李志清[①]老人交流时，他提到，如今，尽管有科学话语这一"他者"的介入，联合乡人们对雷电灾害的认知依旧受旧时的影响，认为是"干了不该干的事""做了恶"才会遭雷打，因此，老人们均会在每一个雷电交加的夜晚提醒晚辈要本本分分，不能作恶。这无疑是由灾害认知触发的对子子孙孙品行之"善"的要求。"孝"和"善"因此被赋予禳灾的隐喻力量，在维系内部的长幼尊卑秩序、族群团结以及外部稳定时起到了重要的作用。可见，由灾害记忆形成的灾害认知对群体中每个成员的行为方式都有着强有力的规范和约束作用。这种规范和约束力还促使纳木依人的伦理道德观念随着灾害记忆的传播得到进一步的流传。

陈雪英认为，通过解释作为地方性知识的灾难认知的表述、实践、再生产及作用于日常生活世界的过程，能探究灾难文化及生态之间的深层互动关系。[②]

和崇山峻岭的生活环境有关，纳木依人有虔诚的山神崇拜和树神崇拜。在纳木依先民的信仰中，山神是最大的神灵，它主宰着风雨雷电以及狩猎、采集的丰歉。纳木依人居住地区受高原山地气候影响，多冰雹、雷电之灾，先民认为这是山神在云层中吐毒水而形成的。山与树有着密不可分的关系，山神崇拜除了专门祭祀山神的"牛王会"仪式外，还体现在视树为菩萨的树神崇拜观念中。纳木依每家人房屋前几乎都有一棵"菩萨树"，它主宰了本家的福祸与病痛，是神灵一样的存在。如果对树神不敬，对山神不恭，就会招致雷电和冰雹灾害。

于是对神灵的祭祀与对灾害的防御被结合起来，神灵信仰内化成一种坚不可摧的力量保护着树木、

[①] 受访者：李志清，男，60余岁，纳木依民间信仰传承人；访谈者：吴薇；访谈时间：2016年2月；访谈地点：冕宁县李志清家中。

[②] 陈雪英：《西南少数民族灾难认知图示、叙事及传统应对》，《西南民族大学学报》（人文社会科学版）2013年第7期。

保护着自然环境。在冕宁县，至今仍有不少菩萨林、菩萨岗等类似的地名，冕宁民间有"汉人有个祖坟山，西番有个菩萨林"的说法，意思是动了菩萨山，就像挖了祖坟一样伤心。因此人们（无论是纳木依还是其他民族）形成了一种不成文的默契和约定，即菩萨林的树木绝对不能砍伐。这类以趋利避害为出发点的神灵信仰所形成的生态伦理价值观念甚至在经济利益面前都坚定不移。

笔者田野时发现，冕宁县联合乡核桃村附近有一大片茂密的青枫树林，青枫（也作冈）树的树干紧实，纹路整齐，是钢炭烧制上好的原材料。若将这些青枫用于钢炭制作，必然会成为纳木依良好的生财之道。但当笔者询问当地纳木依人是否会砍伐这些树木做钢炭取暖生火或者卖取钱财时，得到了坚决否定的答案。当地人告诉笔者，他们的青枫林之所以茂盛就是因为从不会有人去砍伐，若有人敢砍伐必定受到人们的谴责和诅咒。他们最多只是将青枫树自然掉落的叶子拾回家垫在牲畜的圈里或者引火。笔者认为，这种宁愿牺牲经济利益也要保护树木的态度和做法，与其认为灾害的发生是人神关系失衡的结果是分不开的。可见，民间信仰对灾害记忆的作用使纳木依人克服了人类自私自利的狭隘利益观念，从而树立起人与自然和谐而双赢的环境保护观念和生态整体意识。

在灾害记忆形成灾害认知的过程中，由于民间信仰的介入，单纯的自然灾害现象与超自然力量发生关联，促进了纳木依孝、善的道德伦理和敬畏自然、保护自然的生态伦理观念的形成。这样的灾害认知也反过来强化了纳木依的灾害记忆。

三 灾害禳解——仪式的展演

神话具有防灾减灾的功能，这种功能是通过描述灾难事件和景观、举行仪式和遵守宗教规则、宣讲道德规范和社会传统等来实现的。神话中的重要内容是通过仪式的方式流传下来，并将意义普及大众的。[①] 由此可见，除了口头叙事之外，灾害知识的再生产以及灾害记忆的强化需要借助禳解仪式来进一步完成。

纳木依禳灾仪式主要分为定期举行的周期性仪式以及灾害来临时举行的临时性仪式。周期性仪式主要有：应对冰雹灾害的"略土"（即"咒雪蛋子"）、应对雷电等自然灾害的"牛王会"、应对干旱灾害的"谢水节"、应对害虫瘟疫灾害的"火把节"等。临时性仪式主要有"想触甲"求雨巫术和比罗热切的"取水"巫术。

"略土"[②]：受气候和地形影响，纳木依常遭受冰雹（雪蛋子）灾害。为了防止庄稼受冰雹影响，纳木依人会定期请来阿什做名为"略土"的巫术仪式。仪式需要由堡子的各户人家共同出一只鸡、一只羊，并准备一些木棍和画有人像的木板。由一个堡子的领导者去请来阿什，阿什择定一个日子（一般在阴历三月或四月），每家出一人随阿什上山，将木棍插在东、南、西、北四方，宰了羊和鸡，用羊血、鸡血涂在木棍上，木板与木棍放在一起，阿什念经祈山神防雹，并用牲肉祭山神。祭祀时阿什在脸上一边抹牲血，一边抹面粉。身上只穿右边的衣服，左边的手臂和胸膛都露出来，然后在地上滚。滚完以后吹犀牛角，并招呼天菩萨和地菩萨说："今年你保佑这个地方吉祥，不能下冰雹，不能山水爆发……"然后烧香给天地菩萨和奇毛妖怪，并念专门的咒语来咒雪蛋子，使它不会下来。最后村民们将四周所插的棍棒四处翻打，把五方的鬼像都撕碎，将木棍和木板送往四面八方丢掉。阿什念送山神

---

① 李永祥：《灾害场景的解释逻辑——神话与文化记忆》，《民族研究》2016 年第 3 期。
② 译为防冰雹。

经,全体村民返回村中。若当年不遭雹灾,堡子的人每家要出一点米给阿什,若遭灾就不给。①

举行了禳灾仪式之后,灾害是否发生就成了检验其是否灵验的标准。从最后一句话可看出,这样的仪式其实并不是每次都灵验,并且当仪式并未奏效时人们不用给阿什报酬。也就是说,阿什将作为仪式不灵验时唯一的责任承担者,纳木依人将不灵验的原因归于阿什,而不是仪式或者神灵本身。这一做法很好地规避了"失灵"可能带来的族群失落和恐慌,保护了神灵的权威性,也在一定程度上提供了该仪式一直得以延续的动力。

"谢水节":每年阴历三月初六,纳木依过"谢水节"(竹木惹),主要目的是求雨。阿什用糌粑做成青蛙和蛇、癞蛤蟆,每家派一两人和阿什一起到水沟边将做的"动物"放于水中,并念经。返回时大家都打着雨具,模拟下雨时的样子,嘻嘻哈哈,闹闹嚷嚷,表示雨已经被求下来了。

这是一个典型的交感巫术仪式。交感巫术是弗雷泽巫术理论中的一个重要原则。它分为两个方面:第一是"同类相生"或果必同因;第二是"物体一经接触,在中断实体接触后还会继续远距离地相互作用"。前者称为"相似律",后者可称作"接触律"。相似律,即他能够仅通过模仿就实现任何他想做的事。② 在竹木惹仪式中,阿什用糌粑模拟各种小动物的造型以及大家打着雨具模拟下雨时的样子都是典型的"同类相生",属于模拟巫术。青蛙、癞蛤蟆由于皮肤裸露,不能有效地防止体内水分的蒸发,因此它们一生离不开水或潮湿的环境;蛇类喜居荫蔽、潮湿的草木丛及树木繁茂之地或水中。因此这些动物均能与下"雨"时的潮湿环境关联起来,成为该仪式中"雨"的隐喻符号。这些特定符号与场景模拟,表现出人与自然在下雨时的状态,经由巫师阿什实现了人与神的沟通,完成了求雨这一祈愿的传达。

如上述两个仪式所示,周期性仪式大多是"一家出一人"集体完成,具有全民参与性。这些仪式都需要纳木依共同筹集钱财,并一同协调进行,这个过程一方面将各家各户的纳木依聚集在一起,提供了增强交流和情感的可能性,另一方面通过集体性仪式的完成强化了其共同的民族信仰和文化认同感,最终维系了族群内部的稳定和团结。除了这些集体性仪式之外,纳木依也存在很多为解决偶然或突发的,抑或是临时性的灾害而举行的禳灾仪式。"想触甲"便是其中一例。

"想触甲":这是阿什求雨的一种法术。木耳堡子的蓝光泽说,他的舅舅汉舒荣移是一个有名的阿什,有一次,他去峡谷山上作求雨法术,系用公鸡一只,白绵羊一只,在祭场拣树枝及树叶烧火,使之出现弥天的烟雾,再安放三个石头,杀白绵羊和鸡,煮熟放石头上祭天神。阿什念经:"天菩萨呵!请你落雨,快快落雨,不要落雪蛋子。"边念经边用犀牛角指天指地。堡子上每家去一人,做完后,如果下了雨,要给阿什一升粮食。③

虽然同为求雨巫术仪式,"谢水节"与"想触甲"的区别在于:谢水节是每年定期举行的,无论是否发生干旱灾害;而"想触甲"是在干旱发生后而举行的临时性仪式。此外,其选用的模拟符号和交感过程都是有所区别的。"想触甲"同样利用了"同类相生"的原理,通过烧火制造漫天的烟雾来模拟下雨前乌云密布的场景,从而完成交感。而选用的祭祀品——绵羊和鸡,在纳木依信仰体系里也有特定的含义。羊在纳木依的信仰体系里是保人、畜平安的,但只崇拜绵羊,排斥山羊。他们认为绵羊是祭神之物,而山羊是送鬼之物,用山羊来祭祀、敬祖都是要不得的。鸡保佑着纳木依家里的一切,

---

① 受访者:李志清;访谈者:吴薇;访谈时间:2016年2月;访谈地点:冕宁县李志清家中。
② 弗雷泽:《金枝》,徐育新、汪培基、张泽石译,新世界出版社2000年版,第15页。
③ 冕宁县文化影视新闻出版和旅游局、冕宁县史志办编印《冕宁藏族调查资料汇编》,1982,第178页。

被纳木依人尊为鸡菩萨。过去每家人都会挑选一只鸡冠挺直而正、长得壮实且全身没有一根杂毛的白鸡供养，在房顶东方放 3 个白石，请来扒孜念经，用鸡冠血分别点在 3 个白石上，由白鸡来保佑一家的牲畜、人口及一切家事。鸡老了死时只能由本家的人来吃，不能给外人。鸡死后又要重新挑选一只白鸡来替代，以此循环，周而复始。在这个交感仪式中，有许多元素是与纳木依其他巫术相通的。比如用"绵羊""白鸡"祭祀、3 个石头、"指天指地"等细节，都反映了纳木依"天人合一"等自然崇拜的观念。

从实证主义的角度出发，这样的禳灾仪式其实并不能真正起到消解冰雹灾害的作用，但是它却在科学话语无孔不入的今天，仍然被纳木依人年复一年地践行着。其"对抗"科学话语这一重要"他者"的生命力究竟在哪里？笔者认为，这与纳木依自身的生存状态和文化传承有关。纳木依没有文字，灾害记忆的形成与灾害经验的传递缺乏记录和保存的途径。仪式本身提供了灾难认知再生产的具体路径和社会场域。知识再生产可以采取多种方式，如口耳相传、文本传承、行为示范等。一般而言，普遍性知识的再生产多借助文本传承。而在西南地区，多数民族过去长期没有通用文字系统，而学校教育也不甚发达，仪式中的知识再生产尤显重要，同时也具有自己的特点与优势，主要体现在公共性知识内化与个体知识外化的交互过程中。① 如康纳顿提出，保持和传承"社会记忆"的关键在于纪念仪式、习惯操演和身体实践。② 因此，除了灾害知识的再生产功能以及禳灾经验的传递功能之外，它还强化了灾害记忆。唐纳顿还认为仪式的效用不限于仪式场合，"在仪式上展示的一切，也渗透在非仪式性行为和心理中。尽管仪式在时间和空间上有自己的范围，但似乎也有渗透性。仪式之所以被认为有意义，是因为它们对于一系列其他非仪式性行为以及整个社群的生活，都是有意义的"。③ 随着社会的进步，原住在联合乡的纳木依人都依靠亲戚好友的帮扶尽可能往县城附近搬迁。原本聚居在一起的纳木依族群散落在了四面八方，少有接触。在年轻一辈都入学接受科学普及教育之后，其族群组织秩序和文化共同体也面临被弱化甚至消解的危机。于是每年定期举行的周期性禳灾仪式通过把四面八方的人聚集起来，起到了社会整合、维系族群秩序，从而建构文化认同的目的。据李志清说，堡子里一些大型的仪式，如"牛王会"、做帛等，无论纳木依人在多远的地方上班、上学，都要全部赶回来参加，否则会受到山神的惩罚和族群的谴责。总而言之，禳灾仪式至今仍在纳木依族群中保持活力，已经无关乎仪式是否灵验。随着自然科学的发展对灾害的解释力增强，禳灾仪式的功能也发生了改变：从预防和禳解灾难的手段变成了增强族群文化认同感的载体。而仪式本身，经过长时间、周期性的展演，逐渐演变为一种习俗被传承下来。

四　遇灾、解难、成俗——文化记忆的演进

从历时性角度来看，纳木依人灾害记忆的形成一般包括遇灾—解难—成俗三个过程。起初，由于没有文字，纳木依人利用口述的方式表述自己的灾害体验，建构神话故事来解释作为地方性知识的灾害认知，并通过身体实践的仪式操演来强化和传承灾害记忆。这些灾害叙事、禳灾仪式经过无数次的实践展演和漫长的时间积淀，地方化成习俗，单纯的灾害记忆也随之演进成为族群间共同的文化记忆，

---

① 陈雪英：《西南少数民族灾难认知图示、叙事及传统应对》，《西南民族大学学报》（人文社会科学版）2013 年第 7 期。
② 〔美〕保罗·唐纳顿：《社会如何记忆》，纳日碧力戈译，上海人民出版社 2000 年版，第 50 页。
③ 〔美〕保罗·唐纳顿：《社会如何记忆》，纳日碧力戈译，上海人民出版社 2000 年版，第 50 页。

至今仍在纳木依日常生活中发挥着作用。其中的典型例子就是火把节。

纳木依火把节与彝族火把节有类似之处，但节日内容和活动方式与彝族火把节有所差异，时间也有所不同。彝族火把节一般是阴历七月二十四左右，而纳木依的火把节则在阴历六月中旬，一般从农历六月十六开始，持续两天。纳木依火把节的举行是为了应对夏季高发的蚊虫瘟疫灾害。驱蚊虫是为了五谷丰登，是为了家人安康、牧畜兴旺。纳木依的火把节不是简单地拿着火把玩，它饱含与百姓生活息息相关的文化内涵。在节日第一天早晨，要先杀鸡敬神敬先祖。敬神前，有一个洁净仪式：取半瓢水，把烧烫的鹅卵石和几枝嫩蒿草一起放入水瓢里，用水蒸气熏烤先祖入座的神龛和器具，达到洁净的目的。熏烤要彻底，各个地方、各个空间都要熏烤到。嘴里咬高声念诵吉祥祝词和各种驱鬼驱邪的咒语，一直到大门外，把石头连同水和蒿草全部倒掉。还要取来少许米饭和肉汤一起泼出去，把小鬼送出家门。然后祭祀山神爷，祈求全家人平安幸福，祝福全村人安康。纳木依人在火把节上有一个习俗，屋内铺满新鲜松枝松针，来客均在树叶上席地而坐。节后把松针松叶全部清除出去，有消灭跳蚤的作用。傍晚，家家户户都点燃火把扑烧蚊虫，分男女两队，左手举火把，从家里的上把位开始。首先在每样家具底下扑火，从上房到各个房间，提前用松树朽叶和鸡粪搋打而做成助燃粉，扑家具时把助燃粉洒向火把，顿时一股旺火燃起，所有藏匿在家具底下和阴暗角落里的蚊虫全被烧光。家里扑完后，便去庄稼里。庄稼扑完后，火把仪式的功能从灭虫害转变为娱乐。你扑我，我扑你，增进彼此的感情，扑的人越多，说明人际关系越好，驱邪驱鬼也越彻底。[①] 火把节，本是禳灾的仪式，后来逐渐演变为敬神娱人的活动：一方面祈求火神烧死危害庄稼的害虫，禳解蚊虫灾害，祈求先祖保佑平安吉祥兴旺；另一方面通过这样的嬉闹活动联络各家各户、团结族群关系。可见，最初的遭遇蚊虫瘟疫灾害—利用火把驱除蚊虫解难—形成火把节的传统习俗，也就是纳木依人遇灾—解难—成俗的文化记忆展演。

对于纳木依人而言，叙事和仪式是促进灾害体验和灾害记忆、形成灾害防治机制的重要途径。但需要注意的是，这些叙事和仪式是"选择性的记忆"，是随着表演者、场域、时间等因素的改变而变异的，不断地重复记忆和秩序，也必然不断地继承、重构和创造新的文化记忆。特别是在少数民族城镇化的大背景下，大部分纳木依人搬迁到了县城附近，适龄儿童几乎全部进入学校接受教育，科学技术的进步和科学话语的介入打破了曾经一脉相承的记忆模式和文化体系。以前所有纳木依人生活在同一个文化逻辑和传承方式之下，而现在，由于主流文化和"现代性"教育的介入，他们拥有了选择的条件和选择的空间。这种选择挑战了他们固有的灾害记忆和民间信仰模式，也给他们带来了要传统还是要科学的心理矛盾。

纳木依信仰文化传承人李志清老人的孙子洛都各祖[②]与他之间就形成了一脉相承又各信其信的对比。笔者曾分别对李志清老人和洛都各祖就灾害记忆的相关问题进行访谈。相比完全受纳木依传统信仰影响的爷爷来讲，自从五年级就到县城上学一直到大学本科毕业回到县城民族中学当老师，洛都各祖接受了相对完整的主流的科学教育，与爷爷的世界观和价值观和而不同。在他的记忆中，纳木依人主要的自然灾害是下冰雹，每年下冰雹都会给庄稼和人造成很大损失。相比对各种禳灾仪式都了如指掌的爷爷，洛都各祖参加过的仪式比较少，主要是为祭祀山神而举办的牛王会——其是为了禳灾祈福

[①] 古涛、王德和：《纳木依藏族文化初探》，四川大学出版社2014年版，第94–95页。
[②] 洛都各祖，男，24岁。跟家人一起曾住在冕宁县联合乡庄子村7组，小学五年级便进县城读书，高中毕业后在西昌学院读本科，现在冕宁县民族中学任历史和体育老师。

而举办的大型仪式。当被问及科学的话语建构了他的知识体系后,他是否还相信禳灾仪式的灵验,他表现得十分虔诚:"说实话,对于我来说,我肯定是信的。因为这是我的民族,我从小就信仰它。"至于原因他认为一方面是受长辈的口耳相传和身体力行的影响,另一方面是与生俱来的民族文化认同感使然。但是对于由这些灾害记忆形成的文化模式的传承前景,洛都各祖却显得不太乐观:"我们这一代还是比较推崇,但是慢慢地汉化之后,受中国汉文化教育之后,下一辈就不太信仰这些了。他们甚至连自己的语言都快说不来了。"当笔者问到对他而言,在他知道科学已经可以解释和一定程度上规避灾害损失时,为什么依然信仰传统的灾害神话故事和禳灾仪式时,他显得非常纠结:"一边是来自长辈和家庭传统灾害文化的解释逻辑,另一边是学校主流科学话语的介入和引导,教育自己不应该信仰这些带有'迷信'色彩的东西,但是自己的所见所闻和成长经历让自己不得不信。就拿雷电打死人来说,从科学的角度可以解释打雷的原理,但是只有用我们自己的观念和信仰才可以解释为什么打死的是这个人。"[1]

可见,尽管科学话语和主流文化的无孔不入向传统的灾害叙事和文化记忆提出了严峻的挑战,尽管城镇化进程的加快不断消解着纳木依人践行民间信仰的热情和场域,但是在经济相对落后的地区(尤其是少数民族地区),由于教育理念以及教育内容与人们的日常生活实际脱节,知识的价值难以在短时间内体现并使人们获益,因此传统叙事和民间信仰依然占有一席之地。而通过灾害叙事、认知、禳解而形成的灾害记忆依旧体现着纳木依族群的认知体系、信仰体系和生存智慧,它有着顽强的生命力和向心力。学校教育让年轻的纳木依人对灾害的发生有一套更科学的认识逻辑,但是学校的灾害教育与传统民间叙事和灾害记忆相比也有鞭长莫及之处。在教育现代化进程中,个体从一个文化背景进入另一个文化场域中时,其心理需要一个漫长和艰苦的过程完成文化适应。这种适应包含对文化的理解过程、对文化的态度、对文化调试的行为以及在这个过程中所承受的压力。因此,尽管纳木依年轻一辈的学习和生活空间里充斥着对灾害科学与理性的解释,他们仍然仅把这些解释作为学习和进步的一部分,而不是全部。一旦有精神上的困惑和无法释放的压力时,他们更多地会转向传统的民间叙事和信仰逻辑,从而获得蕴藉以及文化的归属感和安全感。正如洛都各祖所表达的一样,这些关于灾害的记忆和对灾害文化的尊崇与信仰,从来都不单是为了禳解灾害而发生的,除了防灾减灾功能之外,它还是纳木依人道德、生态等价值体系的规约力量,是民族文化认同感形成的深层基础。

---

[1] 受访者:洛都各祖;访谈者:吴薇;访谈时间:2015年7月;访谈地点:冕宁县民族中学。

生态文化视域下的洱海周边农村环境保护[*]

张 慧[**]

摘　要　大理洱海周边农村自古以来就形成了保护洱海的生态习俗、村规民约、生态价值观等生态文化，对洱海的保护、村落环境的治理有着重要的作用。当前，洱海生态环境保护面临危机，很大一部分原因是当地村民生态价值观在旅游热带来的利益面前而有所改变。本文深入挖掘了洱海周边传统生态文化的内涵，分析了当前生态文化在保护洱海环境的过程中存在的问题，并在此基础上提出加强生态立法、保护生态文化传承、多方参与共治的解决措施和对策，旨在从生态文化的视角更好地保护和延续洱海的生态环境。

关键词　生态文化；洱海生态保护；村落文化

DOI：10.13835/b.eayn.25.26

中国农村生态的发展与现代化因素的蔓延有着密切的关系。改革开放40年来，农村在现代化的推动下取得了显著的发展，农民的物质生活水平得到提升，但现代化带来的受利益驱使破坏农业生态的做法也比比皆是，如水土流失、农村面源性污染加重等，这不只是一个技术性的问题，更是一个社会性的问题。如何规范监管？如何有效促进发展与生态的协调？这些对于当地农村社会发展都是严峻的挑战。

习近平总书记在视察云南大理时提出了"希望水更干净清澈"的要求，叮嘱当地要改善洱海水质。洱海的生态隐患中，沿海农村生产生活行为方式造成的影响不容忽视。而这种影响是不能单纯从技术层面解决的，需要从生态文化的视角来审视人与自然、人与社会之间的关系，探讨人的生活方式、生存态度、意识观念等对环境的深刻影响。因此，有必要从生态文化视域来研究洱海周边农村环境的变迁与保护。

一　生态文化对环境保护的意义

生态文化，按照学者余谋昌的观点，是"人们与自然交往过程中形成的保护生态的价值观念、思维方式等"。具体来说，主要包括以下三个方面。第一，生态文化的精神层次。放弃"违背自然"的

---

[*]　本文系云南省社科规划办青年项目"生态文化视域下的洱海周边农村环境变迁及保护研究"（QN2015002）的阶段性成果。

[**]　张慧，女，中国社会科学院社会学所在站博士后，云南农业大学经济管理学院讲师。

文化，走出人类中心主义误区；建设"尊重自然"的文化，实现与科学、哲学、艺术、道德和宗教等发展的"生态化"，确立人与自然和谐发展的价值观。第二，生态文化的制度层次。通过改革和完善社会制度和规范，改变传统社会自发破坏环境以及不自觉地保护环境的机制，在公正、平等基础上，建立新的人与生物和自然界的伙伴共同体，从而使环境保护制度化，形成自觉地保护环境的机制。第三，生态文化的物质层次。"摒弃掠夺和统治自然的生产方式和生活方式，学习自然界的智慧。"[①] 采用生态技术和生态工艺，综合和合理地利用自然资源，既实现文化价值增值，又保护自然价值，保证人与自然"双赢"。[②]

西方生态文化在早期的古代希腊，就有自然充满着神性和灵性的说法。在近代，自然被认为是一个活力充盈的世界，包括人和万物，都是一个大的有机体。19世纪30年代有超越主义的生态学，其实质就是对西方理性精神的一种反叛，以及对强烈灵性精神的渴求；20世纪环境运动兴起之后，梭罗关于自然各部分之间的协调事项自然不依赖于人的独立价值的实现以及文明与自然之间平衡的思想，获得了丰富的生态学意义，成为非人类中心主义的象征和标志；美国19世纪初的自然保护事业，20世纪70年代欧洲国家的生态女性主义、动物解放与权力论都是致力于生态保护的一些实践活动。

中国文化历史悠久、博大精深，包含丰富的生态智慧和生态思想，不仅体现在各家流派的技术中，还贯穿于中国人基本生活的各种实践中。中国的儒家思想以人为本，用"仁"界定人，强调人生、人性和人类社会，又以天人合一的整体世界观，看待宇宙万物，并把"仁"延伸至自然万物，这就是"仁爱万物"和"民包物与"，与当代生态伦理很相似；儒家的中庸之道，也体现出人与自然的和谐，万物自然生长，社会与自然和谐为一；道家以"师法自然"为主要思想，崇尚自然、顺应自然、强调按自然规律办事，提出"无为""不争""守柔""虚静"等观点，[③] 认为"大自然是一个有机的生物圈，是一个无限循环的整体，不是静态循环，而是动态增长，这是一条根本性的自然法则"。[④] 建立在此基础上的朴素的对自然现象和规律的辩证认识，是生态文化一份珍贵的思想宝库。

少数民族生态文化是随着生态人类学的发展而逐步发展起来的，它是中国少数民族社会所特有的尊重自然与保护环境的物质技术手段、制度措施、思想观念、价值体系及生产生活方式的总和。近十年来，少数民族生态文化研究有了很多成果。如廖国强等系统研究了中国少数民族生产生活领域、制度和宗教中的生态文化以及朴素而深邃的生态伦理观；[⑤] 郭家骥对云南少数民族的传统生态保护文化进行了阐述；[⑥] 王永莉探讨了西南少数民族传统生态文化的内容及特征。[⑦] 随后，不少学者还展开了对某一个特定少数民族的生态文化内容的详细深入研究。如刘荣昆从傣族的宗教、稻作、服饰、饮食、傣寨、文学、音乐舞蹈七个方面，系统研究了傣族的生态文化；[⑧] 葛根高娃等详细解读了蒙古民族的生态文化；[⑨] 杨红阐述了摩梭人的生态文化和生态伦理观；[⑩] 何峰（2006）研究了藏族生态文化；[⑪] 等

---

① 赵仪：《生态文明是一种可持续的文明》，《思想政治课教学》2010年第1期，第89-89页。
② 黄承梁、余谋昌：《生态文明：人类社会全面转型》，中共中央党校出版社2010年版，第6页。
③ 老子：《道德经》，山西古籍出版社2001年版，第44页。
④ 胡筝：《生态文化》，中国社会科学出版社2005年版，第27页。
⑤ 廖国强、何明、袁国友：《中国少数民族生态文化研究》，云南人民出版社2006年版，第7-8页。
⑥ 郭家骥：《云南少数民族的生态文化与可持续发展》，《云南社会科学》2001年第4期。
⑦ 王永莉：《试论西南民族地区的生态文化与生态环境保护》，《西南民族大学学报》（人文社会科学版）2006年第6期。
⑧ 刘荣昆：《傣族生态文化研究》，云南大学出版社2011年版，第5页。
⑨ 葛根高娃、乌云巴图：《蒙古民族的生态文化》，内蒙古教育出版社2004年版，第8页。
⑩ 杨红：《摩梭人生态文化研究》，四川大学出版社2010年版，第4页。
⑪ 何峰：《藏族生态文化》，中国藏学出版社2006年版，第10页。

等。学术界普遍按照生态物质文化、生态制度文化和生态观念文化这三个主题展开研究。

受前人研究启发，本文以生态文化为研究框架，包括制度、风俗、艺术、理念、思维、价值观等相关内容，以洱海周边农村生态环境为研究对象，结合社会学的视角，深入挖掘农村少数民族传统生态文化思想的内涵，并在此基础上，分析当前环境变迁对洱海生态保护的影响，总结经验，并提出相关的意见和建议。

二 洱海周边农村生态文化正面临严重危机

目前洱海的生态保护日趋严峻。从生态文化视角来看，洱海区域周边生态危机主要表现在以下几个方面。

（一）传统自发式农耕生态文化的衰落

自古以来，洱海周边的村民吃水、洗菜、洗澡都依靠洱海，传统的村规民约有不成文的规定：不允许村民在洱海小便、乱倒垃圾，以保障生活和生产有清洁的水源；人、畜粪便清理后堆到各家土地里渥肥，秸秆割下后或喂猪、羊、牛或做肥料，田里清理出的稀泥堆在菜地里做肥料；离岸较近的海草天不亮就被捞干净，实现了自然净化。

近年来，洱海周边农村传统农耕文化逐渐消失。一是农药化肥使用过度。农药化肥的长期广泛使用，使得农田土质恶化、肥力下降，庄稼歉收甚至绝收，目前洱海周边一些田地已经因土质恶化而闲置、荒芜。二是越来越多的年轻人外出务工，农耕技术和农耕文化已无法再传承下去，大部分土地变为建筑用房，自发式的农耕生态文化在慢慢衰落，人们赖以耕种的土地越来越少。

（二）"建房热"背后村规民约被破坏

洱海区域农村的发展速度惊人，甚至可以用"井喷"或"爆发"这样的词来形容，其发展的驱动力主要来自洱海周边的旅游热。旅游市场"短平快"的高效益刺激了村民的建房热和客栈热，导致当地计划没有变化快、规划赶不上市场的步伐，各种新问题层出不穷。在旅游经济带来的可观利益面前，生态环境的保护在村民心中就显得微不足道了。如双廊的过度开发，当地人在金钱的冲击之下，想方设法占地建房、开客栈、做买卖，导致洱海出现排污问题和治理问题，村规民约在利益面前越来越没有约束力；而外地人到此只是为了赢利，过度开发海景房，置洱海污染于不顾，使得长久以来维护的生态平衡被打破，洱海污染日益严重。

另外，洱海周边农村因旅游业带来的村落的发展，使人们生活改善，但在村落的现代化发展过程中，也存在因为利益带来的房产争夺等问题，时常引起村民之间的纠纷。久而久之，村民之间的团结性不那么强了，村规民约的作用力也没有以前那么有约束性了，大家各自都在忙赚钱的事情，而对村里公共的事宜变得淡漠。

（三）传统文化在现代文化冲击下的阵痛

一直以来洱海区域的居民以白族为主，在镇上随处可见白族的风俗、文化、艺术、建筑。城市化带来了多元文化，也导致本土的原生态文化慢慢弱小，甚至萎缩。

第一，白族建筑日渐稀少。具有代表性的就是民居呈现土洋结合的特征，特别是白族的特色建筑——"三房一照壁，四合五天井"的青瓦白墙正逐渐减少，取而代之的是海景房、玻璃房、露天房等多种风格的房屋。而且洱海周边建筑密度之高，是云南其他旅游景点无法企及的，一座座房屋紧密相连，原生态的建筑格局正在快速地被替代。原本秀美的白族古渔村，如今看上去显得有些不伦不类。

第二，传统民族风俗在消失。主要表现在年轻人对民族文化的轻视，他们中的一些人认为穿民族衣服、说本民族语言是非常土气、俗气的事情，自己不愿意做，也不让自己的子女学，在孩子面前避免说白族话，也不唱白族大本曲。大理很多传统的非物质文化遗产也基本上是老年人在传承，如洞经音乐、扎染、刺绣、木雕等技术工艺，年轻人参与的情况并不多见。

第三，传统节日的衰落。例如传统的放生活动和祭海神活动只在两三个村落中还有沿袭，参与的人基本上就是在家的老年人，集中于信仰虔诚的"老斋奶"人群。随着"老斋奶"人群年事日益增高，当地"莲池会"的延续以及文化节日的传承将是一个问题。当然，政府也在通过行政途径推动本主节活动的开展，但和群众自发组织的节日活动相比还是存在参与主体缺失的问题；另外日益商业化的行为，借助节日的名头招揽钱财，导致一些传统节日越来越成为吸引外来游客的所谓"作秀"活动。

（四）白族传统道德观念削弱下的洱海生态危机

洱海周边村民的传统生态文化价值观也在慢慢被忽略，主要表现为以下两点。

一是村民忙于生计，没有时间兼顾传统习俗的传承。许多年轻人热衷于各种外来文化，不愿意参与传统仪式，认为那是老一辈的事情，甚至将传统的习俗看作封建迷信而加以反对和批判。例如放生活动和祭海神活动只有两三个村落还在沿袭，很多村落已经不再举行，大家对海的敬畏之心已没有先辈们那般虔诚。

二是农民思想价值观受到挑战。洱海的美带来了旅游热，旅游的发展解决了农民的生计问题。快速的发展理念不断冲击着本地村民的价值观，唯利是图、不劳而获、斤斤计较、见钱眼开、缺乏信任、弄虚作假等不良的习气也随之出现，以前白族祖先留下的房屋不能随意放弃、变卖，但是现在为了利益，很多人将自己的房子卖给外地人，经营海景房。白族村民勤劳、朴实、热情的传统本性在与外界的不断接触、交流和冲突中变得越来越苍白，传统的价值观受到前所未有的挑战，这对生态环境的保护是极为不利的。

三 从白族传统民族生态文化中挖掘洱海生态环境保护之方

针对洱海周边的环境污染，不只需要从技术手段上进行治理和保护，还需要从生态文化中找到保护洱海周边环境的传统技艺、手段、意识和观念等。千百年来，洱海区域的白族人民创造了悠久的历史文化，这些文化当中有深厚的生态文明保护观念。本研究深入洱海周边农村进行调研，并挖掘相关的历史书籍、文献，从中整理出洱海周边农村生态文化对洱海保护的一些文献和口述资料。

（一）白族风俗习惯中有关水的生态观念

首先，从器物和碑刻中看传统生态环境保护。白族最早的一些出土文物表现出白族先民对水体本身的崇拜。在白羊村遗址和剑川海口遗址出土的罐、碗、钵、盆等陶器上，有大量的条纹、涡纹、水波纹、漩纹、漩涡纹、曲纹等代表水的繁而多变的纹饰，多属手工刻制。① 对白族先民来说，把水的各种形态刻绘在陶器上，绝不仅是为了装饰或审美，而是表现了先民们对水的信仰和祈求。

大理白族习惯法，规定了许多人与自然关系的生态伦理准则，如古代在海西村落的碑刻中有保护水源、山林、动物的记载。《浪穹县志》卷十五《轶事异闻》条载："茈湖深处，水色净绿，每值秋分以后，水净潭清，有巨鱼长五六尺许，净游水面，扬□鼓□、赤额饰麟。渔人厉响鸣榔，殊不惊逝，咸知其为龙种也，凡见之无不返掉云。"白族从古上传下来的规矩为：凡是五六尺以上的大鱼不能随便捕捞，② 如果捕到了要焚香祝祷，立即放回洱海中，否则将会有灾祸发生。古代大理白族及其先民已意识到保护洱海水源的重要性，提出要保护水源、管理好水、用好水。如剑川金华山清乾隆四十八年（1783）《保护公山碑记》提出了"禁岩场出水源头处砍伐活树"的规定。

更重要的是白族先民以朴素的唯物观认识到了水是重要的资源，在洱海南部下关吊草村地母神庙内有一块清光绪年间白族儒生周凤岐写的《永卓水松牧养利序》碑，碑说："盖自天一生水以来，原以养人。水也者，源之远者流自长，必有得天时之善者也。不然，岁序之变迁靡定，天时之迭运无期。或遇天干有几年，遇雨水有几岁。则水之不平，亦人事之不明，特恐因水以起其事也。"指出"天一生水以来"，即自然界产生了水以来，其目的是用来"养人"的。水这种物质源远流长，天时正就有好的年景，不然年成不一，就会有时干旱、有时洪涝。水的供给的不平还会引出人事的问题。所以大家认识到："水利非但有益于一家，而有益于一邑。"

在用水管水上他们制定了公约："免前后以口舌相争，永断祸害之根也。是故议定，每年到栽插之天，尊举三人挖巡，工价送定叁仟。自栽插一开，守水三人昼夜招呼，须上满以下流，自首以至于尾，勿得私意自蔽，不可纵欲偷安，要存大公无私之意，倘有护蔽，不论何人，见者报明，齐公加倍重罚。自于一村栽毕后添苗水者，须从目前干伤，反转添还，至守到十五日满，为挖息焉。自议水利之后，各人听其自然，水利不准私家大小男女出来偷挖，各顾自己也。自水利一严，人人各宜凛遵，莫到临时异言。倘有不遵，犯者，守水三人拿获，速还报明村中头人绅老，齐公重罚银两，究治不贷，勿谓言之不先也。"③ 从中，能看到白族先民对水的敬畏之心。

其次，从传统生态农耕文化中看生态保护思想。大理白族地区有3000多年的农耕文化历史，白族是一个以农耕为主体的民族，而农业的生产方式处于自然状态，旱涝保收，看天吃饭，农耕和自然生态有机结合在一起：在白族本主文化中处处体现出农耕文化。白族先民的农业生产依赖于大自然，远古的白族先民缺乏科学知识，认为农业生产是自然所赐，注重遵循自然规律。在白族宗教观念中，农业就被寄托在本主身上，因此本主文化也自然就体现了农耕文化，其核心是歌颂本主神赐人们风调雨顺、五谷丰登、六畜兴旺、人寿平安。④ 白族的本主神话传说《县官求雨》⑤《太阳神本主》⑥《慧生盗仙水》⑦ 都充分反映了白族农耕文化崇拜自然力的特征。白族农耕文化也深受中国儒家文化的影响。白族农耕文化崇拜天（雨水、阳光）和土地（繁殖、五谷丰收），与儒家重农观念相通。白族认为根据天地间阴阳变化进行的春耕、夏耘、秋收、冬藏是自然界赋予人类的恰当的和合理的活动，它不是

---

① 李福军：《白族水崇拜与农耕文化》，《云南师范大学学报》（哲学社会科学版）2004年第4期。
② 向柏松：《南方民族自然生人型创世神话与民俗文化中的象征》，《中南民族大学学报》（人文社会科学版）2004年第4期。
③ 田怀清、张锡禄：《大理白族古碑记得和墓志选辑》，载《白族社会历史调查（四）》，云南人民出版社1991年版，第65页。
④ 李福军：《白族水崇拜与农耕文化》，《云南师范大学学报》（哲学社会科学版）2004年第4期。
⑤ 《白族民间故事》，云南人民出版社1982年版，第182页。
⑥ 《白族神话传说集成》，中国民间文艺出版社1986年版，第142页。
⑦ 《白族本主神话》，中国民间文艺出版社1988年版，第177页。

违反自然，而是合乎自然。这里显然有儒家思想的影子，儒家"使民以时"的思想在这里得到重现。白族农耕文化中顺应天时、适应自然，并发挥主观能动性，以调节和利用自然为农业生产服务的思想亦可在儒家那里找到根源。儒家"天生神物，圣人则之，天地变化，圣人效之"①的思想亦影响了白族的农耕文化，白族先民在顺应自然、强调节令的同时，也根据自然界旱涝冷暖的变化，合理调整农作物种植时间、地点及种类，旱年种旱谷，雨年载水秧，充分利用自然界的变化调整作物的种植，保证恒产。总之，儒家重农思想或浓或淡、或深或浅地给白族农耕文化的诸方面印上了痕迹。白族生态农耕思想表现于传统的生态耕种之中。由于传统生产方式的需要，本地村民都会自制肥料，人们把大粪集中起来，把草割掉、晒干，然后将草扒开，将土放进去捂着烧，火烧土，烧好后将大粪放进去，吸收干掉后就撒在田里，效果比农药化肥还好。长久以来，这种传统的农耕方式实现了村落自身对污染的处理，进而完成了村落与洱海环境之间的循环进化。

最后，白族传统的日常生活中处处体现生态意识。洱海周边白族村落平日里捕鱼有各自区域的"河口"和"渔道"，用水也随处可见水利碑，以此作为农耕用水的道德规范准则。另外，本地居民历来就有祭河泊水神、过年期间"抢春水"的习俗，这些都表达了人们对水的敬畏之情。同时，洱海区域的人们还有对龙和鱼的崇拜，大理72个村落中，以龙王为本村本主神的共有50多个，并以耍龙、祭龙的习俗寄予洱海风平浪静、五谷丰登的愿望。而对鱼的喜好也已经植根到村民的日常生活中，包括吃饭、穿衣、殡葬、装饰都是和鱼分不开的，这也体现出村民与洱海相依相存的关系。

在白族一些传统生活习俗中，也可找到生态保护的理念。如白族世居的农村，至今保留着许多不污染环境的良好习俗，如不得在井泉边洗衣裤，不得将垃圾污水倒入河沟之中，不得吐痰入河中，小孩不得在河水溪流中小便等。②不少村寨还专门组成护林、护水组织对损害环境和森林、水利资源的行为给予惩罚，体现出白族人民强烈的环境保护意识。

（二）宗教信仰中的生态伦理

从公元7世纪道教传入南诏国起，洱海村落就有"请天地""请水"的习俗，并祀奉水神、山神、土地神、日月神等；佛教后来传入洱海区域，促进了洱海区域的白族人热爱万物、珍惜自然的本性，如洱海周边白族村落都有"放生"活动；洱海区域白族的本主信仰，历来有"万物有灵"的生态自然观，强调人们要礼敬自然、热爱万物，并高度推崇人伦道德，往往"以功封神""以德养性"，规范了村民什么能做，什么不能做；大理的民间宗教"莲池会"的经文有崇尚自然、天人合一、友爱万物的思想，斋奶会组织信众祭祀祷告、祈福洱海，信众回到家中会教育子孙爱护洱海生态，不做破坏洱海生态的事。

第一，长久以来村民对鱼螺海神的敬畏和祭海活动。白族不仅对洱海有着十分浓厚的感情，而且崇拜洱海的海神。在唐代《南诏中兴二年画卷》里，有"鱼螺崇拜"的图画，图里还有一条金鱼和一个玉螺，图的标记有六行字：

> 西洱河者西河如耳即，大海之洱也河神有，金螺金鱼也金鱼白，头头上有轮爱毒，蛇绕鱼之

---

① 张善文译注《周易·系辞上》，上海古籍出版社1989年版，第68页。
② 李福军：《白族水崇拜与农耕文化》，《云南师范大学学报》（哲学社会科学版）2004年第4期。

居之左右分，为二河也。①

又如白史文集《白古通纪》上说："点苍山脚插入洱河，其最深长者，为城东一支与喜洲一支。南支之神，其形金鱼戴金线；北支之神，其形玉螺。二物见则为祥。"② 从中可以看出，鱼螺是当时洱海地区主要的崇拜物之一，鱼和螺也是当地白族先民认为可以带来吉祥幸福的"善神"，形象非常美丽。

另外，白族的祖先在1000年前就已经开始崇拜海神了。为了感恩，生活在洱海周围的白族群众每年都会祭拜洱海、祈求平安。双廊一带的村民世代以打鱼为生，对洱海有一种难以割舍的情感，他们认为茫茫洱海里住着海神，海神主管着一切，包括渔民的收获与安全。渔民每次出海都要烧香，在洱海里捞到大的鱼虾，都认为是洱海的海神赐予的。

每年正月初四到初七，是当地本主诞辰的纪念日。当地老百姓有接本主的习俗，当本主被接回本村的时候，不少"莲池会"的老斋奶会拿着供品前来洱海边上祭拜。她们身戴佛珠，在洱海边摆好供品，双手合十，在等待本主船只的同时，手拿几炷香，缠上一叠纸钱，有的把纸钱和香扔进火堆里烧掉，有的则把纸钱撒在洱海上，以谢海神。

第二，洱海周边农村长久的放生活动。民间宗教对维系洱海渔业有着重要的功能。"放生"便是洱海周边农村常有的宗教活动。在古生和双廊等地，"放生会"是当地本主节中的一个重要的环节，同时也是保护洱海、敬畏生灵的一种民间活动。每年的农历七月二十，即古生本主节的当天，从清晨开始便有很多老斋奶成群结队来到古生村。她们头戴斗笠、身着浅蓝色布衣配黑色绣花围裙、身背竹篓，直奔洱海边上的龙王庙。老斋奶们到达龙王庙后，就开始她们的放生活动。

念完经文后，还要向神像前的功德箱捐上一份心意。古生本村"莲池会"会专门派两三名"老斋奶"负责维持龙王庙内祭祀的秩序。而后，老斋奶们走出龙王庙，朝着洱海烧香求拜，其间还手持表文，最后将其焚烧。古生村及周边许多村寨早前以捕鱼和耕种田地为生，每年庄稼收成取决于当年的降雨量，逢干旱庄稼枯死，在雨量过多的时候，海水上涨，田地会被淹没。若是碰上较大的风浪，渔民们也不敢出海捕鱼，所以村民们通过祭海、祭龙王的仪式，祈求风调雨顺。

第三，关于龙的传说及本主信仰。白族人认为洱海中有龙王，龙王是雨水的象征，而村社神"本主"掌握着生产丰歉，因而与农业生产相关的农事祈福、农业祭祀习俗则更多地沉淀在本主神话、龙神话中。③ 例如，大理地区著名的龙神话《小黄龙和大黑龙》中正义的小黄龙在人们的帮助下打败大黑龙，从此大理坝子风调雨顺，庄稼年年丰收。④ 绿桃村给小黄龙盖了一座龙王庙，奉为本主，每到生产节令，当地白族民众都要祭祀本主、龙王，祈求丰收。另外还有洱源茨充村本主龙王段思平，全身插满刺刀，钻进龙口，杀死蛟龙，为民除害，而成为大理洱海周边很多村落的本主。龙的传说及本主信仰展现了一副人神亲和、人神和谐的理想图景，其间接表达了白族人民与洱海和谐相处的愿望。

第四，节日庆典中处处体现生态礼俗。大理每年的"耍海会"、赛龙舟，洱海区域村落的"开海节""本主节"，都是洱海周边千年传承的节日习俗活动，蕴涵丰富的崇水观念，是白族传统生态观的主要组成部分。

---

① 汪宁生：《〈南诏中兴二年画卷〉考释》，《中国历史博物馆刊》1980年第2期。
② 王叔武：《云南古佚书钞》，云南人民出版社1979年版，第55页。
③ 王丽清：《大理白族生态民俗文化的发展历史及现状调查——以大理喜洲镇周城村为例》，《文教资料》2015年第1期。
④ 王丽清：《从传统到现代——大理白族民间文学中的生态民俗呈现及其发展研究》，《西南学林》2015年第1期。

例如始于南诏、大理国时期并一直流传至今的"耍海会",相传是为了纪念为民除害、勇斗蟒蛇的段赤城所办,洱海沿岸的每个村庄都有1~2天的会期。"耍海会"当日规模之巨大,在云南古代的节庆活动中也是十分罕见的。如今,"耍海会"和赛龙船已从最初的崇奉龙神过渡到群众性的大型文体活动,但白族人民对洱海的敬畏与感情从未改变,并一直通过这样独特的纪念方式告诫后代:"洱海是我们的'母亲湖'"。

同时,本地白族是一个能歌善舞的民族,老一辈人喜欢用"大本曲"的形式来表达自己的情感,其中有很大一部分是描写保护洱海生态的曲子。自从习近平主席来大理后,人们保护洱海的意识空前高涨,大家想尽一切办法进行宣传,村文化站积极动员村民编制各类保护洱海的大本曲,村里歌舞队也积极响应,编制了不少相关曲子,经常到各个村落演出,受到大家的欢迎。村民们觉得这既能促进洱海保护也能传承白族歌曲,是件不错的事情。

> 世人都夸大理美,美就美在洱海水;保护洱海责任大,人人要从我做起。

这通俗易懂的歌词来自大理白族大本曲《保护洱海从我做起》,大理民众用当地喜闻乐见的白族大本曲自创曲目来宣传保护洱海,达到了很好的效果。

四 结语

综上所述,开发是把双刃剑,洱海的生态美带来了旅游热,推动了周边农村的经济发展和村落的变迁,但是随之而来的洱海保护问题也迫在眉睫。近几年来,政府采取了相关的措施,投入大量人力、物力,力图保护、改变洱海的生态环境,也确实取得了明显的效果。但要从本质上改进,除了立法保护以外,更需要用生态文化的思想来规范和教育民众,使百姓从观念到日常行为都融入环境保护之中。同时要对孩子从小进行生态保护教育,并不断传承传统保护洱海生态的习俗,进而扩大其影响力,从而形成一个全民参与、多方共治环境的局面。所以,政府要采取措施,全民也需积极参与,共同来保护洱海。

对此,必须强化本民族生态文化的传承,大力加强生态文化建设,充分挖掘白族传统文化中的生态伦理与生态智慧,充分利用地方性知识大力弘扬人与洱海生态自然和谐相处的价值观,在洱海周边农村牢固树立生态文明观,形成尊重、热爱、善待自然的良好氛围;增强村民生态忧患意识、参与意识和责任意识,使每个村民都自觉地投身于生态文化的建设中,形成全民参与生态文化建设的新局面;要通过编写乡土乡志、演唱大本曲、举办传统节庆活动等教育、引导当地居民珍视本民族传统民俗文化,实现民族文化生态的平衡。

应当鼓励本地年轻人多参与本民族的生态民俗活动,通过说白语、穿民族衣服、过本地节日、听老人讲故事、寻找祖先生态智慧等活动将优秀的传统文化传承下去。另外,政府要支持保护洱海生态的行为,划拨一定的资金对传统文化、仪式、节日进行保护,同时拿出一部分资金对年轻人开展文化传承和相关活动进行支持。

要增强生态文化教育,建立生态文化观,积极学习其他国家的先进经验,尽早制定环境生态教育大纲，将生态文化观念制度化，纳入教育体系之中，① 分别以不同的层次，对大、中、小学生进行生态环境文化教育。同时，在各级各类职业教育培训学校、干部教育学校等开设生态环境教育课程，以期使生态文化观念深入本地居民思想中，为从根本上治理环境问题打下基础。

---

① 马志荣：《西部民族地区生态环境建设的文化思考》，《西北民族研究》2004 年第 4 期。

少数民族族际通婚研究综述

艾萨江·由舍　冯雪红[**]

摘　要　基于对 2017 年前少数民族族际通婚研究现状的梳理，本文主要从历史上的族际通婚研究、族际通婚现状调查研究、族际通婚变迁研究、族际通婚影响因素研究、族际通婚法律政策研究、族际通婚心理研究、族际通婚影响研究七个方面进行了分类总结，以期为相关领域后续研究提供参考。

关键词　少数民族　族际通婚　研究综述

DOI：10.13835/b.eayn.25.27

族际通婚是指由分属两个民族的个体缔结而成的婚姻，在欧美族群研究中，"族际通婚"被看作衡量群际关系质量与族际社会整合程度的一项关键指标，近十几年来，国内民族学、人类学、社会学及人口学等领域有关族际通婚的研究明显增加，学界关于族际通婚的研究已取得了丰硕的成果，一大批老中青学者陆续发表了许多较有影响的论文。为拓展研究视角和范围，笔者主要就 2017 年前少数民族族际婚研究状况进行梳理和总结，以期对少数民族婚姻研究有所充实、参考和启示。学界对少数民族族际婚的研究主要集中于学术论文，截至 2017 年 3 月，在中国知网上以"族际通婚"为关键词进行搜索，得到相关论文 400 篇左右。从研究主题看，有关少数民族族际通婚的论文大体可分为以下几类：历史上的族际通婚研究、族际通婚现状调查研究、族际通婚变迁研究、族际通婚影响因素研究、族际通婚法律政策研究、族际通婚心理研究、族际通婚影响研究。

一　历史上的少数民族族际通婚研究

一是从不同角度对我国历史上族际通婚的研究。王小路、樊艳《女真族婚姻制度的演变》一文，讨论了历史上女真族婚姻制度的演变与族际通婚，这一栖息在中国东北的古老民族，开了大规模族际通婚的先例，为民族融合做出了重要贡献。[①] 鲁刚、张禹青的《我国族际通婚的历史轨迹》，对先秦以来我国汉族与少数民族以及少数民族相互之间族际通婚的发展轨迹及其不同历史阶段的时代特征、影

---

[*] 本文系北方民族大学研究生创新项目"新疆霍城县维吾尔族族际婚及其影响调查研究"（YCX1717）的阶段性成果。

[**] 艾萨江·由舍（1990－），男（维吾尔族），新疆霍城县人，北方民族大学文史学院民族学硕士生，主要从事维吾尔族社会与文化研究；通信作者：冯雪红（1968－），女，宁夏中宁县人，北方民族大学学报编辑部教授，博士，博士生导师，主要从事民族学、女性人类学研究。

① 王小路、樊艳：《女真族婚姻制度的演变》，《才智》2012 年第 17 期。

响因素进行了勾勒和梳理，并就其历史作用和社会功能特别是其中折射出的我国各民族自古就"你中有我、我中有你"的血肉联系予以总结。[1]

二是对特定历史时期族际通婚的研究。梁茂春《民国时期大瑶山的族际通婚》一文认为，在民国时期，大瑶山地区的《过山榜》及石牌制度对汉瑶两族通婚的限制，在瑶族五个族系中产生的影响各不相同，相对而言，茶山瑶对族际通婚的限制最为严格，而其他四个族系则较为宽松。[2] 王平《论武陵地区历史上的族际通婚》一文提出，武陵地区历史上的族际通婚大致经历了先秦时期、秦汉至唐宋时期、元明清至民国时期三个历史阶段，形成了由个别通婚向集群通婚发展、由上层统治者通婚向下层民众通婚发展、由一般通婚向民族融合发展的历史轨迹，影响该地区族际通婚的主要因素有政治、经济、文化、心理、自然因素。[3] 邵方的《西夏党项社会的族际婚》一文，讨论了党项族与周边民族尤其是与汉族的通婚，西夏立国后，形成了以党项族为主体，包括汉、回鹘、吐蕃、契丹等多民族的封建王朝，族际通婚现象在党项民族的发展、兴盛乃至最后的消亡中都十分显著。[4] 张邦炜在《宋代婚姻制度的种种特色》一文，讨论了宋代婚姻制度的四种特色，认为禁止族际婚是宋代婚姻制度最为明显的特色。[5] 鲁刚、张禹青《略论云南历史上的族际通婚》一文，讨论了云南历史上边疆民族地区的族际通婚，阐述了汉晋之世夷汉通婚的"遑耶"制度，以及南诏、大理时期和元明以来族际通婚的历史状况及其影响因素与社会功能。[6] 马娟《元代色目高丽通婚举例》一文指出，元代普遍存在族际通婚，并运用史料佐证色目人与高丽人之间的通婚。[7]

上述对历史上族际通婚的研究，可以审视历史上民族之间的文化边界是如何被跨越的，以及在这个过程中民族文化的变迁与融合，这对当代族际通婚的研究很有启发性。

二 少数民族族际通婚现状调查研究

近年来，不少学者运用民族学、社会学方法对一些少数民族族际通婚的现状进行了调查研究。李晓霞《新疆两乡民族混合家庭调查》一文，通过对新疆奇台县塔塔尔乡、木垒哈萨克自治县大南沟乌孜别克乡民族混合家庭的调查，认为两乡民族混合户的普遍存在与其族际文化边界趋于消失互为因果；族际婚姻家庭子女的民族成分由父系继承向利益权衡基础上的有意选择转变；国家一些政策不仅固化了个人的民族属性，也客观上促使了民族意识的增强。[8] 李晓霞另有《新疆塔城市族际婚姻调查》一文，阐明了塔城市是新疆民族混合户比重最大的区域，且近十年来族际婚呈明显上升趋势，指出这与其边缘化的地理位置、多样化的民族构成以及民族人口的散居格局的影响等因素有关。[9] 艾瑜的硕士学位论文《族际通婚的背景及后果——以乌鲁木齐市维吾尔族与异民族通婚为例》指出，以乌鲁木齐市为代表的北疆城市，族际婚将进一步增多，但是维吾尔族与汉族两大民族之间的通婚不会明显增

---

[1] 鲁刚、张禹青：《我国族际通婚的历史轨迹》，《云南师范大学学报》（哲学社会科学版）2014年第2期。
[2] 梁茂春：《民国时期大瑶山的族际通婚》，《民族研究》2004年第4期。
[3] 王平：《论武陵地区历史上的族际通婚》，《三峡大学学报》（人文社会科学版）2008年第5期。
[4] 邵方：《西夏党项社会的族际婚》，《西北民族研究》2004年第3期。
[5] 张邦炜：《宋代婚姻制度的种种特色》，《社会科学研究》1989年第3期。
[6] 鲁刚、张禹青：《略论云南历史上的族际通婚》，《学术探索》2014年第1期。
[7] 马娟：《元代色目高丽通婚举例》，《宁夏社会科学》2002年第5期。
[8] 李晓霞：《新疆两乡民族混合家庭调查》，《新疆社会科学》2005年第3期。
[9] 李晓霞：《新疆塔城市族际婚姻调查》，《新疆社会科学》2006年第3期。

多。① 美合日班《维吾尔族大学生族际婚姻观调查》一文认为，由于宗教信仰、文化、风俗习惯等方面的约束，新疆维吾尔族大学生的婚姻观念比较保守。在外地上学的维吾尔族大学生，其族际婚观念会受地域、环境等因素的影响而发生变化，并以宁夏高校的维吾尔族大学生为研究对象，尝试探讨了他们的族际婚姻观。② 黄丽、刘冰清的《湖南维吾尔族村落的族际通婚调查》，以湖南一个维吾尔族村落为个案，研究了维吾尔族与回、汉村民的族际通婚，指出了不同历史时期各种因素对湖南维吾尔族族际通婚的影响与维吾尔族婚姻的变迁历程。③ 李奇文的硕士学位论文《常德地区维吾尔族族际通婚研究》，通过对湖南省桃源县回维村个案研究，比较深入地探讨了现代民族散居地域维汉通婚现象，指出散居地的族际通婚并不依存于强大的民族文化，而是在一种文化交融的背景下进行的。这种通婚现象反映出的民族认同问题，既包含散居居民对本民族的认同，也包含通婚双方对彼此民族的认同。④

也有部分学者对现有数据库进行了比较分析。菅志翔的《中国族际通婚的发展趋势初探——对人口普查数据的分析与讨论》一文，通过对国家统计局和国家民委有关数据的比较分析，阐述了近20年来我国族际交往交流交融的基本模式和族际通婚的演变趋势。⑤ 刘中一、张莉的《中国族际婚姻的变化趋势研究——基于"五普"和"六普"数据的对比分析》，对比"五普"和"六普"中有关族际婚的数据，发现10年间55个少数民族族际婚的人口数上升了3.74%，但是平均每个民族中与之通婚民族的个数下降了3%。多数少数民族通婚中的族际婚姻性别比有所上升，族际通婚的少数民族女性户主率也有所提升，其主要原因是少数民族人口状况自身变动、人口流动加剧、教育水平提高以及城镇化水平提高等。⑥ 高颖、张秀兰的《北京近年族际通婚状况的实证研究》一文，基于对2004~2012年北京婚姻登记数据的分析，发现北京近10年的族际通婚在新婚群体中占比约为10%，其中以少数民族与汉族的通婚为主，也有相当数量的少数民族之间的族际通婚。少数民族族际通婚人群中有很大比例的迁移人口和流动人口，族际通婚夫妇的离结率（即当年的离婚数量与结婚数量之比）大大低于族内通婚。新婚人群的特征对比映射出北京对少数民族精英人口的强大吸纳力。⑦

还有不少学者运用田野调查法对族际通婚进行了个案研究。姚卫坤《新疆散杂居塔吉克族混合家庭生活研究》一文指出，一些塔吉克族人由于各种原因散居在喀什地区的莎车、泽普、叶城、皮山等地县，部分散杂居的塔吉克族人在长期与当地维吾尔族人的生产生活交往中产生了感情，组成了混合家庭，这对多民族社会的文化交融起到有益的影响，也为不同民族的了解和往来提供了机会，对促进新疆稳定与发展有着积极的影响和意义。⑧ 韦浩明《广西贺州枫木村壮族婚姻圈个案考察》⑨ 一文，对1949年以来枫木村壮族男子配偶来源地的变迁进行了考察，发现地理环境、经济文化水平、族群层次、族群传统造就的自我意识等因素对婚姻选择的影响巨大。许振明《夏河县拉卜楞镇族际通婚状况调查》一文，基于实地调查，阐述了夏河县拉卜楞镇族际通婚在婚恋方式、择偶观、民族观以及对婚姻的满意度等方面被赋予的许多新的内涵。⑩ 宋兴烈《族际通婚与文化融合——以广西龙胜各族自治

---

① 艾瑜：《族际通婚的背景及后果——以乌鲁木齐市维吾尔族与异民族通婚为例》，中央民族大学硕士学位论文，2011。
② 美合日班：《维吾尔族大学生族际婚姻观调查》，《南昌教育学院学报》2010年第12期。
③ 黄丽、刘冰清：《湖南维吾尔族村落的族际通婚调查》，《怀化学院学报》2010年第9期。
④ 李奇文：《常德地区维吾尔族族际通婚研究》，广东技术师范学院硕士学位论文，2013。
⑤ 菅志翔：《中国族际通婚的发展趋势初探——对人口普查数据的分析与讨论》，《社会学研究》2016年第1期。
⑥ 刘中一、张莉：《中国族际婚姻的变化趋势研究——基于"五普"和"六普"数据的对比分析》，《广西民族研究》2015年第3期。
⑦ 高颖、张秀兰：《北京近年族际通婚状况的实证研究》，《人口学刊》2014年第1期。
⑧ 姚卫坤：《新疆散杂居塔吉克族混合家庭生活研究》，《实事求是》2011年第1期。
⑨ 韦浩明：《广西贺州枫木村壮族婚姻圈个案考察》，《百色学院学报》2007年第4期。
⑩ 许振明：《夏河县拉卜楞镇族际通婚状况调查》，《甘肃社会科学》2005年第6期。

县泗水乡里排壮寨为例》一文，对里排壮寨这个有苗、瑶、侗、壮、汉五个民族互婚的小村寨进行了调查，认为族际通婚具有族际性、普遍性、多元性、原始性四大特点。① 唐建兵《北川城镇化进程中的族际通婚问题》一文，通过对北川羌、汉、藏三个民族间通婚情况的调查，指出北川羌族自治县族际通婚呈良好发展态势，民族关系总体上和谐融洽；地缘网络是影响族际通婚的主要因素；教育水平对族际通婚有着相当重要影响；家庭背景、职业收入等因素对族际通婚的影响相对较弱，远不如个人情感等因素突出。② 葛志军、邢成举《宗教、社会流动与教育：回汉青年通婚的扫描——基于相关个案的研究》一文，基于宁夏青年回汉通婚相关个案的研究，发现宗教信仰的弱化、青年受教育程度的提高及大量青年的社会流动，对回汉通婚有着积极和正面的影响。尽管传统的回族个体仍然反对回汉通婚，但因婚恋青年的入教、情感感化和尊重回族生活习惯等策略性行动，回汉青年的通婚最终还是得以实现。③ 刘正海《小凉山彝族对外族际交往情况调查——以永宁坪乡为例》一文，调查发现古老的彝族人民正多方式、多层次地与其他民族发生着交流与交往，彝族婚俗在发生变化，族际通婚逐渐增多。④ 李臣玲《20世纪90年代西北城市社区民族通婚调查研究——以西宁市城中区为例》一文，对西宁市城中区20世纪90年代的民族通婚变动状况进行调研，分析了该地族际通婚者的年龄分布，同时对族内通婚与族际通婚进行比较分析。⑤ 邵维庆的《"脏者"不婚：苗族关于村落秩序的文化隐喻——云南省水富县三角村苗族"蒙"和"阿卯"支系个案研究》，基于田野调查，对当地苗族"蒙"和"阿卯"支系村民存在的对"脏者"的界说和"不与'脏者'通婚"的生活叙事，从村落族群竞争和文化分类视角分析其对"脏者"的方位隐喻，继而引入对苗族婚姻文化和族群关系的研究，深化了对苗族文化复杂性的认识。⑥ 刘瑶瑶的《多民族杂居移民村落中的族际通婚——对青海海西州乌兰县铜普镇四个移民村的个案调查》，通过对四个具有典型族际通婚特征的移民村落的考察，分析了当地族际通婚现状、大规模族际通婚产生的原因及其影响。⑦ 李然的《当代湘西土家族苗族族际通婚与文化互动》，基于对三个湘西土家族、苗族杂居集镇和村落族际通婚的调查，从族群选择、地区选择和人口规模等方面对族际通婚的基本情况进行了分析，考察了政府政策和公众态度对族际通婚的影响。⑧ 钟梅燕的《当代裕固族的族际婚姻——以肃南县红湾寺镇和明花乡为例》一文指出，多民族杂居的人口分布状况和经济社会的快速发展，不仅增强了各民族之间的接触、增进了彼此的了解，而且促使裕固族与其他民族间通婚比例逐渐提高。⑨ 何俊芳的《赫哲人的族际婚姻——关于同江市街津口赫哲族乡赫哲人族际婚姻的典型调查》一文发现，赫哲族与汉族等民族普遍建立了民族混合家庭，20世纪70年代以后出生的人已全部实行族际通婚，子女的族属均报为赫哲族，这在一定程度上促进了赫哲族人口数量的增长，但民族混合家庭的增多，加速了赫哲语功能的衰退。大量的赫汉民族混合家庭

---

① 宋兴烈：《族际通婚与文化融合——以广西龙胜各族自治县泗水乡里排壮寨为例》，《广西社会主义学院学报》2011年第3期。
② 唐建兵：《北川城镇化进程中的族际通婚问题》，《湖南城市学院学报》2014年第6期。
③ 葛志军、邢成举：《宗教、社会流动与教育：回汉青年通婚的扫描——基于相关个案的研究》，《中国青年研究》2014年第12期。
④ 刘正海：《小凉山彝族对外族际交往情况调查——以永宁坪乡为例》，《旅游纵览》（下半月）2014年第1期。
⑤ 李臣玲：《20世纪90年代西北城市社区民族通婚调查研究——以西宁市城中区为例》，《青海民族研究》2004年第2期。
⑥ 邵维庆：《"脏者"不婚：苗族关于村落秩序的文化隐喻——云南省水富县三角村苗族"蒙"和"阿卯"支系个案研究》，《云南社会科学》2015年第5期。
⑦ 刘瑶瑶：《多民族杂居移民村落中的族际通婚——对青海海西州乌兰县铜普镇四个移民村的个案调查》，《青海民族研究》2010年第1期。
⑧ 李然：《当代湘西土家族苗族族际通婚与文化互动》，《贵州民族学院学报》（哲学社会科学版）2011年第3期。
⑨ 钟梅燕：《当代裕固族的族际婚姻——以肃南县红湾寺镇和明花乡为例》，《云南民族大学学报》（哲学社会科学版）2012年第3期。

的存在，从一个侧面说明赫哲族与汉族之间的关系已达到相当融洽的程度。[①]

另有部分硕士学位论文对族际通婚现状进行了个案研究。李延禧的《跨越族群边界：延边地区朝汉族际通婚研究——以敦化市个案为例》、南达汗的《论鄂温克族的族际婚姻——以敖鲁古雅乡为例》、杨永刚的《白马藏族与汉族通婚研究——以甘肃省文县为例》、萨仁娜的《德令哈市蒙藏回汉族际通婚调查研究》、宋兴烈的《人类学视角下的族际通婚考察——以桂林市龙胜县里排壮寨为例》等论文均有重要参考价值。

三 少数民族族际通婚变迁研究

随着族际交往的加深，各民族的婚俗也在发生变化，少数民族的族际通婚也有相应的变迁。学界对于族际通婚变迁的研究可分为三类：婚俗变迁中的族际通婚研究、通婚圈变迁中的族际通婚研究、婚姻观念变迁中的族际通婚研究。

（一）婚俗变迁中的族际通婚研究

汪秀萍、裴丽丽的《改革开放以来官亭地区社会发展与土族婚姻的变迁》，采取定量和定性相结合的方式，认为官亭地区土族的婚姻发生了重大变化，主要表现为：（1）择偶的空间范围扩大化、族际通婚趋向普及化；（2）早婚现象有下降的趋势，初婚年龄呈上升趋势；（3）收继婚制和娃娃亲制在逐渐消失；（4）婚姻仪式简约化。官亭地区土族婚姻变迁的根源是，市场经济导致的社会分化、社会流动的加剧以及与异文化的碰撞、冲突。官亭土族婚姻变迁是土族文化变迁的局部展现，反映了土族人在社会变迁背景中的自我调适。[②] 李臣玲、贾伟的《民族学视野中的丹噶尔藏人婚姻文化变迁研究》，从民族社会学的角度，探讨了该地区婚姻文化的发展状况和特点，认为与别的民族通婚会削弱本民族的势力、影响本民族"血液的纯度"，但大多数丹噶尔藏人对族际通婚没有歧视和偏见，尤其年轻人的态度是积极乐观的，他们认为与别的民族尤其是与汉族通婚，会促进本民族的进步与发展。[③] 柏贵喜的《当代土家族婚姻的变迁》，主要运用定量方法，认为当代土家族婚姻发生了重大变化，表现为族际通婚的空间范围有所扩大，近亲婚配逐步减少；未婚比例大幅度下降，而有配偶率则大幅度上升；早婚有下降的趋势，初婚年龄则呈上升趋势；离婚比例有所增长；择偶标准和方式更加多样化且更具时代特征；婚姻仪式简约化；等等。[④] 向轼的《当代湘西苗族婚恋习俗的变迁及其原因探析》一文指出，湘西苗族族内婚逐渐扩展为族际通婚，与之伴随的"恋爱节"、"媒人"、婚礼仪式等婚恋习俗也发生了变化。这不仅有社会变迁、国家政策等外部因素的影响，而且族群内部的思想观念、社会结构、生活方式和文化互动等因素也不可忽视。[⑤] 付声晖的《论傣族婚姻习俗的变迁——以西双版纳州勐海县M寨为例》一文，阐述了西双版纳傣族传统婚姻习俗的变迁，发现该地人们的婚姻观念、择偶方式、族际通婚、对来自不同区域的对象认可度等都发生了较大的变化。[⑥] 郝亚明的《乡村蒙古

[①] 何俊芳：《赫哲人的族际婚姻——关于同江市街津口赫哲族乡赫哲人族际婚姻的典型调查》，《中央民族大学学报》2004年第2期。
[②] 汪秀萍、裴丽丽：《改革开放以来官亭地区社会发展与土族婚姻的变迁》，《西北民族大学学报》（哲学社会科学版）2007年第1期。
[③] 李臣玲、贾伟：《民族学视野中的丹噶尔藏人婚姻文化变迁研究》，《青海民族研究》2008年第3期。
[④] 柏贵喜：《当代土家族婚姻的变迁》，《贵州民族研究》2005年第2期。
[⑤] 向轼：《当代湘西苗族婚恋习俗的变迁及其原因探析》，《长江师范学院学报》2014年第1期。
[⑥] 付声晖：《论傣族婚姻习俗的变迁——以西双版纳州勐海县M寨为例》，《云南开放大学学报》2016年第4期。

族婚姻的现状与变迁——基于内蒙古东部的村落调查》一文，通过对四个不同类型村落的横向调查比较，以及1996年调查数据与2005年调查数据的纵向对比，认为蒙汉通婚得以产生的基本原因是蒙汉两个民族之间民族偏见的消除，而消除偏见的基本条件是蒙汉杂居。杂居的历史越长，越能加速两个民族间文化融合的进程，同时越能增强中华民族的凝聚力。①

（二）通婚圈变迁中的族际通婚研究

王志清的《农区蒙古族村落中的族际通婚及其演变——以烟台营子村为个案》一文，归纳整理了烟台营子村蒙汉两个民族从历史到当下、从族内婚到族际婚的演变历程，分析了当下该村的语言转用、族际通婚过程中的"硬找蒙汉兼通的介绍人"等现象，探讨了蒙汉通婚家庭中子女的族属选择问题与原因，总体上从"日常生活经验"的角度对蒙汉婚姻缔结过程中村民们做出的文化选择予以诠释。②梁茂春《从"鸡不拢鸭"到族际通婚——大瑶山瑶族内婚习俗嬗变的原因分析》一文，考察了大瑶山瑶族由族内婚到族际婚变迁的历程，结合问卷数据、访谈资料和相关文献的分析，提出民族平等政策的实施、各民族之间社会经济地位差距的缩小，是导致广西大瑶山瑶族婚姻观念嬗变以及族际通婚现象不断增多的重要原因。③王晓艳《从民族内婚到跨国婚姻：中缅边境少数民族通婚圈的变迁》一文指出，中缅边境地区少数民族通婚圈存在一个核心结构，即在本县范围和相邻缅甸村寨之间的民族内婚，中缅跨国婚姻一直存在于这一结构中。随着通婚地域扩大和族际通婚的增加，中缅跨国婚姻也呈现相同的变迁趋势，而通婚圈变迁的原因亦能解释中缅跨国婚姻的变化。在变迁中，民族习以为常的跨国通婚超越了民族内婚的含义，其被凸显的过程是国家法规政策对其管理加强的过程，也是边民国家认同意识日益增强的表现。④吉国秀的《清原镇族际通婚的变迁》，基于一个以满汉为主体的多民族聚居区，指出清原镇内民族对族际婚的态度经历了从族内婚到族际通婚的转变。⑤李洁、黄青卓《散杂居地区土族婚姻圈变迁研究——以甘肃临夏积石山县三二家村为例》一文指出，多元文化环境及现代化进程的不断加快，使得三二家村土族的婚姻圈发生了变迁，受地域、宗教、血缘、经济等因素影响，族内婚制对三二家村土族婚姻的影响逐渐淡化，族际婚为大多数土族所接受，三二家村土族婚姻圈呈现具有一定民族偏好、遵循就近原则、代际差异明显等特点。⑥程呈《社会网络视域下宁夏回族通婚圈的变迁探究》⑦一文指出，社会环境的变迁必然带动婚姻家庭结构的变迁，通婚圈也会随之发生变化，传统回族社会将地缘关系的远近视为通婚圈选择范围的变量之一。随着时代的发展，以回族个体为中心构建的各种社会联系越发明显地作用于通婚圈的范围确定。

（三）婚姻观念变迁中的族际通婚研究

温文芳的《论城市界面下回族女性婚姻观念和行为的变迁》一文，探讨了城市回族女性在现代化

---

① 郝亚明：《乡村蒙古族婚姻的现状与变迁——基于内蒙古东部的村落调查》，《西北民族研究》2008年第1期。
② 王志清：《农区蒙古族村落中的族际通婚及其演变——以烟台营子村为个案》，《湖北民族学院学报》（哲学社会科学版）2009年第5期。
③ 梁茂春：《从"鸡不拢鸭"到族际通婚——大瑶山瑶族内婚习俗嬗变的原因分析》，《广西民族研究》2007年第3期。
④ 王晓艳：《从民族内婚到跨国婚姻：中缅边境少数民族通婚圈的变迁》，《思想战线》2014年第6期。
⑤ 吉国秀：《清原镇族际通婚的变迁》，《满族研究》2006年第1期。
⑥ 李洁、黄青卓：《散杂居地区土族婚姻圈变迁研究——以甘肃临夏积石山县三二家村为例》，《北方民族大学学报》2014年第1期。
⑦ 程呈：《社会网络视域下宁夏回族通婚圈的变迁探究》，《宁夏社会科学》2017年第1期。

背景下婚姻观念行为的调适与变迁。① 姚卫坤的《散杂居塔吉克族婚姻观念及形式变迁》一文指出，由于伊斯兰教规影响，塔吉克族普遍实行族内婚，限制与外族人通婚。但随着经济社会的发展，塔吉克族婚姻状况也在发生改变，现代、科学、文明、进步的婚姻观念开始形成。② 石德生的《转型期撒拉族婚姻家庭价值观变迁探微》一文，讨论了 20 世纪 80 年代以后，撒拉族社会、经济、文化结构开始转型，民众婚姻家庭观念出现了从传统向现代转化的趋势，对族际通婚现象的认同度、婚姻的开放度均在逐步提高。③

四 少数民族族际通婚影响因素研究

马戎提出了分析族际通婚影响因素的理论模型，将影响族际通婚的各种因素归纳为三个方面：（1）族群基本特征（可分为政治、经济、文化三大类）；（2）历史关系特征（主要指两个民族历史上关系的融洽程度）；（3）两族共处特征（一是政府制定的有关民族关系的法律，二是自觉或不自觉形成的族群居住格局）。这是目前对族际通婚影响因素比较完整的归纳。吕养正《湘西苗汉族际婚之淤滞暨族群特征和整体性影响因素的拘制》一文指出，湘西苗汉族际通婚历史上长期处于淤滞状态，主要原因在于民族群体的各类特征和整体性影响因素产生的合力的拘制，并在族群基本特征、历史关系特征和两族共处特征三方面，构成了苗汉族际通婚的巨大障碍和负面影响。④ 高雅楠《女性学视野下云南贡山族际通婚圈的成因分析》一文，从女性学的视角探究云南贡山独龙族怒族自治县族际通婚的成因，指出在人神共居的贡山，居住着傈僳族、怒族、藏族、独龙族等少数民族，族际通婚很普遍。⑤ 房若愚《新疆族际通婚圈的文化成因》一文，分析了五普资料中新疆族际通婚数据的成因，介绍了纯量化数据所不能传递的文化信息。⑥ 李静、刘继杰《影响新疆族际交往的心理因素分析》一文指出，新疆各民族族内婚的婚姻倾向占据主导地位，在被访者中，汉族和维吾尔族对族内婚都表示高度赞同；排斥族际通婚的人口仍占一定比例，维吾尔族尤其反对和其他民族通婚。此外，汉族在婚姻方面对维吾尔族、哈萨克族的排斥甚于对回族和蒙古族的排斥；维吾尔族在婚姻中基于宗教和生活习惯的考虑十分明显，维吾尔族同意和回族、哈萨克族等具有相同信仰的民族通婚的人口比例高于同意和汉族、蒙古族等具有不同信仰的民族通婚的比例，持反对意见的人口比例恰好相反。⑦

另外，还有部分硕士学位论文对族际通婚的影响因素进行了探讨。韦云波的《镇宁县族际通婚模式及其影响因素研究》，根据随机事件原理，建立了无偏好理论水平的族际通婚概率模型，将近年来实际的族际通婚率与族际通婚概率之比作为族际通婚偏好系数，据此判断族际通婚偏好程度，分析族际通婚的影响因素，认为在城市化进程中，优惠政策的导向、民族文化的演进、居住格局的变迁、社会流动的增强以及它们的相互作用等，都深刻影响着族际通婚的发生。长期来看，族际通婚利多弊少。⑧ 方燕的《石河子市族际通婚研究》，以兵团典型城市农八师石河子市为考察区域，指出石河子市近几

---

① 温文芳：《论城市界面下回族女性婚姻观念和行为的变迁》，《青海民族研究》2009 年第 1 期。
② 姚卫坤：《散杂居塔吉克族婚姻观念及形式变迁》，《新疆大学学报》（哲学·人文社会科学版）2012 年第 5 期。
③ 石德生：《转型期撒拉族婚姻家庭价值观变迁探微》，《青海民族研究》2009 年第 2 期。
④ 吕养正：《湘西苗汉族际婚之淤滞暨族群特征和整体性影响因素的拘制》，《江西社会科学》2002 年第 6 期。
⑤ 高雅楠：《女性学视野下云南贡山族际通婚圈的成因分析》，《红河学院学报》2009 年第 1 期。
⑥ 房若愚：《新疆族际通婚圈的文化成因》，《西北人口》2007 年第 3 期。
⑦ 李静、刘继杰：《影响新疆族际交往的心理因素分析》，《新疆社会科学》2012 年第 5 期。
⑧ 韦云波：《镇宁县族际通婚模式及其影响因素研究》，华东师范大学硕士学位论文，2010。

年族际通婚的数量在不断增加，并从经济因素、民族文化、居住格局及政府政策等方面分析了石河子市族际通婚的影响因素。① 贾静的《新疆吉木乃县哈萨克族族际通婚调查研究》分析了人们对族际婚姻的满意度、亲友的接受程度，提出影响哈萨克族族际婚的因素主要有社会、文化、宗教、政策等。② 杜熙的《塔城市族际通婚特点及因素研究》一文认为，影响塔城市族际通婚的个体因素有性别、年龄、教育背景、职业、语言、父母或周围关系密切的人是否族际通婚；社会因素有国家政策、居住格局、各民族之间的社会交往与社会距离、民族与宗教信仰、风俗习惯。③ 斯诺的《城市蒙古族与满族青年族际通婚研究——以 H 市 S 区为例》指出，当代蒙古族与满族通婚中存在一种独特的现象，作者命名为"族际通婚配偶原生家庭地域偏好"，并作为经验假设加以设计，得到了一些尝试性假设。④ 徐如明的《回汉族际通婚影响因素研究——以河南省沈丘县为例》，随机抽取 11 个调查点，从个人层次和社会层次选取了影响族际通婚的 17 个指标，调研影响当地族际通婚的因素，进而分析了影响回汉族际通婚的因素，指出沈丘县回汉族际通婚既有全国回汉族际通婚的特点，又有不同于西北地区和东部地区的中原特色，其族际通婚率大约为 15%，族际通婚家庭比较稳固，离婚率与族内婚相当。⑤

五 少数民族族际通婚法律政策研究

一是关于族际通婚相关法律的研究。杜社会、李剑《族际整合中民族习惯法与国家法的冲突调适——以建国初期族际通婚为例》一文指出，统一的国家法体系是多民族国家政治整合的法治基础和保障，但因构建过程中多方面因素的制约，难以有效吸纳民族习惯法的积极因素和全面考虑少数民族的合理利益诉求，从而导致难以避免与既有的民族习惯法发生冲突和矛盾，这就决定了适时适地进行国家法调适的必要。⑥ 冯浩楠、魏宁的《新疆族际通婚的法律浅析》，以新疆地区少数民族族际通婚为切入点，阐述了族际通婚政策的演变以及与之相适应的民族习惯法的调适。⑦ 殷晨的《晚清吐鲁番地区婚姻纠纷与冲突研究》，对维吾尔族族际通婚相关法律有所涉及。⑧

二是关于族际通婚政策的研究。李晓霞《国家政策对族际婚姻状况的影响》一文指出，在统一的多种族、多民族国家，族际关系是影响国家政治稳定、社会和谐的一个重要因素，族际婚姻有益于促进族际关系和睦。许多国家都有针对族际婚姻和族际婚姻子女的政策，它们对族际婚姻产生促进或阻碍作用。目前我国应更强调尊重婚姻自主权，而不应在政策层面上推动族际婚姻。⑨ 李晓霞还有《新中国成立后新疆族际通婚政策的演变》一文，认为族际通婚政策经历了一个由限制到禁止再到慎重考虑、由以整体利益为先到以个人感情为主的变化过程，政策的制定体现出政府对民族关系的高度重视。⑩

---

① 方燕：《石河子市族际通婚研究》，石河子大学硕士学位论文，2011。
② 贾静：《新疆吉木乃县哈萨克族族际通婚调查研究》，新疆大学硕士学位论文，2015。
③ 杜熙：《塔城市族际通婚特点及因素研究》，新疆大学硕士学位论文，2014。
④ 斯诺：《城市蒙古族与满族青年族际通婚研究——以 H 市 S 区为例》，吉林大学硕士学位论文，2015。
⑤ 徐如明：《回汉族际通婚影响因素研究——以河南省沈丘县为例》，西北民族大学硕士学位论文，2011。
⑥ 杜社会、李剑：《族际整合中民族习惯法与国家法的冲突调适——以建国初期族际通婚为例》，《贵州民族研究》2012 年第 2 期。
⑦ 冯浩楠、魏宁：《新疆族际通婚的法律浅析》，《法制与社会》2014 年第 26 期。
⑧ 殷晨：《晚清吐鲁番地区婚姻纠纷与冲突研究》，新疆师范大学硕士学位论文，2016。
⑨ 李晓霞：《国家政策对族际婚姻状况的影响》，《新疆社会科学》2010 年第 5 期。
⑩ 李晓霞：《新中国成立后新疆族际通婚政策的演变》，《西北民族研究》2006 年第 1 期。

六 少数民族族际通婚心理研究

其一,有关族际通婚心理现状的研究。马雯、李高超的《乌鲁木齐市汉、回青年两族通婚思想现状调查》一文发现,汉回两族未婚青年通婚观念有很大转变,但在族际通婚问题上,依然承受着来自家庭和本族族人的压力。① 薛莉的硕士学位论文《传统到现代:南京流动回族族际通婚观念研究——基于传统社区回族、南京本地回族的比较研究》,以"人的现代化"为视域,以西部传统回族社区居民、南京市本地回族居民为参照群体,从族际通婚认知、意愿、期望、态度和评价五个方面对南京市回族流动人口"族际通婚观念"进行考察,呈现回族流动人口族际通婚观念由传统向现代变迁的一个纵向路线,对影响族际通婚观念变化的要素进行把握,并对族际通婚行为影响后果进行预测。② 戴宁宁《维汉民族交往中的"民族心理距离"解析》一文认为,民族心理距离是族际交往中普遍存在的心理现象,维汉民族对族际婚姻都持否定的态度,且心理距离较远。尤其是维吾尔族,在民族成员、亲属、本人及子女的婚姻选择上,都不赞同与汉族通婚;而汉族在婚姻的民族身份选择上表现出一定的差异,相对于赞同本民族成员与维吾尔族通婚,而在对亲属、本人和子女的婚姻选择上,又趋于保守和否定。③

其二,有关族际通婚心理变迁的研究。魏寒梅《试析西北回族妇女"外嫁"的心理内涵》一文指出,西北地区许多回族女子外出就业、升学等,随着视野的开阔、观念的逐渐转变,在婚姻上也出现"外嫁"的趋势。但由于西北地区回族等穆斯林民族意识明显、宗教信仰虔诚,回族妇女"外嫁"非穆斯林男子遇到了种种障碍,且"外嫁"妇女存在痛苦、负罪、耻辱、恐惧、焦虑等复杂的矛盾心理。④ 刘琳《近代以来川南苗汉族际通婚的心理学分析》一文,对近代以来川南苗汉从不通婚到反对中的通婚再到不反对的通婚以及这一变迁折射出的川南苗族和汉族民族心理的演变过程进行了研究。汉族对苗族的偏见与歧视,苗族对汉族的不信任感和强烈的民族自尊,成为阻碍苗汉族际通婚的根本原因。中华人民共和国成立后,各项民族政策的宣传和普及、民族优惠政策的落实、苗族地区社会经济文化的发展,让民族平等的观念深入苗汉人心,苗族的民族自信心不断增强,川南苗汉族际通婚逐渐摆脱了历史的心理隔阂。⑤

七 少数民族族际通婚产生影响研究

此方面的已有研究主要集中于以下几个方面:族际通婚对民族关系的影响、族际通婚对族群认同的影响、族际通婚对民族文化的影响、族际通婚对生育水平及"不婚"问题的影响。

(一) 族际通婚对民族关系的影响

族际婚姻不仅是两个人的结合,而且是双方所代表的民族关系发展情况的切实反映,更是管窥族

---

① 马雯、李高超:《乌鲁木齐市汉、回青年两族通婚思想现状调查》,《新疆职业大学学报》2014年第2期。
② 薛莉:《传统到现代:南京流动回族族际通婚观念研究——基于传统社区回族、南京本地回族的比较研究》,西北民族大学硕士学位论文,2010年。
③ 戴宁宁:《维汉民族交往中的"民族心理距离"解析》,《新疆社会科学》2011年第5期。
④ 魏寒梅:《试析西北回族妇女"外嫁"的心理内涵》,《西北民族大学学报》(哲学社会科学版)2007年第3期。
⑤ 刘琳:《近代以来川南苗汉族际通婚的心理学分析》,《贵州民族研究》2014年第2期。

群关系的途径和尺度，部分学者对族际通婚与民族关系进行了实证研究。陈心林《族际通婚与族群关系——潭溪土家族的实证研究》一文指出，潭溪土家族的族际通婚有两种发展趋势：一是对族群界限的突破；二是对地域范围的突破。尤其是与苗族长时段、大规模的通婚，有效地促进了相关族群的交融，十分有利于当地族群关系的和谐发展。[①] 钟梅燕《族际通婚与民族关系——一项关于明花乡裕固族的实证研究》一文认为，族际通婚与民族关系交互影响、互动发展。民族间通婚联姻的增多加强了明花乡各族间的交往与互动，同时增强了裕固人对他族的认知，促进了更大范围内各民族间的通婚。[②]

另外，吴晓萍、蒋桂东《从族际通婚看当代屯堡人与当地少数民族的关系》一文，从族际通婚这一视角分析了贵州省安顺地区"屯堡人"与当地少数民族的关系在当代的演变情况，指出屯堡人与当地少数民族通婚现象自20世纪80年代以后日益增多，不同族群对族群联姻的态度也发生了积极的变化，这反映出当地族群关系在中华人民共和国成立后，特别是改革开放后进一步得到改善。[③] 王平《从族际通婚看武陵地区民族关系的演变》一文，分析了武陵地区族际通婚经历的四个历史时期，指出其族际通婚曲线发展的历史轨迹，揭示了该地区民族关系曲折发展的历史过程；并指出族际通婚范围逐渐扩大、对象逐渐增多的发展规律，揭示了该地区民族关系由恶性循环逐渐向良性循环发展演变的客观规律。[④] 元旦姐《从族际通婚看海晏县蒙藏民族关系》一文，从族际通婚这一视角分析海晏县蒙藏民族当前族际关系演变情况，指出海晏县蒙藏民族通婚自20世纪90年代以后日益增多，蒙藏群众对族际婚姻的态度也发生了变化，并从海晏县蒙藏民族族际通婚的现状及蒙藏通婚关系和谐发展的原因着手，就蒙藏族际通婚对蒙藏民族关系的影响进行了分析。[⑤] 宋兴烈、徐杰舜《族际通婚：一个影响民族关系的重要因素——桂林龙胜里排壮寨族际通婚的人类学考察》一文指出，虽然该地壮族占总人口的98%，但是族际通婚率却非常高，全寨48户人家中，有40对夫妇是族际通婚。这种现象促进了民族交流、消除了民族隔阂、沟通了民族心理、增强了民族团结。[⑥] 滕传婉《族际通婚映射下的彝汉民族关系——以凉山彝族自治州会东县为例》一文，以族际通婚为视角，梳理了会东县彝汉民族关系的演进情况，分析了彝族、汉族思想观念的变化和彝汉通婚现象以及20世纪90年代以来彝汉通婚与民族关系的特点。[⑦]

(二) 族际通婚对族群认同的影响

族际通婚带来了通婚家庭子女的民族认同和民族身份选择问题。罗红《人类学语境下的族际通婚与族群认同研究》一文，在人类学的语境下，从族群认同的角度对族际通婚研究进行了梳理。[⑧] 李丽琴《族际通婚对族群认同的影响——以贵德县加莫台村为个案》一文，以青海省贵德县加莫台村的族际通婚为个案，分析了族际通婚对族群认同的影响，从而阐明了中华民族多元一体格局下的民族文化融合。[⑨] 廖惟春《族际通婚与民族身份选择——宁夏石嘴山市兴民村回汉通婚家庭的田野考察》一文，

---

① 陈心林：《族际通婚与族群关系——潭溪土家族的实证研究》，《贵州民族研究》2011年第1期。
② 钟梅燕：《族际通婚与民族关系——一项关于明花乡裕固族的实证研究》，《河西学院学报》2014年第1期。
③ 吴晓萍、蒋桂东：《从族际通婚看当代屯堡人与当地少数民族的关系》，《贵州民族研究》2010年第6期。
④ 王平：《从族际通婚看武陵地区民族关系的演变》，《湖北民族学院学报》(哲学社会科学版) 2007年第5期。
⑤ 元旦姐：《从族际通婚看海晏县蒙藏民族关系》，《民族论坛》2015年第1期。
⑥ 宋兴烈、徐杰舜：《族际通婚：一个影响民族关系的重要因素——桂林龙胜里排壮寨族际通婚的人类学考察》，《湖北民族学院学报》(哲学社会科学版) 2010年第6期。
⑦ 滕传婉：《族际通婚映射下的彝汉民族关系——以凉山彝族自治州会东县为例》，《四川民族学院学报》2014年第3期。
⑧ 罗红：《人类学语境下的族际通婚与族群认同研究》，《青海民族研究》2008年第3期。
⑨ 李丽琴：《族际通婚对族群认同的影响——以贵德县加莫台村为个案》，《青海民族大学学报》(社会科学版) 2010年第1期。

分析了影响当地回汉族际通婚家庭子女做出民族身份选择的各种因素,如宗教和传统文化的规约、国家和地方民族政策的引导、社区网络的牵引、个人感情的影响等。① 羊措《从族群边缘看族群认同——以卓仓藏族内婚制为个案》一文,从族群边缘的角度探寻了卓仓藏族维系族群情感和加强族群认同的问题。② 郭志刚、李睿《从人口普查数据看族际通婚夫妇的婚龄、生育数及其子女的民族选择》一文,应用匹配程序处理 2000 年人口普查原始抽样数据,通过对族际通婚夫妇初婚年龄和生育数量的分析指出,族际通婚能推迟婚龄并减少生育数量,族际婚姻子女偏向于选择少数民族身份,并结合族际婚姻的生育数量评估了这种民族选择偏好对我国少数民族人口增长的影响。③

金啸宇的硕士学位论文《当代回汉通婚对城市回族族群认同影响的研究——以吉林市回族为例》,以吉林市回族为研究对象,分别从语言、宗教信仰、节庆风俗、身份认同四方面对城市回族的认同现状加以描述和分析,发现城市回族社区中回族的族群认同所包含的内容呈现不一致的特征。④ 邱亮的硕士学位论文《回汉通婚家庭子女的民族认同——基于甘肃省兰州市的研究》,分析了回汉族际通婚家庭中家庭文化氛围、亲属结构、综合地位因素、孩童成长期的亲密陪伴者、居住环境和同龄人群体对回汉族际通婚后裔民族认同形成的影响,并界定了回汉族际通婚后裔的两种民族认同状态:通婚后裔受单一民族文化的影响而形成民族认同的"绝对状态";受两种民族文化的影响而形成对两个民族认同并带有一定偏向的"中间状态"。形成这两种状态的重要原因是,传统宗教作为社会设置的社会控制力下降、在现代化面前影响力降低;所有的民族在族际边界上变得模糊,且人们的生活方式更加趋同、对民族文化的认同出现危机。在巨大的浪潮面前,任何民族对自身的文化都需做出判断,转型、适应和通过文化自觉保持民族的多元化,在同一政治体制内共同繁荣发展。⑤

(三) 族际通婚对民族文化的影响

万冰的硕士学位论文《新疆苏拉宫满族族际通婚及其文化影响研究》,以新疆伊犁苏拉宫村为田野点,考察了当地满族与其他民族之间的通婚现象,从语言差异、饮食习俗、节日习俗、丧葬礼俗及家庭观念五个方面描述了满族族际通婚家庭的文化冲突与调适,并阐释了满族文化的自我调适和满族族际通婚对满族文化的影响。⑥ 王淑萍的硕士学位论文《族际通婚及其文化影响——以兰州市红古区窑街镇回汉通婚的调查研究为个案》,从回汉通婚现状、影响因素和回汉通婚对民族文化的影响来阐述研究主题,分析了回汉族际通婚对民族文化和民族意识的影响,并从回族文化应对回汉族际通婚的自我调适和回汉通婚对族际文化整合的影响两个方面阐释了回汉通婚对民族文化的影响。⑦ 杨瑾芳的硕士学位论文《昭通鲁甸县回汉通婚中的文化冲突研究》,以云南省昭通市鲁甸县为例,从鲁甸当地社会背景、回汉通婚状况、通婚中文化冲突的根源、文化冲突的表现、文化冲突带来的影响及其调适几方面进行了分析和探讨,指出当地回汉通婚中文化冲突产生的根源并非很多人观念中的宗教差异,而是当地人对伊斯兰教的片面理解或误解、当地宗教的形式化以及回汉通婚家庭中汉族一方心理上对伊斯兰教的不认同。这些冲突体现在婚姻家庭生活中的各个方面,影响着双方家庭间的关系、当地回汉

---

① 廖惟春:《族际通婚与民族身份选择——宁夏石嘴山市兴民村回汉通婚家庭的田野考察》,《宁夏社会科学》2016 年第 2 期。
② 羊措:《从族群边缘看族群认同——以卓仓藏族内婚制为个案》,《青海民族学院学报》2006 年第 1 期。
③ 郭志刚、李睿:《从人口普查数据看族际通婚夫妇的婚龄、生育数及其子女的民族选择》,《社会学研究》2008 年第 5 期。
④ 金啸宇:《当代回汉通婚对城市回族族群认同影响的研究——以吉林市回族为例》,吉林大学硕士学位论文,2012。
⑤ 邱亮:《回汉通婚家庭子女的民族认同——基于甘肃省兰州市的研究》,浙江大学硕士学位论文,2015。
⑥ 万冰:《新疆苏拉宫满族族际通婚及其文化影响研究》,石河子大学硕士学位论文,2014。
⑦ 王淑萍:《族际通婚及其文化影响——以兰州市红古区窑街镇回汉通婚的调查研究为个案》,兰州大学硕士学位论文,2011。

民族间的交往以及鲁甸本地社会的稳定与和谐,因此对该类冲突的调适显得尤为重要。①

(四) 族际通婚对生育水平及"不婚"问题的影响

薛继亮的《族际通婚对生育水平的影响:来自内蒙古的验证》一文,对蒙古族居民的生育数量、孩子存活数量、男孩数量、女孩数量的影响因素进行估计,发现蒙古语表达能力的影响不明显,但是蒙古语书写能力的作用比较明显;民族特征和通婚特征对生育数量和孩子存活数量的影响明显高于对生育性别的影响,对生育男孩的影响高于对生育女孩的影响;蒙古族生育出现持续递减的趋势,对稳定蒙古族生育水平提出了新的要求。② 杨旭的硕士学位论文《族际通婚背景下的"不婚"问题——以内蒙古阿拉善巴彦浩特镇研究为例》,统计了 2009 年阿拉善巴彦浩特镇的族际通婚状况。笔者查阅了阿拉善左旗民政局的婚姻档案资料,特别是对巴彦浩特镇进行了婚姻档案资料的数据收集与整理,发现该地区少数民族适婚青年,尤其是蒙古族适婚男青年在婚姻市场中受到排挤,其可选择的适婚异性青年数量明显低于需求量,导致大量蒙古族适婚男青年出现"不婚"问题。这与当地存在的族际通婚有一定的关系,因而作者从族际通婚者的受教育程度、地域迁移状况、职业构成、婚姻圈、再婚状况等方面对巴彦浩特镇的族际通婚状况进行了研究与分析,解析了族际通婚过程中所产生的非自愿性"光棍"问题,并对这一问题在当地所造成的影响进行了探究。③

此外,钟梅燕的博士学位论文《当代裕固族族际通婚及影响研究》,阐述了裕固族婚姻状况发生的重大变迁,指出这对民族自身及其文化、认同和当地民族关系等皆有全面而深刻的影响。④ 孙文影的硕士学位论文《华北散杂居地区回汉通婚研究——以河北保定高碑店市白沟镇为例》,对白沟镇回汉通婚的现状进行了调查,分析了白沟镇回汉通婚的影响因素、回汉通婚与家庭关系及民族关系的关系、回汉通婚家庭中汉族一方和子女的民族认同,还从日常表达、民族记忆、宗教认同、婚姻和丧葬习俗方面分析了白沟镇回族的民族认同。⑤ 这些成果对开展此类研究有重要的文献参考价值。

综上所述,目前学界对少数民族族际通婚的研究,以论文为主,另有一些研究散见于相关著作中。已有研究、选题和成果大多类似。从学科角度来看,主要涉及历史学、法学、心理学、民族学、社会学、人类学等学科,成果略显单薄。从研究主题来看,应适当拓展少数民族族际通婚的研究范围,尤其应多关注新疆维吾尔族族际通婚及其影响,有关研究显示,维吾尔族族际通婚率最低。维吾尔族族际通婚的历史研究、当代维吾尔族族际通婚的变迁研究,都值得关注。此外,还需加强对族际婚所产生影响的研究,诸如对族际婚家庭子女的族属选择、民族认同及其对民族关系的影响等的研究。从研究方法看,应进行多学科方法的交叉研究,全面深入地研究少数民族族际通婚问题,丰富族际通婚研究的田野民族志资料,这对尊重差异、包容多样、巩固民族团结和维护社会稳定,可积累有例可循的宝贵经验。

---

① 杨瑾芳:《昭通鲁甸县回汉通婚中的文化冲突研究》,云南师范大学硕士学位论文,2016。
② 薛继亮:《族际通婚对生育水平的影响:来自内蒙古的验证》,《人口学刊》2016 年第 5 期。
③ 杨旭:《族际通婚背景下的"不婚"问题——以内蒙古阿拉善巴彦浩特镇研究为例》,内蒙古大学硕士学位论文,2015。
④ 钟梅燕:《当代裕固族族际通婚及影响研究》,兰州大学博士学位论文,2013。
⑤ 孙文影:《华北散杂居地区回汉通婚研究——以河北保定高碑店市白沟镇为例》,陕西师范大学硕士学位论文,2015。

乡土性与城市融入

——《重庆"棒棒":都市感知与乡土性》评介

莫艳婷[*]

摘　要　城市融入是全球性的重大理论,针对农民工的城市融入问题,不同学科分别从不同的理论就其中的某个方面进行了探讨,并揭示其背后的城乡关系。秦洁的《重庆"棒棒":都市感知与乡土性》收集整理了大量的历史文献与档案资料,主要采用多点田野调查方法,以城市融入过程中的乡土性为主题,从都市感知的视角切入,考察重庆"棒棒"乡土性的停留及其对该群体城市融入的影响与作用,由此探讨中国城市化进程中底层社会的特质。本文是在阅读该民族志的基础上进行的评论与反思,以期为当前的中国城乡关系研究提供相应借鉴。

关键词　"棒棒";都市感知;乡土性;城市融入

DOI: 10.13835/b.eayn.25.28

引　言

改革开放以来,伴随着土地制度与户籍制度改革,原有的城乡二元壁垒被打破,农民"洗脚上田",前往城市谋求生存之道。农民工的城市融入问题成为学界关注的焦点,多学科从现代性、社会化、社会整合、社会分层与社会流动、社会网络与社会资本等视角探讨了农民工城市融入的现状、制约因素以及如何改善等内容,反思中国的城乡关系以及对农民工城市融入进程的影响。由此我们可以从不同面向了解农民工城市融入所面临的问题。农民工作为乡土文化的持有者,在城市融入过程中,其自身的乡土性如何体现?延续的乡土性对其都市感知和都市适应有何影响?带着这些问题,秦洁的《重庆"棒棒":都市感知与乡土性》在其2010年中山大学人类学博士论文基础上,经过三年研究、修改后,于2015年由生活·读书·新知三联书店出版。该书收集整理了大量历史文献与档案资料,主要采用多点田野调查方法,以城市融入过程中的乡土性为主题,从都市感知的视角切入,考察重庆"棒棒"乡土性的停留及其对该群体城市融入的影响与作用,由此探讨中国城市化进程中底层社会的特质。本文是在阅读该民族志基础上进行的评论与反思,以期为当前中国城乡关系研究提供相应借鉴。

---

[*] 莫艳婷(1984-),女,仫佬族,广西罗城人,中山大学社会学与人类学学院博士研究生,讲师,主要从事宗教人类学、民族文化与社会发展研究。

一 "棒棒"及其乡土性

"棒棒"为重庆方言,原意"棍子"。当地习惯以此借指在重庆扛着一根竹棒从事重体力劳动的人。"棒棒"可指个体,也可指群体,还用于指称以竹棒为主要工具从事体力劳动的行业。此外,当地还用"捞棒棒"来指称该职业以及从事该行业的行为。① 重庆"棒棒"是在重庆坡高坎陡的地理环境中孕育出来的,以从事人力搬运为主,是传统苦力行业的延续。"棒棒"社会是在社会制度、土地制度变迁,不同历史阶段的城乡结构、城市现代化程度及城乡发展存在广度与深度上的差异下产生的。"棒棒"作为乡土文化的持有者,进入城市后其"乡土性"呈现的状态与变化都影响着该群体的都市感知。费孝通先生最早提出乡土本色是传统乡土社会的基本特质,并从乡下人的土气、差序格局、维系着私人关系的道德等方面对乡村社会的乡土性进行多角度分析,他还对乡土性在人地关系变化后的延续和变迁给予足够的重视。② 农民的乡土性是与中国农民的"根性"紧密相连的,所以"乡土性"揭示的不仅是社会关系和生活逻辑,还与生活态度、认知倾向、处世哲学和价值观等相关联。该书在探讨城市融入过程中,以乡土性的现状和作用为主题进行探索,在某种意义上来说也是一种心态研究,此种"根性"融合了农民工特有的都市感知。从这个视角出发,研究此种群体所承载的乡土性,能为我们从理论上打破二元对立结构在本体论和认识论上的局限提供实证参考。③

二 都市感知作为一个切入点

"感知"强调生动的形象思维,它是一种通过感知的形式表达集感性和理性于一体的认知方式。空间上的移位是都市感知的客观先决条件,从这个意义上说,都市感知首先是一个空间的概念,此种空间不仅是地理的,更是社会的、文化的。④ 因此感知是一个负载着文化和意义的认知过程。重庆"棒棒"在城乡置换后的都市空间背景下,其都市感知经历了从想象、直感到对生计和行业的感知、对身份的感知等逐渐融入都市的不间断过程。"棒棒"的都市感知主要以感性的形式表现出来,但它的本质是理性的。可以说农民工认知都市的独特之处就在于理性之中渗透着感性,感性中又有着深刻的认知。⑤ 都市想象与直感、生计感知、身份感知等构成了都市感知的表现形式。但都市感知的表现形式并非局限于时间或阶段性的限制,而是在整体上体现于从都市直感、都市觉知到都市认知的三个层次里。这三个层次不是彼此替代的关系,而是体现了都市适应过程中都市感知从感性到理性、认识逐步深入的过程。"棒棒"都市感知的关键是理性决策。⑥ 此种理性不是经济学意义上的以个体"最大化利益"为目的的动机,而是包括经济、政治、传统、伦理、道德和情感成分,对需要、愿望、信念、规范、价值观和世界观的理解、判断和决策,可以理解为理性的认知。⑦ 因此,在入城初期,"棒棒"有意识地规避麻烦和寻求心灵抚慰,在入行时借助血缘、地缘等传统资源的流动策略等都是"棒棒"

---

① 秦洁:《重庆"棒棒":都市感知与乡土性》,生活·读书·新知三联书店2015年版,第13页。
② 费孝通:《乡土中国 生育制度》,北京大学出版社1998年版,第7–70页。
③ 秦洁:《重庆"棒棒":都市感知与乡土性》,第6页。
④ 秦洁:《重庆"棒棒":都市感知与乡土性》,第7页。
⑤ 秦洁:《重庆"棒棒":都市感知与乡土性》,第336页。
⑥ 秦洁:《重庆"棒棒":都市感知与乡土性》,第337–338页。
⑦ 〔美〕李丹:《理解农民中国:社会科学哲学的案例研究》,张天虹等译,江苏人民出版社2009年版,第296页。

的选择性行为，体现的是基于都市的理性认识和评价的能动性。"都市感知"概念有助于建构将个性及其与共性结合起来从事人类学研究的路径。它为人类学社会文化解读提供了解释工具，同时为民族志书写提供了研究对象"自我言说"的文本，呈现更真切的微观故事。从都市感知切入，可将微观的主体感受与群体的心态研究结合起来。这就继承了人类学"主位"研究的学术传统，为城市融入研究提供了一个较容易深入"心态"研究的分析视角。①

三 从心态来考察身份认同

情感和心态研究是人类学研究的重要领域，感知是个体情感的基础，是群体心态的研究途径。以"感知"为起点，不仅可探知包括情感、道德感等内容的主观感受，而且能明了实践背后的动力机制和理性决策过程。"都市感知"概念有助于揭示行为决策背后的认知特点和心理过程，而这正是情感和心态背后的主观感受和感性认知的内容。从心态的角度来考察身份认同，由此看"棒棒"在都市融入历程中的感受和心态，有助于反映他们生计方式的特殊性及其与社会地位的关系。"棒棒"在都市社会生存过程中对社会地位和身份的情绪感受，为他们表达身份归属的特殊性找到了一个较新的角度，又解释了这样的群体被置于都市社会底层的现实。②作者进一步指出，传统的劳动方式既增强了"棒棒"的谋生能力，又成为其负面情绪产生的直接来源；乡土社会原有的生活习惯、卫生习惯成为他们适应都市的直接障碍；而家庭观念、伦理道德和身份归属等乡土特质，对其都市适应则发挥着正面促进作用。身份意识和身份归属是乡土性在都市适应过程中的表达，这构成了乡土性在都市适应过程中依然延续的根源。③感知强调"感"，但支撑"感"的是理性的认知，而且随着感知的不断深入，理性决策的成分会越来越多。因此人类学借用感知这一概念，不仅有助于情感和心态的研究，而且对于文化阐释和动机研究都大有裨益。④

四 实践与行动者的研究

在传统的底层研究中，研究对象多被定为被动的角色，研究重点或是社会分层中的制度背景，或是底层社会本身的社会构成和文化逻辑，少有研究关注实践中的人。1980年代以来，"实践"与"行动者"成为人类学理论界关注的立场。在这个视角下，观念和行为规范在相关研究中被放在具体行动和策略中来理解，不再是一套既定的系统，而是在行动者的实践过程中被构建并不断被实践所选择和重构的结构。⑤"棒棒"社会研究所揭示的都市感知中的理性决策成分、都市适应中的能动性表现以及底层的"动"的特征，反映了在生存空间中，该群体不仅是社会文化的遵循者，而且在此过程中重构了规则与结构。⑥如"棒棒"的"领地感"研究打破了底层群体形象"被动的"基调，转向从"棒棒"实践的立场来关注行动者本身，考察他们在实践中展现的生存策略、在实践过程中对生存空间的

---

① 秦洁：《重庆"棒棒"：都市感知与乡土性》，第12页。
② 麻国庆：《"乡土范畴"与"破土而出"》，《思想战线》2015年第9期。
③ 秦洁：《重庆"棒棒"：都市感知与乡土性》，第18页。
④ 秦洁：《重庆"棒棒"：都市感知与乡土性》，第10页。
⑤ 李霞：《依附者还是建构者？——关于妇女亲属关系的一项民族志研究》，《思想战线》2005年第1期。
⑥ 秦洁：《重庆"棒棒"：都市感知与乡土性》，第344页。

感知，特别是利用血缘、地缘或业缘等资源和社会关系对生存空间进行选择和重构的行动。①

五 讨论与反思

本书以乡土性为主体，从都市感知切入，在概况梳理人力搬运的历史，分析"棒棒"大规模存在的制度性、社会性背景后，逐次对"棒棒"的都市想象、都市直感、生计感知、身份感知、情感表达等不同面向的都市感知形式进行考察，并关注都市感知的方式和内容所呈现的"棒棒"都市适应的特征，以及在这个过程中农民所承载的固有的乡土性的现状及其乡土性对其都市感知和都市适应过程的影响，进而探讨处于都市化背景中底层社会的现状，讨论作为从农村进入都市的底层群体的"棒棒"社会所承载的社会文化特征，已成为反思城乡关系和区域文化研究的典型性个案。通读全书后，笔者提出以下讨论与反思。

（一）"棒棒"含义的多样性

从原意上看，"棒棒"是指"棍子"，按照地方习惯，"棒棒"可指专门扛一根竹棒从事体力劳动的人，同时"棒棒"还可以指个体、群体，甚至是一种行业。从整本书的布局逻辑上看，不同地方对"棒棒"的定义呈现多样性，如第一章提及"从'苦力'到'棒棒'，不变的基石在于其生计方式，该行业以靠重体力劳动谋生"。② 第六章提到"'棒棒'这个以重体力劳动为主，以从事危险、脏、累活为特征的行业必然意味着身体面临的危险和风险要高于其他行业"。③ 在此的"棒棒"更侧重其行业意义。而同是在第六章关于身体的经验又提及"'棒棒'作为都市零散人力搬运的群体"，④ "'棒棒'在街头'等业务'是他们生计的一部分"。⑤ 此处的"棒棒"则侧重于其群体意义。文中还用"野棒棒"来指代无相对固定的揽活区的"棒棒"。⑥ "散棒棒"指无明显组织形式、在街头揽活、无需向其他机构或个人交纳费用的从业人员。⑦ 同时，书中还多处用到"男棒棒"和"女棒棒"的概念。由此可见，在行文过程中，作者对"棒棒"的概念有时偏向其行业意义，有时偏向其群体意义。同时又根据"棒棒"有无固定的揽活区、有无组织及是否交纳相应费用，或按照性别对其进行类型化区分。这在一定程度上造成在行文过程中关键词含义较为混乱。

（二）乡土性弥散作为"棒棒"独特性？

乡土性是贯穿整本书的主线，乡土性在都市空间中被表达，而都市感知也在城乡空间置换后被感知。同时，由都市感知所确立的研究框架和都市适应的一般性历程相吻合，具有历时性。本书章节就是按照都市感知的线索铺陈经验叙述与分析的。作者认为"棒棒"社会的独特性突出地表现为乡土性弥散在都市感知和城市融入的过程中。与新生代农民工相比，"棒棒"社会的生计方式、社会结合方式、身份归属和情感表达以及内隐的文化观念和认知方式，都体现出农民的乡土性在都市得到延续。

---

① 秦洁：《重庆"棒棒"：都市感知与乡土性》，第120页。
② 秦洁：《重庆"棒棒"：都市感知与乡土性》，第39页。
③ 秦洁：《重庆"棒棒"：都市感知与乡土性》，第189页。
④ 秦洁：《重庆"棒棒"：都市感知与乡土性》，第186页。
⑤ 秦洁：《重庆"棒棒"：都市感知与乡土性》，第196页。
⑥ 秦洁：《重庆"棒棒"：都市感知与乡土性》，第132页。
⑦ 秦洁：《重庆"棒棒"：都市感知与乡土性》，第121页。

乡土性影响都市感知的方式和内容，并伴随着都市适应过程，直接作用于"棒棒"社会的构成和成员的关系。因此乡土性的延续特点，正可以合理解释"棒棒"社会所具有的独特形态。如作者所言，以往的研究，也有学者关注到乡土性在都市融入过程中的延续及其新的特征，并对传统乡土社会的乡土性的某些内容进行了新的阐释。① 同时笔者作为一个农村人，在异地城市求学多年，身边也不乏诸多亲戚朋友在城市务工，他们遍布沿海各地工厂或其他广泛领域。据笔者观察，这些人与"棒棒"的人口结构特征相类似，他们同样是乡土社会文化的载体，有着类似的入城动机、城市遭遇与应对策略。当然在此列举个人经验并不是为了描述概况，而是起到示意作用。我们将"棒棒"与新生代农民工进行历时对比时，还有必要将其置于更宽泛的共时中进行研究，以关注两者之间的差异性与同质性，进而呈现"棒棒"的特性。虽在行文过程中，也可读到类似两者同质性之陈述，然而以乡土性弥散与延续作为"棒棒"社会的独特性仍有待进一步探讨。

（三）乡土性之于城乡关系

从"棒棒"的社会看，乡土社会的特质在都市得到延续，并在都市适应过程中得到保护。"棒棒"群体乡土性的延续，反映了乡土与都市两种文化之间的连续状态。从学理意义上这说明在中国社会中，乡土性并不会因为都市化的进程而断裂，也确证了乡土性并非总是作为都市性的对立面出现，二者完全可以共生。但我们回到乡土性本身的概念上看，它确是基于城乡二元对立观念所形成的对乡土社会的抽象概括。只要这个乡土性的根基还在，作为其对立面的城市必然成为参照物，城乡之间的想象、偏见与歧视也必定存在。当我们再来谈推进城乡统筹，除了考虑户籍、土地等制度因素和结构性因素外，在发挥中国传统乡土文化在推进城乡发展一体化中的作用时仍需谨慎。同时作者还认为，像"棒棒"这样带有明显的乡土性延续表现的都市底层，其流动性更为明显，因为他们不仅有向上流动的可能，还有回归乡土的退路。在经历过都市浪淘沙之后，"棒棒"此前的乡土性与此后的乡土性之间的张力，决定了他们多大程度上能融入城市、多大程度上能返乡，甚至会出现回不去的乡土和融不进的城市的可能。

（四）多点田野局限

本文在三个阶段②的田野调查基础上，收集大量历史文献和档案资料，主要采用多点民族志调查方法，以渝中区的两江门码头和沙坪坝的白崖口街区为重点，辐射至其他田野点，涵盖码头和非码头、居住地与揽活区域，以及不同"组织"方式的多类型"棒棒"聚集点。同时本文以"都市感知"为切入点展开深度调查，并以"滚雪球"的方式扩大研究个案和开展随机拦截访谈。随后加强对与"棒棒"相关群体如当地市民、政府工作人员、其他农民工、亲属、乡邻等的调查。此外，将深度访谈与半开放型问卷调查相结合，尽可能点面结合、多维度辅助，以增强田野调查的信度。这得益于作者作为当地人身份的便利，同时也体现出作者材料收集上的用心与辛劳付出。在行文过程中，针对同个问

---

① 王春光：《农村流动人口的"半城市化"问题研究》，《社会学研究》2006年第5期；唐斌：《"双重边缘人"：农民自我认同的形成及影响》，《中南民族大学学报》（人文社会科学版）2002年第S1期；周明宝：《城市滞留型青年农民工的文化适应与身份认同》，《社会》2004年第5期；项飚：《社会何为：对北京流动人口聚居地的研究》，《社会学研究》1998年第6期；张继焦：《差序格局：从"乡村版"到"城市版"——以迁移者的城市就业为例》，《民族研究》2004年第6期。
② 第一阶段：2007年10月到2008年5月。第二阶段：2009年1月中旬，历时9个多月。第三阶段：2010年7月博士毕业后，进入博士流动站工作期间。见秦洁《重庆"棒棒"：都市感知与乡土性》，第17－20页。

题也有关于"互为他者"的佐证。但囿于田野时间、个人精力投入偏差及个人选择偏好，作者较难把握并分析非重点田野材料、辅助报道人的报道以及随机拦截所获资料之可信度。

（五）田野中的性别与伦理

从某种程度上看，该研究属于作者的在家田野，同时也是一位女性人调查者对底层农民工的城市融入研究，其中涉及多数男性群体。在家的田野优势是对调查地方了如指掌。在阅读全书过程中笔者发现，作者凭借地方人身份及熟人关系，准确定位田野重点，顺利进入田野并获得受访者的接纳。笔者还多次读到作者关于访谈是否会打扰"棒棒"揽活的焦虑及内心煎熬，同时也读到作者与"棒棒"一同揽活的感同身受。此种田野过程，是否有如潘毅在工厂打工时，关于工作时间、体力消耗与田野记录之间的挣扎？① 同是作为一名女性调查者，与潘毅对打工妹的研究不同，作者面对的多数是异性受访者，在针对一些敏感话题如文中提及的男"棒棒"寻找性服务、"棒棒"夫妻关系等问题进行调查时，自身是否遭遇困惑？又如何解决？。因为调查者对此类问题的表述、问法、语速、语调等，都将影响受访者对调查者的再次接纳与回应，而这势必又会对田野资料的可信度造成影响。在附录报道人名录中，作者将报道人进行三类分表，其中也强调出于保密而对某些报道人进行匿名处理。但此种处理的标准为何？为何将报道人进行三类分表？报道人中性别如何呈现？在关于"棒棒"内部冲突与矛盾的访谈中，部分受访人却并未以匿名方式呈现。此类受访人或许可在文本出版后读到，这对受访人的影响也值得深思，虽然从文本的呈现上看，该群体中多数人受教育程度相对较低，只有个别报道人识字并习惯于写日记。在书中，男女性"棒棒"自身的乡土性差异对各自城市融入的影响，不同性别的"棒棒"对作者的接纳与坦诚程度仍值得进一步商榷。

六　结论

该书将重庆"棒棒"视为研究对象，以他们城市融入中的乡土性为主题，从都市感知切入，考察"棒棒"群体乡土性对城市融入的影响与作用，分析乡土性在城市融入中的延续。该群体在感性认知的基础上，理性地把乡土性作为一种策略，以能动性的姿态经营自己的生活，反映了乡土与都市两种文化的连续状态。其中从心态的角度来研究身份认同，从实践与行动者的视角来看待底层、实践与规则重构的关系，体现了作者深厚的学术功底、理论素养与独特的视角。书中田野材料与论证紧密契合，逻辑清晰，这对我们今后的研究极具启发性。但书中"棒棒"的含义、分类及运用还需进一步限定，且需扩展共时研究视角，以探讨乡土性的特殊性与普遍性，明确乡土性的本质及其与城乡的关系。同时要深化点的资料或辅助报道人资料，反思女性调查者的困惑及田野伦理问题。

---

① 任焰译、潘毅：《中国女工——新兴打工阶级的呼唤》，明报出版社有限公司2007年版，第13－14页。

图书在版编目(CIP)数据

西南边疆民族研究. 第25辑 / 何明主编. -- 北京：社会科学文献出版社，2018.6
ISBN 978-7-5201-2538-3

Ⅰ.①西… Ⅱ.①何… Ⅲ.①少数民族-西南地区-年刊 Ⅳ.①K280.7-54

中国版本图书馆CIP数据核字(2018)第064859号

西南边疆民族研究　第25辑

主　　编 / 何　明
副 主 编 / 李志农　朱凌飞

出 版 人 / 谢寿光
项目统筹 / 佟英磊
责任编辑 / 佟英磊　杨　阳　赵　娜　隋嘉滨

出　　版 / 社会科学文献出版社·社会学出版中心(010)59367159
　　　　　　地址：北京市北三环中路甲29号院华龙大厦　邮编：100029
　　　　　　网址：www.ssap.com.cn

发　　行 / 市场营销中心 (010) 59367081　59367018
印　　装 / 三河市东方印刷有限公司

规　　格 / 开　本：889mm×1194mm　1/16
　　　　　　印　张：16　字　数：439千字
版　　次 / 2018年6月第1版　2018年6月第1次印刷
书　　号 / ISBN 978-7-5201-2538-3
定　　价 / 79.00元

本书如有印装质量问题，请与读者服务中心 (010-59367028) 联系

版权所有　翻印必究